مبادئ التسويق

الدكتور

رضوان المحمود العمر

أستاذ التسويق المشارك في جامعتي حلب والبترا

دار وائل للنشر

الطبعة الثانية

٢٠٠٥

رقم الايداع لدى دائرة المكتبة الوطنية : (٢٠٠٣/٣/٣٦٠)
عمر العمر ، رضوان المحمود
مبادئ التسويق / رضوان المحمود العمر . - عمان، دار وائل، ٢٠٠٣ .
(٤٤٧) ص
ر.إ. : (٢٠٠٣/٣/٣٦٠)
الواصفات: إدارة المبيعات / التسويق
* تم إعداد بيانات الفهرسة والتصنيف الأولية من قبل دائرة المكتبة الوطنية

ISBN ٩٩٥٧-١١-٣٢٧-٥ (ردمك)

* مبادئ التسويق
* الدكتور رضوان المحمود العمر
* الطبعـة الأولى ٢٠٠٣
* الطبعـة الثانية ٢٠٠٥

* جميع الحقوق محفوظة للناشر

دار وائـل للنشر والتوزيع
* الأردن - عمان - شارع الجمعية العلمية الملكية - مبنى الجامعة الاردنية الاستثماري رقم (٢) الطابق الثاني
هـاتف : ٠٠٩٦٢-٦-٥٣٣٨٤١٠ - فاكس : ٠٠٩٦٢-٦-٥٣٣١٦٦١ - ص. ب (١٦١٥ - الجبيهة)
* الأردن - عمـان - وسـط البـلد - مجمـع الفحيص التجـاري- هـاتف: ٠٠٩٦٢-٦-٤٦٢٧٦٢٧
www.darwael.com
E-Mail: Wael@Darwael.Com

بسم الله الرحمن الرحيم

﴿ وقل اعملوا فسيرى الله عملكم ورسوله والمؤمنون ﴾

صدق الله العظيم

مقدمة

تستند فلسفة التسويق على إشباع حاجات المستهلكين ورغباتهم الحالية والمرتقبة. وبما أن الإنسان منذ فجر التاريخ سعى إلى إشباع حاجاته المادية التي تتمثل في المأكل والملبس والمأوى، فإن التسويق والحالة هذه يمثل أقدم علم عرفه الإنسان منذ وجوده. إلا أن التسويق الحديث لم يكتف بإشباع حاجات المستهلكين المادية بل أمتد ليشمل إشباع الحاجات النفسية والاجتماعية للمستهلكين وليطبق في مجالات الحياة كافة (في المنتجات والخدمات والسياسة والسياحة،...) سواء داخل الحدود الوطنية أو على نطاق دولي.

لهذا سعى رجل التسويق إلى التحري والكشف عن حاجات المستهلكين ورغباتهم الظاهرة والكامنة لدى مختلف الطبقات الاجتماعية محلياً ودولياً في سبيل تلبيتها بالشكل المطلوب والزمن المناسب. وما دامت حاجات ورغبات المستهلكين متغيرة ومتطورة باستمرار بتطور الحياة وظروف البيئة المحيطة، فقد سعى التسويق إلى الكشف عن الحاجات غير المشبعة ومن ثم محاولة إشباعها من خلال عناصر المزيج التسويقي الحديث: المنتج والتسعير والتوزيع والترويج (الاتصالات).

لكن ما هو مفهوم هذا النشاط أو العلم المسمى بالتسويق MARKETING ؟

منذ ظهور المفاهيم الأولية للتسويق في أمريكا في الثلاثينات وحتى الآن قد تغيرت طبيعة هذه المفاهيم كثيراً. بعد ما كانت التوجهات نحو المنتجات ووظائف التسويق والمؤسسات التسويقية وقنوات التوزيع، ظهر مفهوم المزيج التسويقي في الستينيات (MC CARTHY) التي تستخدمه إدارة المشروعات بهدف تحقيق أهدافها من خلال معرفة السوق وفهم سلوك المستهلك (التوجيه نحو المستهلك) عند وضع خططها التسويقية. وهذا يعني أن الشركة لا تنتج أي منتج (سلعة أو خدمة) إلا بعد التعرف إلى ما يحتاجه السوق (المستهلكين) ومعرفة أسلوب تصريف هذا المنتج. وقد رافق هذا التطور تغير النظرة إلى المجتمع: التحول من مجتمع إنتاجي إلى مجتمع استهلاكي. من إحدى

خصائص وميزات المجتمع الاستهلاكي هو أن الحاجات الأساسية للإنسان أصبحت مشبعة وأن المستهلك يبحث عن إشباع حاجات أخرى (غير أساسية)، وهنا يتوجب على الشركة مجابهة حالة إشباع السوق والتجديد والتطوير المستمر للمنتجات ومجابهة أيضاً حدة المنافسة في بعض الأسواق والتغير السريع في رغبات وأذواق المستهلكين.

أمام هذا الواقع الجديد فقد أصبحت الشركات عاجزة عن رصد سلوك المستهلك المتغير بسرعة وحاولت السيطرة من جديد على تحديد مواصفات المنتجات التي سوف تطرح في الأسواق والعمل على خلق الحاجة لدى المستهلك من خلال التنبؤ برغباته ومحاولة سريع وتطوير سلوكه بشكل غير مباشر، ومن ثم توجيه الطلب على السلع بالجودة والمواصفات التي تم تحديدها من قبل الشركات سابقاً، وأخيراً دراسة سلوك ما بعد الشراء (ردة الفعل) وتطوير المنتجات بحسب نتائج بحوث التسويق.

ومنذ بداية التسعينيات وتحت أثر الأزمات الاقتصادية (التضخم في معظم دول العالم) التي أصابت الاقتصاد العالمي بشكل عام (خاصة في دول شرق أسيا حالياً) فقد حدثت تغيرات هامة في البيئة (الداخلية والخارجية) التي تمارس الشركات فيها نشاطها التسويقي. من أهم هذه التغيرات نذكر:

- تغيرات سريعة في عقلية وسلوك ورغبات المستهلكين تدل على إشباعه **SATIETE** بما يخص الاستهلاك، وأصبح أكثر تتطلباً وأكثر انتقاداً للمنتجات المعروضة له، وإعطاء أهمية أكبر للعلاقة بين سعر وجودة المنتجات.

- أظهر المستهلك اهتماماً متنامياً بمشاكل الصحة والأمان وحماية البيئة.

- إن علاقة القوة بين المنتجين والموزعين تميل في صالح الموزعين (معركة العلامة بين الموزع والمنتج) وإعطاء المكانة الأساسية إلى المنتج الذي يقدم المنتجات بالجودة المناسبة مع إعطاء أهمية كبيرة كذلك للتجديد والتغليف.

- استمرارية وتطور ظاهرة عولمة الأنشطة التسويقية.

- تنامي تدخل الدولة في السياسات التجارية وانتشار منظمات حماية المستهلك.

أمام هذا الواقع الجديد، لا تتمكن الشركة الحديثة العمل بالشروط والظروف البيئية السابقة نفسها، أي توجه التسويق نحو المستهلك من خلال دراسة السوق والرد على ما يحتاجه المستهلك، والذي يعني أن النشاط التسويقي يتم على المدى القصير وإهمال عنصر المنافسة واستراتيجيات المنافسون. لهذا فقد توجه بعض كتاب التسويق (T. LVITT -Ph- KOTLER) نحو إعطاء المفهوم الاستراتيجي للتسويق والبحث عن المنافع التنافسية للشركة من خلال تجزئة نشاط الشركة إلى وحدات نشاط استراتيجي (منتج/سوق) وتجزئة الأسواق إلى قطاعات استراتيجية متمايزة. بحيث تقوم الشركة بالتركيز على خدمة القطاعات التي تتلاءم ورسالتها الأساسية ومحاولة الحصول على أكبر حصة سوقية ممكنة في هذه الأسواق، والتعرف إلى أهم الفرص التسويقية المتاحة (وجود حاجات غير مشابهة في بعض القطاعات السوقية)، بالإضافة إلى خدمة بعض القطاعات الأخرى ذات المردودية المقبولة (بما يتناسب ودورة حياة المنتج)، وذلك من خلال تطوير وتحسين عناصر مزيجها التسويقي بغية تلبية رغبات وحاجات المستهلك الذي يعد الركيزة الأساسية في أي نشاط تسويقي والمحرك الرئيس لنشاط المشروعات (الإنتاجية و الخدمية).

يتكون هذا الكتاب من عشرة فصول. تغطي المفاهيم الأساسية في التسويق وأهمية نظم المعلومات التسويقية في اتخاذ القرارات الاستراتيجية في مجال التسويق. كما يقدم فكرة عن كيفية إجراء بحوث التسويق وعن البيئة التسويقية وسلوك المستهلك. إضافة إلى التعريف بمختلف الوظائف التسويقية (منتج، تسعير، ترويج، توزيع...الخ) وإعطاء فكرة عن التسويق الدولي والتسويق عبر الشبكة العالمية الانترنيت.

يهدف هذا الكتاب إلى تزويد طلبة كلية الاقتصاد والباحثين في إدارة الأعمال بالإطار العام للمفاهيم التسويقية الحديثة. ونأمل أن يوفر الأساليب العلمية والسياسات التسويقية الحديثة أمام المديرين والممارسين لنشاط التسويق ما يساعدهم في اتخاذ القرارات السليمة والمواجهة الفعالة للمشكلات التسويقية في وقتنا الحاضر.

إن تطوير هـذا الكتـاب يتطلـب بالتأكيـد الحصـول عـلى اقتراحـات المهتمـين بالتسـويق مـن أسـاتذة وبـاحثين وممارسين.

يأمل المؤلف أن يحقق هذا العمل الغاية المنشودة.

والله نسأل التوفيق والسداد

المؤلف

الفصل الأول

ماهية التسويق

إن سر نجاح السياسة التسويقية في أي منظمة هو الاهتمام بالآخرين، وهذا هو الشيء الوحيد الذي لا ينساه الآخرين أبداً.

د. رضوان المحمود العمر

إن علم التسويق هو وليد وظيفة البيع والتوزيع، وقد تطور ليصبح الآن أحد العلوم الإدارية الأكثر حداثة وديناميكية ويعد من أهم وظائف الإدارة الحديثة. تعد وظيفة التسويق من أهم الوظائف الإدارية في أي منظمة ومحددة لنجاح هذه المنظمة. فقدرة أي مشروع على إنتاج السلع والخدمات تكون محدودة ما لم يصاحبها جهود تسويقية فعالة تساعد على تحديد احتياجات المستهلك وزيادة المبيعات والربحية التي تسعى المنظمة إلى تحقيقها.

لقد ازداد الاهتمام في الآونة الأخيرة بدراسة وتطبيق المبادئ والمفاهيم التسويقية في معظم الشركات نتيجة العديد من العوامل منها زيادة العرض على الطلب وارتفاع حدة المنافسة في الأسواق الداخلية والخارجية، وبعد المسافة بين المنتج والمستهلك، التطورات التقنية السريعة... وغيرها من العوامل التي أدت إلى تحول السوق من سوق بائعين (العرض أقل من الطلب) إلى سوق مشترين (العرض أكبر من الطلب). وقد أدى ذلك الوضع إلى تحول فكرة النشاط التسويقي من كونه أداة لإتاحة السلع في الأسواق وحيث المستهلك إلى شرائها، وإلى كونه نشاط وفلسفه تقوم على إشباع

رغبات المستهلك من خلال دارسة سلوكه ودوافع الشراء لديه وتخطيط وتقديم السلع التي تشبع هذه الاحتياجات بسعر مناسب وفي المكان المنسب والتوقيت المرغوب به.

في الوقت الحاضر، إن ما يميز الشركات الناجحة محلياً وعالمياً (مثل**IBM**، **GAMBL**، **SONY**، **SANYO**، **PHILIPS**) هو قدرتها على تقديم أفضل خدمة وأفضل جوده إلى المستهلك المستهدف، وقدرتها على الابتكار والتجديد من وقت إلى آخر لتلبية التغيرات المختلفة والسريعة في احتياجات ورغبات الزبائن نتيجة تطور العلم والمعرفة وأنماط الحياة الاجتماعية بشكل عام.

وفي محاولتها لإشباع عملائها، تركز هذه الشركات اهتمامها على معرفة ما يرغب به المستهلك وتحاول تقديم سلع وخدمات تقدم له حلول لمشكلات الزبائن. عندما سئل أحد المديرين في شركة IBM للحاسبات عن ماهية المنتجات التي تبيعها الشركة، كانت إجابته إن الشركة لا تبيع منتجات وإنما تقدم حلول لمشكلات العملاء. إذاً قدرة الشركة على إشباع رغبات الزبائن بكفاءة وربحية هي المبرر الاقتصادي والاجتماعي لتواجدها في السوق واستمراريتها في تحقيق أهدافها. ويتم ذلك من خلال النشاط التسويقي الذي يعتمد عليه من أجل تصريف منتجات الشركة في الأسواق الداخلية والخارجية.

فما هو مفهوم التسويق إذاً ؟

المبحث الأول

المفهوم العلمي للتسويق

أولاً- لمحة عن تطور المفهوم التسويقي:

من خلال تطور الفكر الاقتصادي والإداري نلاحظ أن التسويق لم يأخذ أهمية الحقيقية إلا بعد الثورة الصناعية ولاسيما في القرن العشرين. في الماضي تمحور الفكر الاقتصادي حول مشكلة العرض وتطوير وسائل الإنتاج من أجل زيادة العرض الذي كان دائماً أقل من الطلب بهدف سد حاجات الطلب المتزايدة كماً ونوعاً. تميزت هذه المرحلة بسيطرة المنتج على السوق حيث يقوم بإنتاج

ما يريد وبالمواصفات التي يحددها هو نفسه. سعر السلع كان يحدد بحسب جودتها ودرجة الإتقان في الصناعة. لم يكن لنشاط رجال البيع أي دور يذكر. حيث يقول **J.B.SAY** (إن العرض يخلق الطلب الخاص به).

يؤكد بعض المفكرون مثل **E.Gilboy (1932)** و **R.Fullerton (1988)** بأن الأفكار السائدة عن عهد الإنتاج السابق لعهد التسويق غير صحيحة تماماً [1]. ففي عهد الثورة الصناعية كانت هناك بذور التسويق أي جهود لحث الطلب وليس كما يقول SAY. ويرى بعضهم أن فكرة التسويق ظهرت في القرن السابع والثامن عشر في فرنسا وبريطانيا بحسب **P.chapuis (1990)** وأن فكرة التسويق لم تولد في أمريكا في بداية القرن العشرين. وهنا يمكن التمييز بين عدة مراحل ميزت تطور علم التسويق في بداية هذا القرن.

ـ التوجه نحو الإنتاج في بداية هذا القرن (1900-1930). ظلت فكرة الطاقة الإنتاجية وأساليب الإنتاج وحجمه هي المسيطرة على نشاط المشروعات. حيث يتم بيع كل ما ينتج ومازال العرض أقل من الطلب. إن إدارة التصميم الهندسي هي المسؤولة عن وضع التصاميم للسلع وتحديد مستوى الجودة، وأن إدارة الإنتاج مسؤولة عن التنفيذ. تميزت هذه المرحلة بما يلي:

- التركيز على كمية الإنتاج وتكلفته وكل ما ينتج يباع.
- لا توجد أي أهمية لنشاط البيع.
- لم يكن السوق سوق منافسة قوية.
- ترجيح مصلحة المشروع على بقية المصالح (الهدف هو الربح الأعظمي).

ـ التوجه البيعي ما بين 1930-1950. نتيجة التطور التكنولوجي في بداية هذا القرن والاستمرار في الإنتاج الصناعي الكبير وغير المخطط ظهرت كميات فائضة من الإنتاج وزاد العرض على الطلب لأول مرة، هذا الأمر أدى إلى ظهور أزمة الكساد العالمية في عام 1929 وعدم القدرة على تصريف فوائض الإنتاج. لذلك توجه الفكر الاقتصادي إلى دراسة الطلب بدلاً من دراسة العرض وبدأت

---

[1] - DUBOIS.P.L ET JOLIBERT.A. LE MARKETING. ECONOMICA. PARIS. 1992

وظيفة المبيعات تأخذ أهميتها في فكر الاقتصاديين والإداريين [٢]. وفي بداية الخمسينيات شهد علم الإدارة ولادة علم التسويق الذي يعتبر وظيفة البيع من إحدى المهام التي يتوجب عليه القيام بها وليس العكس.

من ميزات هذه المرحلة نذكر:

- التركيز على الإنتاج والمنتج هو المسيطر على السوق.
- استخدام الإعلان لحث المستهلك على شراء ما تم إنتاجه وإقناعه بمنافع السلعة وأهميتها.
- ظهور دور جديد لرجال البيع أكثر أهمية مما سبق من أجل خلق الطلب على السلع.
- التوسع في إيجاد منافذ تصريف جديدة لزيادة المبيعات خلال فترة زمنية معينة دون الاهتمام بكسب ولاء المستهلك لإعادة الشراء.

- التوجه التسويقي ما بين **١٩٥٠-١٩٧٠**: مرحلة سيادة المستهلك على الأسواق: في هذه المرحلة ظهرت بذور علم التسويق وأخذ رجال البيع يتمتعون بدور هام في الشركة بغية تصريف منتجاتها. وهنا اتجهت أنظار علماء التسويق إلى المستهلك بدلاً من المنتج بصفته مالك القوة الشرائية وصاحب القرار النهائي بالشراء. لدرجة أن هذا المستهلك أطلق عليه / سيد السوق/ **Le** *Consommateur est roi*. ومنذ بداية هذه المرحلة أصبح المستهلك بمثابة المحور الذي يحرك نشاط المشروعات الاقتصادية.

لقد أوضح **PH, KOTHER** أن جوهر مفهوم سيادة لمستهلك هو أن المستهلك يحتل نقطة الارتكاز في النشاط التسويقي من حيث دراسة حاجاته ورغباته وإعداد وإنتاج السلع والخدمات لإشباع هذه الرغبات وتحقيق هدف المشروع ألا وهو الربح. إذاً يتوجب على الشركة رصد سلوك المستهلك ودراسة حاجاته والتغير في أذواقه ومن ثم إنتاج السلع بما يتلاءم مع طلب المستهلك. من أهم خصائص هذه المرحلة ما يلي:

- التركيز على إشباع رغبات المستهلك بدلاً من التركيز على الإنتاج والتكلفة.
- مراعاة تصميم السلع بما يتناسب مع هذه الرغبات بحسب الأسواق المستهدفة.

---

[٢] - نعيم حزوري، د. رضوان المحمود العمر ٢٠٠١، التسويق، منشورات جامعة حلب.

الاهتمام بعرض السلعة بطريقة أفضل لجذب انتباه الزبائن: تعبئة، تغليف، وألوان، وكتابات،..الخ.

- تحقيق التوازن بين مصالح المشروع ومصالح المستهلك.

لكن نتيجة التطور التكنولوجي السريع والتغير المستمر في أذواق المستهلكين والمنافسة الحادة في الأسواق وعولمة السوق، أصبح من الصعب على الشركة متابعة التغير السريع في أذواق المستهلكين مما أدى إلى ظهور توجهات جديدة لمفهوم التسويق وعودة المنتج للسيطرة على السوق من جديد عن طريق استخدام أساليب التسويق الحديثة.

ـ مرحلة ما بعد 1970: **المفهوم الاجتماعي** لعلم التسويق ومرحلة خلق الحاجة:

منذ بداية التسعينات طرأت تغيرات في نهج التسويق نتيجة الشعور بأن المفهوم التسويقي لا يطبق كما يجب ويقوم على إرضاء فئات على حساب فئات أخرى من المجتمع، وأن التسويق أصبح أكثر تحولاً من الإطار الذي يتحدد بعناصر البائع والسلعة والمستهلك وانتقاله إلى تحقيق أهداف المجتمع وتحقيق الرفاهية له. من أهم التوجهات في هذه المرحلة نذكر:

- نتيجة التطورات الحديثة في العلم والمعرفة والحياة الاجتماعية لوحظت تغيرات سريعة في أذواق ورغبات وسلوك المستهلكين. لهذا فقد أصبحت الشركات عاجزة عن رصد سلوك المستهلك ومن ثم تصنيع السلع بالشكل الذي يلبي رغباته. حيث عندما يشعر المستهلك بأن سلوكه سابق للتطور التكنولوجي لمنتجات الشركة التي يتعامل معها فإنه سوف يبحث عن سلعة أخرى تعطيه إشباعاً أفضل من حيث الجودة والميزات التي تملكها السلعة.

- نتيجة المنافسة الحادة والتطورات التقنية السريعة والنفقات التي تدفعها الشركات في مجال البحث والتطوير، أصبح طرح المنتجات الجديدة يكلف الشركة نفقات ضخمة حتى تصبح جاهزة. ولا يمكن أن تستمر الشركة في اتباع منهجية التجربة والاختبار من أجل طرح المنتجات التي تلقى نجاحاً في السوق وإهمال السلع غير الرائجة (أو الفاشلة).

- أمام هذه الواقع - سرعة تغير لأذواق والتكاليف الضخمة للبحث والتطوير- فقد عملت الشركات على استبعاد فكرة سيادة المستهلك والسيطرة من جديد على تحديد المنتجات التي سوف تطرح في الأسواق معتمدة في ذلك علم التسويق الحديث من أجل خلق الحاجة عند المستهلك بدلاً من انتظار

تطور سلوكه ورغباته. فالشركة الحديثة تقوم حالياً بالتنبؤ برغبات وسلوك المستهلك وتحاول تسريع وتطوير سلوكه بشكل غير مباشر من خلال تصميم سلع جديدة بمواصفات متطورة ومتزايدة. فمن خلال إحداث هذا التغير في أذواق المستهلك يتم توجيه الطلب على السع بالجودة والمواصفات التي حددها المشروع مسبقاً. وبالاعتماد على أساليب التسويق الحديثة يتم عرض السلع في السوق وخلق الحاجة لدى المستهلك على هذه السلع ومن ثم تحويل هذه الحاجة إلى طلب حقيقي وشراء فعلي لهذه السلع.

بعد الاستخدام للسلعة يتم دراسة ردود أفعال المستهلكين عن السلع والعمل على تطويرها بشكل مستمر لتلبية متطلبات السوق. من أهم ميزات هذه المرحلة نذكر:

- التركيز على إشباع رغبات المستهلكين وتحسين نوعية حياتهم لأن قبول ورضاء المستهلك لمنتجات الشركة هو الضمانة الوحيدة لبقائها واستمرارها في السوق وتحقيق أرباحها.
- يتعامل المستهلك مع المشروع الذي يرعى مصلحته ومصلحة المجتمع.
- تحقيق التوازن بين أهداف المشروع وأهداف المستهلك والمجتمع.
- أهمية الابتكار والخلق في التسويق بغية تقديم منتجات جديدة ومتطورة.
- ضرورة التخطيط الطويل والمرحلي في مجال التسويق.
- أهمية البحوث التسويقية في جمع المعلومات اللازمة لاتخاذ القرارات التسويقية.

إن أهمية التسويق كنظام متكامل وملاءمة هذا النظام لنوع وطبيعة المشروعات. ويتم ذلك من خلال التكامل والتنسيق بين مختلف الوظائف داخل المشروع (إنتاج، تسويق، تمويل، أفراد) وذلك لتحقيق أهداف المشروع. بالإضافة إلى التكامل بين الوظائف التسويقية من تسعير وإعلان وإنتاج وتوزيع وبحوث .... للعمل نحو تحقيق إشباع رغبات المستهلك، وتقديم الحلول المناسبة له. حيث أن المستهلك لا يريد سلع وخدمات بعينها وإنما يريد حلول لمشكلاته. وتظهر قدرة المشروع في تقديم الحلول المناسبة له من خلال القيام بالإنفاق على البحث وتطوير المنتجات وتقديم الجديد منها لإشباع الحاجات وتحقيق رفاه المجتمع أيضاً.

وبالنتيجة يمكن القول بأن مفهوم التسويق كنشاط ارتبط باحتياجات ورغبات المستهلك والقدرة على إشباعها من خلال عمليات تبادلية. في الواقع نجد أن ممارسات النشاط التسويقي يجب أن تتم من خلال توجه وفكر علمي يحكم عمل المنظمة ويكون بمثابة دليل لكافة القرارات المتخذة داخل المشروع. هذا يعني بأن هناك فرق بين مفهوم التسويق كنشاط والمفهوم التسويقي كفكر وفلسفة [3] :

- مفهوم التسويق كنشاط يعبر عن مجموعة الأنشطة التي تؤدي من خلال علاقة المشروع بأسواقه.

- الفكر التسويقي هو طريقة التفكير والفلسفة التي تحكم أوجه النشاط المختلفة.

ولكي نتمكن من فهم جوانب التسويق يجب أن نأخذ بعين الاعتبار ما يلي:

ـ معرفة وفهم احتياجات الزبائن.

ـ التحليل المستمر للسوق والقيام ببحوث التسويق ومعرفة الاتجاهات الجديدة في الاستهلاك والمنافسة والحصة السوقية ..... الخ.

ـ المواءمة بين منتجات معينة وأسواق معينة وذلك من خلال تقسيم السوق إلى أجزاء محددة ومتجانسة ومن ثم تقديم السلع التي تشبع حاجات ورغبات المستهلكين في كل جزء سوقي.

ـ يتوجب على رجال التسويق أن يفهموا ماذا يشتري المستهلك حقيقة. فالمستهلك حينما يشتري السلعة فإنه لا يشتري شيئاً مادياً فقط، بل يشتري مجموعة من الميزات والمنافع اللازمة لحل مشكلة معينة لديه. كما هو الحال في الحاسوب حيث يتم استخدام مجموعة من الخدمات: حاسوب، دسك (أقراص)، برامج، طابعة ...الخ.

ـ معرفة الدرجة التي يمكن بها إشباع حاجات الزبائن من قبل المنافسين.

ـ على رجال التسويق تفهم رسالة وأهداف الشركة ومن ثم وضع الاستراتيجيات التسويقية المناسبة لتحقيق تلك الأهداف في نطاق إمكانيات المشروع.

[3] - STANTON W & CO. FUNDAMENTALS OF MARKETING. NINTH EDITION. NEW YORK 1991

ثانياً- تعريف التسويق: **LA DEFINITION DU MARKETING**

في الحقيقة، لقد أعطيت عدة تعريفات للتسويق، واختلفت هذه التعريفات أو مفاهيم التسويق باختلاف الفترات الزمنية التي عالجت موضوع التسويق. حيث خلال فترة طويلة كان التسويق يعني البيع ومهاراته أو إيصال السلع والخدمات من المنتج إلى المستهلك. وإن الإعلام هو فن الإعلان عن منتجات المشروعات. وسوف نعرض أهم التعريفات للتسويق بحسب تسلسلها الزمني:

- بالنسبة إلى MAZOR (1947): التسويق هو خلق مستوى معيشة أفضل للمجتمع.

- الجمعية الأمريكية للتسويق (1960): التسويق هو جميع أوجه النشاط التي تختص بانسياب السلع والخدمات من المنتج إلى المستهلك أو المستخدم.

- D.PERREAULT & MC. CANTHY (1960): التسويق يعني توجيه كافة الجهود في المنظمة لتلبية وإرضاء المستهلكين مع تحقيق ربح.

- W.STANTON (1971): التسويق هو نظام كلي لتكامل أنشطة الأعمال المصممة لتخطيط وتسعير وترويج وتوزيع السلع والخدمات المشبعة لرغبات المستهلكين الحاليين.

- D.PERREAULT & MC. CANTHY (1981): التسويق هو العملية الاجتماعية التي توجه التدفق الاقتصادي للمنتجات والخدمات من المنتج إلى المستهلك بطريقة تضمن التطابق بين العرض والطلب وتؤدي إلى تحقيق أهداف المجتمع.

- الجمعية الأمريكية للتسويق (1985): التسويق هو العملية الخاصة بتخطيط وتنفيذ وخلق وتسعير وترويج وتوزيع الأفكار أو السلع أو الخدمات اللازمة لإتمام عمليات التبادل والتي تؤدي إلى إشباع حاجات الأفراد وتحقيق أهداف المنظمات.

- A.OLLIVIER ET CO (1990) : التسويق هو حالة نفسية ومجموعة الطرق والتقنيات والإجراءات المستمرة في المشروع بغية اكتساب زبائن ميسورين مالياً والمحافظة عليهم بفضل المعرفة والتحليل المستمر للسوق بغية التنبؤ بتطورات السوق أو التكيف معه على الأقل [4].

_____

4-OLLIVIER , A et CO. LE MARKETING INTERNATIONAL, PUF, FRANCO 1990

- ويرى D.LINDON (1994) [5]: أن التسويق هو مجموع الوسائل التي تملكها الشركة من أجل بيع منتجاتها إلى زبائنها.

- PH.KOTLER (1996,1984): التسويق هو نشاط إنساني يهدف إلى إشباع الاحتياجات والرغبات الإنسانية من خلال عمليات تبادلية [6].

- ونرى نحن أن التسويق هو جميع أوجه النشاط والإجراءات المستمرة في المشروع التي تهدف إلى إشباع احتياجات ورغبات الأفراد والمجتمع وتحقيق أهداف المنظمة من خلال بيع منتجاتها إلى المستهلكين.

إن معظم كتاب التسويق اعتمدوا على التعريف الرسمي الذي قدمته الجمعية الأمريكية للتسويق. إن بعض هذه التعريفات لم يشر إلى أن عملية التسويق هي وظيفة شاملة ومستمرة تبدأ قبل الإنتاج وذلك لدارسة حاجات ورغبات المستهلك ومقدرته ودوافعه، وتستمر أثناء الإنتاج وحتى إلى ما بعد البيع لمعرفة ردود فعل المستهلكين عن السلعة بعد اقتنائها. إن تعريف PH. KOTHER كان أكثر التعاريف شمولاً لموضوع التسويق حيث يضم تعريفه للتسويق العناصر التالية:

- إن الحاجات والرغبات الإنسانية هي نقطة البداية للنشاط التسويقي.
- ما يتم تبادله من السع والخدمات التي تشبع الحاجات والرغبات.
- التبادل هو جوهر التسويق وإنه لا تسويق في حالة الاكتفاء الذاتي.
- يتطلب التبادل أن يكون هناك طرفان لدى كل طرف شيء له قيمة لدى الطرف الآخر مع توفر عنصر الحرية في الاتفاق.

من أجل فهم ماهية التسويق بدقة أكثر يمكن التعرف على بعض المفاهيم الأساسية التي يستند إليها النشاط التسويقي.

5- LINDON.D. LE MARKETING. NATHAN. PARES. 1994

6 -KOTHER.PH MARKETING MAAGOMENT, PENTECE HALL 1984.

ثالثاً- عناصر النشاط التسويقي: بعض المفاهيم الأساسية.

من خلال التعاريف السابقة للتسويق نستنتج عناصر النشاط التسويقي. من أهمها نذكر: الحاجات، الرغبات، الطلب، المنتجات، التبادل: العقود والأسواق(**1984 PH .KOTHER**).

1ـ الحاجات: **LES BESOINS**

الحاجة هي الأساس في دارسة التسويق. كل إنسان لديه العديد من الحاجات المادية (طعام، ملبس ومسكن) والحاجات الاجتماعية (الانتماء، والمعرفة، والتقدير والحب، وتحقيق الذات) والتي يسعى إلى إشباعها بحسب سلم أولويات محدد. وتختلف هذه الحاجات من فرد إلى آخر بحسب الوضع الاقتصادي لكل فرد، ومن مجتمع إلى آخر بحسب التقدم الاقتصادي والاجتماعي داخل المجتمع. ففي المجتمعات المتقدمة اقتصادياً وذات الدخل المرتفع يتطلع الفرد إلى إشباع حاجاته من خلال الدخل المرتفع الذي يحصل عليه بعكس الأفراد في الدول النامية الذين يسعون إلى التقليل من مستوى الحاجة أو محاولة إشباعها بما هو متاح من سلع وخدمات. بحيث يتم إشباع الحاجات الأكثر إلحاحاً أولاً (بحسب سلم الأفضليات).

2ـ الرغبات: **LES DESIRS**

تمثل الرغبات مرحلة متقدمة من الحاجات. فالرغبة هي الوسيلة التي تستخدم في إشباع الحاجة. مثل الرغبة في التنقل واستخدام سيارة من علامة معينة. كذلك تختلف رغبات الأفراد من مجتمع إلى آخر ومن ثقافة إلى أخرى. فقد يشعر الفرد بالحاجة إلى الطعام وقد يختار الفرد السوري المشاوي لإشباعها ويفضل الصيني مادة الأرز والسمك، والفرنسي يختار لحم الخنزير والنمساوي البطاطا ...... الخ. ومن ثم فإن مهمة رجل التسويق هو إيجاد وتقديم السلع والخدمات التي تشبع هذه الرغبات.

وهنا يجب عدم الخلط بين الحاجات والرغبات كما تفعله بعض الشركات. مثلاً إن منتج الأتاري يعتقد أن المستهلك يحتاج إلى لعبة الأتاري ولكن المستهلك يحتاج في الحقيقة إلى التسلية بشكل عام. منظمة السكك الحديدية تعتقد أن المستهلك يحتاج إلى خدمات النقل بالقطارات، ولكنه في الحقيقة يحتاج إلى التنقل بصفة عامة من مكان إلى آخر.

لـذا فـإن العديـد مـن المنتجـين يعـانون مـما أسـماه T.LEVITT (بقصر۔ النظـر التسـويقي) LA MYOPIE De MARKERTING. حيث أن كل اهتمام المنتج ينصب على السـلع التـي ينتجهـا أو الخدمة التي يقدمها وليس على احتياجات المستهلك متناسياً أن المنتجات هـي وسـيلة لحـل مشـكلة لـدى المستهلك ولإشباع حاجاته [٧]. لذا يجب عـلى المنـتج دراسـة احتياجـات المسـتهلك ومـن ثـم تقـديم السـلع الجديدة التي تشبع هذه الحاجات والرغبات.

٣ـ الطلب: LA DEMANDE

إن أفراد المجتمع لديهم رغبات واحتياجات غير محدودة ودخول محدودة. لذا على كـل فـرد أن يختار المنتجات التي تمده بأقصى إشباع ممكن في حدود قدرته الماليـة. إذاً يتحـدد الطلـب عـلى سـلعة مـا برغبة الأفراد على اقتنائها والقوة الشرائية لـديهم [٨]. ويتحـدد الطلـب عـلى المشرـوع أو عـلى سـلعة مـا في منطقة جغرافية معينة (سوق محلي، قومي، دولي) خلال فترة زمنية معينة. فالمنظمة الناجحة هـي التـي تتنبأ الطلب الكلي المتوقع على منتجاتها خلال فترة زمنية محـددة مـن أجـل تقـدير حجـم إنتاجهـا لتلبيـة الطلب في سوق محددة.

٤ـ المنتجات: LES PRODUITS

إن وجود الحاجات والرغبات الإنسانية وظهور الطلب عليها يتطلـب تقـديم منتجـات لإشـباعه. ويقوم المستهلك باختيار السلع والخدمات التي تقدم لـه أفضـل إشـباع ممكـن مـن بـين مجموعـة السـلع المتاحة في السوق. فالمنتج ليس فقط هو السلعة المادية التي تقوم الشركة بإنتاجهـا وتسـويقها، ولكـن هـو أشمل وأوسع من ذلك، وقد تكون سلعة أو خدمـة أو فكـرة أو مكـان تسـلية أو أي شيء مشـبع للحاجـة. فمثلاً شراء السيارة يتم ليس بغرض التملك وإنما إشباع حاجة ما(التنقل، المفاخرة) والمنـزل كـذلك إشـباع حاجة السكن .... الخ.

---

٧ - LEVITT.T. LE MARKETING.A COURTE VUE. ENCYCLOPEDIE FRANCAISE DU MARKETING. EDITIOU TECHMIQUES ٠-١١-A.١٩٧٥.

٨. عبد المحسن توفيق محمد، التسويق وتدعيم القدرات التنافسية للتصدير، دار النهضة العربية القاهرة ١٩٩٧

٥ـ التبادل: L' ECHANGE

طالما أن هناك حاجات ورغبات للفرد وهناك منتجات تشبع هذه الحاجات فيمكن للفرد الحصول عليها في أغلب الأحيان عن طريق التبادل (أو إنتاجها بنفسه، التسول، السرقة). ويعتبر التبادل هو جوهر العملية التسويقية كما يقول **PH. KOTHER** حيث لا يوجد تسويق دون تبادل، أو في حالة الاكتفاء الذاتي أو محاولة إشباع الرغبات بطرق أخرى. وتتطلب عملية التبادل الشروط التالية:

- أن يكون هناك طرفين (على الأقل).
- لدى كل طرف شيء ما ذو قيمة للطرف الآخر.
- سهولة الاتصال بين الأطراف وتسليم الأشياء.
- أن يكون لكل طرف الحرية المطلقة لقبول أو رفض عرض الآخر.

انطلاقاً من هذا المفهوم، يمكن القول أنه يمكن تطبيق التسويق في أي مجال، ولا يقتصر على تبادل السلع الاستهلاكية والصناعية. حالياً يطبق التسويق في مجال الخدمات والأشخاص والأفكار ..... مثل تسويق الخدمات السياحية والفندقية والمصرفية، وفي المجال السياسي والاجتماعي مثل محاربة التدخين، تنظيم الأسرة، تلوث البيئة، محاربة انتشار الأسلحة النووية، الانتخابات السياسية ... الخ.

٦ـ العقود: (المعاملات) : LES TRANSACTIONS

تعد العقود الوحدة الأساسية للتبادل. فعندما يتفق طرفان على عملية تبادل ما يمكن القول إن هناك عقد قد تم. يتضمن العقد إذاً عملية إتمام الصفقة وجميع شروط التعاقد من زمان ومكان الاتفاق والمقابل الذي يحصل عليه كل طرف.

في الواقع يوجد نوعان من المعاملات أو العقود.

- العقود المالية: وهي ما يقوم بدفعه المستهلك مقابل الحصول على سلعة أو خدمة معينة في صورة وحدات نقدية. قديماً كانت العقود التسويقية مقتصرة على العقود المالية، أي من خلال مبادلة السلع والخدمات بما يقابلها من أموال.

ـ العقود غير المالية: مثلاً المرشح السياسي يقدم برنامجه مقابل الصوت الانتخابي. والمسوق للأفكار يحصل على التأييد للفكرة وكل هذه الأنواع تعد عقود غير مالية [9].

فمن أجل تحقيق تبادل فعال وناجح يجب تحليل توقعات كل طرف في عملية التبادل التي يطلق عليها قائمة رغبات المشتري. الشكل التالي/1-1/ يوضح لنا ما يتوقعه كل طرف في التبادل.

جودة عالية، سعر عادل، تسليم في وقت محدد، خدمات، ائتمان
المستهلك المحتمل
السوق أو المنتج
سعر جيد، التزام بالدفع، تحدث جيد عن المشروع (دعاية)

شكل 1-1 : توقعات طرفي التبادل في العقود

7ـ الأسواق : LES MARCHES

تتكون السوق عادة من المستهلكين المحتملين والمستخدمين الذين لديهم حاجة أو رغبة معينة ولديهم الاستعداد والقدرة المالية لإشباعها. إن حجم السوق يعتمد على عدد المستهلكين وقوتهم الشرائية واستعدادهم لتقديم النقود للحصول على الحاجة. وهناك عدة تعريفات للسوق:

ـ السوق هي المكان الذي يلتقي فيه مجموعة البائعين والمشترين ويتم فيه تحويل ملكية السلع.

ـ يرى الاقتصاديون أن السوق هي مجموعة المشترين والبائعين الذين يتعاملون في سلعة أو مجموعة سلع وتحدده قوى العرض والطلب.

ـ من جهة رجال التسويق. يعتقدون أن البائعين يمثلون الصناعة والمشترين يمثلون السوق. وتظهر العلاقة بين الصناعة والسوق في مجموعة من التدفقات التي تربط البائعين والمشترين. وهنالك عدة أسس يتم على أساسها تحديد السوق نذكر منها:

---

9 ـ الصحن محمد فريد، قراءات في إدارة التسويق، الإسكندرية 1996.

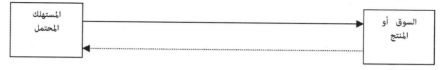

ـ أسواق الاحتياجات : سوق الراغبين بالتسلية مثلاً.

ـ الأسواق الديموغرافية : سوق الشباب، سوق الأطفال، سوق النساء.

ـ الأسواق الجغرافية : السوق السورية، السوق الفرنسية، السوق التركية.

ـ أسواق السلع : سوق الثلاجات، سوق القمح، سوق القطن، سوق الذهب.

ويوضح الشكل التالي /2/1-2/ أنواع الأسواق والتدفقات المرتبطة بها[10]:

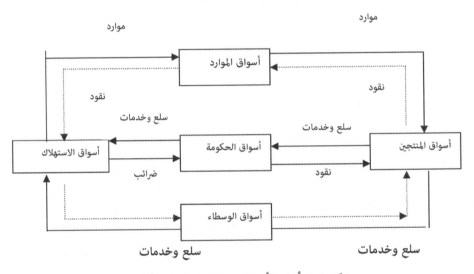

شكل 1-2 أنواع الأسواق والعلاقات فيما بينهما.

يلاحظ مما سبق أن التسويق هو نشاط إنساني له علاقة بالأسواق التي يخدمها لتحقيق عملية التبادل وتعظيم المنافع لأطراف العملية التسويقية.

رابعاً- النظام التسويقي: **LE SYSTEME DU MARKETING**

يعرف النظام التسويقي على أنه مجموعة العناصر التي تتحد وتتفاعل فيما بينها بحيث يقوم كل عنصر في أداء مهامه بالاعتماد على العناصر الأخرى، ومن ثم فإن تضافر جهود هذه العناصر

---

[10] الصحن محمد فريد، التسويق، الدار الجامعية الإسكندرية 1996.

مجتمعة يؤدي إلى تحقيق ناتج كلي أكبر من مجرد قيام كل عنصر بالعمل بصورة منفردة. لذا يمكن النظر إلى النشاط التسويقي كنظام يتألف من عدة عناصر وهي المنتجات التي تقوم المشروعات بتسويقها وهياكل الأسعار ومنافذ التوزيع والترويج. وعند قيام مدير التسويق بالتخطيط التسويقي يجب أن يأخذ باعتباره حتمية التكامل بين عناصر المزيج التسويقي (عناصر النظام). فالنظام التسويقي هو إذاً القوى والمنظمات والعوامل كافة ذات التأثير والتي تربط المنظمة بأسواقها. يتألف النظام التسويقي إذاً من طرفين هما المنظمة والأسواق المستهدفة التي تقوم بخدمتها. وتتحقق العلاقة بين المنظمة وأسواقها كما يلي:

- تقوم الشركة بتسويق منتجاتها (سلع، خدمات) إلى أسواقها المستهدفة. **MARCHES CIBLES** مقابل الحصول على عائد أو منفعة (أموال).

- تؤثر الشركة على السوق المستهدفة بإمداده بالمعلومات(الإعلان) عنها، وعن منتجاتها والمنافع التي سيحصل عليها المستهلك من جراء استخدامه للمنتج، وفي المقابل تحصل الشركة على معلومات من السوق عن خصائصه واحتياجاته وتفضيلا ته ورضاه عن منتجاتها.

وفي هذا المجال يميز كل من **PH. KOTHER** (1996) و **W.STATNTON** (1991) [11] بين عدة مستويات تمثل عناصر النظام التسويقي بشكل علمي وهي:

- النظام التسويقي الرئيس للشركة.
- تخطيط العمليات التسويقية (سيتم التعرف عليها في الفصول القادمة).
- جماهير المنظمة.
- البيئة الخارجية.

إن دور التسويق في المنظمة يتضح من خلال الشكل التالي (3ـ1) الذي يلخص عملية التسويق الأساسية ويعزز تأثير الاستراتيجية التسويقية للشركة.

---

[11]- STANTON. W & CO (1991). FUNDEMENTALE OF MARKETING. NINTH EDIHION.. NEW YORK.

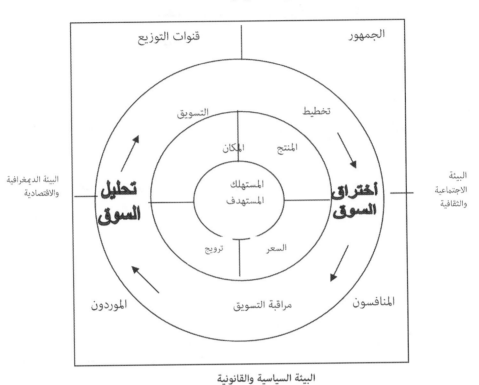

البيئة الطبيعية
قنوات التوزيع
الجمهور
التسويق
تخطيط
المكان
المنتج
البيئة الديمغرافية والاقتصادية
تحليل السوق
المستهلك المستهدف
اختراق السوق
البيئة الاجتماعية والثقافية
ترويج
السعر
الموردون
مراقبة التسويق
المنافسون
البيئة السياسية والقانونية

شكل رقم (3ـ1) : النظام التسويقي الكلي

مصدر : CIT 1996 .G. AP. KOTHER & ARMSTRONG.PH

نلاحظ من هذا الشكل أن الزبائن تشكل نقطة انطلاق النشاط التسويقي، حيث تحدد الشركة السوق الكلية ومن ثم تجزئها إلى قطاعات أصغر وتختار الأجزاء الأكثر جاذبية وتركز على خدمة وإرضاء هذه الأجزاء. تقوم الشركة عادة بتصميم المزيج التسويقي المؤلف من العناصر التي تتمكن من التحكم بها هي: المنتج، والسعر، والتوزيع، والترويج. لإيجاد أفضل مزيج تسويقي ووضعه في التنفيذ، تقوم الشركة بالتحليل التسويقي والتخطيط والرقابة (أي إدارة النشاط

التسويقي: أنظر الفقرات القادمة) ومن خلال هذه الأنشطة تراقب الشركة وتتكيف مع البيئة التسويقية. وسوف نعرض الآن باختصار عناصر هذا النظام ويتم مناقشة هذه العناصر بالتفصيل في الفصول الأخيرة من هذا الكتاب.

1- النظام التسويقي الرئيس للمشروع:

يشمل هذا النظام كافة المنظمات الرئيسية التي تتعاون مع المشروع لمد السوق بالمنتجات التي يحتاجها وكذلك المنافسين. لأن قدرة المشروع على تحقيق مركز تنافسي جيد في السوق تعتمد بالإضافة إلى إنتاج وتسويق ما يطلبه السوق من سلع وخدمات على مدى قدرته على الحصول على احتياجاته من المواد بأسعار تنافسية ومدى قدرته على تأكيد تعاون الوسطاء وولائهم لتصريف المنتجات وتأمينها في الأسواق.

يتألف هذا النظام من الأطراف التالية:

آ ـ الزبائن المستهدفة:

كي تنجح الشركات في عالم التجارة والمنافسة في وقتنا الحاضر يجب أن تضع الزبون (المستهلك) في مركز نشاطها ومحاولة كسب الزبائن من المنافسين بتقديم قيم أفضل من المنافسين. لكن قبل إرضاء الزبائن- ومن أجل هذا الهدف - يجب على الشركة أن تفهم جيداً حاجاتهم ورغباتهم، وهكذا فالتسويق الناجح يتطلب تحليل حذر وجيد للزبائن. إن الشركات تعلم مسبقاً أنها لا تتمكن من إرضاء كافة الزبائن في السوق - على الأقل ليس كل الزبائن بالطريقة نفسها - حيث يوجد عدة أنواع من الزبائن مع عدة أنواع مختلفة من الحاجات. وهكذا فكل شركة يجب أن تجزئ السوق الكلي وتختار أفضل مما يقدمه المنافسون. وهذا يتطلب أربع خطوات رئيسية : تقدير الطلب والتنبؤ به، وتجزئة السوق، ووضع أهداف للسوق، وتعيين مواقع السوق. وسوف نقوم بتفسير هذه العناصر والخطوات في المباحث القادمة.

ب ـ الوسطاء:

هم المنظمات التي تسهل إتاحة المنتجات في الأسواق وتؤدي بعض الخدمات من تخزين وتوزيع ونقل وتحمل المخاطر والاتصالات .... الخ، مثل: تجار الجملة، التجزئة، النقل، التخزين، وكالات الإعلان ....

جـ ـ الموردون:

يلعب الموردون دوراً هاماً في مد المشروع بعوامل الإنتاج اللازمة لإنتاج السلع التي يتم طرحها في الأسواق. وهنا يقع على عاتق المشروع البحث عن مصادر توريد مناسبة والتفاوض معها على أساليب تأمين المواد بشروط جيدة. لأن الشراء الجيد ينعكس على العملية التسويقية من ناحية تخفيض تكاليف الإنتاج والأسعار وبالتالي تحسين الموقف التنافسي للمشروع.

د ـ المنافسون:

يلعب المنافسون دوراً هاماً في النظام التسويقي وفي القرارات التي تتخذها أي شركة. وتواجه كل شركة عدة أنواع من المنافسين في الأسواق. هذه الأنواع هي:

ـ المنافسة المباشرة: وهي المنافسة التي تتم بين المنتجات المتشابهة والتي تشبع نفس الحاجة. فهناك منافسة مثلاً بين ثلاجة الحافظ وثلاجة الملك ومنافسة بين منظفات OMO و PERSIL وبين سيارات TOYOTA و NISSAN ... الخ، ونلاحظ أن الاستراتيجية التسويقية المتبعة مثلاً في ثلاجة الحافظ تؤثر على الاستراتيجية المتبعة من قبل شركة الملك أو غيرها وتؤثر كذلك على حصتها السوقية.

ـ المنافسة الشاملة. تعني المنافسة بين المنتجات المختلفة والتي تشبع نفس الحاجة. فهناك منافسة بين خدمات النقل بالسكك الحديدية وشركات الطيران. إذاً المنافسة لا تأتي فقط من المنتجات المتشابهة ولكن كذلك من منتجات مختلفة مما يزيد القرارات التسويقية تعقيداً ويعقد عمل أو مهمة إدارة التسويق في أي مشروع[12].

---

[12] النجار نبيل : الأسس المعاصرة في التسويق ومهارات الوظائف البيعية والإعلان، 1995 القاهرة.

ـ المنافسة بين المشروعات. تتعلق بالمنافسة بين المشروعات المختلفة التي تنتج منتجات متنافسة. حيث المنافسة بين هذه المشروعات هي منافسة على الريادة وقيادة السوق LEADERSHIP والقدرة على الابتكار والتجديد وزيادة الحصة التسويقية ... الخ.

ـ المنافسة بين السلع غير المتشابهة ولا البديلة (أي التي لا تشبع نفس الحاجة) لكن بإمكانها الاستحواذ على دخل الفرد بحيث لا يبقى من دخله ما يكفي لشراء السلع المعينة. مثلاً دفع أقساط لمسكن أو سيارة أو أي سلفة لأن مثل هذه السلع لها أولوية معينة أكثر أهمية.

بشكل عام تلعب المنافسة دوراً هاماً في أهمية تخطيط وتنفيذ استراتيجيات التسويق في المشروعات المختلفة وتعقد العملية التسويقية والمتغيرات التي تتحكم فيها.

هـ ـ جماهير المنظمة: LE PUBLIQUE

هي مجموعة الجماهير التي يتعامل معها المشروع ولها تأثير عليها وعلى سياستها وإستراتيجياتها وأوجه نشاطها: مثل المصارف، وسائل الإعلان، والضرائب، والمنظمات الحكومية والقانونية. كل طرف أو مجموعة من هذه المجموعات يمكن أن تؤثر على القرارات التسويقية في المنظمة بشكل مباشر أو غير مباشر.

2ـ البيئة الخارجية للنظام التسويقي:

إذا كان بالإمكان التحكم بعناصر البيئة الداخلية للمشروع، فإنه يصعب التحكم بعناصر البيئة الخارجية، وبالتالي على إدارة المشروع أو إدارة التسويق الأخذ بالحسبان عناصر البيئة الخارجية أثناء قيامها بتخطيط أوجه النشاط التسويقي.

وتشمل عناصر البيئة الخارجية المنظمات السياسية والقوانين والمتغيرات الاقتصادية والسكانية والاجتماعية والتكنولوجية ... التي تؤثر على النظام التسويقي. ومن المعروف بأن عناصر البيئة الخارجية تتسم بالتغير المستمر: تغير في أذواق المستهلكين، ارتفاع أو انخفاض الدخل، تغير عدد السكان بالزيادة أو بالنقصان.... وكل هذه التغيرات تؤثر على حجم الطلب. وبالتالي يجب دراستها فور التعرف عليها وتخطيط الأنشطة التسويقية على ضوء هذه التغيرات ومعرفة الفرص التسويقية

المناسبة أو التهديدات والمخاطر التي تفرضها مثل هـذه المتغيـرات (ولنـا عـودة ثانيـة لدراسـة البيئة التسويقية في الفصول القادمة).

3ـ عناصر المزيج التسويق :

يتطلب القيـام بالنشاط التسويقي تخطيط ورقابة الأنشطة التسويقية، ودراسـة الأسـواق المستهدفة من حيث خصائصها وحجمها وتفضيلاتها، ودرجة المنافسة التي تسودها بغية تقديم ما يناسب من سلع وخدمات تلبي حاجات ورغبات المستهلكين بالسعر المناسب وفي المكـان والزمـان المناسبين وتعريف المستهلك بوجود السلعة ومحاولة خلق الطلب أو خلق الحاجة لديه وتحويـل هـذه الحاجـة أو الرغبـة إلى طلـب فعـال باسـتخدام عنـاصر التسويق الحـديث، التـي هـي عبـارة عـن عنـاصر المزيـج التسويقي MARKETING – MIX

تشمل هذه العناصر بشكل عام:

ـ السلعة	PRODUIT
ـ السعر	PRIX
ـ الترويج	PROMOTION
ـ التوزيع	PLACE

والتي أطلق عليها MC.CARTHY بـ 4Ps في عام 1960.

وهنا يجب التنويه إلى أن داخل كل عنصر من هذه العنـاصر هنـاك مجموعـات مـن القرارات التسويقية التي يجب على مدير التسويق اتخاذها حتى يخرج المزيج التسويقي في صورته المتكاملة. ومن أمثلة هـذه القرارات ما يلي:

آ ـ السلعة : تعرف على أنها مجموعة الخصائص أو المنافع المادية والنفسية والشكلية التـي تصمم لإشباع حاجات ورغبات المستهلك. ومن القرارات المتعلقة بتخطيط السلعة نذكر:

ـ تحديد جودة السلعة المقدمة للمستهلك.

ـ تحديد أشكال وأحجام السلعة.

ـ تحديد العلامة التجارية بحيث تلقى قبول المستهلك.

ـ تحديد الخدمات المرافقة.

ـ شكل الغلاف والألوان والكتابات على الغلاف والسعر.

ـ تحديد كافة التسهيلات والمعلومات التي تجعل المستهلك يقبل بها على أنها تلبي رغباته واحتياجاته.

ب ـ السعر: هو عبارة عن القيمة التبادلية للسلعة في السوق. ويرتبط تحديد سعر السلعة بجودتها وقدرتها على الأداء ومرونة الطلب والتكاليف والقوة الشرائية للأفراد والظروف الاقتصادية لكل مجتمع[13]. من القرارات المتعلقة بالتسعير نذكر:

ـ تحديد السعر الأساسي للسلعة.

ـ تحديد الخصومات التي تمنح للموزعين.

ـ تحديد أسعار الخدمات والضمان للسلعة.

ـ تحديد شروط الائتمان.

جـ ـ الترويج: هو مجموعة الجهود المبذولة لجذب أكبر عدد ممكن من المستهلكين لشراء منتجات المشروع. وهناك عدة أساليب لترويج السلع والخدمات، لكن يعتبر الإعلان وتنشيط المبيعات والبيع الشخصي من أهم أشكال الترويج. من القرارات المتعلقة في مجال الترويج نذكر:

بالنسبة إلى الإعلان: ـ تحديد مستوى استخدام الإعلان(أو الدعاية)[14].

ـ تحديد الرسالة الإعلانية الموجهة للمستهلكين.

ـ تحديد الوسائل الإعلانية (تلفاز، صحف، راديو، إنترنت ...)

ـ تحديد ميزانية الإعلان وتوزعها على الوسائل الإعلانية.

بالنسبة إلى البيع الشخصي وتنشيط المبيعات:

ـ تحديد حدود استخدام البيع الشخصي وأساليبه.

ـ تنظيم واختيار القوى البيعية وحجمها.

---

[13] ناجي عبده، التسويق : المبادئ والقرارات الأساسية، القاهرة، 1995 (بدون دار نشر).

[14] ـ الفرق بين الدعاية والإعلان، هو أن للإعلان غرض تجاري اقتصادي ربحي، بينما الدعاية لها هدف إعلامي تعريفي مجرد من الناحية الاقتصادية (مثل إقامة أسبوع اقتصادي، أو ندوة أو محاضر ...) وقد يتضمن هذا الأسبوع أو المؤتمر أو الندوة إعلان، وهنا الدعاية تتضمن الإعلان.

- تحديد مكافأة رجال البيع.

- تدريب وتقييم رجال البيع ومراقبة نشاطهم.

- تحديد أساليب تنشيط المبيعات وتوقيتها وموازنتها.

د - **التوزيع:** يمثل الجهود المبذولة لإتاحة السلع والخدمات إلى المستهلك النهائي. ويعد التوزيع من بين عناصر المزيج التسويقي الهامة كونه يقوم بخلق المنفعة المكانية والزمانية للسلعة. حيث بقية عناصر المزيج التسويقي لا تعني شيء إذا لم يتم إتاحة السلعة إلى المستهلك في الزمان والمكان المناسبين.

وتتمثل القرارات الخاصة بالتوزيع بما يلي :

- سياسات التوزيع المباشر أو غير المباشر.

- تحديد درجة التوزيع المستخدمة.

- تحديد برامج تعاون الوسطاء وتنمية العلاقات معهم.

- تحديد قرارات النقل والتخزين.

بشكل عام، إن الأهمية النسبية لعناصر المزيج التسويقي تختلف باختلاف طبيعة السلع وتصرفات المنافسون ودوافع الشراء أو طبيعة السوق التي تخدمه. لذا يجب اتخاذ القرارات التي تخص كل عنصر بشكل سليم ومعرفة أهمية كل عنصر بحسب هذه المتغيرات ومن ثم إعادة النظر في عناصر المزيج التسويقي كافة من فترة إلى أخرى حسب العوامل والتغيرات التي تطرأ على البيئة والنظام التسويقي كي يتم التعديل على أساس هذه التغيرات. بالاعتماد على ما سبق يمكن توضيح العملية التسويقية أو النظام التسويقي من خلال الشكل التالي (4-1) .

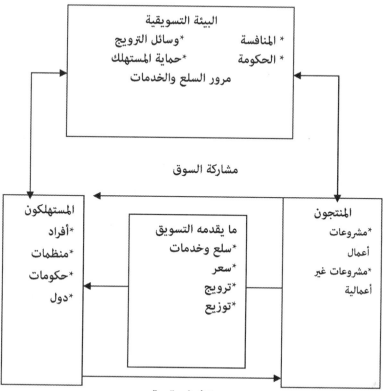

شكل (4-1) : مخطط يبين العملية التسويقية أو النظام التسويقي الكلي.

خامساً - أهمية التسويق: جدوى النشاط التسويقي ودوره في تحقيق المنافع.

1ـ هل التسويق يخلق الحاجات لدى الأفراد ؟

يرى بعض المفكرين أن التسويق يؤثر على الأفراد بوسائل مختلفة مما يؤدي إلى خلق الحاجـات لـديهم وهم ليسوا في حاجة حقيقية إليها. في الحقيقة، إن المفهوم الحديث لعلم التسويق قائم علـى هـذه المسـلمة أي السعي المتواصل لخلق الحاجة لدى الأفراد (KOTLER.Ph ,1996)، وإذا كانت هـذه الحاجـات في الواقع كامنة وموجودة لدى الأفراد، فإن التسويق والإعلان يسهمان في إظهار هذه الحاجات إلى حيز الوجـود وإشـباعها من خلال إيجاد أفضل المنتجات وتقديمها إلى السوق

33

وتعريف المستهلك بها وجعلها جذابة ويمكن الحصول عليها، وهي أفضل بديل لإشباع مختلف الحاجات والرغبات لدى الأفراد.

2ـ منافع التسويق:

يقصد بالمنفعة ذلك القدر من الإشباع الذي حصل عليه كل طرف من أطراف عملية التبادل بعد إتمامها. يرى بعض المفكرين أن التسويق هو نشاطاً غير منتج وهو إسراف في الوقت والجهد، لكن في الواقع، الإنتاج والتسويق هما نشاطان هامان ومتكاملان في أي مشروع. فوظيفة الإنتاج تحقق عادة المنفعة الشكلية للسلعة من خلال تحويل المواد الأولية إلى سلع تامة الصنع. أما التسويق فيقوم بتحقيق ثلاث منافع أساسية وهي: المنفعة الزمانية والمنفعة المكانية ومنفعة الحيازة أو التملك. إن عملية الإشباع تتحقق للمستهلك من خلال المراحل الأربع التالية:

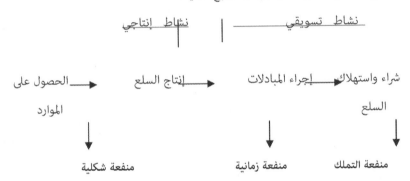

ـ المنفعة المكانية: تتم من خلال نقل السلع من أماكن إنتاجها إلى أماكن استهلاكها وتوفيرها للمستهلك في المكان المناسب.

ـ المنفعة الزمنية. تتم عن طريق توفير السلع للمستهلك في الوقت المناسب وذلك بتخزين السلع لوقت الحاجة لها.

ـ المنفعة التملكية: تتم عن طريق نقل ملكية السلع من البائع إلى المشتري من خلال البيع.

يلاحظ مما سبق أن عملية خلق المنافع تقسم بين النشاط الإنتاجي والنشاط التسويقي، إذ يقوم الإنتاج بخلق المنفعة الشكلية ويتولى التسويق خلق المنافع الأخرى.

إن المفهوم الحديث للتسويق يرى أن التسويق يساهم أيضاً في خلق المنفعة الشكلية (مع وظيفة الإنتاج) ولكن بطريقة مختلفة ولعدة اعتبارات:

- أولاً، إن المنفعة الشكلية هي الإشباع المادي والسيكولوجي الذي يحصل عليه المستهلك من خلال الخصائص المادية والمعاني الرمزية للسلعة مثل شكلها وطرازها وأدائها لحاجته (مثل السيارة تؤدي وظيفة تنقل مريحة وتعطي شعوراً بالاستقلال والأهمية أو المركز الاجتماعي .... الخ) لكن كيف تمت معرفة هدف وحاجة المستهلك للسلعة وكيف تم تعريف المستهلك بها ؟ أليس عن طريق التسويق ؟!.

إن التسويق عن طريق دراسة السوق ومعرفة رغبات المستهلك وتفضيلاته للسلع يساهم في تحديد مواصفات السلع من الناحية التسويقية وتنقل هذه الرغبات إلى إدارة الإنتاج ليتم إنتاجها على الشكل الذي يحقق قبول المستهلك للسلعة.

- ثانياً، إذا كان خلق المنفعة الشكلية هو التغيير في شكل السلعة أو مضمونها أو طبيعتها فإن التخزين- وهو نشاط تسويقي- يستخدم كأداة لإكساب أنواع معينة من السلع قيمة وشكل جديد أحياناً، كما هو الحال في تخزين الأجبان والخمور وبعض الخضار (مخلل أو تجفيف) واللحوم المقددة .... الخ.

3ـ متى يبدأ التسويق ؟

هل التسويق يعقب الإنتاج أم هو مرحلة سابقة للإنتاج وتستمر إلى ما بعده ؟

يرى بعضهم أن التسويق يعقب العملية الإنتاجية من خلال التسلسل الوظيفي في العملية الإدارية وذلك لحث الطلب على ما تم إنتاجه من سلع وخدمات. لكن في الحقيقة وبحسب الفلسفة الحديثة للنشاط التسويقي أن التسويق نشاط مستمر خلال حياة المنظمة وبالتالي من الضروري أن تقوم إدارة التسويق بالتعرف على احتياجات ورغبات المستهلكين أولاً من خلال دراسة الأسواق ومن ثم إنتاج المنتجات التي تلبي حاجات ورغبات الأفراد وحالياً لا يمكن الاعتماد على المفهوم القديم للتسويق القائم على أساس كل ما ينتج يباع والعرض يخلق الطلب الخاص به بسبب علاقة النشاط التسويقي

35

بمختلف عناصر البيئة الخارجية المذكورة في الفقرات السابقة، وبسبب التطور العلمي والتكنولوجي وسرعة التغير في أذواق ورغبات المستهلكين وحدة المنافسة في الأسواق الداخلية والخارجية. فالتسويق إذاً يبدأ قبل الإنتاج لمعرفة رغبات المستهلكين ويستمر إلى ما بعد الإنتاج والبيع لمعرفة ردود الفعل لدى المستهلكين عن السلعة بعد شرائها واستخدامها. الشكل التالي يوضح ذلك :

التسويق	← الإنتاج	← التسويق
دراسة السوق ومعرفة الاحتياجات	ترجمة هذه الاحتياجات إلى سلع وخدمات	وضع السياسات التسويقية الملائمة لإقناع الزبائن بالشراء بجاذبية السلعة وقدرتها على تحقيق الإشباع لدى المستهلك

وما ينطبق على تسويق السلع المادية ينطبق على تسويق الخدمات.

4ـ تأثير التسويق في زيادة تكاليف المنتجات :

يعد تأثير التسويق في زيادة تكاليف المنتجات ومن ثم أسعارها من أهم الانتقادات الموجهة إلى التسويق بصفة عامة وإلى الإعلان بصفة خاصة. في الواقع، إن قيام المشروعات بالنشاط التسويقي يترتب عليها نفقات إضافية تزيد في تكاليف الإنتاج والإدارة. لكن ما هو التأثير النهائي المترتب من زيادة نفقات التسويق على تكلفة وحدة المنتج ؟ في الحقيقة لا يمكن النظر إلى التسويق من خلال مقارنة مدخلاته مع مخرجاته. فالكثير من المشروعات الناجحة تنفق الملايين على البحوث التسويقية والإعلان ولكنها تحقق عوائد أكبر بكثير مما تنفقه، بالإضافة إلى ما تحققه من فوائد للسوق المستهدفة.

من جهة أخرى، إن ضبط التكاليف التسويقية يمثل مدخلاً بديلاً لزيادة الإنتاجية والمساهمة في تحقيق الأهداف المتعلقة بالربحية. ويتم اتباع سياسات ترويجية و توزيعية أكثر كفاءة.

بشكل عام يمكن اعتبار التسويق نشاطاً اقتصادياً في حال توفر الشروط التالية:

ـ إذا ترتب عن الإعلان زيادة الطلب على المنتجات.

ـ إذا استطاعت المنظمة تلبية الزيادة في الطلب من خلال زيادة الإنتاج مما يحقق لها وفورات الحجم الكبير Economies d'Echelle وبالتالي انخفاض تكلفة وحدة المنتج.

ـ إذا ترتب عن الإعلان توسيع رفقة التوزيع للمنتجات مما يؤدي إلى زيادة فعالية نظم التوزيع وتخفيض تكاليف النقل والتخزين.

ـ إذا ترتب على القيام بالتسويق تدعيم المركز التنافسي للشركة في السوق وذلك بزيادة حصتها السوقية أو خروج منافسيها وزيادة خدمة الشركة للسوق بشكل أفضل.

إذا تحققت هذه الشروط فإن التسويق سوف يساهم في انخفاض تكلفة الوحدة المنتجة وزيادة أرباح المشروع وخفض سعر البيع للمستهلك.

5ـ أثر التسويق في مستوى المعيشة :

يساهم التسويق بطريقة غير مباشرة في تحسين مستوى الأفراد من عدة نواحي:

ـ يوفر التسويق أفضل الوسائل التي يمكن اتباعها لتحقيق الإشباع المطلوب من خلال الابتكارات وتقديم المنتجات الجديدة من حين إلى آخر.

ـ يخلق التسويق تطلعات جديدة لدى الأفراد لرفع مستوى معيشتهم عن طريق اقتناء السلع التي توفر لهم سبل الحياة المريحة وتساهم في زيادة إنتاجهم. ويتم ذلك باتباع أسلوب البيع بالتقسيط مثلاً للسلع المرتفعة الثمن لحث المستهلك على اقتنائها

- إن الأداء الفعال للجهود التسويقية يؤدي إلى زيادة تفضيلات المستهلك لمنتجات الشركة ومن ثم يدعم مركزها المالي مما يشجعها على الابتكار وتقديم سلع جديدة تساهم في رفع مستوى المعيشيـ لأفراد المجتمع.

ـ يؤدي الأداء التسويقي الفعال إلى زيادة حجم الطلب على المستوى القومي وإتاحة الفرصة للاستغلال الأمثل للطاقات الإنتاجية المتاحة وخلق فرص عمل جديدة، ومن ثم زيادة الدخل القومي وزيادة رفاهية المجتمع.

المبحث الثاني

إدارة وتنظيم النشاط التسويقي.

أولاً- وظائف النشاط التسويقي:

ترغب الشركة بشكل عام أن تصمم وتؤدي النشاط الذي سيحق أفضل إنجاز لأهدافها في الأسواق المستهدفة. وهذا العمل يتضمن أربع وظائف أساسية لإدارة التسويق: التحليل، والتخطيط، والتنفيذ، والرقابة، ويوضح الشكل التالي رقم (1-5) العلاقة بين هذه الأنشطة التسويقية. فتقوم الشركة أولاً بتطوير الخطط الاستراتيجية الكلية، ومن ثم يتم ترجمة هذه الخطط الكلية إلى خطط تسويقية وخطط خاصة لكل قسم وكل منتج أو علامة [15].

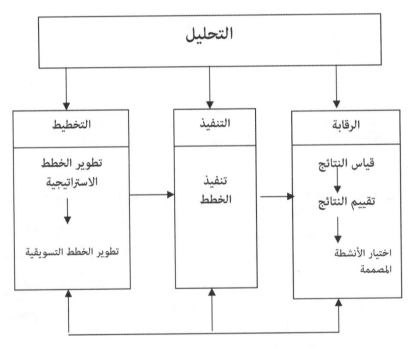

الشكل رقم (1-5) : وظائف النشاط التسويقي

[15]- KOTLER.PH.& ARMSTRONG.G.OP.CIT.1996

من خلال التنفيذ، تحول الشركة الخطط الاستراتيجية التسويقية إلى الأنشطة التي سوف تحقق الأهداف الاستراتيجية للشركة. يتم تنفيذ الخطط التسويقية من قبل عناصر النشاط التسويقي الذين يعملون مع الآخرين داخل الشركة وخارجها.

تتضمن الرقابة قياس وتقييم نتائج أنشطة وخطط التسويق والقيام بأعمال التصحيح للانحرافات بغية الوصول إلى الأهداف الثابتة.

إن تحليل التسويق يقدم أيضاً معلومات مفيدة لبقية الأنشطة التسويقية الأخرى.

1ـ تحليل التسويق.

إن إدارة وظيفة التسويق تبدأ بالتحليل الكامل لحالة الشركة. حيث تقوم بتحليل أسواقها وبيئتها التسويقية لكي تجد الفرص الجذابة وتتجنب تهديدات البيئة. إنها تحلل نقاط قوة وضعف الشركة، بالإضافة إلى تحليل الأنشطة التسويقية الحالية لتحديد أياً منها يمكن أن يكون الأفضل للاستمرار به. يقدم تحليل التسويق المعلومات والمدخلات الأخرى لكل وظائف الإدارة التسويقية.

2ـ تخطيط التسويق:

من خلال التخطيط الاستراتيجي تقرر الشركة ماذا عليها أن تعمل مع كل وحدة نشاط. يتضمن التخطيط الاستراتيجي تقرير الاستراتيجيات التسويقية التي سوف تساعد الشركة في تحقيق أهدافها الاستراتيجية الكلية. إن الخطة التسويقية المفصلة تنشأ الحاجة إليها في كل نشاط وكل منتج أو صنف. إن خطة المنتج أو الصنف يجب أن تحتوي على المجموعات التالية: الملخص التنفيذي، الحالة الجارية، الفرص والتهديدات، الأهداف والمهمات، استراتيجيات التسويق، برامج النشاط، الميزانيات والرقابة.

آـ الملخص التنفيذي:

يجب أن تقدم خطة التسويق ملخص تنفيذي قصير للأهداف والتوصيات العامة تمثل الخطة من أجل مراجعة سريعة للإدارة. يتضمن عادة هذا الملخص الخطوط العامة لخطة التسويق مثل: رقم الأعمال المستهدف، نسبة الأرباح، نسب الإنفاق على الترويج .... الخ.

ب ـ الحالة التسويقية الحالية:

تصف هذه المجموعة من الخطة السوق المستهدفة وموقع الشركة فيها. وهنا يقدم المخطط معلومات حول السوق، وإنجاز المنتج، والمنافسة والتوزيع. إنها تتضمن وصف السوق والأجزاء المختلفة له. فيحدد المخطط حجم السوق بشكل كلي أو جزئي لعدة سنوات ماضية ومن ثم تراجع حاجات المستهلك وعوامل البيئة التسويقية التي قد تؤثر على شراءه. بعد ذلك يتم مراجعة وفحص المنتج والمبيعات والأسعار ومعرفة المنافسين وتناقش استراتيجية كل منهم من ناحية جودة المنتج والتسعير والتوزيع والترويج. تبين الحالة التسويقي كذلك حصص السوق لكل من الشركة والمنافسين [16]. وأخيراً تقديم وصف لحالة التوزيع واتجاهات المبيعات الأخيرة وتطوراتها في قنوات التوزيع الأساسية.

جـ ـ الفرص والتهديدات (المخاطر):

تتطلب هذه المجموعة من العناصر أن يفكر المدير بالمستقبل لمعرفة الفرص والتهديدات التي قد تواجه المنتج (السلعة) في السوق. الهدف منها هي جعل المدير يتوقع التحسينات الهامة التي يمكن أن تؤثر على الشركة. ينبغي على المدير إذاً وضع قائمة بالتهديدات والفرص المختلفة التي يمكن أن يتوقعها: مثل قيام المنافسون بتقديم منتجات جديدة أو حملات إعلانية ضخمة، تحسن الأحوال الاقتصادية، تغيير الأسعار، تغير رغبات وأذواق الزبائن. وفي الحقيقة ليس كل التهديدات تتطلب نفس الاهتمام من الإدارة، حيث يجب التركيز على التهديدات الأكثر خطراً على الشركة وإعداد الخطط المناسبة لمواجهتها. بالإضافة إلى ذلك يتوجب على الإدارة معرفة الفرص المتاحة في السوق وجاذبية كل فرصة ومدى نجاح الشركة في هذه المهمة (استغلال الفرصة)، لكن نادراً ما تجد الشركة الفرص المثالية التي تتناسب تماماً مع أهدافها وإمكانياتها، وتحديد المخاطر والفوائد المتوقعة من كل فرصة. ومن ثم اتخاذ القرار المناسب لاستغلالها أو إهمالها.

[16] - أبو قحف عبد السلام : أساسيات التسويق، جامعة الإسكندرية 1996 الدار الجامعية.

د ـ تحديد الأهداف والمهام :

إن دراسة الفرص والتهديدات التي تواجه المنتج تساعد المدير على ترتيب الأهداف وتحديد المهام التي سوف نقوم بها. ينبغي أن تثبت الأهداف كغايات ترغب الشركة الوصول إليها من خلال ظروف تنفيذ الخطة. على سبيل المثال، يرغب المدير أن يحقق 20% من حصة السوق، و 25% من الأرباح الإجمالية بفرض أن الحصة السوقية الحالية هي فقط 15%، فهذا يشكل هدف الشركة. أما المهام الأساسية فتتعلق بكيفية زيادة الحصة السوقية.

هـ ـ استراتيجيات التسويق :

في هذه المجموعة للخطة التسويقية، يحدد المدير الخطط العامة لاستراتيجية التسويق لتحقيق الأهداف. فاستراتيجية التسويق هي المنطق التسويقي La Logique Marketing الذي تأمل وحدة النشاط أن تحقق أهدافها التسويقية من خلاله. إنها تتألف من استراتيجيات متخصصة بالأسواق المستهدفة، المواقع، المزيج التسويقي، مستويات الإنفاق التسويقي. ينبغي على استراتيجية التسويق أن تحدد بدقة وبشكل مفصل أجزاء السوق التي سوف تركز عليها الشركة، وتختلف هذه الأجزاء في حاجاتها واستجاباتها وربحيتها [17].

لهذا يجب على الشركة تركيز كافة جهودها لخدمة هذه الأجزاء الجذابة من السوق، وأن تتمكن من خدمتها بشكل أفضل من المنافسين عندما تطور استراتيجية تسويقية خاصة ومناسبة لكل جزء سوقي مستهدف. كما يتوجب على مدير التسويق تحديد الخطوط العامة لهذه الاستراتيجيات الخاصة لكل من عناصر المزيج التسويقي، وتحديد كيفية استجابة كل استراتيجية للفرص والتهديدات التي تعترض المنتجات.

و ـ برامج العمل:

إن استراتيجيات التسويق ينبغي أن تترجم إلى برامج عمل خاصة للإجابة على التساؤلات التالية: ماذا سوف نحقق؟ متى سوف يتحقق؟ من المسؤول عن الإنجاز؟ كم سوف يكلف؟

---

[17]- kotler.ph et co. opcit.1996

ز ـ الميزانيات:

تسمح خطط التسويق للمدير أن يدعم الميزانية التسويقية التي هي أساساً تقوم على بيان الأرباح والخسائر المتوقعة. حيث تبين الأرقام المتنبأ بها العوائد من الوحدات التي سوف تباع ومتوسط السعر. ومن جهة التكلفة، تبين تكلفة الإنتاج والتوزيع المادي والتسويق. إن الفرق بين رقم المبيعات والتكلفة هو الربح المتوقع. بالتأكيد هذه الموازنة تعتبر أساسية لوضع بقية الموازنات الأخرى المتعلقة بالشراء والإنتاج وتخطيط القوى العاملة وعمليات التسويق .... الخ.

ن ـ الرقابة على الخطة. وهي مرحلة تستخدم في الخطة وتسمح للإدارة العليا بمراجعة النتائج كل فترة زمنية واختيار الأعمال والمنتجات التي تحقق أهدافها.

3ـ تنفيذ التسويق :

إن تخطيط الاستراتيجيات الجيدة هو بداية للتسويق الناجح. فالاستراتيجية التسويقية الجيدة تظل ضعيفة إذا ما أخفقت الشركة في تنفيذها بشكل مناسب. إن تنفيذ التسويق هو العملية التي تحول استراتيجيات وخطط التسويق إلى أنشطة تسويقية تهدف إلى تحقيق أهداف التسويق الاستراتيجية. فالتنفيذ له أهمية كبيرة في تحقيق الأهداف، وتتمكن الشركات من أن تحصل على ميزات تنافسية من خلال التنفيذ الفعال للخطط. ففي حال وجود شركتان يمتلكان استراتيجيات متشابهة، فالشركة التي تنفذ خططها بسرعة أكبر وفعالية عالية تربح حصة أكبر في السوق من الشركة الثانية.

إن الأفراد في جميع مستويات النظام التسويقي يجب أن يعملوا معاً لتنفيذ الخطط والاستراتيجيات التسويقية. يتطلب تنفيذ التسويق قرارات وأعمال يومية من قبل الأفراد داخل وخارج المنظمة، ويتخذ مديري التسويق القرارات الخاصة بالأجزاء السوقية المستهدفة ووضع العلامات التجارية، والتغليف، والتسعير، والترويج والتوزيع. أنهم يعملون مع مختلف الأقسام ليحصلوا على دعم برامجهم ومنتجاتهم: مع القسم الهندسي من أجل تصميم المنتج، ومع التصنيع من أجل الإنتاج ومستويات المخزون، ومع التمويل من أجل تأمين المبالغ والتدفقات النقدية. يعمل عناصر التسويق كذلك مع منظمات أخرى خارج الشركات مثل وكالات الإعلان من أجل تخطيط الحملات الإعلانية للمنتجات ومع منظمات التوزيع ...... الخ.

إن التنفيذ الناجح يعتمد على عناصر رئيسية متعددة:

- إنه يتطلب برنامج عمل يجعل كافة الأفراد والأنشطة متعاونين، برنامج عمل يبين ماذا يجب أن ينجز، من المسؤول عن الإنجاز وكيف سيتم الإنجاز وتنسيق الأنشطة والقرارات للوصول إلى الأهداف التسويقية للشركة ؟.
- يلعب الهيكل التنظيمي للشركة دوراً هاماً في تنفيذ الاستراتيجية التسويقية. أن تبني الهياكل البسيطة والمرنة يسمح للشركة بأن تتكيف بسرعة مع الأوضاع المتغيرة وهذه هي إحدى الميزات التنافسية للمشروعات الصغيرة والمتوسطة حيث تتمكن بسرعة أكبر من الشركات الكبيرة من اتخاذ القرارات والرد على طلبات الزبائن الخاصة [18]. على أية حال، إن الهياكل التنظيمية المستخدمة في إحدى الشركات قد لا تكون صحيحة بالنسبة للشركات الأخرى، وإن عدد من الدراسات حول الشركات الناجحة أظهرت أن الشركة تغير هيكلها كلما تغيرات أحوالها واستراتيجياتها: حيث يقول **CHANDLER** (إن الهيكل التنظيمي يتبع الاستراتيجية). إن أنظمة القرارات والمكافآت في الشركة، تشغيل المنتجون الذين يقودون التخطيط، وضع الميزانيات، التعويضات والأنشطة الأخرى كلها تؤثر كذلك في تنفيذ الخطط. إن التنفيذ الفعال يتطلب تخطيط حذر وسليم للموارد البشرية. لهذا يجب على الشركة وضع وتشغيل الأفراد الذين يمتلكون الخبرات المطلوبة، الدوافع للعمل والميزات الشخصية الأخرى. فتخطيط الموارد البشرية السليم الطويل الأجل يمكن أن يعطي الشركة منفعة تنافسية.

أخيراً لكي تنفذ الخطط بشكل ناجح، يجب أن نضمن تلاؤم استراتيجيات التسويق في الشركة مع ثقافاتها. إن ثقافة الشركة هي نظام القيم والمعتقدات المشتركة بين العاملين في المنظمة. فاستراتيجيات التسويق التي لا تتلاءم وثقافة الشركة سيكون من الصعب تنفيذها. فعلى سبيل المثال، إن القرار المتخذ من قبل إحدى الشركات المشهورة مثل (**IBM**) لزيادة المبيعات بتخفيض الجودة والأسعار لن يتم بنجاح لأنه سوف يلقى معارضة من قبل أفراد الشركة في جميع المستويات

[18] - المحمود العمر رضوان، سلوك الشركات الصغيرة والمتوسطة الفرنسية والنمو الدولي، أطروحة دكتوراه جامعة كان فرنسا 1994 (نسخة مترجمة بالعربية).

الذين يعرفون شهرة الشركة من حيث الجودة. حيث ثقافة الشركة يصعب تبديلها. إن الشركات عادة تصمم الاستراتيجيات التي تتلاءم وثقافتها الراهنة مفضلة ذلك على محاولة تغيير ثقافتها لتتناسب مع الاستراتيجيات الجديدة. باختصار يعتمد تنفيذ التسويق الناجح على الكيفية التي تنسق بها الشركة العناصر الخمسة التالي - برامج العمل، الهيكل التنظيمي، نظم القرارات، المكافأة، الموارد البشري وثقافة الشركة - في البرنامج المتماسك الذي يعزز استراتيجيتها.

4ـ الرقابة على التسويق :

يظهر أثناء تنفيذ الخطة التسويقية بعض العقبات التي تعيق سير العمل، لذلك لا بد من ممارسة الرقابة المستمرة على عملية التنفيذ. تتضمن الرقابة التسويقية تقييم نتائج خطط التسويق واتخاذ الإجراء التصحيحي المناسب لضمان تحقيق الأهداف بالشكل المطلوب، إنها تشمل تحديد الأهداف، وقياس الأداء، وتحليل وتقييم الأداء وأخيراً اتخاذ القرارات التصحيحيه للانحرافات الظاهرة في التنفيذ. الانحراف هو الفارق بين التنفيذ الفعلي والتنفيذ المخطط. إن عملية التصحيح تتطلب أحياناً تغيير برامج العمل أو حتى تغيير الأهداف إذا كانت صعبة التنفيذ. لذلك يجب أن تتصف الخطط بالمرونة والقابلية للتعديل أثناء التنفيذ. إن الغاية من الرقابة هي التأكد من أن كل شيء يسير باتجاه تحقيق الأهداف التي تظهر في الخطة السنوية : مثل حجم المبيعات، الأرباح .... الخ، إنها تتضمن كذلك تحديد ربحية المنتجات في الأقاليم المختلفة وفي الأسواق والقنوات التوزيعية المختلفة. الرقابة على الاستراتيجيات تتضمن فيما إذا كانت استراتيجيات الشركة الأساسية تتماشى بشكل جيد مع الفرصة المتاحة. برامج واستراتيجيات التسويق يمكن أن تصبح بسرعة مهملة وينبغي على كل شركة أن تعيد تقييم منهجيتها الرئيسية للسوق كل فترة ويتم ذلك من خلال مراقبة وتفحص استراتيجية التسويق والذي هو فحص دوري ومستقل ونظامي وشامل لبيئة الشركة وأهدافها واستراتيجياتها وأنشطتها وذلك من أجل تحديد مناطق المشاكل والفرص المتاحة. إن الفحص الدقيق يقدم مدخلات جديدة لخطة العمل ولتحسين إنجاز النشاط التسويقي. هذا الفحص الدوري يجب أن يغطي كل مناطق التسويق الرئيسية وليس فقط نقاط المشكلات القليلة.

5ـ تنظيم قسم التسويق داخل المشروع:

يجب على الشركة أن تصمم قسم التسويق بحيث يتمكن من القيام بعمليـات تحليـل التسـويق والتخطيط والتنفيذ، والرقابة. ويختلف قسم التسويق بالتأكيد مـن شركـة إلى أخرى تبعـاً لحجمهـا. ففـي الشركات الصغيرة قد يقوم شخص أخر وحده بالعمل التسويقي مـن البحث والبيع والإعلان، وخدمة الزبائن .... الخ. كلما أتسع حجم الشركة، فإن قسم التسويق يتسع ليشمل تخطيط وتنفيذ النشـاط التسويقي. ففـي الشركات الكبيرة يحتـوي هـذا القسـم عـادة عـدد مـن المختصين في مختلف الأنشطة التسويقية : مثل مديري البيع، باحثين في الأسواق، خبراء إعلان ...... الخ.

إن أقسام التسويق الحديثة يمكن أن ترتب بطرق عديدة. فالشكل الأكثر شيوعاً لتنظيم التسويق هو التنظيم الوظيفي الذي يتضمن أنشطة تسويقية مختلفة مرؤوسة مـن قبـل متخصص وظيفي: مدير مبيعات، مدير إعلان، مدير بحث تسويقي، مدير خدمات الزبائن، مدير المنتجات الجديدة .... الخ. إن الشركات التي تصدر إلى بلدان مختلفة أو متعددة الجنسيات تستخدم غالباً التنظيم الجغرافي الـذي يتضمن رجال البيع والتسويق المتخصصين بالبلدان والأقاليم المختلفة [19]. يسمح التنظيم الجغرافي لرجال البيع أن يتخصصوا في المناطق ويحصلون على معرفة زبائنهم ويعملون بأقل التكاليف وتقديم المنتجـات والخدمات بسرعة للزبائن. إن الشركات التي تنتج منتجات أو أصناف متعددة ومختلفة جـداً غالبـاً تضـع تنظيمهـا التسويقي بحسب المنتجات. باستخدام هذا المنهج يقـوم مـدير المنتج بتطوير المنتجات وتنفيذ الاستراتيجية الكاملة وبرنامج التسويق الخاص بالمنتج أو الصنف الخاص به.

بالنسبة إلى الشركات التي تسوق منتج وحيد لعدة أنواع من الأسواق ذات الحاجات والتفضيلات المختلفة، فإنها تنظم إدارة التسويق بحسب الأسواق والتي تشبه إدارة التسويق بحسب المنتجات بحيث تضـع الشركة متخصص بكل سوق مسؤول عن خطط التطوير السنوية والطويلـة الأمد للمبيعات والأرباح في السـوق المسؤول عنه.

---

[19] - رضوان المحمود العمر، نعيم الحزوري 2001 التسويق، منشورات جامعة حلب.

الشركات الكبيرة التي تنتج منتجات مختلفة تتبع أسواق استهلاك عديدة وأسواق جغرافية مختلفة وبذلك تستخدم مزيج من التنظيمات الوظيفية والجغرافية والمنتج وبحسب السوق وهذا يؤكد أن كل وظيفة منتج وسوق تأخذ نصيبها من اهتمام الإدارة.

على أية حالة يجب أن تنظم الشركة نشاطها التسويقي بحسب وضعها وحجمها وبالشكل الذي يخدم أهدافها.

ثانياً - دور إدارة التسويق وأهميتها في الهيكل التنظيمي للمنظمة :

سنقوم بتوضيح دور وتطور إدارة التسويق من خلال المفاهيم التالية :

1- مراحل تطور إدارة التسويق في الهيكل التنظيمي :

لقد تطور مركز إدارة التسويق في البنية التنظيمية للمنظمات من خلال عدة مراحل توافقت مع تطور الإنتاج والتبادل السلعي والتخصص في الأعمال الإدارية. وبذلك يمكن التمييز بين عدة مراحل :

آ- مرحلة ما قبل التخصص في الأعمال الإدارية :

في المراحل الأولى من التبادل السلعي كان المنتج هو الذي يقوم بالأعمال الإنتاجية والتسويقية كافة (ومازالت هذه الحالة موجودة في مجال الحرف). وبالتالي لم يكن لوظيفة البيع أي وجود في التنظيم وإنما كانت مدمجة في أعمال صاحب العمل أو أحد مساعديه.

ب - مرحلة بدايات التخصص في الأعمال الإدارية :

بعد ظهور وتطور الآلة وتوسع الإنتاج وحجم الوحدات الإنتاجية أصبح المنتج غير قادر على الإشراف على كافة الأعمال الإنتاجية والإدارية، وكان لا بد من الاستعانة بعدد من العمال الذين يجيدون الكتابة والأعمال الإدارية. وبذلك ظهر أول تقسيم للعمل في الوحدات الإنتاجية، لكن وظيفة البيع ظلت بيد صاحب المنشأة أو أحد أفراد أسرته.

جـ - تبعية وظيفة المبيعات للإدارة المالية :

بسبب النتائج الإيجابية التي قدمها مفهوم تقسيم العمل في وحدات الإنتاج والذي أدى لزيادة الإنتاجية، فقد فكر البعض بتقسيم العمل الإداري بهدف زيادة كفاءة وأداء

العامل الإداري **Performance**. وبالتالي تم وضع هيكل إداري مبسط يضم وظيفة الإنتاج ووظيفة المالية. حيث تعتبر وظيفة المالية مسؤولة عن النفقات والإيرادات للشركة ومن ضمنها وظيفة المبيعات (الوظيفة الوحيدة التي تتضمن إيرادات للمنشأة).

د ـ تبعية وظيفة المبيعات للإدارة التجارية :

نتيجة التوسع الكبير في الأنشطة الإنتاجية والاهتمام بالتخصص الدقيق في الأعمال الإنتاجية والإدارية وتوسع مهام البيع والبحث عن الزبائن وتجار الجملة أصبحت الإدارة المالية عاجزة عن الإشراف على عمليات البيع وتتبع العملاء الترويج لتصريف منتجات المنشأة، وكان لزاماً على إدارة المنشأة أن تفصل إدارة المبيعات عن الإدارة المالية وظهرت الإدارة التجارية التي وقع على عاتقها وظيفتي الشراء والتخزين والبيع، وأنتقل موقع الوظيفة التجارية من قاعدة الهرم الإداري (كوظيفة مبيعات) إلى مستوى الإدارة الوسطى، مع بقاء وظيفة المبيعات في المستوى الثالث ومن ضمن مهام الإدارة التجارية.

هـ ـ مرحلة استقلالية وظيفة التسويق (مرحلة سيادة المستهلك منذ 1950).

نتيجة ارتفاع حدة المنافسة بين الشركات وتعدد الأسواق التي تتعامل معها هذه الشركات وتشعب أعمال الإدارة التجارية، كان لا بد من فصل وظيفة الشراء عن وظيفة البيع. وبذلك ظهرت وظيفة التسويق كإحدى أهم الوظائف الإدارية في المنظمة وأصبح موقعها في مستوى الإدارة الوسطى ومرتبطة بالإدارة العليا مباشرة وأخذت نفس أهمية إدارة الإنتاج والمالية والأفراد .... الخ.

و ـ الواقع الحالي لإدارة التسويق وأهميتها :

لقد شهدنا في النصف الثاني من القرن الماضي التطور الكبير والسريع في العلم والمعرفة، وظهور مفاهيم جديدة مثل العولمة، نظم الاتصالات، القطب الواحد، التسويق، منظمة التجارة العالمية، التكتلات الاقتصادية،...... وقد ترافق مع هذا التطور ظهور الشركات العالمية التي تعتبر أن سوقها يشمل الأسواق العالمية كافة ولا يتوقف عند الحدود الجغرافية أو السياسية للدول. ومن المعروف أن إدارة التسويق في هذه الشركات هي المسؤولة عن وضع الاستراتيجيات التسويقية المناسبة التي تحقق أهداف الشركات وتضمن استمراريتها. وأمام هذا الواقع والمنافسة الحادة التي

تسود مختلف أسواق العالم كان على إدارة الشركة إعطاء وظيفة التسويق أهمية بالغة تفوق مختلف الوظائف الأخرى في التنظيم، وأصبحت هذه الوظيفة حالياً بمثابة المحرك الأساسي لكافة إدارات المشروع، وتتفاوت هذه المكانة من منظمة إلى أخرى باختلاف نظرة المسؤولين لأهمية ودور التسويق في تحقيق أهداف المنظمة:

- يرى بعضهم أن وظيفة التسويق لها نفس أهمية الوظائف الأخرى مثل الإنتاج، التمويل ... الخ.

- تولي بعض الشركات أهمية نسبية أكبر لوظيفة التسويق مع تساوي الوظائف الأخرى في الأهمية.

- تركز بعض الشركات على وظيفة التسويق باعتبارها مركز الاهتمام والوظيفة الرئيسية في المشروع وان الإدارات الأخرى تعمل لخدمة وتعزيز وظيفة التسويق الشيء الذي يخلق الصراع والتوتر بين هذه الوظيفة والوظائف الأخرى.

- في بعض المنظمات يعد المستهلك موضع اهتمام مختلف الإدارات في المنظمة.

- في منظمات أخرى يلاحظ أن المستهلك هو نقطة الارتكاز ومحور اهتمام جميع الإدارات. إلا أن وظيفة التسويق هي التي تأخذ الدور المنسق والوظيفة الرئيسية لتحويل رغبات المستهلك إلى سلع تحقق الإشباع له.

أخيراً، إن اختلاف أهمية التسويق في المنظمات ينجم عن طبيعة نشاط هذه المنظمات (إنتاجية، خدمية ...). فأهمية التسويق في مشروع إنتاج الإطارات تختلف عما هي عليه في المشروعات الخدمية مثل المستشفيات.

في الواقع، إن هدف النشاط التسويقي هو كسب الزبائن، فهو الذي يحدد رسالة MISSION الشركة والمنتجات والأسواق، وبالتالي يوجه كافة الوظائف الأخرى في الشركة نحو مهمة خدمة الزبائن. حيث لا يمكن للشركة النجاح بدون الزبائن، لذا فمهمة التسويق هي جذبهم والاحتفاظ بهم، ويتم ذلك من خلال وعدهم بتقديم ما يرضيهم ويشبع رغباتهم. وبما أن تحقيق الوعود يتوقف على نشاط التسويق والوظائف الأخرى في الشركة، فكل الوظائف يجب أن تعمل معاً لتحقيق رضا هؤلاء الزبائن.

2ـ الصراع بين الأقسام :

لكل وظيفة أو نشاط داخل الشركة رؤية مختلفة حـول الفعاليـات (الأنشطة) الأكـثر أهميـة، فالتصنيع يركز على الموردين والإنتاج، التمويل يركز على حاملي الأسهم والضمان المالي، التسويق يركز علـى الزبائن والمنتجات والتسعير، الترويج، التوزيع، نظرياً. وكل الوظائف تعمل معاً وبتنسيق لتنتج قيمة جيدة للزبائن. لكن عملياً، العلاقات بين الأقسام تتسم بالصراعات المستمرة وسوء التفاهم. إن قسم التسـويق يأخذ في حسبانه الزبون كنقطة انطلاق، لكن بعدئذ، وعندما يحاول تطوير رضا الزبـون، يتعـارض هـذا الهدف مع عمل الأقسام الأخرى لأنه سيزيد من تكاليف الشراء والإنتاج والمخزون ويخلق مشكلات في الميزانية .... وهكذا.

حتى أن رجل التسويق يجب أن يحصل على موافقة وتضافر جهود الأقسام الأخرى للتفكير في الزبون، لذلك يوضع الزبون في مركز نشاط الشركة ويتطلب رضاه جهد الشركة الكلي. وهكذا فإن إدارة التسـويق الجيدة يجب أن تعزز هدفها لإرضاء الزبون بالعمل على تفهم بقية أقسام الشركة لهذا الهـدف والتعـاون معها لتطوير نظام الخطط الوظيفية التي تقع تحت مستواها. وعنـدما تعمـل كافـة الأقسـام في الشركة بشكل متضامن ومنسق يمكن أن تحقق الأهداف الاستراتيجية الكلية لهذه الشركة.

3ـ دور إدارة التسويق في التخطيط الاستراتيجي للمشروع :

يوجد الكثير من التداخل بين الاستراتيجية العامة للشركة واستراتيجية التسويق. فالتسويق ينظـر إلى حاجات الزبائن وقدرة الشركة على إرضائها، ونفس هـذه العوامـل تقـود مهمـة وأهداف الشركة. إن الاستراتيجية العامة للشركة تضع في اعتبارها المتغيرات التسويقية مثل تقييم حصة السوق، تحسين السـوق والنمو. وهي أحياناً تحدد تخطيطها الاستراتيجي على أساس تخطيط تسويقي استراتيجي. فالتسويق يلعب إذاً دوراً جوهرياً في التخطيط الاستراتيجي للشركة وبطرق متعددة :

ـ أولاً يقدم التسويق الفلسفة الموجهة ـ مفهوم التسويق ـ والتي تقترح بأن تدور استراتيجية الشركة حـول خدمة حاجات مجموعات الاستهلاك الهامة.

ـ ثانياً يقدم التسويق مدخلات للمخططين الاستراتيجيين لمسـاعدتهم في تحديـد فرص إضافية في وحدات النشاط. فالتسويق يصمم الاستراتيجيات للوصل إلى أهداف الوحدة. بالنسبة لكل وحدة

نشاط استراتيجي، يجب على إدارة التسويق أن تحدد أفضل طريقة لمساعدتها في إنجاز الأهداف الاستراتيجية. فبعض مديري التسويق يجدون أهدافهم ليست بالضرورة زيادة المبيعات، بل الاحتفاظ بالمبيعات الحالية باستخدام ميزانية تسويقية أقل، أو تخفيض الطلب إلى حد معين. وهكذا على إدارة التسويق أن تدرس الطلب مع المستوى المقرر للخطط في الإدارة العليا.

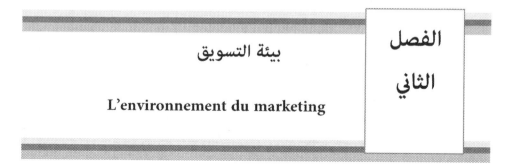

الفصل الثاني

بيئة التسويق

L'environnement du marketing

مفهوم بيئة التسويق

البيئة لفظاً هي الوسط الخارجي الذي يحيط بالشيء، ولابد من وجود علاقة متبادلة بين البيئة وهذا الشيء : فرد، مشروع، دولة....الخ. فالمشروع مثلاً يشكل مع وسطه وحدة متكاملة (نظاماً) لا يمكنه أن يستمر ويتطور بدون هذه البيئة التي تمده برأس المال المستثمر والأرض والمواد الأولية والتكنولوجيا واليد العاملة، والقوانين، والمعلومات....الخ[1]. بالمقابل يجد المشروع في البيئة مجالاً واسعاً لتصريف منتجاته وخدماته وتقديم فرص العمل والأموال (دخول، ضرائب) والمعلومات....الخ.

وبهذا يمكن القول إن المشروع هو نظام مفتوح على البيئة الخارجية يأخذ منها احتياجاته (المدخلات) ويقدم لها ما ينتجه (مخرجات). إن قسماً من هذه المخرجات يجب أن يعود إلى المشروع (النظام) ليتمكن من استمراره في إنتاج وتقديم هذه المخرجات : انظر الشكل التالي رقم (2-1) :

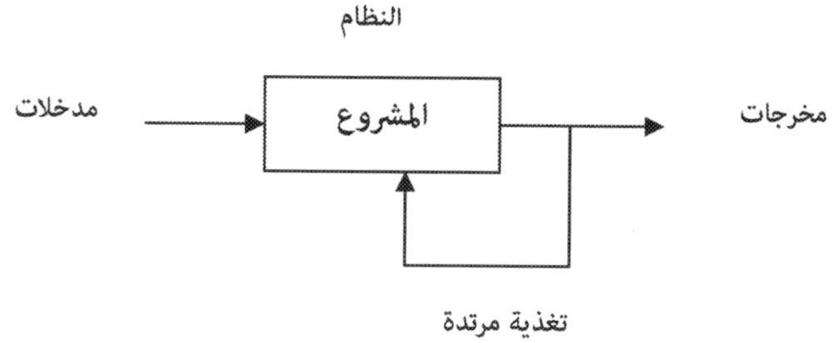

النظام
مدخلات
المشروع
مخرجات
تغذية مرتدة

الشكل 2-1

[1] Ph. Kotler & G.Armstrong، principles of Marketing،printice hall، 1996

من الشكل السابق نستنتج أن المشروع ما هو إلا جزءاً من البيئة الخارجية التي تعبر عـن النظام الكـلي. والمشروع يعيش ويتجدد ويموت ضمن هذه البيئة المحيطة، كما يؤثر ويتأثر بها، وبالتالي لا يمكن بالتأكيـد تحديد الحدود الفاصلة بين المشروع والبيئة المحيطة بـه وكذلك الآمر بالنسبة إلى النشـاط التسـويقي في المشروع.

في الواقع، تتألف البيئة التسويقية للمشروع من العوامل والقوى الخارجية التي تؤثر على قدرة إدارة التسويق في تنمية علاقاتها الناجحة مع زبائنها المباشرين والمحافظة على هذه العلاقات باستمرار. تمثل هذه البيئة بالنسبة إلى المشروع الفرص المناسبة Opportunity والتهديـدات المحدقـة Menaces. وإن الهـدف الجوهري من دراسة البيئة هو تحديد الفرص المتاحة والتهديدات الحالية والمستقبلية. ومـن ثـم يتوجـب على الشركة تقديم استجابات مناسبة مـن خـلال استخدام بحوثها التسـويقية وأنظمتهـا الواعيـة لمراقبـة تغيرات البيئة وتحقيق أفضل ميزة استراتيجية لها، ومن ثم العمل عـلى تكييـف سياسـتها التسـويقية مـع تطورات البيئة المحيطة من أجل المحافظة على حياتها ومواكبة هذه التطورات.

والشكل التالي رقم (2-2) يوضح البيئة العامة للتسويق (داخلية وخارجية).

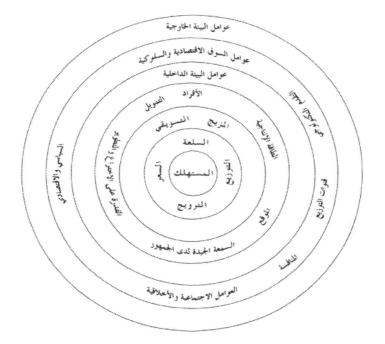

الشكل رقم (2-2) بيئة التسويق الداخلية والخارجية [2]

يوضح الشكل السابق أن المستهلك هو نقطة البداية والنهاية لأي نشاط اقتصادي، والمشروع يعمل على تسخير جميع والإمكانيات لخدمة المستهلك وإشباع حاجاته ورغباته.

وتتألف البيئة التسويقية للشركة عادة من :

- البيئة التسويقية المصغرة **Le petit Environnement** : وتتكون من القوى المحيطة بالشركة والتي لها تأثير مباشر على نشاط الشركة وقدرتها على خدمة زبائنها وتحقيق أهدافها. ومن أهم هذه القوى أو العناصر نجد : الموردون، المنافسون، وسطاء التوزيع، الجماهير والشركة نفسها. وهذا النوع من البيئة يضم بعض العناصر التي يمكن التحكم بها.

2- د. الحاج طارق : التسويق، دار صفاء، عمان،1990

- البيئة التسويقية الموسعة L' Environnement large : تتكون من القوى الأوسع، التي لا يمكن التحكم بها، والتي تؤثر بشكل غير مباشر على نشاط الشركة وعلى البيئة المصغرة: مثل القوى الديموغرافية، الاقتصادية، الطبيعية، السياسية، الثقافية والمعلوماتية والتطور التكنولوجي.

إن دراسة البيئة ولا سيما الخارجية يسمح للإدارة بتكوين نظام للإنذار المبكر من أجل الاستعداد لمواجهة التهديدات المستقبلية، وهنا على الإدارة وضع استراتيجية مناسبة ومرنة قادرة على مواجهة الصعوبات والتكيف معها والتخفيف من أثارها السلبية على الشركة، من خلال البدائل الاستراتيجية المختلفة التي تتضمنها سياسة الشركة.

ومن العوامل التي تؤثر على استراتيجية الشركة نذكر:

قوى المنافسة: شدة المنافسة في الصناعة، تهديد دخول منافسين جدد.....

قوة المساومة (التفاوض) للزبائن.

قوة التفاوض للموردين.

تهديد المنتجات البديلة.

المبحث الأول

البيئة المصغرة للمشروع

إن مهمة إدارة التسويق هي خلق عروض مغرية (منتجات - خدمات) وتقدمها لأسواقها مباشرة، لكن مدير التسويق لا يتمكن من الرد بسهولة على المتطلبات المباشرة للأسواق، وأن نجاحه يتأثر أيضاً بالعوامل الموجودة في البيئة المصغرة للشركة التي تشتمل على الموردين، وسطاء التسويق والتوزيع، الزبائن. أفراد المجتمع (الجمهور).

أولاً - المشروع نفسه (البيئة الداخلية)   L' entreprise

إن دراسة البيئة الداخلية يسمح للإدارة في معرفة نقاط قوتها ونقاط ضعفها لديها، وبالتالي يجب على الإدارة تطوير نقاط القوة ومحاولة تجنب الأخطاء والانحرافات، واتخاذ القرارات

والإجراءات التصحيحية والوقائية الناسبة، ومحاولة العمل للوصول إلى الجودة الشاملة (أو برامج التحسين المستمر) بهدف إيجاد ميزة استراتيجية للشركة.

وأثناء وضع خطط التسويق يتوجب على المشروع الأخذ بعين الاعتبار المجموعات الأخرى في المشروع والتي تتمثل بمختلف الإدارات : إدارة عليا، إدارة مالية، إدارة المشتريات والمخازن (الإمداد). والإنتاج والبحث والتطوير (R.D)...الخ. تشكل هذه الأقسام كافةً البيئة الداخلية للتسويق. تقوم الإدارة العليا بوضع سياسات وأهداف الشركة، وهنا يتوجب على مدير التسويق اتخاذ قراراته بما يتلاءم مع الخطط العامة، وجميع الخطط التسويقية يجب أن تحظى بموافقة الإدارة العليا قبل وضعها في حيز التنفيذ، وبذلك توجد علاقة مباشرة بين إدارة التسويق والإدارة العليا.

- الإدارة المالية تقدم الوسائل المالية اللازمة لتنفيذ الخطط التسويقية.

- إدارة الإنتاج مسؤولة عن إنتاج الكميات المطلوبة بالمواصفات المحددة من قبل إدارة التسويق.

- إدارة المشتريات تقوم بتأمين المواد الأولية بحسب المواصفات وبأقل تكلفة ممكنة.

- إدارة البحث والتطوير تركز على تصميم منتجات بمواصفات آمنة وجذابة والعمل على التجديد والإبداع في هذه التصاميم.

- إدارة الحسابات تقوم بالمقارنة بين الإيرادات والتكاليف لمساعدة إدارة التسويق في إنجاز مهامها.

إن جميع الحسابات لها تأثير مباشر على خطط إدارة التسويق وعملها وقدرتها على إرضاء رغبات الزبائن الحاليين والمرتقبين Potentiels : انظر الشكل التالي الممثل لهذه العلاقات (2-3) .

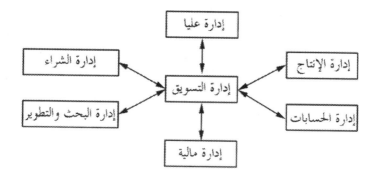

الشكل (2-3) : البيئة الداخلية للمنظمة

ثانياً - الموردون : Les fournisseurs

الموردون هم الشركات أو الأشخاص الذين يزودون الشركة بالمواد الأولية اللازمة لإنتاج السلع والخدمات. وإن تغيرات عملية التوريد يمكن أن تؤثر بشكل كبير ومباشر على نشاط التسويق، ولذلك يشكل الموردون فرصاً أو تهديدات للمشروع بشكل عام. وهنا يجب على مدير التسويق مراقبة مصادر التوريد المختلفة ومدى التأخر الذي يمكن أن يحدث بسبب إضرابات العمال والأحداث التي يمكن أن تزيد من تكلفة الإنتاج والبيع على المدى القصير وعلى مدى التزام ووفاء الزبائن للسلعة أو للعلامة [3].

ثالثاً - وسطاء التسويق : Les intermédiaires du marketing

وهم الشركات التي تساعد في نقل وبيع وتوزيع المنتجات لتصل إلى المشترين النهائيين: من سماسرة، شركات توزيع، وكلاء خدمة التسويق، وسطاء ماليون...).

1- **السماسرة** : هم قنوات شركات التوزيع التي تساعد الشركة على إيجاد زبائنها أو إيصال السلع والخدمات لهم. وهذا يشمل جميع البائعين والمتعاملين بالسلع من بيع وشراء...الخ. في الوقت الحاضر تواجه الشركات فئة منظمة ومتنامية من السماسرة الأقوياء والذين يملكون قدرة كافية لإملاء شروطهم على الشركات المنتجة وحتى على الأسواق بشكل عام.

2- **وسطاء النقل والتخزين** : تساعد منظمات النقل والتخزين الشركات على نقل وتخزين السلع أثناء انتقالها من نقاط الإنتاج إلى مراكز التوزيع النهائي. وهنا يجب على الشركة اختيار أفضل طرق التخزين والنقل للسلع (بري، بحري، شاحنات، وسكك حديدية...) وإن تقوم بعملية موازنة بين هذه العوامل وبين تكاليف كل منها مع الأخذ بالحسبان مدة التسليم، السرعة، الأمان وخدمات أخرى....الخ.

3- **وكالات خدمات التسويق** : وهي عبارة عن شركات بحث ودعاية وإعلان وشركات وساطة تساعد على تحقيق أهداف الشركة وتعزز مكانة منتجاتها ووصولها إلى الأسواق المستهدفة. وهنا

3- ناصر محمد جودة والقطامين قبس، الأصول التسويقية، بحدلاوي، عمان 1997

لا بد من الدقة في استخدام هذه الوكالات نظراً لتنوع خدماتها وقدرات كل منها وكذلك التمكن من استبدالها في الوقت المناسب إذا لم تقم بأداء خدماتها بالشكل المطلوب.

4 - **الوسطاء الماليون** : وهم البنوك وشركات التأمين والاعتماد وغيرها من الخدمات التي تساعد إدارة الشراء والتأمين ضد الأخطار المرافقة لعمليات البيع [4].

إن أغلب الشركات والزبائن يعتمدون على الوسائط المالية لإدارة صفقاتهم ومعاملاتهم المالية **Transactions** وإن أداء الشركة في مجال التسويق يمكن أن يؤثر بشكل كبير في ارتفاع تكاليف التأمين على هذه المعاملات، لهذا يجب على الشركة تطوير علاقة قوية مع معظم المنظمات المالية الهامة التي تتعامل معها من أجل الحصول على الموارد المالية والضمانات اللازمة لنشاطها العام.

رابعاً - الزبائن : Les clients.

إن الهدف الأساسي لأي نشاط تسويقي يتمثل في خدمة وتلبية رغبات الزبائن الحالين والمرتقبين للشركة. لهذا لابد من دراسة ومعرفة مجموعات الزبائن المتعاملين مع المشروع بدقة تامة. تتكون عملاء المشروع من أسوق المستهلكين، أسواق الأعمال، أسواق إعادة البيع (وسطاء تجار)، المنظمات العامة، الحكومة، السوق العالمية :

- المستهلكين النهائيين : هم الأفراد الذين يشترون السلع للاستهلاك الشخصي.
- أسواق الأعمال: يتم فيها شراء السلع والخدمات لاستخدامها في عمليات الإنتاج.
- أسواق إعادة البيع تشتري السلع لأجل إعادة بيعها والحصول على ربح يبرر قيامها بهذا النشاط.
- أسواق المؤسسات العامة والخاصة: مثل المدارس، والمستشفيات، والجامعات، والسجون...الخ التي تقدم خدمات وسلع للأشخاص الذين هم تحت رعايتها.
- أسواق حكومية : تتكون من المؤسسات الحكومية التي تشتري السلع والخدمات بهدف إنتاج الخدمات العامة أو من أجل نقل هذه السلع إلى أفراد ومجتمعات أخرى تكون بحاجة إليها.
- الأسواق العالمية : وهم المستوردون الأجانب من الأفراد وشركات وحكومات.

4- ناصر محمد جودة والقطامين قبس، الأصول التسويقية، بحدلاوي، عمان، 1997

فكل سوق من هذه الأسواق لها ميزاتها وقوانينها وأعرافها الخاصة بها والتي تستوجب دراستها بعناية خاصة من قبل رجل التسويق ليتمكن من دخول الأسواق التي تتلاءم ووضع و إمكانيات الشركة.

خامساً - المنافسون : Les concurrents

في الواقع العملي لا تخلو أي سوق من المنافسة. وأن هدف إدارة التسويق في أي شركة هو تلبية حاجات ورغبات الزبائن بشكل أفضل مما يفعله المنافسون لهم. وهكذا فعلى المسوقين عمل ما هو أكثر من التكيف البسيط مع متطلبات المستهلكين المباشرة بتقديم سلع وخدمات مميزة وأفضل من سلع المنافسين ومن ثم إقناع المستهلكين بهذا التمايز في الجودة. وبما أنه لا توجد استراتيجية خاصة بكل شركة لتسويق منتجاتها بكفاءة عالية، لذا يتوجب عليها أن تأخذ بعين الاعتبار إمكانياتها وحجمها ومركزها في القطاع الصناعي وفي السوق، ومقارنة ذلك مع تلك الموجودة لدى منافسيها. فالشركة الكبيرة المهيمنة على قطاع أو صناعة معينة تتمكن من استخدام استراتيجية محددة لا تتمكن الشركات الصغيرة والمتوسطة من استخدامها (مثل الهيمنة على مستوى التكاليف وتحقيق وفورات الحجم[5]). لكن حجم الشركة لا يكفي حيث هناك استراتيجيات رابحة واستراتيجيات خاسرة. والشركات الصغيرة تتمكن من تطوير استراتيجيتها لإعطاء أفضل معدلات للاستقرار والربح من تلك التي تتمتع بها الشركات الكبيرة (مثل إستراتيجية التخصص الدقيق و التنويع [6]).

سادساً - مجموع فئات الشعب (الجمهور) Le public

تتضمن البيئة التسويقية أيضاً جماهير متنوعة والتي يمكن أن تؤثر على كفاءة وتنظيم الشركة في تحقيق أهدافها. تتكون الفئات الجماهيرية من المجموعات التالية :

- الفئات المالية: تؤثر على قدرة الشركة في الحصول على رأس المال اللازم للاستثمار مثل البنوك، المساهمين... الخ.

- الفئات الوسيطة: وتتضمن الصحف والراديو والتلفاز... الخ التي تنقل أخبار الشركة.

---

[5] Porter.M.E " choix stratégique et concurrence، 1982، Economica، paris.

6 Joffre. p.d Koenig، Gestion stratégique، litec، Paris،1992

- الجهات الحكومية : يجب على الشركة أن تأخذ باعتبارها النواحي القانونية والتشريعات المتعلقة بشرعية نشاط الشركة ومشكلة الأمن والصدق في الإعلانات.

- الجهات المدنية: يجب أن لا يتعارض نشاط الشركة مع أهداف جمعيات ومنظمات حماية المستهلكين وحماية البيئة حتى تتمكن من متابعة نشاطها.

- الفئات المحلية : وتتضمن السكان المجاور والجمعيات التعاونية ومختلف العلاقات العامة مع الجمهور.

- الفئات العامة: تحتاج الشركة لأن تكون مطلعة على موقف فئات الجمهور العام تجاه منتجاتها ونشاطها وإعطاء صورة حسنة لها لتعزيز موقف الجمهور منها وزيادة مشترياته من منتجاتها. حيث الكثير من الشركات تنفق أموالاً طائلة في سبيل إقامة علاقات عامة جيدة مع الجماهير العامة.

- العاملون داخل الشركة : وتتألف هذه الفئات من العمال والمديرين وكافة من يعمل في هذه الشركة بالنسبة إلى هذه الفئات، يجب على الشركة استخدام الوسائل كافة (أمن صناعي، حضانة، طبابه، استراحات...الخ) لكسب رضا وولاء هذه الفئات للشركة وللعمل الذي ينتمون إليه.

أخيراً يجب على الشركة وضع خططها التسويقية من أجل كسب ولاء ورضاء هذه الفئات المختلفة من الجماهير وذلك بما يتلاءم مع قدراتها ومواردها.

المبحث الثاني

البيئة الموسعة للمشروع

تتألف هذه البيئة من القوى التي تخلق الفرص المناسبة أو تشكل تهديدات للشركة ومن أهمها نجد : القوى الديموغرافية، الاقتصادية، الطبيعية، التكنولوجية، السياسية والثقافية [7].

انظر الشكل (2-4) التالي.

---

[7] **Kotler .ph et co. cit 1996**

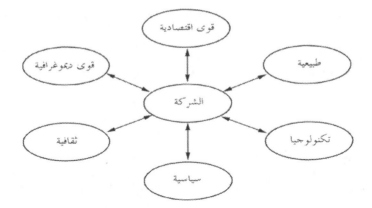

الشكل رقم (2-4) : قوى البيئة الموسعة للمشروع

أولاً- البيئة الديمغرافية : L' Environnement Démographique

الديمغرافيا هي العلم الذي يهتم بدراسة السكان من حيث العدد والكثافة والعمر والجنس ونسب التزايد...الخ، لهذا يجب أن تكون موضع اهتمام رجال التسويق لأنهم يصنعون الأسواق الرئيسية لأي شركة. وسوف نقوم بشرح أهم المميزات والاتجاهات السكانية وأثرها على تشكل الأسواق، وبالتالي على الشركة نفسها. أما سلوك هؤلاء الأفراد فسيتم شرحه بالتفصيل في فصل سلوك المستهلك.

1- عدد السكان واتجاهات نموه :

في أي سوق أو منطقة جغرافية يتم استخدام عدد السكان واتجاهات النمو لقياس إمكانيات السوق المتاحة والمستقبلية لتصريف منتجات الشركة. فالوطن العربي يتكون من أكثر 250 مليون إنسان وبالتالي فهو سوق هامة لأي شركة من الشركات. وإن اتجاهات نمو السكان هامة جداً لأنها تعطي المسوق مؤشراً للاحتياجات من سلع وخدمات حالية ومستقبلية. بالإضافة إلى ذلك فان أشكال واختلاف نمو السكان بين أسواق الدول ربما تقدم فرص تسويقية عالية للشركات التي تعمل

على المستوى العالمي [8]. فأي تطور ملحوظ سوف يحمل في طيا ته تزايد ملحوظ في احتياجات ورغبات أفراد المجتمع: من لباس، غذاء، نقل،....الخ.

2- تغيير التوزيع العمري للسكان :

في أغلب دول العالم يلاحظ حالياً زيادة متوسط أعمار الأفراد وانخفاض في نسبة الولادات (أو الخصوبة) وفي نسب الوفيات نتيجة الوعي الاجتماعي والصحي والاقتصادي.....الخ. مما سيؤدي إلى زيادة السكان الكبار وبالتالي اختلاف في نوعية وطبيعة احتياجات ورغبات هؤلاء الأفراد وظهور احتياجات جديدة مما يشكل فرصة لبعض رجال التسويق أو المستثمرون للتفكير بتلبية مثل هذه الاحتياجات الجديدة (أدوية، سيارات خاصة، ووسائل ترفيه،.....الخ).

3- حجم العائلة : La taille de famille

تتألف العائلة عادة من الأم والأب والأولاد. ولكن هذا المفهوم يختلف بالطبع من مجتمع إلى مجتمع آخر، حيث توجد عدة أنواع مثل العائلة الكبيرة، والعائلة الصغيرة، عائلة بدون أحد الأبوين. الأرمل، المطلق... وكلها يطلق عليها اسم عائلة في بعض المجتمعات. لكن ما يهم حالياً ويقلق الكثير من المجتمعات هو انخفاض حجم العائلة (عدد أقل من الأطفال) وخاصة في المجتمعات المتطورة: أوربا، اليابان، أوربا الشرقية.

و أما في بعض الدول الغنية فإن الأمر المقلق هو الأزواج بدون الأطفال وتحت سن 18 سنة الذين يشكلون نسبة عالية في هذه المجتمعات. في الواقع لكل فئة من هذه الفئات متطلباتها الخاصة وبذلك يحتاجون إلى شقق أصغر وتجهيزات أقل حجماً وثمناً وأثاث وملابس أقل وأغذية معلبة في حجم أقل. وهنا يتوجب على رجل التسويق التعرف إلى هذه المعلومات وأخذها في الحسبان أثناء وضعه للخطط التسويقية الطويلة الأجل.

8- د. أبو قحف عبد السلام ، مرجع سابق 1996

4 - ارتفاع نسبة المثقفين :

إن ارتفاع نسبة المتعلمين في معظم دول العالم سوف تؤدي بالطبع إلى ارتفاع الطلب على المنتجات الخاصة مثل : الكتب، المجلات، السفر، أجهزة الحاسب....

5- الاختلاف المتنامي في الاستهلاك :

لوحظ في الآونة الأخيرة نمو الاتحادات بين الدول ومناطق التجارة الحرة وأشكال أخرى من التعاون الاقتصادي في العالم (الاتحاد الأوربي المتزايد، مناطق التجارة الحرة في شمال أميركا وجنوبها، منطقة التجارة الحرة في الوطن العربي وفي شرق أسيا وفي بلدان الكتلة السوفيتية....). وكل مجموعة من هذه المناطق تناضل من أجل تنسيق القواعد والتنظيمات التي تنظم الأعمال الجارية بين دول الاتحادات[9]. يرى بعض المسوقين بأن السوق الواحدة سوف تؤدي إلى التقارب في الميول الاستهلاكية، وإن شركات الإعلان العالمية تروج بقوة لفكرة المستهلك النمطي في كل مجموعة (اتحاد). وعلى أي حال فحاجات المستهلكين وقيمهم وعادتهم تختلف عبر السوق الوطنية الداخلية، كما أن نماذج الاستهلاك تختلف أيضاً. وهنا يتوجب على رجال التسويق التعرف إلى الاختلافات الوطنية الإقليمية وتطوير استراتيجية التسويق المناسبة التي تأخذ بشكل أساسي هذه الاختلافات في السلوك.

لكن هناك بعض السلع الخاصة والفاخرة (ساعات رو لكس، مجوهرات كارتير) التي تغري أو تخص عدد قليل من المستهلكين المتشابهين في التفكير فيتم توزيعها على مستوى العالم.

ثانياً - البيئة الاقتصادية : L' Environnement Economique

إن عدد السكان في سوق ما لا يكفي ولابد من توفر القوة الشرائية لهؤلاء الأفراد. فالبيئة الاقتصادية تتألف من العوامل التي تؤثر على القوة الشرائية للمستهلكين ونماذج الإنفاق وعلى رجل التسويق دراسة الاتجاهات الاقتصادية المهيمنة في كل سوق منها:

- توزيع الدخل وتغيرات القوة الشرائية للسكان.

---

[9] **Kotler ph et co، principles of marketing،1996**

التطورات العالمية السريعة في التكنولوجيا ونظم الاتصالات أحدثت ما يشبه الهوة في التوازن في القوة الاقتصادية بين الغرب المتطور والأنظمة الاقتصادية النامية، مما أدى إلى اختلاف في القوة الشرائية لأفراد تلك البلدان. ويجب على الاقتصاديين والمسوقين أن يحددوا كيف يتحول الدخل إلى زيادة في القوة الشرائية وتغير انتماء مجموعات من المستهلكين إلى مجموعات استهلاكية أخرى (أعلى أو أقل) مما يؤدي إلى التغير في حالة الطلب على السلع والخدمات لهذه المجموعات. وهكذا فعلى المسوقين أن يدرسوا بعناية توزع الدخل السكاني، وأن الفئات ذات الدخل المرتفع في المجتمع تصبح هدفاً أساسياً للبضائع والسلع الكمالية الغالية الثمن، أما مجموعات الدخل المتوسط فيكون أشد حذراً في مجال الإنفاق على مثل هذه السلع [10]. بينما الطبقات ذات الدخل المنخفض فيتجهون نحو شراء الحاجات الأساسية من غذاء ولباس...الخ.

- تغير نماذج إنفاق المستهلكين.

يحدد الإنفاق الكلي تبعاً لنزعة رب الأسرة إلى الحاجات الأساسية أو المتنوعة من السلع والخدمات. والمسوقون يريدون أن يتعرفوا أيضاً على كيفية تغيير نماذج الإنفاق للمستهلكين عند مستويات مختلفة من الدخل، حيث عندما يزداد دخل الفرد فيزداد الإنفاق على بعض السلع مع انخفاض نسبته على الغذاء، لذا يجب مراقبة هذه المتغيرات الاقتصادية لمعرفة الفرص السوقية المناسبة.

ثالثاً - البيئة الطبيعية : L' Environnement naturel

تتضمن البيئة الطبيعية المصادر الطبيعية التي يحتاجها المسوقون (أو الشركة) كمعطيات والتي تؤثر على الفعاليات التسويقية. وفي هذا المجال يجب على مدير التسويق الأخذ بالحسبان العناصر التالية :

1- **المواد الأولية** ومدى توفرها. إن مصادر المواد الأولية غير متجددة أو دائمة وهذا يؤثر على الاحتياجات المستقبلية من هذه المواد المستخدمة في إنتاج السلع والخدمات، مما يؤدي بالنهاية إلى

10- الشنواني صلاح 1996 الإدارة التسويقية الحديثة، مؤسسة شباب الجامعة، الإسكندرية

زيادة تكاليف الإنتاج والتسويق وارتفاع متزايد في الأسعار وانخفاض الطلب العام. لهذا تقوم الشركات حالياً بالبحوث والتطوير لاكتشاف مصادر جديدة للمواد المستخدمة في الصناعة.

2 - **زيادة تكلفة الطاقة.** إن أحد المصادر غير المتجددة هو النفط الذي يمكن أن يخلق المشكلة الأكثر خطورة لمستقبل التطور الاقتصادي. وهذا يتطلب أو يحفز على البحث عن مصادر بديلة للطاقة : الطاقة الشمسية والنووية وقوة الرياح...الخ. الشيء الذي يؤدي إلى زيادة تكلفة الطاقة المستخدمة في الإنتاج وانعكاسها على أسعار السلع والخدمات المقدمة للأسواق.

3 - **زيادة تلوث البيئة.** حالياً يوجد قلقاً متزايداً في العالم بسبب التلوث التي تحدثه بعض الصناعات للبيئة، مما أدى إلى قيام الحكومات بفرض قوانين صارمة بحق المخالفين وإرغامهم على التخلص من العناصر الملوثة،الشيء الذي يزيد من تكاليف الإنتاج بشكل عام. بالإضافة لظهور نزعة لدى الأفراد بتفضيل المنتجات التي تحافظ على حماية البيئة حتى لو كانت أسعارها أعلى من أسعار المواد الأخرى (الملوثة)، وهنا يتوجب على الشركات أن تسعى لتوازن بين كل من البيئة وبين منفعة الأداء لمجموع المستهلكين.

4- **التدخل الحكومي.** تتدخل الدول عادة من خلال القوانين والتشريعات لحماية البيئة وإرغام الصناعات على المساهمة في هذه الحماية من خلال إنتاج سلع وخدمات " صديقة للبيئة ". وعلى الشركة العمل في مجال البحث والتطوير لإيجاد حلول مسبقة لمواجهة مشكلة المصادر الطبيعية والبيئة بدلاً من مخالفة القوانين الحكومية.

رابعاً - البيئة التكنولوجية : L ' Environnement téchnologique

إن البيئة التكنولوجية ربما تكون القوة الأكثر تأثير على تحديد مستقبل البشرية. فقد قدمت هذه التكنولوجيا الحديثة الكثير من الابتكارات النافعة، وكذلك أوجدت الكثير من الأشياء الضارة للعنصر البشري [11] (غازات الأعصاب، قنابل نووية..). هذه الفرص والمخاطر التكنولوجية أدت إلى إحلال الصناعات الجديدة وزوال أخرى قديمة (التصوير الفوتوكوبي قضى على صناعة ورق

---

[11] **Martint.v et ribult.jm، la veille téchnologique concurrentielle et commocial، ed. d'organisation.paris 1989**

الكربون، والتلفزيون قضى على صناعة الأفلام السينمائية..) وكل تقنية حديثة سوف تخلق أسواق جديدة وفرص جديدة ويجب على المسوقين أخذها بالحسبان واستغلالها لصالح الشركة.

من أهم خصائص البيئة والتطور التكنولوجي الحديث نذكر :

- سرعة التطورات التكنولوجية.

إن الكثير من المنتجات الشائعة حالياً كانت غير موجودة في بداية القرن العشرين مثل صناعة التلفاز ووسائل منع الحمل والأقمار الصناعية وأجهزة الاتصالات والحاسب...الخ.

إن الشركة غير القادرة على استباق ومتابعة التغيرات التكنولوجية الحديثة ستجد منتجاتها في حالة ركود وتقهقر بسبب قصر دورة حياة التكنولوجيا والمنتجات : مثل أنواع الحاسب وبرامج التشغيل التي تتطور بسرعة كبيرة، أجهزة الاتصال. لذلك لا بد للشركة من متابعة الاتجاهات التكنولوجية الحديثة ومدى تأثيرها على منتجاتها (بشكل مباشر أو غير مباشر) من أجل الاستمرار في تلبية وحل مسائل واحتياجات المستهلك.

- ميزانيات البحث والتطور.

تتطلب الابتكارات العلمية الحديثة استثمارات ضخمة في مجالات البحث والتطوير لإيجاد سلع وخدمات جديدة تلقى القبول من المستهلك المرتقب. إن الإنفاق على البحث والتطوير هي ميزة العديد من الصناعات بما فيها صناعة السيارات والأدوية ووسائل الاتصال والحواسيب ومشاريع الفضاء ووسائل التسلية والعاب الأطفال والأغذية...الخ. إن بعض الشركات تنفق المليارات من الدولارات على عمليات البحث والتطوير (خاصة في أمريكا وألمانيا واليابان وفرنسا وبريطانيا..). فمثلا شركة جنرال موتورز الأمريكية كانت أكبر منفق في العالم على البحوث مع ميزانية قدرها 4 مليارات دولار ويليها شركة " داملبرز " الألمانية ثم شركة فورد الأمريكية وشركة هيتاشي اليابانية.

3- التركيز على التحسينات الثانوية (التجديد)

نتيجة التكاليف المرتفعة للبحوث ولتقنيات الابتكار وتصنيع المنتجات الجديدة، تقوم الكثير من الشركات بأعمال التجديد والتطوير الثانوي [12] بدلاً من المغامرة في مجال الابتكارات الأصيلة. والكثير من الشركات مقتنعة بتقليد منتجات منافسيها مع إجراء تحسينات ثانوية وشكلية أو تطوير بسيط للأصناف الحالية. لكن التحسينات الثانوية معرضة في أي لحظة للخطر كونها تعبر عن موقف دفاعي أكثر من كونه موقف هجومي.

4- التدقيق المتزايد على **عنصر الأمان** في المنتجات الحديث وخاصة من قبل الحكومات والزبائن. لذلك يجب على المسوقون أن يقدموا منتجات متلائمة مع خدمة الزبائن والحاجات الإنسانية بدون أي مخاطرة على هؤلاء الأفراد.

خامساً - البيئة السياسية : L' Environnement POlitique

إن قرارات رجال التسويق تتأثر بقوة بالتطورات في البيئة السياسية التي تتمثل بالقوانين والمؤسسات الحكومية ومنظمات المصلحة العامة والخاصة في المجتمع.

1- القوانين :

تقوم المنظمات الحكومية بتشجيع المنافسة وتضمن عدالة الأسواق تجاه السلع والخدمات. فالحكومة تصيغ سياسة عامة لتوجيه الشركات من خلال القوانين والتشريعات التي تقيد الأعمال بما فيه مصلحة المجتمع ككل. وهذه القوانين تتغير باستمرار بما يخدم المصلحة العامة وحماية الشركات من بعضها البعض (المنافسة)، لذلك توضع القوانين لردع المنافسة غير العادلة والاحتكار.

الهدف الثاني من القوانين الحكومية هو حماية المستهلك من الممارسات غير القانونية للشركات. فبعض الشركات إذا ما تركت على سجيتها سوف تقوم بإنتاج سلع ضارة وتطرح إعلانات كاذبة ومخادعة للمستهلك من خلال عمليات التغليف و التسعير...الخ. وبذلك لابد لمدير التسويق أن يراقب هذه القوانين ويأخذها بعين الاعتبار أثناء وضع الخطط التسويقية للشركة.

2- تنامي منظمات حماية المصلحة العامة.

من أهم هذه المنظمات نجد منظمة حماية المستهلك والتي هي حركة منظمة للمواطنين والحكومة شددت على حماية حقوق المشترين في علاقتهم مع البائعين على شكل قوة اجتماعية. لكن هذه المنظمات لم تنتشر عبر العالم بينما اقتصرت حتى الآن على بعض الدول المتطورة ولابد لرجل التسويق من معرفة هذه المنظمات وأهميتها عند وضع خططه التسويقية.

3- التأكيد على الأخلاق والسلوك الاجتماعي للشركة.

الإضافة إلى القوانين والمنظمات الرسمية يجب أن تلتزم الشركة بالسلوك السليم الذي يتلاءم مع الأخلاق المهنية والاجتماعية وثقافة الشركة نفسها التي تعكس صورتها في أذهان الجماهير.

سادساً - البيئة الثقافية : L' Environnement culturel .

تتألف البيئة الثقافية من المنظمات الاجتماعية وغيرها من القوى التي تؤثر على القيم الاجتماعية الأساسية وعلى الوعي والأوليات والسلوكيات..... فالناس يعيشون في مجتمع خاص يساعد في تكوين معتقداتهم وقيمهم الأساسية ويحدد علاقاتهم بين بعضهم البعض ومع العالم الآخر. فالميزات الثقافية لمجتمع ما تؤثر على صنع القرارات التسويقية وعلى المسوقين أن يكونوا مدركين لهذه التأثيرات وكيفية تغير هذه القوى عبر المجتمعات ضمن الأسواق التي تعمل بها الشركة. من أهم الخصائص الثقافية نذكر:

1- القيم الثقافية.

يمتلك أفراد كل مجتمع العديد من المعتقدات والقيم التي تخضع لدرجة عالية من التشبث بها مثل : العمل، الزواج، التبرعات الخيرية، والصدق، الشرف، الدين.... تشكل هذه المعتقدات والقيم مواقف وسلوكيات أكثر خصوصية تميز الحياة اليومية للأفراد. تنتقل هذه القيم من الأباء إلى الأبناء وترسخ من خلال المدارس والمجموعات الدينية ومن خلال التنظيمات الحكومية. من ناحية أخرى هناك معتقدات وقيم ثانوية تكون أكثر انفتاحاً وقابلية للتغير: فمثلاً الاعتقاد بالزواج هو قيمة أساسية الاعتقاد بأنه يتوجب على الأفراد الزواج باكراً في الحياة فهو قيمة ثانوية.

---

[12] Kotler ph. co : principles of marketing، 1996

2- التغيرات في القيم الثقافية الثانوية.

على الرغم من أن القيم الأساسية لا تخضع للتغير الكبير إلا أن التأرجحات الثقافية يمكن أن تحدث فعلاً. فالأفراد يتأثرون أحياناً بالجماعات المرجعية (نجوم سينما، رياضيين) مما يزيد حالة التوتر النفسي لديهم والقيام بتغيير سلوكهم أو ثقافتهم الأساسية لتقليد الآخرين في الملبس والغذاء[13].... وعلى المسوقين التنبؤ بالتغييرات الثقافية من أجل استكشاف الفرص الجديدة أو التهديدات المحتملة.

إن دراسة البيئة التسويقية تفيد الشركة في وضع الاستراتيجيات التسويقية الكفوءة وتحقيق ميزة تنافسية لها من خلال معرفة الفرص المتاحة والتهديدات المفروضة، والعوامل التي يمكن للشركة التحكم بها والعوامل التي لا يمكن التحكم بها. وبالنهاية يمكن القول أن نجاح الشركة في تحقيق أهدافها يعتمد على قدرتها على التحكم بعوامل البيئة في إطار نظرة تكاملية مع البيئة الخارجية.

13- انظر فصل سلوك المستهلك للمزيد من المعومات عن العامل الثقافي .

الفصل
الثالث
السوق

إن تسويق منتج معين في السوق يتطلب تحليل ومعرفة معمقة لآلية السوق. هذا الإجراء يشكل جوهر المفهوم التسويقي الذي يعني التوجه نحو المستهلك من خلال العناصر المكونة للسوق. أي أن معرفة السوق يعني معرفة المشترين الحاليين والمحتملين وبيئتهم وعاداتهم وسلوكهم بشكل دقيق والتنبؤ بحجم الطلب.

يتضمن هذا الفصل المفاهيم المختلفة للسوق والأطراف المختلفة المتفاعلة فيه، ومن ثم التعرف على المحددات الرئيسة للطلب على منتج ما.

المبحث الأول

تحليل السوق

Analyse de Marché

أولاً ـ تعريف السوق. Définition

يعرف السوق بحسب النظرية الاقتصادية الكلاسيكية على أنه مكان التقاء العرض والطلب. لكن رجل التسويق لا يكتفي بالرؤية النظرية ويختلف عن النظرة الكلاسيكية لسببين:

ـ لا يمكن تعريف السوق بشكل مستقل عن قوى أو عناصر السوق acteurs، حيث تنظر النظرية الكلاسيكية إلى المستهلك وكأنه يتصرف بشكل ميكانيكي بغض النظر عن دوافعه النفسية وقدرته على التفاوض (المساومة) Négociation.

ـ ما يهم المنتج (العارض) ليس التعريف الموضوعي للسوق، لكن معرفة الطلب (المستهلك) وإدراكه للسوق.

وهنا نلاحظ أن النظرية الكلاسيكية تعتمد على مبدأ الرشد Rationnalitée والاختيار الأفضل (أي المعرفة التامة للحاجات والوسائل المتاحة لتلبيتها، البحث عن تلبية الرغبات بشكل كامل، استقلالية الوسطاء أو البيئة). وهذا لا يمكن تحقيقه في الواقع العلي بحسب مبدأ محدودية الرشد Rationnalitée Limitée لدى الإنسان الذي يعتبر أن أي فرد غير قادر على جمع ومعرفة ومعالجة كافة المعلومات المتعلقة بكافة الظواهر، وبالتالي فهو محدود الرشد ولا بد من الاعتماد على مساعدة الآخرين[1].

أما النظرية الحديثة لسلوك المستهلك، فقد وجهت عدة انتقادات للنظرية القديمة من خلال تعريف السلع كمجموعة من الميزات والخصائص (وليس عبارة عن كل متجانس بغض النظر عن مفهوم التنوع في السلع)، والبعض الآخر أدخل فكرة الأثر الديناميكي (عنصر الزمن) أو حالة الشك (من خلال نظرية الألعاب) أي إن حالة الرشد غير كامل ومحدودة لدى الفرد وبالتالي عند النظر إلى السوق يجب الأخذ بالحساب ما يلي:

ـ عنصر الكمية: أي كمية الاستهلاك خلال فترة زمنية محددة. وهنا نأخذ بالحساب فقط كمية السلع المطلوبة بغض النظر عن كمية فوائد الإنتاج وكمية العرض الزائد.

ـ الاعتبار الثاني هو نظرة العارض الذي يأخذ كنقطة انطلاق له شعور وإحساس المستهلك. أي يجب معرفة السلع المعروفة من قبل المستهلك والسلع غير المعروفة. بالنسبة للسلع المعروفة يجب كذلك معرفة ما يلي:

- السلع المعروفة وغير المشتراة.

- السلع المعروفة والمشتراة.

- السلع المعروفة ولكن ليس لدى المستهلك أي سلوك سلبي أو إيجابي نحوها.

[1]-JOFFRE.P et KOENIG.G, Gestion Stratégique, Litec, Paris.

إن هذا المفهوم للسوق هام جداً بالنسبة لرجل التسويق. حيث يحدد مكانة كل علامة تجارية لكل مستهلك في السوق. لكن يجب أن نأخذ بعين الاعتبار ظروف الشراء أو الاستهلاك في هذا التعريف الموضوعي: في الواقع، بالنسبة إلى مستهلك ما، إن مختلف العلامات التجارية ستتغير بحسب هدف أو ظروف الشراء. إذاً يجب أن يضم تعريف السوق هذه الظروف أو الهدف بالنسبة لرجل التسويق.

بشكل عام يمكن النظر إلى السوق كنظام مفتوح على البيئة، ويتكون من مدخلات ومخرجات كما في الشكل التالي:

تتمثل عادة المدخلات بالنقود (القوة الشرائية)، أما المخرجات فتتمثل بالسلع والخدمات. وإن السوق التي تعبر عن النظام تمثل الوضع الطبيعي في ظل نظام المدخلات والمخرجات. وإن دور النشاط التسويقي في هذا السوق هو تسهيل عملية التبادل: أي تسهيل علاقات المدخلات ـ المخرجات داخل الأسواق.

ثانياً - المفاهيم الأساسية للسوق.

ضمن هذا المنظور، للسوق يلاحظ بعض المفاهيم التي تلعب دوراً هاماً في تعريف السوق.

١ـ المفهوم الأول يتضمن **السوق المحتملة لسلعة ما.** يتم تقدير هذه السوق من خلال معرفة الكمية الكلية التي يمكن طلبها، ويعتمد ذلك على عدد المشترين المحتملين للمنتج. لكن إذا كان من السهل تقدير الطلب المحتمل للسلع الموجودة بكثرة في السوق (من خلال العلاقة بين السوق الحالية والسوق المحتملة) حيث نعرف أغلبية المشترين، فإنه يصعب تحديد السوق المحتملة في نهاية دورة حياة المنتج (انظر الشكل التالي):

معدل دخول السوق B/A

سوق مدروسة B

سوق حالية A

سوق محتملة B

غير المستهلكين للسلعة

C

إن غير المستهلكين للسلعة هم الأشخاص الذين يرفضون شراء السلعة لأسباب مختلفة (فيزياء، واجتماعية، واقتصادية، ودينية ...) كما هو الحال بالنسبة إلى سيارة مرسيدس، مشروبات روحية ....الخ. وبالتالي يتكون السوق الكلية من الأجزاء المبنية في الشكل السابق.

بالإضافة إلى السوق الكلية للمنتج يجب تقييم كذلك ما يلي:

٢ـ **سوق سلع الإحلال**: إن معرفة سلع الإحلال من قبل المستهلك وارتفاع معدل الإحلال بحسب عناصر المزيج التسويقي (سعر، ترويج، توزيع، ...) هام جداً ويجب على رجل التسويق أخذها بالحسبان عند تحديد السوق، وبالتالي لا يمكن دراسة فقط المنافسة بين العلامات التجارية للسلع المتشابهة، وإنما يجب الأخذ بالحسبان المنافسة بين منتجات الإحلال.

٣ـ **سوق السلع المتممة** (المكملة): ويقصد بها السلع التي يرتبط الطلب عليها بالطلب على سلع أخري: مثلاً الطلب على شفرات الحلاقة مرتبط بالطلب على آلة الحلاقة.

٤ـ **السوق المقيدة Captif**: ويقصد بها السوق التي لا يمكن الدخول إليها من قبل الشركة لأنها مرتبطة بمنافس معين لأسباب قانونية أو اقتصادية. مثلاً في حال توريد الخيوط لشركة نسيج تضم الغزل والنسيج فإن توريد هذه السلعة يكون محصوراً بفرع الغزل في الشركة الأم. ويمكن أن تنجم الأسواق المقيدة كذلك من خلال إجراءات الحماية لسوق أو منتج ما (بعض أسواق القطاع العام).

إن معرفة هذه المفاهيم هامة لمعرفة السوق المحتملة لسلعة ما أو الحصة السوقية لهذه السلعة.

وأخيراً يمكن القول إن هناك اختلاف في مفهوم السوق بين الاقتصاديين وبين رجال التسويق الـذين يسعون لتقييم تطور سلعة ما من أجل اختيار استراتيجية محددة لهذه السلعة (أو السلع) من خلال البحث عـن جزء من السوق غير مشبع ومحاولة تقديم المنتجات التي تشبعه:

وبشكل عام يجب التميز بين مجموعتين من الأسواق:

أ ـ أسواق السلع الاستهلاكية.

ب ـ أسواق السلع الصناعية وعوامل الإنتاج.

ضمن إطار هذه الأسواق يلاحظ أن نظام السعر هو المرشد الذي يوجه النشاط الاقتصادي في ظل الاقتصاد الحر والذي يعتمد على آلية العرض والطلب في الأسواق وحرية المنافسة.

ثالثاً- القوى العاملة في السوق: Les Agents du Marché

هناك العديد من القوى العاملة الاقتصادية التي تتـدخل في نشاط السـوق، وتختلـف بحسـب طبيعة الأسواق. سواء في أسواق السلع الاستهلاكية أو في أسواق السلع الصناعية، فإن التفاعـل بـين العرض والطلب يتم بشكل معقد أكثر مما تتوقعه النظرية الاقتصادية. من هذه القوى نجد: المشترون، العارضون، الموزعون، عناصر سلسلة الإنتاج.

١ـ المشترون: Les Acheteurs

قبل كل شيء يجب التمييز بين المشتري والمستهلك، حيث يمكـن التمييـز في عمليـة الشـراء بـين العناصر التالية:

ـ الشخص الموصف أو صاحب الفكرة والذي يؤثر على عملية الشراء.

ـ متخذ قرار الشراء.

ـ من يدفع الثمن.

ـ من يقوم بالشراء من المحل.

ـ المستهلك أو المستعمل للسلعة.

ـ من يقوم بالصيانة والإصلاح (خاصة بالنسبة إلى السلع الصناعية).

إذاً يوجد عدد كبير من الأشخاص التي تتدخل في عملية الشراء. وبالتالي يجب التمييز بين كافة هذه العناصر عند تحديد الطلب. وكل سلعة أو خدمة تتطلب دراسة ومعرفة هذه العناصر التي تؤثر في قرار الشراء ومنها:

- الموصفون: هم الناصحون أو الطالبون للسلعة: مثل الطبيب في شراء الأدوية، الأطفال لشراء الألبسة أو بعض المأكولات. ...... الخ.

- قادة الرأي: هم الأشخاص الذين يؤثرون على سلوك المشتري من خلال مركزهم الاجتماعي (مثل نجوم السينما، الرياضيون، الأصدقاء، ... الخ).

- أفراد العائلة أو مجموعة العمل تؤثر كذلك على سلوك المشتري.

في حالة الشراء الصناعي تتدخل في عملية الشراء منظمة بالكامل[٢]، و يتخذ قرار الشراء من قبل عدة أشخاص (وظيفة الشراء، القسم الهندسي) و هناك إجراءات عديدة تتم قبل القيام بعملية الشراء.

٢ـ العارضون: Les Offreurs

يقصد بالعارضين منشأة أو عدة منشآت تقدم سلع وخدمات معينة. و يمكن التمييز بين عدة حالات:

- حالة العارض الوحيدة للسلعة في السوق: وتسمى بسوق الاحتكار مثل احتكار الدولة لبعض القطاعات الاقتصادية الاستراتيجية (كهرباء، ماء، سكك حديدية،...).

- حالة قلة عدد العارضين للسلعة في السوق. وتسمى بسوق احتكار القلة **oligopol:** مثل سوق السيارات، محطات البترول ....، وتتميز هذه السوق سواءً بالمنافسة القوية أو بالتحالفات التواطئية.

- حالة كثرة العارضون للسلعة، وتسمى بسوق المنافسة التامة.

٣ـ عناصر سلسلة الإنتاج:

انطلاقاً من المادة الأولية وحتى المنتج النهائي، تظهر سلسلة متتالية من الأسواق تربط العارضون بالمشترين في قطاع معين. على سبيل المثال، تتكون السيارة من عدد كبير من قطع التبديل المختلفة،

---

٢ - ناجي عبده، التسويق: المبادئ والقرارات الأساسية، ١٩٩٥ ، القاهرة (بدون دار نشر).

وكل قطعة تكون موضوع سوق في بداية السلسلة. فبعض القطع المعقدة تصنع من قطع أساسية مصنعة هي نفسها من مواد أولية، إذاً تتكون سلسلة الإنتاج من مجموع المواد الضرورية لإنتاج المنتجات النهائية التي تبيعها الشركة بدءاً من المواد الأولية. ما بين المنتجات النهائية المباعة إلى الزبائن ومختلف المواد الأولية التي تدخل في تركيبها، تتدخل عدة شركات متتالية بصفتها موردين وزبائن في الوقت نفسه. هذه الشركات ليست بالضرورة مستقلة وليس لديها الثقل النوعي نفسه أو القوى المالية نفسها. بعضها يقوم بالهيمنة على الآخرين الموجودين ضمن السلسلة بصورة مقاولين من الباطن، والبعض الآخر يقوم بضم عدة مستويات من هذه السلاسل كما هو الحال في الشركات اليابانية، حيث كل مستوى من المقاولين يعمل لصالح المستوى الذي هو أعلى منه.

٤ـ الموزع:

إن سلاسل الإنتاج والتوزيع لسلعة ما ترتبط عادة فيما بينها بعلاقات معينة. في ظل هذا النظام العام، يكون دور الموزعين مرجحاً، لأن منظمة التوزيع القوية والتي تعمل في عدة مجالات أو أصناف من السلع، تتمكن من فرض شروطها على مختلف أعضاء السلسلة (في مجال التوزيع والتموين والخدمات ....). ينجم عن ذلك بالنسبة إلى المصنع لسلعة تخص أسواق الاستهلاك أن يأخذ باعتباره أهمية الموزع في مركز الشراء والتي لا تقل أهمية عن المستهلك النهائي. إن تحديد السعر النهائي والكميات المعروضة والسلوك التجاري يعتمد كذلك على تدخل هذا الوسيط (الموزع) الذي يكون لديه القدرة غالباً على فرض قوانينه على المنتجين.

٥ـ العناصر الأخرى في السوق:

هناك مجموعات مختلفة من العناصر التي تؤثر كذلك على شروط عمل السوق ومنها:

ـ الدولة والمؤسسات الحكومية من خلال تدخلها كمشتري ولتطبيق التشريعات الخاصة بشروط تنظيم السوق:(ضرائب، قوانين الأسعار، المنافسة، الإعلان، الملكية الصناعية).

ـ المؤسسات الخاصة: مثل غرفة التجارة، النقابات المهنية، اتحاد أرباب العمل ....، والتي تنظم قواعد عمل الأسواق.

- منظمات خاصة أخرى، مثل منظمات حماية المستهلك التي تتدخل كذلك في الأسواق من خلال المعلومات التي تنشرها أو بوسائل أخرى (مثلاً لمقاطعة سلعة ما).

- بعض المنظمات مثل المنظمات المالية والبنوك وشركات التأمين تلعب كذلك دوراً هاماً في قيام الأسواق وخاصة في التصدير (قروض، تأمين .... الخ).

- تلعب كذلك بعض المنظمان الدولية دوراً بارزاً وموجهاً لشروط السوق: مثل السوق الأوربية المشتركة في مجال السياسة الزراعية، ومنظمة OPEC في مجال إنتاج البترول، ومنظمة التجارة العالمية بالنسبة لتحديد التعرفه الجمركية والتبادلات العالمية.

رابعاً - السوق: مكان تفاعل قوى السوق:

إذا كان السوق هو المكان التي يتم فيه تبادل السلع والخدمات بحسب مفهوم النظرية الاقتصادية، فمن الواضح أن هذا التبادل لا يخص العارض والطالب فقط، ولكن يضم عدداً كبيراً من الأفراد، لهذا فالعارض لا يكتفي بالدراسة المبسطة للطلب الذي يفرضه التسويق، بل يجب ضم أو معرفة احتياجات مجموع العناصر التي تتدخل في السوق. هذه الاحتياجات تكون مختلفة ومتعددة وتخص كافة شروط التبادل (السعر وكمية، و الاتصال، وتمويل .....). ويمكن أن تكون كذلك متناقضة فيما بينها بحسب المصالح المتنافرة للأفراد[3]. إذاً السوق ليس مكان للتبادل فقط، ولكن كذلك مكاناً لتفاعل ومنافسة قوى الأفراد. وبالتالي يجب على العارض وضع استراتيجية مناسبة لدراسة وتحليل مجوعة تصرفات الأفراد المختلفة وتحديد سلوكه وتصرفاته بحسب تصرفات الآخرين وخاصة في التحضير للمفاوضات.

هذا المفهوم الواسع للسوق يغير مفهوم التسويق والتي يجب أن يمتد على مجموعة الأفراد التي تتدخل في السوق. وأخيراً يظهر السوق على أنه نظام معقد لتنظيم التبادلات، ويدخل فيه مجموعة مختلفة من العناصر أو الأفراد، وهنا لا بد لرجل التسويق من ضم سلوك وتصرفات هذه العناصر في استراتيجيات الشركة في التسويق.

---

[3] - **BON.A et GREGORY.P, Techniques Marketing, Vuibert, Paris.1986.**

خامساً - أنواع الأسواق.

ذكرنا سابقاً أن السوق هو المجال الذي تتفاعـل فيـه قـوى العـرض والطلـب، لكـن في الحقيقـة، يحمل مفهوم السوق معاني عديدة: مثل المتجر، منطقة جغرافية فيها عـدة متـاجر، أو أي وسـط أو مكـان يجري فيه تحويل ملكيات السلع والخدمات. وهناك عدة اعتبارات أو أسس تؤخذ بالحسبان أثناء تعريـف السوق من أهمها:

ـ اعتبارات خاصة بالمكان: مدينة، ريف، أسواق ضخمة، أسواق صغيرة.

ـ اعتبارات: خاصة بزمن انعقاد السوق (يومي، أسبوعي، فصلي، سنوي).

ـ اعتبارات بنوعية السلع التي تباع في السوق: سوق القطن، سوق الحبوب، البورصة.

ـ اعتبارات خاصة بماهية المتعاملين في السوق (بائع ومشتري).

ـ اعتبارات خاصة بمستوى أو طبيعة الأسعار وطرق السداد.

وبسبب تعدد واختلاف هذه الاعتبارات تتعدد التقسيمات المختلفـة للأسواق وتعريفها. ويتم تصنيف الأسواق كذلك بحسب نشاط الأفراد ومدى استفادتهم من الأسواق إلى:

ـ أسواق حرة وأسواق احتكارية: أسواق التنافس التام، أسواق احتكار القلة، أسواق الاحتكار الثنائي، أسواق الاحتكار المطلق.

ـ أسواق السلع الاستهلاكية وأسواق السلع الصناعية، سلع ضرورية، سلع كمالية، سلع صناعية، مواد أولية.

ـ أسواق محلية وأسواق مركزية وأسواق الجملة ونصف الجملة والتجزئة.

ـ سوق المنتج (السـلعة أو الخدمـة): ويعنـي جميـع الأسـواق التـي يتواجـد فيها المنتج المعنـي حاليـاً ومستقبلاً.

ـ سوق الشركة: ويعني جملة الأسواق التي تتواجد فيها جميع منتجات الشركة الحالية والمستقبلية.

إذا يلاحظ وجود عدة مفاهيم للسوق، تتفق أغلبها على أن يكون هناك ظروف   عرض وطلب متجانسة، أي:

- حرية انتقال السلع.

- حرية دخول الأسواق للجميع.

- سهولة الاتصال بين البائع والمشتري وحرية القبول والرفض للسوق.

- شفافية السوق: أي إمكانية توفر المعلومات والحصول عليها بما يخض السلع والمخزون والأسعار والمبيعات ...... الخ.

المبحث الثاني
تجزئة السوق

أولاً - فلسفة تجزئة السوق:

تعد دراسة الأسواق ومعرفة الفرص من العناصر الأساسية للنجاح في التسويق المحلي والدولي، لأن عملية التبادل تتم في هذه الأسواق. وقد ذكرنا سابقاً أن مسؤول التسويق ينظر إلى السوق على أنه مجموعة طلب المستهلكين الحاليين والمتوقعين لسلعة أو خدمة ما. وبما أن السوق تتألف من مجموعات من المشترين الذين يختلفون عن بعضهم البعض بطريقة أو بأخرى: يختلفون في احتياجاتهم ومواقعهم، وإمكانياتهم، وسلوكهم الشرائي ومواقفهم ... الخ. ومن هنا نلاحظ أنه لا توجد سلعة واحدة يمكن أن تشبع جميع الحاجات بالدرجة نفسها. وفي الوقت نفسه لا يمكن لأي مشروع إنتاج سلع مختلفة لكل مستهلك تناسب ذوقه، لذا لا بد له من تنويع جهوده ليخدم أجزاء مختلفة من السوق، وبدلاً من محاولة منافسة الشركات الأخرى في الأسواق (أحياناً ضد منافسين أقوياء) يفضل أن تقوم الشركة بتجزئة السوق (سوق المهنة) إلى أجزاء متعددة تتمكن من خدمتها بكفاءة من خلال تقديم منتجات تتوافق مع احتياجات المشترين وعاداتهم وسلوكهم...لخ.

وهكذا فإن فلسفة تجزئة الأسواق تقوم على استراتيجية (أو استراتيجيات) المواءمة ما بين الأسواق والمنتجات والتي من خلالها تحاول الشركة سواء إشباع احتياجات مختلف الأفراد في السوق (استراتيجية التسويق الواسع الانتشار) أو إشباع حاجات مجموعات (أجزاء) معينة من السوق (استراتيجية التجزئة):

ـ تفترض الاستراتيجية الأولى (التسويق الواسع الانتشار أو غير المتمايز) أن المستهلكين في سوق ما متماثلين في استجاباتهم للبرنامج التسويقي (عدم تمايز المنتجات)، وبذلك يتم توجيه لهم منتجات معينة ومزيج تسويقي محدد.

ـ أما استراتيجية التجزئة فتفترض أن المستهلكين للمنتجات في سوق ما يختلفون في استجاباتهم عند كل استراتيجية تركيز للبرنامج التسويقي. وهذا يعني أن تقوم الشركة بمعاملة أي جزء سوقي كسوق قائمة بذاتها.

ـ بعد أن يتم تحديد هذه الخيارات الاستراتيجية، يتوجب على الشركة تحديد استراتيجية موقع أو مركز المنتج في السوق Positionnement. إن مفهوم موقع المنتج أو التركيز يحدد أسلوب استخدام البرنامج التسويقي الفعال بهدف جذب تفكير المستهلك إلى العناصر التي تميز منتج الشركة عن منتجات المنافسين. إن استراتيجية موقع المنتج يمكن استخدامها من أجل تمييز عرض (منتج) الشركة عن منتجات المنافسين سواء في جزء من السوق أو في السوق الكاملة. وهنا من المفيد القول إن التجزئة غير ممكنة إلا في إطار استراتيجية التمايز.

الجدول (٣ـ١) التالي يوضح لنا المراحل الثلاثة في تجزئة السوق: تجزئة السوق، اختيار السوق المستهدفة، وتحديد موقع أو مركز المنتج في السوق:

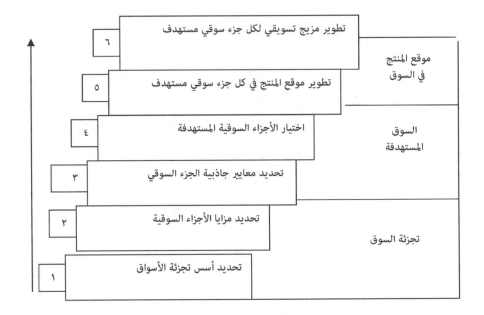

الجدول (٣-١)

سنتعرف في هذا المبحث على استراتيجية تجزئة الأسواق والسوق المستهدفة وسيتم شرح استراتيجية موقع المنتج (أو الشركة) في السوق في الفصل المتعلق باستراتيجية المنتج.

١- تعريف تجزئة السوق:

تقوم التجزئة على تقسيم السوق إلى أجزاء أو قطاعات متجانسة من المستهلكين بالاعتماد على معايير محددة مسبقاً. يوجد عادة نوعان من التجزئة: التجزئة الاستراتيجية والتجزئة العادية للسوق. وتختلف هذه الأنواع من ناحية موضوعها وأهدافها والمنفعة منها ومدتها[4]. لكن هذين النوعين من التجزئة هما متكاملين. فالتجزئة الاستراتيجية تسبق التجزئة العادية في التسويق، وتم التجزئة الاستراتيجية على مجموعة أنشطة واحدة وتهدف إلى تقسيم هذه المجموعة إلى مجموعات جزئية متجانسة بحسب

---

[4] - **KOTER. Ph & CO. 1999, op cit.**

التكنولوجيا والحاجات المشبعة، والمنافسين ومجموعات المشترين. أما التجزئة العادية فإنها تخص السوق التي يكون فيها المشترين مقسمين إلى مجموعات متجانسة بحسب حاجاتهم وتشابه استجاباتهم للسياسات التسويقية. ومن جهة أخرى تختلف التجزئة الاستراتيجية عن التجزئة العادية من ناحية المدة الزمنية (متوسطة المدى، طويلة المدى) وأيضاً الأهمية المعطاة للمنافسة.

٢- مزايا التجزئة:

الهدف الضمني Implicite لكل تجزئة بالنسبة إلى الشركة تعني زيادة الأرباح بالمقارنة مع الأرباح التي تحصل عليها بدون تجزئة. فالتجزئة الاستراتيجية تسمح من جهة بإظهار فرص القطاعات الإنتاجية الجديدة وضرورة إهمال بعض المجالات الإنتاجية. لذا فهي ضرورية لتحليل جعبة أنشطة الشركة. من جهة أخرى تهدف التجزئة إلى توضيح المهارات والمؤهلات الضرورية للاستفادة من ميزة تنافسية في جزء محدد من السوق.

أما التجزئة العادية فإنها تسمح للشركة بالرد المناسب على حاجات مجموعات من المشترين، وتترجم إذاً بزيادة رقم الأعمال والربح لكن تتضمن تكاليف إضافية أيضاً نظراً للحاجة إلى تكييف منتج الشركة مع مختلف الأجزاء المستهدفة في حالة اختيار الشركة لتجزئة الشوق. فالتجزئة تكون هامة للشركة عندما تتوازن نفقات التكيف (مع الأجزاء السوقية) مع النتائج الإضافية الناجمة عن زيادة الحصة السوقية ورقم الأعمال. الجدول ٣ـ١ يقدم لنا مقارنة بين هذه الأنواع من التجزئة.

جدول ٣-١: مقارنة بين التجزئة الاستراتيجية والتجزئة العادية في التسويق.

معايير المقارنة	نوع التجزئة	
	تجزئة استراتيجية	تجزئة عادية في التسويق
الموضوع	- كافة أنشطة الشركة	- نشاط وحيد أو سوق أو منتج/سوق
الأهداف	- تجزئة الأنشطة في مجموعات متجانسة بحسب التكنولوجيا، الحاجات المشبعة، فئات الزبائن.	- تجزئة المشترين في مجموعات متجانسة بحسب احتياجاتهم، عاداتهم، سلوكهم وتشابه استجاباتهم للسياسة التسويقية.
الفوائد	- بيان فرص الإبداع والحصول على أنشطة جديدة، ضرورة التطور أو	- تكييف المنتجات مع المستهلك، المفاضلة ما بين الأجزاء وتكييف عناصر المزيج التسويق.
المدة الزمنية	التخلي عن الأنشطة الحالية. - إحداث تغييرات على المدى المتوسط والطويل.	- إحداث تغييرات على المدى القصير والمتوسط.

المصدر: STRATEGOR, 1993, op cit.

وهكذا يمكن القول إن تجزئة السوق تقدم للمشروع المزايا التالية:

آ ـ إن تحديد السوق المستهدفة يمكن إدارة التسويق من معرفة سلوك المستهلك ودوافعه لشراء السلعة والمنافع التي تقدمها تلك السلع.

ب ـ إن معرفة حاجات المستهلك تمكن الشركة من وضع المزيج التسويقي المناسب لكل جزء من السوق، ومتابعة التغيرات في الطلب وتقدم ما يشبع الحاجات الجديدة.

جـ ـ تتمكن الشركة من معرفة أسباب قوة وضعف المنافسين وتحديد الأسواق التي تواجه فيها منافسة قوية وتجنب الأسواق التي يصعب دخولها.

د ـ من خلال المتابعة المستمرة للأجزاء السوقية، تتمكن الشركة من تحديد أهداف السوق بدقة ومن ثم تقييم الأداء التسويقي في كل جزء سوقي عن طريق المقارنة بين الأداء الفعلي وبين الأهداف الموضوعة مسبقاً ومعرفة الانحرافات ومحاولة تصحيحها.

٣ـ استراتيجيات تجزئة السوق:

نظراً لاختلاف احتياجات ورغبات المشترون في الأسواق فإن الشركة لا تتمكن من إنتاج منتجات تتوافق مع رغبات كل فرد في المجتمع (أو المجتمعات المختلفة) لكن يوجد في كل مجتمع مجموعات متجانسة من المشترين لديهم رغبات متجانسة، وبذلك تتمكن الشركات، بالاعتماد على هذه المجموعات المتجانسة، من تجزئة السوق إلى أجزاء متجانسة معتمدة بذلك على الأهمية المعطاة من الشركة للأجزاء السوقية (الحالية، والمرتقبة) وعلى استجابات المستهلكين. تتم التجزئة من خلال تحديد استراتيجية تسويقية موحدة لمجموعة من الأسواق، أو استخدام استراتيجيات تسويقية متنوعة تتلاءم مع مختلف أجزاء السوق وكما هو مبين في الشكل التالي ٣-٢ التالي:

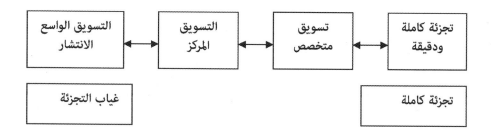

شكل ٣-٢: أنواع التجزئة

آ ـ **التسويق واسع الانتشار أو التسويق غير المتمايز:**

كانت الشركات قبل الثمانينات لا تمارس التسويق المستهدف، وتقوم بحمل منتجاتها إلى الأسواق الواسعة وتوزعها بأساليب مختلفة وعبر مختلف القنوات إلى المستهلكين كافة. فشركة فورد وكوكا كولا أنتجت سلع موحدة ووزعتها في الأسواق المختلفة أملاً في الوصول إلى كل مشتري.

تفترض هذه الاستراتيجية أن المستهلكين متماثلين بشكل كبير وليس من المفيد تجزئة السوق، حيث تقوم الشركة بطرح منتج وحيد لكافة الأسواق مع مزيج تسويقي موحد. تعتمد فلسفة التسويق واسع الانتشار على إيجاد سوق كبيرة تسمح بتصريف كامل الإنتاج وتحقيق وفورات الحجم وخفض الأسعار وزيادة الأرباح.

أما اليوم فيجد المسوقون صعوبة كبيرة في تقديم منتج وحيد أو برنامج تسويقي موحد لكافة المستهلكين. إضافة إلى ذلك نجد أن المستهلكين ليدهم أساليب مختلفة للشراء من المخازن العادية أو عن طريق البريد والكتالوج، شبكة التسويق المنزلي، المخازن على الإنترنت، وهم يمطرون بالعديد من المعلومات والاستفسارات عبر الأعداد المتزايد لوسائل الاتصال: الاستقصاء، التلفاز، المذياع، شبكة الإنترنت، الهاتف، الفاكس، المجلات ...الخ، ويرى البعض أن التسويق واسع الانتشار تراجع كثيراً أو في مرحلة التراجع ليحل محله التسويق المجزأ.

إن وجود أجزاء مختلفة في سوق ما يسمح للشركة باختيار استراتيجية التمايز التسويقي الموجهة لمساعدة المستهلك على تصور المنتج على أنه مختلف ومتميز وأفضل من منتجات المنافسين. هذا التمايز يمكن أن يكون على مستوى المنتج نفسه (عرض خاص) أو على مستوى المزيج التسويقي: على مستوى العرض الخاص، يقود التمايز إلى طرح منتجات مختلفة في أجزاء سوقية مختلفة (تجزئة كلية). أما على مستوى المزيج التسويقي، فيمكن أن يترجم بتوجيه المنتج نفسه إلى مختلف الأجزاء السوقية من خلال مزيج تسويقي متنوع (تسوق متكيف). إن وجود أجزاء سوقية مختلفة يقود الشركة للاهتمام بأحد الأجزاء أو الاهتمام ببعض الأجزاء (التسويق المركز) أو الاهتمام بالتجزئة الكاملة.

ب ـ التسويق لجزء من السوق (سياسة التركيز):

تفترض هذه السياسة قيام الشركة بتحديد الأجزاء السوقية واختيار جزء أو أكثر وتقديم منتجات وبرامج مزيج تسويقي كاملة وملائمة لكل جزء بهدف الحصول على ميزة تنافسية (مثل إنتاج سيارة لطبقة الأغنياء، سيارات للشباب، سيارات للمعاقين، سيارات للمزارعين ... الخ). يوجد عامل أخر يمكن أن يفسر هذه الاستراتيجية وهو عدم تمكن الشركة من إشباع الأجزاء السوقية المختلفة أو السوق كاملةً، على أساس أن الشركة تتعامل مع مشترين يختلفون في احتياجاتهم وثقافاتهم وسلوكيات الشراء ... الخ. وهنا يمكن القول إن الشركة تبذل جهود تسويقية أكبر في التسويق المجزأ من التسويق واسع الانتشار، وفي الوقت نفسه تكون منافعها أكبر والتسويق بكفاءة أكبر من خلال تقديم سلع وخدمات وبرامج ترويجية موجهة إلى فئات استهلاكية محددة (أجزاء سوقية) وبالتالي تواجه منافسة أقل في الجزاء السوقية المستهدفة[٥]. لكن هذه الاستراتيجية يمكن أن تبدو خطرة بالنسبة إلى الشركة في حال مهاجمة الجزء السوقي من قبل أحد المنافسين الأقوياء، وبالتالي يجب على الشركة الراغبة باتباع هذه الاستراتيجية والاستمرار في السوق من تحديث وتطوير منتجاتها باستمرار وتكيفها مع تطور الطلب والتطور التكنولوجي.

جـ ـ التسويق المتخصص:

عادة تكون الأجزاء المستهدفة كبيرة نسبياً وتشمل مجموعة أو عدة مجموعات من المستهلكين داخل السوق. فالتسويق المتخصص يركز على جزء صغير من مجموعة المستهلكين ضمن الأجزاء المكونة للسوق. ويقصد به التركيز على جزء سوقي ذو خصائص أو سمات متميزة جداً تبحث عن مواصفات استثنائية ومنافع متميزة وفريدة.

الأجزاء السوقية الكبيرة تكون واضحة وجذابة نسبياً لعدة منافسين، في حين أن الأجزاء الخاصة (أجزاء أصغر) تكون جذابة فقط لعدد قليل من المنافسين نظراً لأن هذه الفئة من المستهلكين يطلبون مواصفات متميزة وأن العديد من الشركات غير قادرة على فهم هذه الاحتياجات الخاصة أو لا ترغب بتحديد مجال نشاطها. مقابل هذه الميزات الخاصة يدفع المشترون أسعاراً خاصة وغالباً ما تكون

مرتفعة جداً مقابل الخدمات والسلع المقدمة: مثلاً شركة سيارات فيراري حددت أسعاراً مرتفعة لسيارتها لأن زبائنها الأوفياء للعلامة يشعرون أنه لا توجد سيارة أو علامة أخرى تقدم الخدمات التي تقدمها فيراري.

د ـ التجزئة الدقيقة (أو الكاملة):

في هذه الحالة تقوم الشركة بملاءمة عروضها وبرامج تسويقها مع احتياجات مجموعة صغيرة من المستهلكين، أو بيع منتجات الشركة بشكل شخصي أو محلي، أو من خلال المعرفة الشخصية (العمال الذين يفضلون إنتاج منتجات من أجل جيرانهم أو أقاربهم..). وبالتالي يتم إنتاج سلع ووضع برامج تسويق وفق حاجات وتفيضلات زبائن فرديين: علماً أن هذا التسويق الفردي كان موجوداً على مدى قرون سابقة: لدى الخياط والحذاء وصانع أثاث المنزل والإنتاج حسب الطلب، ويوجد حالياً بمقومات أكثر قوة ودقة وعلمية كما هو الحال في تسويق الحواسب العملاقة، قواعد البيانات، برامج الحاسب، وسائل الاتصال المباشر، الإنترنت، البريد الإلكتروني، وهذه الأشياء كلها تسمى بالتصنيع الجماعي بحسب الطلب والذي يعرف على أنه " القدرة على تقديم منتجات واتصالات مصممة بشكل فردي على نطاق واسع لتلبية الاحتياجات الخاصة لكل مستهلك"[6].

إن التوجه نحو التسويق الفردي يعكس النزعة في التسويق الذاتي للمستهلك، وبشكل متزايد يتحمل المستهلك الفرد مسؤولية أكبر في تحديد أي منتج سيشتري. والفرد الذي يحتار في الشراء يمكن أن يجد العديد من مندوبي المبيعات وكل منهم يحاول إقناعه بشراء منتجاته أو يمكن أن يدخل إلى مخازن الإنترنت ويبحث عن المعلومات عن المنتجات المعروضة وأسعارها ويتحاور مع موردين متعددين، ومن ثم يتخذ قراره الخاص بشراء العرض الأفضل من وجهة نظره الخاصة ويأمل أن يحقق المنفعة المرغوبة من هذه الصفقة.

[6] - **KOTLER. Ph, 1999. Op cit.**

٥- المساعد زكي، التسويقي في المفهوم الشامل، دار زهران.١٩٩٧.

ثالثاً - أسس ومعايير تجزئة السوق

في الواقع لا توجد طريقة واحدة لتجزئة السوق، ويجب على المسوق الأخذ بالاعتبار عدة متغيرات ومعايير ليصل في النهاية إلى الأسلوب الأفضل للتجزئة سواء في الأسواق الاستهلاكية أو الصناعية أو الدولية. تخص هذه المعايير عاده القطاعات الإنتاجية أو السوقية (تجزئة استراتيجية) أو المشترون (مستهلكين، منظمات ...).

١ـ معايير التجزئة الاستراتيجية للسوق

تتم التجزئة الاستراتيجية على أساس المعايير العامة التالية:

ـ نوعية الزبائن المستهدفة: صناعي، الجمهور العام ....

ـ الحاجات المشبعة ومعايير الشراء.

ـ قنوات التوزيع: انتقائية، توزيع واسع الانتشار.

ـ المنافسة: كل جزء سوقي يتميز بمنافسة خاصة.

ـ المعيار الجغرافي: محلي، إقليمي، قومي، عالمي.

ـ التكنولوجيا: مدى وجود تقنية خاصة في أساليب الإنتاج.

ـ هيكل التكليف.

ـ المهارات والمؤهلات المتوفرة في الشركة.

ـ الوظائف أو الحاجات المخدمة من الشركة: مثلاً في صناعة الغابات نجد القطع، التحميل، السحب .....الخ.

٢ـ أسس تجزئة السوق الاستهلاكية.

يتم تجزئة الأسواق الاستهلاكية من خلال أربعة معايير أساسية:

أ ـ التجزئة الجغرافية.

تقوم على تجزئة السوق إلى مناطق جغرافية صغيرة مثل الدول أقاليم مناطق ... وتختار الشركة خدمة واحد أو أكثر من هذه الأجزاء ولكن بعد الأخذ بعين الاعتبار الاختلافات في الحاجات بين الأفراد المقيمين فيها بحسب العادات الشرائية للأفراد:

ـ فالعديد من الشركات تركز حالياً في إنتاجها وترويجها وبرامج تسويقها المحلي لتناسب حاجات أقاليم مجاورة: كما هو الحال في تسويق بعض المنتجات الغذائية.

ـ وتتطلع شركات أخرى لدخول أسواق جديدة أولم تطرح فيها المنتجات بعد.

فمثلاً تهرب شركات عديدة من المدن الرئيسية ذات المنافسة الحادة لتقيم متاجرها في المدن الصغيرة أو القرى كما هو الحال في الفنادق التي تقيم فنادق صغيرة في القرى الصغيرة وعلى طرق السفر التي تعج بالحركة والمسافرين الذين يقضون عطلة الأسبوع في الريف أو للمسافرين للمسافات الطويلة ...الخ.

ب ـ التجزئة الديمغرافية:

ـ تعتمد التجزئة الديمغرافية على تجزئة السوق إلى مجموعات على أساس بعض الخصائص الديمغرافية مثل العمر و الجنس، حجم العائلة، الدخل، المهنة، التعليم، الدين، العرق، الجنسية .... تعد العوامل الديمغرافية من أهم الأسس وأكثرها شيوعاً في تجزئة الأسواق إلى مجموعات من المستهلكين بسبب اختلاف حاجات ورغبات الأفراد ومعدل استخدامهم للسلع وكون هذه المعايير سهلة القياس حيث تتمكن الشركة من تقييم حجم السوق (أو الجزء السوقي) المستهدفة بغية الوصول إليها وخدمتها بكفاءة.

- تستخدم معظم المشروعات ثلاثة معايير أساسية وهي: السن (سوق الأطفال، الشباب، كبار السن) والجنس (ذكور، إناث) والدخل (فقراء، أغنياء) وتقوم الشركات بتقديم سلع خاصة بكل فئة من هذه الفئات وأيضاً أساليب تسويق مختلفة تتناسب مع سلوك كل فئة. فمثلاً تتوجه شركة ماكدونالد إلى الأطفال والمراهقين والكبار بإعلانات مختلفة: تتميز إعلاناتها للمراهقين بموسيقى راقصة معاصرة والانتقال السريع من مشهد إلى أخر أما الإعلانات الموجهة للكبار تكون ألطف وأكثر عاطفية.

- أما معيار الجنس فيعد أيضاً من أهم المؤشرات في تجزئة الأسواق ومستخدم منذ القديم في مجال الألبسة ومواد التجميل والمجلات ولعب الأطفال. فالعديد من الشركات تقدم حالياً منتجات متعددة وعلامات مختلفة لكل جنس على حدى وقد أصبحت هنالك منتجات وحتى أسواق خاصة بالنساء ومنتجات خاصة بالرجال ومنتجات تتناسب الجنسين. وبسبب الاعتبارات الفيزيولوجية والنفسية

الخاصة بالنساء فقد توجه صانعوا السيارات مثلاً لتقديم نماذج من السيارات بأشكال وهياكل مختلفة وأبواب سهلة الفتح ومقاعد سهلة التسوية وأحزمة للمقاعد تناسب النساء والتركيز على عنصر الأمان (وضع بالونات هوائية وإقفال الأبواب عن بعد) والألوان الجذابة والراحة ...الخ.

ج ـ المعيار الاجتماعي في التجزئة.

يتم تقسيم السوق في هذه الحالة إلى فئات اجتماعية مختلفة: أغنياء فقراء مستويات التعليم، المهنة، العرق، نمط الحياة، الشخصية، المواقف ... الخ حيث يمثل أفراد كل طبقة إلى أنماط شرائية خاصة بكل طبقة اجتماعية (سيارات، ملابس، أثاث المنزل، فنادق، مطاعم ....)، وبالتالي فإن مشتريات الأفراد تعكس أنماط حياتهم.

د ـ الأساس السلوكي:

تقوم التجزئة السلوكية على تجزئة السوق إلى مجموعات متجانسة من الأفراد المتماثلين في سلوكهم الاستهلاكي، معرفتهم، ومواقفهم واستخدمهم للمنتجات وبالتالي تحديد هدف المستهلك من شراء السلعة والمنفعة المتوقعة منها، وتفضيلها عن بقية السلع الموجودة في السوق، ومعدلات الاستهلاك، ومدى الولاء للسلعة ...الخ:

ـ البحث عن المنافع: إن من أهم أشكال التجزئة هي تجزئة المشترين إلى مجموعات وفقاً للمنافع المختلفة التي يتوقعون وجودها في المنتج. يتطلب هذا الأسلوب إيجاد المنفعة الرئيسية التي يبحث عنها الأفراد في مجموعة المنتجات المشتراة أو في العلامات التجارية التي تحقق العديد من المنافع. فمثلاً عند تجزئة سوق معجون الأسنان على أساس المنفعة نجد أربع منافع جزئية: اقتصادية، صحية، تجميليه، الطعم، ولكل مجموعة من هذه المنافع خصائص ديموغرافية ونفسية خاصة. حيث يميل الأفراد البالغين لطلب معجون الأسنان لمنع التسوس وتكرار الاستخدام للوقاية الصحية، بينما يميل الأطفال والشباب إلى ميزة الشكل (أسنان ناصعة) والطعم الجيد.

ـ وضع (حالة) المستخدم: يمكن تجزئة الأسواق إلى مجموعات من ناحية الاستخدام كما يلي: غير مستخدمين، مستخدمين سابقين، مستخدمين مرتقبين، مستخدم لأول مرة، مستخدمين بشكل دوري، وهنا يؤثر مركز الشركة في السوق على أهدافها من التجزئة: حيث تركز الشركات القائدة

في السوق (صاحب أكبر حصة سوقية) على اجتذاب المستخدمين المرتقبين، في حين تركز الشركات الصغيرة على جذب المستخدمين الحاليين الموالين لعلامة قائد السوق والمتنقلين بين العلامات.

ـ معـدل (تكـرار) الاستخدام: يمكـن تقسيم السـوق أيضاً إلى: مستخدمين للمنتج بمعـدل ضعيف، مستخدمين بمعدل متوسط، ومستخدمين بمعدل كبير، وغالباً تكون النسبة الأخيرة قليلة من السوق لكنها تشكل نسبة عالية من إجمالي الاستهلاك. فالشركة تفضل عادة جذب مستخدم بمعدل كبير من جذب عـدة مستخدمين مـن النوع الأول (معـدل استخدام ضعيف). فمثلاً في وكالات السفر والسياحة نجد أن المسافرين بمعدل كبير والمرتادين لوكالات السفر يبدون أكثر اهتماماً وقدرة على الاستفسار عن المعلومات المتعلقة بالسفر وعن الصحف والمجلات وعروض الأسعار والخصومات، وبـذلك توجه الشركة جهودها التسويقية نحو المسافرين المستخدمين بشكل كبير لهذه الخدمة.

ـ حالة الولاء للعلامة التجارية: يمكن أن نجزئ السوق أيضاً تبعاً لدرجة ولاء وإخلاص الأفراد لعلامة تجارية ما (كما هو الحال في مساحيق الغسيل، التبغ، مواد غذائيـة ...) إلى: مشترين موالين تماماً للعلامة، مشترين شبه موالين لعلامة أو لعلامتين أو لثلاث، ومشترين لا يظهرون أي ولاء لأي علامة (متنقلون بين العلامات) ويشترون ما هو معروض أو منتج ذو ميزات خاصـة، وبـذلك تتمكن الشركة مـن خلال هـذه التجزئة للسوق معرفة معلومات كثيرة عن العلامات المنافسة ولا سيما المنافسين بشكل مباشر، ومن ثم تحاول إثبات نفسها في السوق باستخدام الإعلانات المقارنة وجذب المستهلكين غير الموالين أو الأقل إخلاصاً أو المتنقلون بين العلامات التجارية. ومن خلال دراسة المستهلكين الـذين يتحولون عـن علامتها التجاريـة تتمكن الشركة من معرفة نقاط ضعفها وتلافي عيوب برامجها التسويقية، فمثلاً وجدت شركة كولجيت أن مشتريها المخلصين هم غالباً من الطبقة الوسطى والعائلات الكبيرة التي لـديها وعـي صحي أكثر، وبـذلك تشكل هذه الخصائص السوق المستهدفة لهذه الشركة.

٣ـ تجزئة أسواق الأعمال (الأسواق الصناعية).

يستخدم مسوقو الأعمال عدد من المتغيرات المتشابهة لتجزئة أسواق المستهلك، وبذلك يمكن تجزئة سوق الأعمال جغرافياً أو عن طريق البحث عن المنافع، حالة المستخدم، معدل الاستخدام وحالة الولاء للعلامة.

ويتضمن الجدول (٣ـ ٢) التالي المتغيرات الديمغرافية لزبائن سوق الأعمال (صناعة، حجم الشركة، المكان) ومبررات النقل، طرق الشراء، القطاعات الوظيفية، سمات شخصية ....، وبذلك إدراج في هذا الجدول الأسئلة الجوهرية التي يجب على مسوقي الأعمال طرحها ليقرروا أي زبون يريدون أن يقدموا له المنتج المناسب. وبالتالي التوجه نحو خدمة الأجزاء السوقية عوضاً عن سوق كاملة. وبذلك تساعد تجزئة السوق الشركة على القيام بعمل أفضل في تصميم استراتيجية التسويق التي تأخذ بعين الاعتبار (ردود الفعل الخاصة بكل جزء من السوق).

الجدول (٣ ـ ٢): المتغيرات الرئيسية في تجزئة أسواق الأعمال

المتغيرات السكانية (ديموغرافية)

ـ القطاع الصناعي: ما هي الشركات التي تشتري هذا المنتج والتي يجب التركز عليها ؟

ـ حجم الشركة: ما هو حجم الشركة الذي يجب التركز عليها ؟

ـ المكان: ما هي المنطقة الجغرافية التي يجب التركز عليها ؟

متغيرات عملياتية

- تقنياً: ما هي تكنولوجيا العملاء التي يجب التركيز عليها ؟

- حالة المستعمل: هل نركز على المستعمل الكبير أو المتوسط أم ضعيف الاستعمال؟

- قدرة الزبون: هل علينا التركيز على الزبائن الذين يحتاجون عدة خدمات أو القليل منها ؟

طرق الشراء

- الوظيفة الشرائية للمنظمة: هل يتم التركيز على الشركات ذات التنظيمات الشرائية المركزية أو اللامركزية ؟

- بنية التنظيم: هل يتم التركيز على التنظيمات الهندسية أو المالية أو التسويقية ؟

طبيعة العلاقات الموجودة: هل نركز على الشركات التي لدينا علاقة قوته معها أم نركز على الشركات الأكثر رغبة بالشراء ؟

ـ سياسة الشراء العامة: هل نركز على الشركة التي تفضل عقود التأجير أم عقود الخدمة أو مشتري لأنظمة الكاملة أو عروض الشراء المختومة ؟

ـ معيار المشتريات:هل نركز على الشركات التي تبحث عن الجودة أم الخدمة أم السعر؟

القطاعات الوظيفية

- السرعة أو الإلحاح: هل نركز على الشركات التي تتطلب تسليم سريع أو التي تحتاج فقط الخدمة ؟

- المواصفات المحددة:هل نركز على مواصفات محددة في المنتج أكثر من جميع المواصفات؟

حجم الطلب: هل نركز على الطلبات الصغيرة أم الكبيرة ؟

السمات الشخصية

- أوجه التشابه بين البائع والمشتري: هل نركز على الشركات التي يكون أفرادها وقيمها متشابهة لمـا هـو لدينا ؟

- المواقف تجاه الخاطر: هل نركز على الزبائن الذين يتجنبون الخطر أو على الزبائن المغامرين؟

- معيار الولاء: هل نركز على الشركات التي تظهر ولاء كبير لمورديها ؟

٤ـ تجزئة الأسواق العالمية:

ـ في الواقع نجد لدى بعض الشركات الرغبة والإمكانيات للعمل في عدد كبير من الأسواق العالمية إذا لم نقل في معظمها. كما هو الحال في كوكا كولا، سوني، لكن معظم الشركات العالمية تركز على مجموعة أقل من الأسواق العالمية.

ـ فالعمل في عدد من البلدان يعرض الشركة إلى تحديات جديدة. لذا تقوم الشركة العالمية بجمع أسواقها العالمية في أجزاء أو مجموعات من الأسواق المتجانسة من خلال الحاجات والسلوكيات المتماثلة في هذه الأسواق. وبذلك تتمكن هذه الشركات من تجزئة الأسواق العالمية من خلال اتباع الاستراتيجيات السابقة في التجزئة، أي من خلال الموطن الجغرافي أو البلدان والأقاليم: أوروبا الغربية، الشرق الأوسط، إفريقيا , أوروبا الشرقية ... الخ ؟

ـ حالياً، قامت العديد من الدول بتنظيم مجموعة من الأسواق أو الاتحادات أو التكتلات التجارية الحرة مثل: السوق الأوربية المشتركة، منظمة التجارة الحرة في أمريكيا الشمالية، ...الخ. لقد ساهمت هذه التكتلات بتخفيض عوائق التجارة بين الدول الأعضاء و أوجدت أسواقاً أكثر تجانساً.

ـ كما يمكن تجزئة الأسواق العالمية بحسب العامل الاقتصادي أو مستوى التطور التكنولوجي ومستويات الدخل الفردي. ويمكن تقسيم الأسواق أيضاً على أساس مدى الاستقرار السياسي والانفتاح على الأسواق والشركات الأجنبية والتنظيمات المالية ومستوى البيروقراطية أو الروتين الحكومي ؟

ـ ويمكن تجزئة الأسواق العالمية أيضاً على أساس اللغات الشائعة أو المتداولة والأديان والقيم والمواقف والعادات و النماذج السلوكية[٧]. وبالتالي توضع الدول في مجموعات من المستهلكين (الأسواق) لديهم تشابه في الحاجات وعادات الشراء رغم أنهم يقطنون دول مختلفة. فمثلاً شركة مرسيدس تستهدف في برامج ترويجها كافة الأسر الغنية في مختلف دول العالم وبذلك تطبق الشركة استراتيجية عدم التمايز في تسويق منتجاتها إلى أجزاء سوقية متماثلة الحاجات.

---

[7] - **FILSER.M, Les Methodes de segmentation, Action Commerciale, n 56, p. 13.**

ـ إضافة إلى ذلك يمكن استخدام استراتيجية التسويق المتكيف في التصدير والتي تقوم مـن خلالهـا الشركة ببيع المنتج نفسه إلى أجزاء سوقية مختلفة مع تكييف المزيج التسويق: فقد تـم استخدام هـذه السياسـة من قبل شركة السيارات HONDA ACCORD على سبيل المثال، حيـث تـم بيـع هـذه السيارة في أمريكيا على سبيل أنها تشكل السيارة الثانيـة في المنزل وفي اليابان على أنها سيارة العائلـة وفي أوروبـا الشرقية على أنها سيارة سباق ذات حداثة تكنولوجية كبيرة (الشيء نفسـه بالنسبة إلى السيارة CLIO الفرنسية).

٥ـ متطلبات التجزئة الفعالة.

من خلال ما سبق نجد أنا هناك عدة أساليب لتجزئة الأسواق ولكن ليست كل هـذه الأسـاليب فعالة. وكي تكون التجزئة فعالة يجب أن تلبي التجزئة المتطلبات التالية:

ـ قابلية القياس: يمكن أن يقاس كل من حجم السوق والقوة الشرائية والمظاهر الجانبيـة للتجزئة. لكن إمكانيـة قيـاس معايير التجزئة ليست بالعمليـة السهلة في جميـع البلـدان نظـراً لعـدم تـوفر البيانات والإحصائيات اللازمة في بعض الدول (دول نامية).

ـ إمكانية الوصول إلى المستهلك: إن تجزئة السوق تجعله أكثر فاعلية في الوصول إلى المستهلكين وخدمتهم بشكل فعال.

ـ تجزئة حقيقية: إن تجزئة السوق يجب أن تكون حقيقية كي تتمكن الشركة مـن خدمتـه بكفـاءة عاليـة وتقديم برامج ترويج مناسبة.

ـ التمايز: يجب تكون التجزئة قابلة للتميز وتستجيب لمختلف برامج المزيج التسويق.

ـ إمكانية الخدمة: إن البرامج الفعالة يجب أن تصمم لخدمة وجذب الأجزاء السوقية كافة.

٦ـ إجراءات تجزئة السوق:

تمر التجزئة السوقية في خمس مراحل:

أ ـ تعريف السوق: يتم تعريف السوق بحسب مستوى التحليـل ومنظور قرار التجزئة. وبـذلك يجب تعريف السوق وتحديد حدوده من خلال المنتجات والأفراد الذين يشكلون السـوق. في الواقع تعتمـد ميزات السوق على المنظور المؤقت للقرار المتخذ: فالمنظور طويل الأمد يقوم على تجزئة

استراتيجية وبذلك يتم إعطاء تعريف واسع للسوق. أما المنظور قصير الأمد فيقود إلى تجزئة عادية للسوق وبالتالي إعطاء تعريف ضيق للسوق يعتمد على العلامات و المنتجات المنافسة الشركة.

ب ـ تعيين أجزاء سوقية محددة من خلال اختيار معيار أو أساس للتجزئة مثل المعيار الديموغرافي والسلوكي، الولاء، الربح ...الخ واختيار المعايير الهامة مثل معدل الاستخدام، المنافع المرغوبة،...الخ.

ج ـ وصف الأجزاء السوقية باستخدام معايير وصفية شائعة مثل المعايير المتعلقة بالسلوك: قناة التوزيع، وسيلة الترويج المفضلة ...الخ.

د ـ اختيار الأجزاء السوقية المستهدفة.

هـ ـ الدخول إلى الأجزاء السوقية المستهدفة باستخدام استراتيجيات تسويقية مناسبة.

رابعاً ـ السوق المستهدفة

في الواقع، إذا كانت التجزئة السوقية تمكن الشركة من تحديد الفرص السوقية المتاحة لها، فإن السوق المستهدفة تحدد الأجزاء السوقية التي يمكن الوصول إليها وخدمتها بكفاءة عالية ويتم ذلك من خلال استراتيجية تسويقية موحدة لمجموعة من الأسواق و استخدام عدة استراتيجيات تتلاءم كل منها مع جزء من السوق.

١ ـ تقييم الأجزاء السوقية:

عند تقييم الأجزاء السوقية المختلفة، يجب على الشركة أن تأخذ بعين الاعتبار ثلاثة عوامل أساسية: التجزئة على أساس حجم الجزء السوقي ومستوى تطوره، جاذبية الجزء السوقي، وأهداف وإمكانيات الشركة.

أ ـ معيار حجم الجزء السوقي ومعدل تطوره: هنا يتوجب على الشركة وقبل كل شيء جمع وتحليل البيانات المتعلقة بحجم المبيعات الحالية للأجزاء السوقية ومعدلات تطور هذه المبيعات والأرباح المتوقعة من مختلف الأجزاء السوقية. للوهلة الأولى نرى أن الشركة مهتمة بدخول الأجزاء السوقية بحسب معيار الحجم وخصائص النمو المناسبة. لكن عبارة الحجم ومعدل التطور هي أمر نسبي، فالأجزاء السوقية الكبيرة والسريعة التطور ليست دائماً هي الأجزاء السوقية الأكثر

جاذبية بالنسبة إلى كل شركة. وبذلك تحتاج الشركات الصغيرة ذات الإمكانيات المحددة لدخول أجزاء سوقية بحاجة إلى إمكانيات أقل وتتميز بضعف مستوى المنافسة على عكس الشركات العملاقة.

ب ـ معيار جاذبية الأجزاء السوقية:

تحتاج الشركة أيضاً عند تقييم القطاعات السوقية إلى دراسة العوامل الأساسية التي تؤثر في جاذبية الجزء السوقي على المدى الطويل:

ـ يكون الجزء السوقي أقل جاذبية إذا كان يحتوي على منافسين أقوياء وعدوانيين.

ـ عند وجود العديد من المنتجات البديلة الحالية أو المرتقبة قد تحد من الأرباح التي يقدمها جزء سوقي ما وبالتالي تحد من جاذبية السوق.

ـ إن قدرة المشترين النسبية على المساومة تؤثر في جاذبية السوق أيضاً.

ـ قد يكون الجزء السوقي أقل جاذبية إذا أحتوى موردين أقوياء يستطيعون التحكم بالأسعار أو بالإنتاج كماً ونوعاً.

ـ تكلفة دخول السوق قد تكون مرتفعة جداً، وبالتالي تضعف من جاذبيته.

جـ ـ التوافق مع أهداف وموارد الشركة:

حتى لو تميز الجزء السوقي بالحجم المناسب ومعدل النمو الجيد والجاذبية المناسبة، يتوجب على الشركة أن تأخذ باعتبارها أهدافها الجوهرية ومواردها الخاصة في علاقتها مع الجزء السوقي. ومن الممكن افتقاد بعض الأجزاء السوقية الجذابة لأنها لا تتناسب مع الأهداف الاستراتيجية للشركة أو مع الموارد اللازمة للنجاح في خدمة ذلك الجزء السوقي. لذا على الشركة أن تدخل الأجزاء السوقية التي بإمكانها أن تخدمها بشكل مناسب وتحصل فيها على منافع معينة وعلى ميزة تنافسية مناسبة وتستمر في هذه الأجزاء (أو الجزء) السوقية الجذابة.

٢ـ اختيار الأجزاء السوقية الجذابة:

بعد تقييم مختلف الأجزاء السوقية، على الشركة أن تختار وتقرر أي الأجزاء السوقية الجذابة التي ستدخلها (حالياً ومستقبلاً)، وهذه هي عملية اختيار السوق المستهدفة. تتألف السوق

المستهدفة من مجموعة من المشترين الذين يمتلكون احتياجات ورغبات وسلوكيات متشابهة تقرر الشركة خدمتها بكفاءة عالية.

ومن أجل اختيار الأجزاء السوقية المستهدفة والجذابة تتمكن الشركة من تبني واحدة من ثلاث استراتيجيات تسويقية تتلاءم كل منها مع جزء مستهدف من السوق: تسويق غير متمايز، تسويق متمايز وتسويق مركز.

أ ـ تسويق غير متمايز (متجانس):

تقوم هذه الاستراتيجية على أساس نمطية السلع ونمطية نموذج الاستهلاك وتجاهل الاختلافات في حاجات الأفراد، وبذلك تصمم الشركة منتجاً واحداً وبرنامج تسويقي موحد يلائم أكبر عدد من المشترين في مختلف الأسواق. تتميز هذه الاستراتيجية بانخفاض تكاليف الإنتاج (خطوط إنتاج موحدة) والترويج (برامج ترويج موحدة) وانخفاض تكلفة بحوث التسويق، لكن ما يعيق تنفيذ هذه الاستراتيجية هو صعوبة إيجاد وتطوير المنتج أو العلامة التجارية التي بإمكانها تلبية احتياجات المستهلكين كافة في السوق، ولاسيما في الوقت الحاضر الذي يتميز بالتغير السريع في رغبات الأفراد في مختلف الأسواق. وإضافة إلى ذلك أن الشركة التي تتبع هذه الاستراتيجية تواجه منافسة حادة في الأسواق نظراً لزيادة عدد المنافسين في القطاع السوقي نفسه.

ب ـ تسويق متمايز (غير متجانس).

في هذه الحالة تقرر الشركة استهداف عدة أجزاء سوقية، وتقوم بتصميم منتجات خاصة بكل جزء منها (أو فئة اجتماعية أو منظمة جغرافية): مثل تصميم سيارات خاصة ببعض الفئات الاجتماعية. وتهدف الشركة من تبني هذه الاستراتيجية إلى تحقيق مبيعات أكبر وحصة سوقية أكبر في كل جزء سوقي وبالتالي كسب ولاء المشترون لعلامتها. وحالياً تتبنى العديد من الشركة هذه الاستراتيجية بعد أن تبين لها أنها تحقق حجم مبيعات أعلى من استراتيجية عدم التمايز (تسويق موحد). لكن تمايز التسويق يؤدي أيضاً إلى زيادة تكلفة أداء الأعمال. حيث تجد الشركة عادة إنه من المكلف إنتاج وتطوير عشر وحدات من عشرة منتجات مختلفة أكثر من تكلفة إنتاج وتطوير ١٠٠ وحدة من منتج واحد. كما أن هذه الاستراتيجية بحاجة إلى تطور عدة برامج تسويقية مختلف ومتناسبة

مع مختلف الأجزاء السوقية، الأمر الـذي يتطلب أبحـاث تسويقية متمايزة، وبـرامج تـرويج متنوعة ومتمايزة، وبالتالي تتحمل تكاليف زائدة. لذا عند تقرير تبني هذه الاستراتيجية يجب على الشركة أن تقدر الزيادة المتوقعة في مبيعاتها مقابل الزيادة المتوقعة في التكاليف.

وهنا يمكن القول: إن هذه الاستراتيجية يمكن أن تلائم الشركة الضخمة ذات الإمكانيات الكبيرة ولا تتمكن معظم الشركات الصغيرة والمتوسطة من اتباعها نظراً للإمكانيات المحدودة التي تميز هذه الشركات.

جـ ـ التسويق المركز

تلائم هـذه الاستراتيجية الشركات ذات الإمكانيـات والمـوارد المحـدودة (الشركات الصغيرة والمتوسطة). وبدلاً من السعي خلف حصة صغيرة من سوق كبير تسعى الشركة للحصول على حصة كبيرة من سوق واحدة أو عدد قليل من الأجزاء السوقية الجذابة القادرة على تصريف كامل إنتاج الشركة.

تتميز هذه الاستراتيجية بتحقيق وفر كبير بسبب التخصص في الإنتاج والتوزيع والترويج، وإنها تناسب الشركة الصغيرة ذات الإمكانيات المحدودة، لكنها تحتوي أيضاً علـى مخاطر كبيرة نتيجة دخـول منافسين جدد يمتلكون إمكانيات أكبر و قدرة أكبر على المنافسة، أو نتيجة إغلاق السوق بسبب الحروب أو عدم الاستقرار السياسي أو طرد المستثمرين الأجانب (في حالة التصدير)، أو نتيجة التطور التكنولوجي السريع إذا لم تتمكن الشركة من مواكبة هذا التطور وتلبية الرغبات المتجددة للزبائن: كمـا هـو الحـال في مجال الحاسبات وتكنولوجيا الاتصالات ......الخ.

٣ـ تحديد موقع (مركز) المنتج للحصول على ميزة تنافسية: موقع المنتج في ذهن المستهلك.

بعد تحديد الجزء السوقي المستهدف من الشركة يجب عليها تحديد مركز أو موقع المنتج الـذي ترغب الوصول إليه في هذا الجزء (الأجزاء) السوقي. وموقع المنتج هو الطريقة التي يعرف بها المستهلك السلعة في السوق وفق خصائص معينة أو المكان الذي يشغله المنتج في ذهن المستهلك مقارنة بمنتجات المنافسين. إن سيارة مرسيدس ينظر إليها من زاوية الرفاهيـة والكمـال والفخامـة، تويوتا معروفـة كسيارة اقتصادية أما بورش وBMW فهما للأداء، وفولفو تتميز بالأمان. وبالتالي فإن

٩٨

موقع السلعة في جزء من السوق يتحدد من خلال إدراك المستهلك لمزايا السلعة والشركة المنتجة لها مقارنة بالعلامات الأخرى. لذا يتوجب على إدارة التسويق خلق هذا الانطباع والشعور في ذهن المستهلك عن طريق ربط السلعة بالمزايا والمنافع التي تحققها للمستهلك من خلال تصميم برامج تسويقية مختلفة ومتناسبة مع مجموعات المستهلك.

عملياً تتمكن الشركة من تحقيق موقع المنتج المناسب من خلال ثلاث نقاط رئيسية:

- تحديد مجموعة المزايا التنافسية الممكنة والتي يمكن على أساسها بناء موقع معين في السوق.
- اختيار المزايا التنافسية الملاءمة التي سيتم استخدمها وتحقيق الاتصال الفعال لهذه المزايا مع السوق المستهدفة.
- ويمكن التميز عن الآخرين عن طريق السعر المنخفض أو بتبرير السعر المرتفع.

في الحقيقة، تقدم التجزئة السوقية مزايا عديدة للشركة، حيث أن تحديد السوق المستهدفة بدقة من حيث حاجات ورغبات المستهلكين يمكن الإدارة من معرفة سلوك المستهلك ودوافعه لشراء السلعة والمنافع التي تقدمها إليه تلك السلعة. وهذا يمكن الشركة من وضع المزيج التسويقي المناسب لخدمة السوق بكفاءة علية. بالإضافة إلى ذلك تستطيع الشركة متابعة التغيرات المستمرة في الطلب وتقديم ما يشبع الحاجات الجديدة وبالتالي تحديد أهداف السوق بدقة وتقييم أدائها التسويقي بشكل مستمر في كل جزء من السوق. وأخيراً تسمح التجزئة للشركة بمعرفة أسباب قوة ومظاهر ضعف المنافسين وتحديد الأسواق التي تواجه فيها منافسة قوية وتجنب الأسواق التي يصعب دخولها لأسباب مختلفة.

خامساً - تطوير النشاط الاستراتيجي للشركة في السوق

يتضمن وضع استراتيجية التسويق عادة تحديد المنتجات والأسواق المناسبة والتي تساعد الشركة في تحديد فرص النمو المتاحة في السوق. وبهدف تطوير هذه الفرص والخطط العامة لابد للشركة من توسيع مجال نشاطها الاستراتيجي الذي يضم الأزواج منتجات/ أسواق. والشكل (٣-٣) التالي يوضح لنا كيفية وأسلوب تطوير هذه الاستراتيجية:

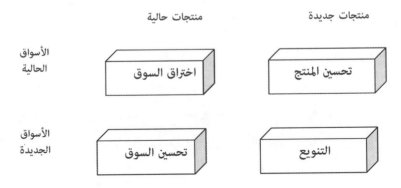

المنتجات

منتجات جديدة   منتجات حالية

الأسواق الحالية   اختراق السوق   تحسين المنتج

الأسواق الجديدة   تحسين السوق   التنويع

شكل ٣-٣: أسلوب تطور استراتيجية الشركة في السوق.

- أولاً: تتمكن الشركة في بداية حياتها من إمكانية تحقيق المنتجات الرئيسية بهدف اختراق أعمق للسوق من خلال تحقيق مبيعات أكبر للزبائن الحاليين دون تغيير المنتجات، ويتم ذلك من خلال تخفيض الأسعار أو زيادة الإعلانات، طرح منتجات في مخازن بيع أكثر أو الحصول على مخازن عرض أفضل، ونقطة شراء ترويجية من باعة المفرق الذي يعملون لصالح الشركة.

- ثانياً: تتمكن إدارة الشركة من تحديد إمكانية تطوير أو تحسين السوق: أي تعريف وتطور أسواق جديدة للمنتجات الحالية. فيمكن مراجعة تقسيم الأسواق ديموغرافياً إلى أطفال راشدين، ونساء، وأصول عرقية، لمعرفة فيما إذا كان هنالك مجموعات جديدة يمكن تشجيعها على شراء منتجات الشركة لأول مرة أو لتشتري كمية أكبر من هذه المنتجات. وبذلك تقوم الشركة بحملات إعلانية جديدة بهدف زيادة المبيعات في الأسواق أو أجزاء الأسواق الجديدة أو حتى في الأسواق الخارجية من أجل فتح أسواق جديدة لها.

ـ ثالثاً: تتمكن الإدارة من تحسين منتجاتها وعرض منتجات معدلة أو جديدة للأسواق الحالية (من خلال تغيير النماذج أو الأشكال أو المقاسات، الألوان .....الخ). وهنا يمكن كذلك عرض خطوط

إنتاج جديدة وطرح أضاف جديدة لاجتذاب مختلف المستهلكين أو للحصول على مبيعات أكبر من خلال المستهلكين الحاليين:

- رابعاً: التنويع، وتقوم الشركة هنا ببيع المنتجات خارج نطاق أسواقها ومنتجاتها الحالية. فمثلاً تتمكن إحدى الشركات المصنعة لألبسة الرجال أن تدخل في إنتاج لألبسة النسائية وألبسة الرياضة وألبسة الأطفال ....الخ، وهنا لابد للشركة من تحديد الصناعات الأكثر جاذبة. إن المسوقين يشعرون بأن جزاءاً من سر النجاح هو دخول الصناعات الجذابة بدلاً من محاولة كونهم أكفأ في الصناعة غير الجذابة.

المبحث الثالث

تحليل الطلب

أولاً - تعريف الطلب.

تقوم مختلف تعاريف التسويق على إشباع احتياجات ورغبات المستهلك أو الطلب. لكن هذه التعاريف ليس لها نفس المفهوم بالنسبة إلى الاقتصادي ورجل التسويق، والشي- الهام في النهاية هو بيع المنتج. إن الطلب هو مفهوم اقتصادي بينما الرغبة تمثل مفهوم فيزيائي و نفسي.

إن علماء النفس يعترفون بوجود الحاجات التي لها وقع جوهري لدى الفرد، ومن خلال محاولة إشباع الحاجة تتحول تلك الحاجة إلى طلب ويتم إشباعها عن طريق الاستهلاك إذا توفرت للمستهلك الحاجة والرغبة والقوة الشرائية. وبالتالي إن إشباع الحاجة تترجم بإشباع الطلب أو المستهلك.

لهذا فإن رجل التسويق يقوم بتوجيه رغبات المستهلك إلى سلعة أو خدمة ما، إذاً يقوم بتحويل الحاجة ((مثل العطش)) إلى رغبة بسلعة خاصة مثل شرب عصير برتقال مندرين أو كولا. فهذا التحويل يتضمن المرور من الشيء الضروري (العطش) إلى غير الضروري (عصير البرتقال مندرين) بدلاً من عصير أو شراب آخر، ومن علامة إلى أخرى. إن رجل التسويق لا يخلق الحاجة وإنما يحرض أو يجذب بعض الحاجات حيث من خلال إشباعها يتم زيادة الطلب على منتجات الشركة.

لكن إذا كانت الحاجة تعبر عن أمر ضروري فيظهر لدينا ما يلي:

ـ تحريض بعض الحاجات خاصة الحاجات الجوهرية. وهنا يتمكن المنتج من اتخاذ قراره باستغلال هذه أو تلك الحاجة. على سبيل المثال يمكن إعطاء مفهوم مختلف إلى علامة أو نوع من السجائر (علامة) بالمقابل وضع حد للتدخين (الخوف من السرطان).

ـ الاستجابة أو الهدف: يتمكن المنتج من توجيه حاجة معينة نحو نهاية أو هدف محدد، وبالتالي نحو طلب خاص. عندما تتم هذه العلاقة النفسية يقوم المستهلك بربط حاجة معينة بطلب سلعة معينة من خلال خلق سلوك من نوع خاص (مثلاً خارج هذا النوع من السيارة لن أكن راضياً)، إذاً تم الربط بين ما هو ضروري الحاجة للسيارة بما هو غير ضروري (ماركة محددة من السيارات). من هنا يظهر أن المبرر التسويقي لدى بعض المفكرين الذي يخص إشباع حاجات المستهلك يشوبه الغموض.

بشكل عام، هناك عدة أساليب يمكن من خلالها إشباع رغبات المستهلين، وبذلك يلاحظ وجود علاقة قوية بين العرض والطلب. ويتم تكييف العرض مع الطلب بحسب آلية السوق. والسوق هو المكان أو النتيجة النهائية للتفاوض بين قوى العرض والطلب. فالطلب على سلعة أو خدمة يمثل الكميات المختلفة من هذه السلعة أو الخدمة التي يكون المستهلك على استعداد لشرائها عند مختلف الأسعار المحتمل أن تسود السوق خلال فترة زمنية معينة.

ثانياً ـ المفاهيم الأساسية للطلب

يمثل الطلب الكلي على سلعة أو خدمة ما عن الرغبة بالشراء لهذه السلعة الموجهة لإشباع حاجات العناصر الاقتصادية (منتجون ـ مستهلكون ـ حكومة، مستوردون) بصفتهم مشترين لهذه السلعة، ويعبر الطلب عن إجمالي الكميات المطلوبة في لحظة ما عند مختلف الأسعار التي تسود السوق خلال فترة زمنية محددة. ويتحدد الطلب عادة بعدد من القيود:

ـ السعر الذي يتم على أساسه الشراء.

ـ الفترة الزمنية التي ينشأ خلالها ويستمر قائماً.

ـ الكمية المرغوبة في ضوء العاملين السابقين من سلعة ما.

وتتأثر الكمية المطلوبة من سلعة ما بعدد من العوامل يطلق عليها محددات الطلب أو العوامل المؤثرة على الطلب، وتضم هذه العوامل ما يلي: السعر، عدد المستهلكين أو حجم السوق، دخل الفرد، أسعار السلع البديلة، مدى إتاحة السلع للمستهلك، تفضيلات المستهلك، توقعات المستهلكون لتطور الأسعار مستقبلاً ....الخ.

إن العلاقة بين الطلب على سلعة ما وسعرها يطلق عليها مرونة الطلب السعرية، وتكون هذه العلاقة عادة عكسية: أي أن زيادة السعر تؤدي إلى انخفاض الكمية المطلوبة من السلعة والعكس صحيح (أنظر فصل التسعير).

أما العلاقة بين الطلب والعوامل الأخرى والتي يطلق عليها ظروف أو حالة الطلب فتختلف من عنصر إلى آخر. فزيادة الدخل تؤثر بشكل إيجابي على الطلب، وأسعار السلع ترتبط بعلاقة طرديه مع الطلب وبعلاقة عكسية مع أسعار السلع البديلة ....الخ. إذاً الطلب على سلعة ما يتغير بتغير السعر. ويتم حساب مرونة الطلب على هذه السلعة بالنسبة للسعر النهائي من العلاقة التالية:

$$\frac{\text{نسبة التغير في الطلب}}{\text{نسبة التغير في السعر}} = e\ p \quad \frac{d\ q / q}{d\ p / p} \quad \text{المرونة السعرية}$$

حيث: **q** تمثل الكمية المطلوبة. **p** تمثل السعر.

في الواقع لقد تم تعميم مرونة الطلب على عوامل أخرى، وتقوم إدارة التسويق بدراسة علاقة تغير الطلب مع تغير الجهود الترويجية وجودة المنتج .... ويتم تحليل هذه التغيرات بشكل مستقل أو من خلال العلاقة المتبادلة فيما بينها.

ويمكن كذلك حساب مرونة الطلب بعلاقتها مع تغير الطلب خلال الزمن حيث تكون المرونة ضعيفة على المدى القصير وقوية على المدى الطويل. في الحقيقة، توجد علاقة عكسية بين السعر والطلب فكلما انخفض السعر كلما زادت الكمية المطلوبة والعكس صحيح. لكن هذه القاعدة لا

يمكن تعميمها على جميع الحالات لأنه من الناحية التسويقية يلاحظ أن بعض المستهلكين يفضلون السعر المرتفع لأنه يعطي أمان أكبر ومؤشر للجودة العالية.

مع ذلك يجب أن نعلم بأنه بالنسبة إلى بعض المنتجات أوفي بعض الظروف الخاصة يزداد الطلب أولاً بأول مع زيادة سعر الوحدة المنتجة. ويمكن تفسير هذا التناقض من خلال بعض العناصر التي ترتبط بطبيعة المنتجات وبالاعتماد على بعض الأفكار في هذا المجال:

- يرى **GIFFEN** بأنه بالنسبة إلى السلع الضرورية للمستهلك ذي الدخل المنخفض: عندما يزداد سعر إحدى السلع الضروري (الخبز مثلاً) فإن الأسر الفقيرة لن تتمكن من شراء السلع المرتفعة الثمن (مثل اللحم) بسبب الإنفاق الإضافي، الشي الذي يرغمها على شراء كمية أكبر من السلع الرخيصة (الخبز). وتظهر هذه الحالة أثناء الأزمات حيث تنخفض القوة الشرائية بسبب ارتفاع أسعار السلع العادية وبالتالي امتناع المستهلك عن شراء السلع المرتفعة الثمن (مثل المباني) ويستخدم المستهلك خياراته من أجل زيادة استهلاكه من السلع الضرورية بالرغم من زيادة الأسعار.

- بينما يرى **VEBLEN** بالنسبة إلى السلع الكمالية أو السلع التفاخر: بأنه يتم أحياناً البحث عن بعض هذه السلع التفاخرية (مجوهرات - سيارات) نتيجة أسعارها المرتفعة من قبل بعض الأفراد من أجل حب التميز عما حولهم.

- في حالة المضاربة (أو التضخم) يتمكن المستهلكون من التنبؤ بسرعة بزيادة الأسعار في المستقبل وبالتالي يتجهون إلى زيادة مشترياتهم على الرغم من ارتفاع الأسعار.

- في حال غياب المعايير الموضوعة للجودة فإن المشتري لا يثق بالأسعار المنخفضة للسلع والتي تبدو له بأنها تخص السلع الرديئة وبالتالي يقل الطلب على هذه السلع بالرغم من انخفاض أسعارها.

ثالثاً - تطور (أو تغير) الطلب

إن تطور الطلب على سلعة ما لا ينفصل عن تطور النظام الاجتماعي ويتأثر تطور النظام الاستهلاكي (الطلب) بعدة عناصر أساسية:

- تطور هياكل التوزيع.

- التطور التكنولوجي: منتجات، نقل، إدارة ....الخ.

ـ التطور الاقتصادي: الإنتاجية، العمالة، الدخول، الأسعار، .....الخ

ـ التطور السكاني: اختلاف توزيع العمر والجنس والفئات المهنية، ونوعية السكان والمناطق.

ـ اختلاف العقلية والثقافة: قيم مهنية، التيارات الثقافية، أنماط الحياة.

ـ اختلاف وتنوع الخطابات السياسة الموجهة: الحكومة، منظمة حماية المستهلك، وسائط الإعلام ...الخ.

في الحقيقة نلاحظ أنه لا يمكن فهم وتحديد الطلب بشكل منفصل عن فهم النظام الاجتماعي.

يقول GALBRAITH مثلاً أن المستهلك يستغل من قبل الشركات الكبيرة التي تفرض عليه حاجات كثيرة والتي لا تسعى إلى إشباعها: وكلما ابتعد المستهلك المشتري عن الحاجات الفيزيائية (الضرورية) يكون من السهل إقناعه وجذبه.

ولقد ميز KOTLER في هذا المجال ثمانية أنواع أو حالات من الطلب ووضع لكل حالة الاستراتيجية التسويقية المناسبة:

ـ الطلب السلبي: يقصد به الحالة التي يكون فيها السوق المحتملة (كاملة أو جزئية) ذات شعور أو اتجاه سلبي تجاه المنتج (مثل مستهلكين النباتات بالنسبة لمادة اللحوم). إن دور التسويق هنا هو تحليل العوامل السلبية بالنسبة إلى المنتج وجذب أو هدي (CONVERTIR) المشترون المحتملون.

ـ غياب الطلب: يقصد به حالة عدم اهتمام المستهلكين بالمنتج وخاصة عند طرح أول مرة في السوق بعض المنتجات (مثل أداه معينة) المتوقع شرائها من قبل المستهلكين إذا عرفوا بها بدون معرفة الطلب أو الحاجة لها بشكل سابق. إن دور التسويق هنا هو خلق الطلب من خلال التعريف بوجود السلع وإعطاء مبررات استخدامها ومنافعها.

ـ الطلب البطيء: في هذه الحالة يوجد طلب غير مشبع من خلال المنتجات الموجودة، وهنا دور التسويق هو إدخال منتج جديد لإشباع رغبات المستهلكين.

- الطلب المتناقص: يقصد به حالة تناقص الطلب بالمقارنة مع وضعه السابق. وهنا تحاول المنشأة سواء العزوف عن المنتج و إخراجه من السوق تدريجياً أو إعادة النظر بسياسة المزيج التسويقي للمنتج (والمسماة **ReMarketing**)[8].

- طلب غير منتظم: بالنسبة إلى العديد من المنتجات، يخضع الطلب إلى تقلبات كبيرة موسمية أو غيرها كما هو الحال في سوق السياحة. إن دور التسويق هنا يتمثل بإحياء وإعادة تنشيط الطلب وتنظيم الإنتاج (مثل تشجيع الشراء فيما بعد الموسم).

- الطلب الكامل: وهي الحالة المفضلة للطلب بالنسبة إلى تحقيق أهداف المنظمة. ويكون دور التسويق هنا صيانة الطلب والمحافظة عليه من أجل إطالة هذه الحالة الجيدة.

- الطلب الزائد: وهي حالة معاكسة إلى حالة زيادة العرض عن الطلب. هنا يكون الطلب هو الأكبر ودور التسويق هو تخفيض هذا الطلب الزائد سواء بإلغائه أم بإطالته مع الزمن وذلك من خلال تطبيق استراتيجية تسويق موحدة على جميع الأسواق أو عدم الاهتمام إلا بجزء من السوق وإهمال الأسواق المرغوبة.

- طلب غير مرغوب به: ويقصد بذلك إلغاء منتج ما مقدم من شركات أخرى ويتم الحكم عليه " غير مرغوب " لأسباب اجتماعية (مثل التبغ والكحول) أو لأسباب تنافسية.

بشكل عام: إن دور التسويق هو تنظيم طبيعة الطلب ومستواه خلال الزمن.

ربعاً - تقدير الطلب الحالي والمستقبلي.

لتطوير استراتيجية فعالة وهادفة، وإدارة الجهود التسويقية بكفاءة يجب على الشركات أن تقوم بقياس الطلب الحالي والتنبؤ بالطلب المستقبلي. إن التقدير المتفائل للطلب الحالي والمستقبلي يكلف أموالاً كثيرة وأن التقدير المنخفض للطلب يعني فقدان مبيعات وفرص مناسبة.

---

[8] - **KOTLER.Ph. 1999. Op cit.**

١ـ قياس الطلب الحالي للسوق

أ ـ تقدير الطلب الاجتماعي للسوق.

الطلب الاجتماعي للمنتجات والخدمات هو كمية السلع والخدمات التي تشتـرى مـن قبـل مجموعـة محددة من الزبائن في منطقة جغرافية وخلال فترة زمنية معينة وضمن بيئة تسويقية محددة ومزيج مـن الجهود التسويقية الصناعية.

الشكل ٣-٤ التالي يبين العلاقة بين الطلب الكلي والظروف المختلفة التـي تـؤثر في الطلـب قـي فتـرة زمنيـة محددة.

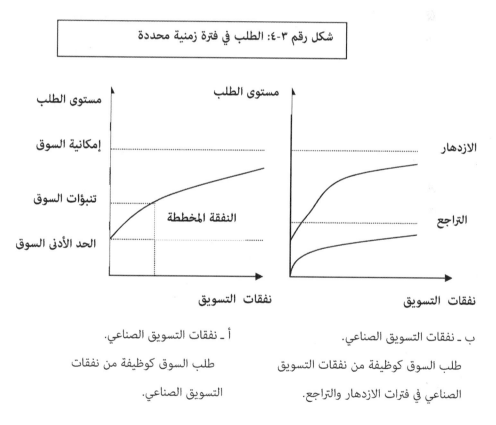

شكل رقم ٣-٤: الطلب في فترة زمنية محددة

أ ـ نفقات التسويق الصناعي.

طلب السوق كوظيفة من نفقات التسويق الصناعي.

ب ـ نفقات التسويق الصناعي.

طلب السوق كوظيفة من نفقات التسويق الصناعي في فترات الازدهار والتراجع.

١٠٧

إن المنحنى (أ) الذي يظهر في الشكل السابق يبين المستوى المقدر للطلب عند عدة مستويات من الجهود التسويقية. يلاحظ أن زيادة الجهود التسويقية فوق مستوى معين لن يؤدي إلى زيادة الطلب إلى أبعد من حده الأعلى (إمكانية السوق)[٩]. إن تنبؤات السوق تبين المستوى المتوقع من طلب السوق والمتوافق مع المستوى المخطط من الجهود التسويقية في بيئة محددة. أما المسافة بين الحد الأدنى للسوق وإمكانية السوق فتبين حساسية كبيرة للطلب تجاه الجهود التسويقية.

يبين الشكل أو المنحنى (ب) من الشكل السابق علاقة الطلب بالبيئة حيث يزداد الطلب في فترة الازدهار عما هو عليه في فترة الركود وبالتالي سوف ينعكس هذا الوضع على النفقات التسويقية. وهنا يتوجب على المسوقين تحديد الحالة التي سوف يقدرون فيها الطلب (حالة الركود أو حالة الازدهار).

يتم تقدير الطلب الكلي عادة من المعادلة التالية:

$$Q = .n \ p.q$$

حيث:

Q = الطلب الكلي. **n** = عدد المشترون.

q = الكمية المشتراة خلال العام لكل فرد. **p** = متوسط سعر الوحدة.

ب ـ تقدير حجم الطلب (المبيعات) الحقيقي وحصص السوق.

تواجه الشركات مشكلة اختيار أفضل السلع المطلوبة محلياً ووضع ميزانياتها التسويقية لكل منطقة بشكل مناسب. لذلك هي بحاجة لتقدير إمكانية السوق للمدن والبلدان والمناطق المختلفة.

ويتم تقدير حجم الطلب من خلال تحديد كل المشترين المحتملين في كل سوق وتقدير مبيعات الشركة المحتملة بالاعتماد على إمكانية السوق والقوة الشرائية للأفراد. حيث يتم التعرف

٩ - الصحن محمد فريد، مرجع سبق ذكره، ١٩٩٦

على القوة الشرائية من خلال معرفة التعداد السكاني الوطني ودخول الأفراد وحجم المبيعات بالمفرق التي يتم الحصول عليها من مصادر مختلفة: رسمية، دراسة الأسواق ...الخ.

بالإضافة إلى تقدير حجم الطلب يجب على الشركة معرفة المبيعات الحقيقية في سوقها بعد أن تتحقق من منافسيها وتقدير مبيعاتهم، فتقوم بعض المنظمات بجمع ونشر كافة المعلومات عن المبيعات لصناعة (أو قطاع) معينة. وبذلك تتمكن كل شركة من تقدير أعمالها مقارنة بالقطاع الصناعي، وبالتالي معرفة حصتها السوقية. بالإضافة إلى ذلك تتمكن الشركة من شراء التقارير والمعلومات من شركات بحوث التسويق التي تعمد إلى دراسة الأسواق بشكل دوري وتقديم خدماتها إلى من يهمه الأمر.

٢ـ التنبؤ بالطلب المستقبلي:

التنبؤ هو المهارة في تقدير الطلب المستقبلي بواسطة استباق ما يمكن أن يفعله الزبائن ضمن ظروف محددة. ففي حالة المنافسة الثابتة ووجود منتجات أو خدمات قليلة يتم التنبؤ بسهولة بالمبيعات المستقبلية نظراً لثبات معدل تزايد ونمو المبيعات (حالة بعض الأجهزة الضخمة والمتخصصة، مصانع مفتاح باليد،...الخ)[١٠]، لكن معظم الأسواق ليس لديها طلب إجمالي ثابت وأن التنبؤ الصحيح والجيد يصبح عامل نجاح للشركة.

في الواقع تستخدم الشركات عدة تقنيات خاصة للتنبؤ بمبيعاتها: مثل معاينة نوايا الزبائن، أراء قواد البيع، أراء الخبراء، التسويق الاختباري، التحليل الزمني، المؤشرات الدالة على طلب،...الخ. تبنى كافة تنبؤات المبيعات على إحدى ثلاث معلومات أساسية وهي:

- ماذا يقول الناس؟: تتضمن أراء المشترون أو التعرف عليهم وتعتمد على آرائهم وأراء قوى البيع وأراء الخبراء.

- ماذا يفعلون ؟: تتضمن وضع المنتج في سوق الاختبار لتقدير استجابة المشترين.

- ماذا فعلوا ؟: تتضمن تحليلاً لسجلات سلوك الشراء الماضية أو استخدام التحليل الزمني أو التحليل الإحصائي للطلب.

---

١٠ - عبد الفتاح محمد السعيد: المدخل الحديث في التسويق. دار النهضة العربية، القاهرة ١٩٩٥.

أـ تفحص نوايا المشترون:

ويتم ذلك بسؤالهم مباشرة عن ماذا سيفعلون في المستقبل. إن معرفة النوايا تكون ذات أهميـة خاصة إذا كان المشترون لديهم نوايا واضحة ويعبرون عن وجهات نظرهم وسلوكهم المستقبلي. لكـن علـى الشركة توخي الحذر من تصريحات الزبائن وتحليلها بشكل منطقي لتجنب جوانب التفاؤل والتشاؤم والكذب والتفاخر .....الخ.

ب ـ أراء قوى البيع:

عندما تكون مقابلة البائع غير عملية يمكن للشركة أن تبني تنبؤاتها على المعلومات المقدمة مـن قبل قوى البيع، ويتم ذلك بسؤالهم عن تقديراتهم الفردية للمبيعات في كل منطقة. لكن غالبـاً لا يـدرك رجال البيع التطورات الاقتصادية الكبيرة وهم لا يعرفون دائماً كيـف تـؤثر خطـط تسـويق شـركاتهم علـى المبيعات المستقبلية في مختلف المناطق (الأسواق)، وفي بعض الأحيان تكون تقديراتهم أقل مـن الطلـب الحقيقي وغير دقيقة نظراً لعدم اهتمامهم الكبير بالموضوع. بالمقابل يقـدم رجـال البيـع معلومـة هامـة للشركة من أجل معرفة تطور اتجاهات الأسواق وأن المشاركة في التنبؤ تعطيهم ثقـة أعظـم وباعـث أكبر لتحقيق أهدافهم.

حـ ـ رأي الخبراء:

تقوم بعض الشركات بإسناد مهمة التنبؤ بالمبيعات إلى خبراء متخصصين بدراسة الأسواق والطلب. هذه التنبؤات تكون ذات وقع أفضل على الشركة نظراً لتوفر معلومات وخبرة جيدة لـدى هؤلاء الخبراء، لكن يجب على الشركة أن تكون حذرة لأن الخطأ في التنبؤ من قبل الخبراء يمكن أن يعيـق تحقيق أهدافها في مجال المبيعات.

د ـ التسويق الاختباري:

عندما لا يخطط الباعة لصفقاتهم بحذر شـديد أو عنـدما لا يوجد خبراء مختصين، تقـوم الشركة باستخدام سوق اختبار مباشر. تكون هذه السوق مفيدة خاصة في التنبؤات بالمبيعات للمنتجات الجديدة واستخدام قنوات توزيع جديدة أو أسواق جديدة.

هـ ـ تحليل المبيعات في الماضي.

تقوم بعض الشركات ببناء تنبؤاتها على أساس مبيعاتها الماضية ومعرفة أسباب تطور المبيعـات ومن ثم التنبؤ بمبيعات المستقبل.

و ـ التحليل الإحصائي للطلب:

هو مجموعة الإجراءات الإحصائية المستخدمة لاكتشاف العوامل الحقيقية الأكثر أهمية والمؤثرة في تطور المبيعات: مثل، الأسعار، الدخل، السكان، الترويج ....الخ.

الفصل الرابع

نظم معلومات التسويق وبحوث التسويق

يشهد العالم ومنذ فترة ليست بالقريبة ثورة تكنولوجية وعلمية هائلة لم تشهدها الإنسانية من قبل ولاسيما في مجال الاتصالات وثورة المعلومات. وأصبح تطبيق العلم والمعرفة في مجالات الحياة حاجة ماسة لكل منظمة ولكل فرد. فالمجتمع العالمي يعمل جاهداً لاستيعاب هذه المعرفة الهائلة بالوسائل المختلفة، ولا شك أن هذا الأمر يتطلب توفير كمية كبيرة من البيانات والمعلومات التي تمكن الإدارة والأجهزة الحكومية والشركات من اتخاذ قراراتها في مجالات التخطيط والمتابعة وتقييم الأداء ورسم السياسات الجديدة أو تعديل وتكييف السياسات القائمة كي تتمكن من استمرارها في الحياة وتحقيق أهدافها في جو من المنافسة الحادة ما بين المنظمات وما بين الدول في القرية الكونية الحالية. وبذلك تعمل مختلف المنظمات على جمع البيانات وتحليلها وتخزينها لإنشاء قاعدة بيانات مناسبة تسمى نظام المعلومات يمكنها الرجوع إليها في الوقت المناسب والاعتماد عليها لاتخاذ قرارات سليمة بالدقة المطلوبة والتوقيت المناسب بدلاً من الاعتماد على الحكم الشخصي والحدس والتخمين وتجارب الآخرين.

لذلك أصبح استخدام نظم المعلومات على جانب كبير من الأهمية في أي منظمة لمد الإدارات المختلفة بالبيانات اللازمة لترشيد قراراتها ومن أهمها القرارات التسويقية.

المبحث الأول

ماهية نظام معلومات التسويق

أولاً - مفهوم نظام معلومات التسويق

يعاني معظم مديري المنظمات، ولا سيما مديري التسويق، من عدم توافر المعلومات الضرورية لعملية اتخاذ القرارات. ونظراً للتطورات الحالية في مجال الحاسب والمعلوماتية والاتصالات وظهور مدخل النظم والتداخل والتكامل في عملية اتخاذ القرارات، فقد استدعت الحاجة إنشاء نظاماً خاصاً للمعلومات بحسب احتياجات كل منظمة على حدة، حيث يعد ذلك النظام المركز الأساسي للعمليات التسويقية. هذا الأمر يتطلب من المنظمة التواصل المستمر في جمع البيانات التسويقية من المصادر الداخلية والخارجية (البيئة)، وتحديث معلوماتها وخزنها واستحضارها بحسب التغيرات التي تطرأ على سير أعمال المنظمة. إن النشاط الذي يهتم بجمع البيانات التسويقية ومعالجتها وإيصالها إلى مراكز اتخاذ القرار يسمى نظام معلومات التسويق: **Marketing Informations System (M.I.S).**

يعرف نظام معلومات التسويق بأنه " مجموعة العناصر البشرية والآلية اللازمة لجمع وتشغيل البيانات بغرض تحويلها إلى معلومات تساعد الإدارة في اتخاذ القرارات التسويقية بشكل دقيق وناجح "[1].

ويعرف بأنه " الطريقة المنظمة لجمع وتسجيل وتبويب وحفظ وتحليل البيانات القديمة والحالية والمستقبلية المتعلقة بأعمال المنظمة والعناصر المؤثرة فيها بهدف الحصول على المعلومات اللازمة لاتخاذ القرارات الإدارية في الوقت المناسب والشكل والدقة المناسبين وبما يحقق أهداف المنظمة"[2].

وهكذا نجد أن نظام معلومات التسويق يتكون من مدخلات ومخرجات وعمليات التشغيل:

---

[1] - Ph. K otler. 1997. op. cit.

[2] -المساعد زكي خليل (1997)، التسويق في المفهوم الشامل، زهران، عمان

١ـ تمثل المدخلات بيانات تاريخية أو تقديرية من عمليات المنظمة ككل وعمليات مختلف الوحدات داخلها، سواء كانت هذه البيانات متعلقة بالبيئة الداخلية أو بالبيئة المحيطة بالمنظمة. فقد تكون هذه البيانات مالية أو عينية أو على شكل نسب مثل عائد الاستثمار المحقق أو نسبة صافي أو أجمالي الربح أو في شكل إحصائيات مختلفة.

٢ـ أما المخرجات فهي المعلومات الناتجة عن النظام في الشكل والمضمون اللذين تحتاجهما الإدارة لاتخاذ القرارات، وقد تكون هذه المعلومات مالية أو عينية أو على شكل نسب أو رسوم بيانية أو مقارنات أو معادلات رياضية ....الخ.

٣ـ عمليات التشغيل. تمثل البيانات المادة الأولية بشكل أرقام ومواصفات تتعلق بحقائق معينة يتم معالجتها وتحويلها عن طريق التحليل باستخدام النماذج الرياضية والإحصائية والمحاسبية لتصبح معلومات لها دلالة تساعد الإدارة على اتخاذ قرارات سليمة. ونظراً لشدة الحاجة إلى المعلومات وكثرتها تقوم المنظمات حالياً باستخدام الحاسبات لجمع وتخزين المعلومات واستعمالها كمعين لا ينضب حيث تزود الإدارة بمعلومات جديدة وحديثة باستمرار، ومن ثم تتمكن الإدارات المختلفة في المنظمة من اتخاذ قراراتها وتوزيع المعلومات إلى الجهات المختلفة في المنظمة.

يظهر الشكل التالي أن نظام **M.I.S.** يبدأ وينتهي عند مديري التسويق. حيث يبدأ بتحديد الحاجة من المعلومات من قبل المديرين ثم يتم تشكيل وبناء قاعدة المعلومات اللازمة من السجلات الداخلية للشركة وأنشطة الاستخبارات التسويقية (النظم الذكية) وبحوث التسويق وتحليل المعلومات. وأخيراً يوزع نظام **M.I . S** المعلومات على المديرين بالشكل المناسب وفي الوقت المناسب لمساعدتهم في صنع قرارات التسويق الصحيحة .

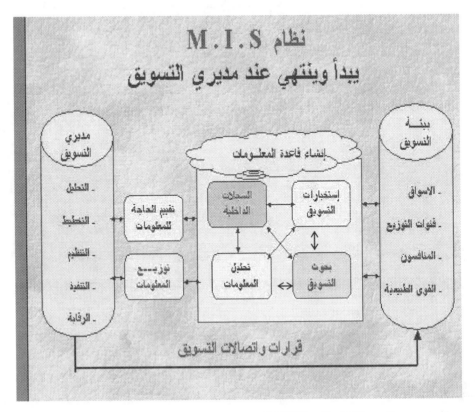

المصدر: KOTLER. Ph, 1997.op.cit.

من أهم مزايا نظام معلومات التسويق نذكر ما يلي :

ـ إمكانية تعديل المعلومات بسهولة ودون عناء.

ـ تقليص الوقت المستخدم من قبل المدير في أعمال التخطيط.

ـ تزويد كل وظيفة في إدارة التسويق بالمعلومات اللازمة لاتخاذ القرارات .

ـ السرعة والدقة في الحصول على المعلومات التفصيلية.

ـ النظرة الشاملة والعامة والسريعة لأعمال المنظمة.

ـ الجمع المنظم للبيانات مع الاحتفاظ بالبيانات الهامة.

ـ النتائج القابلة للقياس.

وبالتالي فإن المعلومات التسويقية تعتبر ضرورية لتقليل المخاطر وتحديد السياسات التسويقية وإثارة عامل الإبداع لدى المنظمة، وتساعد في تقويم نجاح أو فشل تلك السياسات والوصول إلى المتطلبات القانونية أو الوصول إلى قرار ما أو الدفاع عن قرار ما.

ثانياً - تحديد الحاجة للمعلومات

إن نظام معلومات التسويق الجيد والفعال هو الذي يوازن بين المعلومات التي يحتاجها المديرين فعلاً والمعلومات المتاحة أو ما يمكن تقديمه. وبذلك تبدأ الشركة بتحديد الحاجات من المعلومات لكل جهة أو إدارة. وهنا يجب الانتباه إلى أن المديرين لا يحتاجون غالباً لكل المعلومات التي يحددونها أولا يطلبون فعلاً ما يحتاجونه، كما أن نظام معلومات التسويق لا يستطيع دائماً تزويد المديرين بما يطلبونه من معلومات بسبب عدم توفرها أو محدوديتها. فكثرة المعلومات قد تكون مضرة مثل قلتها. فمثلاً قد يحتاج مدير التسويق معرفة المنافسين في سوق ما وما يخططون له في سبيل طرح المنتجات الجديدة خلال فترة قادمة، وكونه لا يعرف شيئاً عن المنتج الجديد لا يفكر بالسؤال عنه. وبالتالي يجب على نظام M. I .S مراقبة بيئة التسويق من أجل تزويد صانعي القرار بالمعلومات اللازمة لاتخاذ القرارات التسويقية المناسبة.

إضافة إلى ذلك أن تكاليف الحصول على المعلومات ومعالجتها وتخزينها وتزويدها قد تكون مرتفعة ويجب أن تقارن بين منفعة المعلومات وتكلفة الحصول عليها. وهنا تكمن صعوبة تحديد قيمة وتكلفة المعلومة ومدى مساهمتها في تحسين القرار المتخذ.

ثالثاً - خصائص نظام المعلومات .

كي تكون المعلومات التي تحصل عليها الشركة مفيدة لمتخذي القرارات يجب أن تتصف بعدد من الخصائص :

١ـ **مناسبة للغرض.** إن الحصول على معلومات غير مناسبة واستخدامها يؤدي إلى اتخاذ قرارات مغلوطة وتنعكس سلباً على النتائج .

٢ ـ **دقة المعلومات.** يجب أن تتميز المعلومات المستخدمة بدقة كبيرة. فمثلاً عند رفع تقرير عن رقم المبيعات أو عن حجم الإنتاج أو الحسميات أو عن التلف ... الخ لابد أن تكون الأرقام المقدمة دقيقة وحقيقية كي يتم اتخاذ القرار المناسب. أما عندما نستخدم عبارات ومصطلحات غير دقيقة وغير كمية مثل بيع معظم الإنتاج أو توجد متابعة يومية لحل قضية ما ... الخ فإن هذه المعلومات غامضة ولا يمكن استخدامها في عملية اتخاذ القرار الصحيح.

٣ ـ معلومات كافية لاتخاذ القرار المطلوب.

٤ ـ اعتماد المصادر الموثوقه. إن أهمية ودقة المعلومات تنبع من ثقة الإدارة بمصدر المعلومات. إضافة إلى أنه يتوجب على الإدارة طلب المعلومات من أكثر من مصدر ومقاطعتها فيما بينها لتتأكد من صحتها وسلامتها.

٥ ـ وصول المعلومات في التوقيت المناسب وللجهة المناسبة. كي تكون القرارات سليمة يجب أن تصل إلى متخذي القرارات المعنيين في التوقيت المناسب، ولا سيما في حالة المشكلة التي تحتاج إلى حل عاجل. فإذا وصلت المعلومات متأخرة فقد تكون غير مفيدة وهنا يظهر جلياً دور نظام المعلومات واستخدام الحاسب في تحقيق هذين الشرطين.

أخيراً. إن توفر الخصائص السابقة في نظام معلومات التسويق يساعد على تحقيق أهداف المنظمة من خلال ما يلي:

ـ توفير المعلومات المناسبة لمتخذي القرار وفي الوقت المناسب والتكلفة المناسبة.

ـ رفع سوية جودة القرارات وتخفيض درجة المخاطرة فيها.

ـ إيجاد المناخ الملائم لزيادة طاقة التشغيل ورفع إنتاجيه العاملين ورفع كفاءة استخدامات رأس المال وتخفيض التكاليف والهدر.

المبحث الثاني

المكونات الأساسية لنظام معلومات التسويق

يوجد في كل منظمة عدد من الوظائف المتكاملة فيما بينها لتحقيق أهداف محددة. وعند بناء نظام معلومات معين يجب الأخذ بعين الاعتبار نظم المعلومات الوظيفية الأخرى. فمدخلات وظيفة معينة ما هي في الواقع إلا مخرجات نظام معلومات وظيفة أخرى. فما يحتاجه نظام معلومات التسويق مثلاً يمكن الحصول عليه من النظم الفرعية الأخرى مثل نظام معلومات الإنتاج والتمويل...الخ. فالفائدة في نظم المعلومات التسويقية تتحقق عندما تتوافر لدى المنظمة نظم معلومات تخدم كل المجالات الوظيفية المختلفة وعندما تعمل هذه النظم بشكل متكامل ومنسق فيما بينها[٣].

بشكل عام، يقوم مدير التسويق بالعديد من الأنشطة لتصريف السلع أو الخدمات أو الأفكار التي تقدمها المنظمة للمستهلك. تعرف هذه الأنشطة عادة باسم المزيج التسويقي وهي :

- المنتج : وهو عبارة عن سلعة أو خدمة أو فكرة يشتريها المستهلك لإشباع حاجة أو رغبة معينة لدية.
- التسعير : ويتكون من العناصر المرتبطة بما يجب أن يدفعه المستهلك لقاء الحصول على المنتج.
- الترويج : وهو عبارة عن كافة الجهود المبذولة لإعلام المستهلك بوجود السلعة وتشجيعه على الشراء، ويشمل الإعلان والبيع الشخصي وتنشيط المبيعات،..الخ.
- التوزيع : ويشمل وسائل وأساليب التوزيع المادي للمنتج حتى يصل إلى المستهلك النهائي من خلال قنوات التوزيع المختلفة.

وكي تقوم إدارة التسويق بنشاطها بشكل فعال يجب أن يتوفر لها العديد من المعلومات من مصادر مختلفة من أهمها نذكر:

المعلومات التسويقية الداخلية: وتعني المعلومات المجمعة من داخل المنظمة على شكل تقارير (دورية أو غير دورية).

---

[٣] - سونيا البكري و علي مسلم، ١٩٩٦، مقدمة في نظم المعلومات الإدارية، مؤسسة شباب الجامعة، الإسكندرية.

استخبارات التسويق : وتعني المعلومات التي تتدفق من البيئة الخارجية إلى المنظمة.

بحوث التسويق : وتشمل المعلومات التي تحصل عليها الشركة من البيئة الخارجية من خلال دراسة ظاهرة محددة : سلوك المستهلك، المنافسة،...الخ.

يقوم نظام المعلومات التسويقية أولاً بالاتصال بمدير التسويق لتحديد ومعرفة احتياجاته من المعلومات بدقة، ثم بعد ذلك يتولى النظام جمع المعلومات من مختلف المصادر السابقة الذكر. وتسهم عملية تحليل المعلومات في جعل المعلومات أكثر نفعاً لعمليات صنع القرارات، ومن ثم توزع المعلومات بعد تحليلها بين المديرين في الشكل المناسب وفي الوقت المناسب لمساعدتهم في عمليات تخطيط وتنفيذ ورقابة الخطط التسويقية المختلفة. من خلال ما سبق نجد أن عناصر نظام معلومات التسويق تتكون من مدخلات ومخرجات وعمليات التشغيل.

أولاً- النظم الفرعية للمدخلات:

١- نظام معالجة البيانات الداخلية :

لقد اختلفت التسميات حول هذا الموضوع. فقد أشار إليه **ph.Kotler** كنظام التقارير الداخلية أو نظام المحاسبة الداخلية، بينما استخدم رايموند مكليود[٤] مفهوم نظام معالجة البيانات أياً كانت التسميات فإنها جميعها تشير إلى البيانات المستخرجة من بيئة المنظمة الداخلية، فمعظم مديري التسويق يستخدم السجلات والتقارير الداخلية بانتظام للقيام بالتخطيط اليومي والتنفيذ والرقابة لمختلف الأنشطة. وتتألف معلومات السجلات الداخلية من معلومات مجمعة من مصادر مختلفة ضمن الشركة لتقييم أداء النشاط التسويقي وللتعرف على مشكلات التسويق والفرص المتاحة. وبذلك نجد أن قسم التصنيع يقدم بيانات عن جداول الإنتاج، ويقدم قسم المبيعات تقارير عن ردود فعل المستهلك وعن المنافسة، وقسم المحاسبة يقدم تقارير مالية وسجلات التكاليف والسيولة، وقسم خدمة الزبائن يزود بمعلومات عن رضى الزبون أو المشكلات التي يتعرض لها. وهكذا فإن مدير التسويق يستخدم كافة هذه المعلومات السابقة حيث يمكن الوصول إليها بسرعة كبيرة وبتكلفة أقل مقارنة بمصادر المعلومات الأخرى، لكنها أيضاً تثير بعض المشكلات لأن

المعلومات الداخلية جمعت أساساً لأغراض أخرى، وقد تكون غير كافية أو لا تخدم أغراض متخذ قرار التسويق.

وبذلك يجب على نظام معلومات التسويق أن يجمع وينظم ويعالج ويرمز المعلومات كي يتمكن المدير من الحصول عليها واستخدامها بسهولة وبسرعة.

٢- نظام استخبارات التسويق.

قد يعتقد البعض أن الهدف من استخبارات التسويق هو تجسس المنظمة على منافسيها في السوق أو أن تحصل على معلومات عن المنافسين بطرق غير مشروعة. صحيح أن هذه الأمور قد تحدث في مجال الأعمال إلا أن المقصود باستخبارات التسويق تلك الأنشطة المشروعة والقانونية والأخلاقية التي يمكن من خلالها جمع معلومات عن المنافسين. وبالتالي فإن استخبارات التسويق ما هي إلا المعلومات اليومية الخاصة بتطورات بيئة التسويق، حيث يحدد نظام استخبارات التسويق ماهية المعلومات اللازمة عن المنافسة والبيئة ويجمعها ويسلمها إلى مديري التسويق.

١ـ أنواع استخبارات التسويق

يقسم نظام استخبارات التسويق إلى الأنواع التالية :

أ ـ الاستخبارات المركزية للتسويق.

وتعني وجود وحدة مركزية في المنظمة تقوم بأنشطة استخبارات التسويق. إن وجود هذه الوحدة يعطي المنظمة ميزات عديدة مثل عدم حدوث ازدواج في الجهد المبذول داخل الشركة، معرفة ما يحدث للمنظمة وتوفير احتياجات المديرين من المعلومات التسويقية المختلفة.

غير أن لهذا النظام عيوباً مختلفة من أهمها :

ـ عدم كفاية وحدة الاستخبارات المركزية للقيام بالعمل المطلوب في كل الأسواق.

ـ إن رجال وحدة الاستخبارات قد ينقصهم المهارات والخبرات للتعامل مع الأنشطة المختلفة للقيام بالعمل المطلوب.

٤ـ رايموند مكليود - نظم المعلومات الإدارية، ترجمت سرور علي سرو، دار المريخ، الرياض

ـ إن المعلومات التي قد تبدو غير مهمة من وجهة نظر وحدة الاستخبارات المركزية قد تكون في غاية الأهمية بالنسبة إلى الوحدات الفرعية التي تتعامل مع هذه المعلومات عن قرب.

ب ـ الاستخبارات اللامركزية للتسويق.

ويعني أن نشاط استخبارات التسويق يتم القيام به لا مركزياً بواسطة وحدات متعددة منتشرة داخل المنظمة، وذلك من خلال توزيع المسؤوليات وتوفير الإمكانيات التي تمكن كل وحدة من التعامل من جانب معين من جوانب المنافسة، وبالتالي يؤدي هذا التخصص إلى زيادة المهارات الفنية لرجال الاستخبارات. غير أن تجزئة هذا النشاط إلى عدة أنشطة يعوق تدفق المعلومات من مجال لآخر مما يعتبر أحد عيوب هذا النظام.

جـ ـ الاستخبارات غير الرسمية للتسويق.

في مجال النظام يتم الحصول على المعلومات من خلال وسائل الاتصالات المختلفة ومتابعة ما ينشر من معلومات وأخبار في المجلات والصحف المتخصصة في مجال الأعمال الذي تعمل فيه المنظمة. بالإضافة إلى ما تقدمه الأوساط الصحفية، يمكن جمع المعلومات من خلال حضور لقاءات المنافسين وقراءة الاخطارات التي ترسل إلى حملة الأسهم مثل التقرير السنوي وحضور احتفالات المنافسين المفتوحة الخاصة بافتتاح فرع جديد أو بالإعلان عن منتج جديد وشراء منتجات المنافسين لتحليل هندستها وتصميمها وزيادة مخازن المنافسين لمعرفة ما يبيعونه وما هي أسعارهم. إضافة إلى ذلك يمكن إقامة علاقات ودية بين رجال البيع والعملاء وبذلك يحصل رجال البيع على معلومات هامة عن المنافسين، والعملاء يعتبرون أيضاً مصدراً هاماً في نقل المعلومات من رجل بيع شركة ما إلى رجل بيع شركة أخرى قد تكون منافسة لها .

من أهم عيوب هذا النظام نذكر :

ـ ضياع المعلومات إما نتيجة للسهو أو لعدم معرفة الشخص المناسب لاستخدامها أو لأسباب شخصية.

ـ تأخر وصول المعلومات. فنقل المعلومات من فرد إلى آخر قد يترتب عليه تأخر وصولها للشخص المناسب وفي التوقيت المناسب.

ـ تشويه المعلومات نتيجة لمرورها على أكثر من شخص، الأمر الذي قد يجعل المعلومات النهائية مختلفة في معناها عن المعلومات الأصلية.

د ـ الاستخبارات الرسمية للتسويق.

تعتمد بعض المنظمات على الاستخبارات الرسمية للتسويق وذلك كي تتجنب عيوب نظام الاستخبارات غير الرسمية، حيث يتطلب استخدام النظام الرسمي وجود قواعد محددة وإجراءات مكتوبة وسياسات موضوعة وتنظيم يوضح العلاقات بين أجهزة الاستخبارات وباقي الوحدات في المنظمة. وعادة ما تكون الاستخبارات التسويقية جزءاً من إدارة التخطيط أو قسم بحوث التسويق أو قد يتم بناء وحدة مستقلة في التنظيم لهذا الغرض. تقوم هذه الوحدة رسمياً بجمع وتحليل البيانات ومعالجتها وتوزيعها.

٢ ـ مصادر استخبارات التسويق.

من أهم مصادر استخبارات التسويق ما يلي :

آ ـ موظفي الشركة أنفسهم في مختلف الوظائف. ويمكن أن تقوم الشركة بتدريب بعض موظفيها على متابعة التطورات الجديدة وحثهم على إبلاغ الشركة عن المعلومات المجمعة. إضافة إلى ذلك، تنبه الشركة كل من البائعين والزبائن بالتعاون مع عناصر استخبارات التسويق.

ب ـ الحصول على المعلومات من المنافسين. وذلك من خلال التقارير السنوية والتقارير والتصاريح المقدمة للصحافة والإعلانات حول أعمالهم، أو من خلال المعارض التجارية ومراقبة المنافسين ومبيعاتهم واختراعاتهم الجديدة.

جـ ـ جمع المعلومات عن طريق بيوت الخبرة والمزودين الخارجيين. حيث تقوم بعض المنظمات بتقديم بيانات عن حصص العلامات التجارية وأسعار المنتجات ونسبة المخازين وحجمها. ويمكن للشركات، مقابل مبالغ معينة الاشتراك بأي خدمة من خدمات قاعدة البيانات أو مع المنظمات التي تقوم بأبحاث التسويق وجمع المعلومات عن المستهلكين والأعمال وأساليب الإعلانات وميزانية هذه الإعلانات في الشركات المنافسة.

إضافة إلى ذلك قد تنشئ الشركة مكتب استخبارات لها لجمع وتوزيع المعلومات التسويقية حيث يبحث الموظفون عن الأخبار الرئيسية ويلخصون الأخبار الهامة ويرسلونها إلى مديري التسويق، الشيء الذي يساعد في تحسين أداء المديرين بشكل كبير.

د ـ جمع المعلومات عن طريق شبكة الإنترنت العالمية.

٣ـ المهام الأساسية لاستخبارات التسويق :

آ ـ جمع البيانات. أي البيانات الأولية التي يقوم رجال البيع بجمعها لأغراض دراسة المنافسة والسوق. وبيانات ثانوية يتم جمعها لأغراض مختلفة. سواء من مصادر عامة أو يتم شراءها وتخزينها على الحاسب والاستفادة منها لأغراض التسويق في الوقت المناسب.

ب ـ تقييم البيانات. أي التأكد من صحة ودقة البيانات المجمعة.

ج ـ تحليل البيانات. أي النظر إلى البيانات من زوايا مختلفة ومعالجتها وتبويبها وتحويلها إلى معلومات مفيدة لاتخاذ القرارات التسويقية .

د ـ تخزين المعلومات في الحاسب كي يسهل استرجاعها عند الحاجة إليها.

هـ ـ نشر وتوزيع المعلومات. ويقصد بها استرجاع المعلومات المخزنة وإخراجها في شكل تقارير تصل إلى الشخص الذي يحتاج إليها في الوقت المناسب.

٣ـ نظام بحوث التسويق

إن المعلومات المجمعة من خلال البيانات الداخلية ونظام استخبارات التسويق لا تكفي عادة لاتخاذ القرارات السليمة ويحتاج مديري التسويق معلومات معينة عن أوضاع السوق المستهدفة وعدد المشترين لمنتجات الشركة والحصة السوقية ودرجة الزبائن وسلوك المستهلك، والأسعار وقنوات التوزيع وأساليب الترويج وكل ما يتعلق بالسيارات التسويقية. وهنا تلجأ الشركة إلى القيام ببحوث التسويق سواء بنفسها أو تكلف شخص أو منظمة أخرى بإجرائها بشكل كامل أو جزئي.

يعرف البحث التسويقي على أنه " التصميم والتجميع والتحليل المنظم للبيانات والنتائج ذات الصلة بوضع تسويقي معين يواجه منظمة ما ".

تهدف بحوث التسويق أساساً إلى التعرف على حاجات ورغبات الزبائن ومعرفة أسباب شراءهم أو عدم شراءهم لمنتجات الشركة التي تقوم بالبحث لحسابها.

يمر البحث التسويقي عادة بخمس مراحل أساسية هي :

- تحديد المشكلة بدقة.
- وضع خطة للبحث الميداني وتحديد أهدافه.
- جمع البيانات من خلال الاتصال بأفراد عينة البحث.
- تحليل البيانات باستخدام النماذج الإحصائية وبما يتفق مع هدف البحث.
- نشر وتوزيع النتائج على المستفيدين منها. وتكون النتائج على شكل تقارير تتضمن تفسيرات ورسومات وأشكال بيانية توضيحية.

وسيتم شرح هذه المراحل بالتفصيل في مبحث بحوث التسويق القادم.

ثانياً - النظم الفرعية للمخرجات.

تتجسد النظم الفرعية للمخرجات في عناصر المزيج التسويقي الأربع (المنتج، التسعير، التوزيع، الترويج) إضافة إلى النظام الفرعي للمزيج التسويقي المتكامل[٥]. والنظام الفرعي للمزيج المتكامل يتضمن البرامج التي تمكن المدير من الحصول على معلومات متكاملة عن النظم الفرعية المختلفة وذلك بهدف وضع سياسات التسويق التي يمكن أن تأخذ بعين الاعتبار الأثر المشترك لعناصر المزيج التسويقي ككل.

١ - النظام الفرعي للمنتج :

يعد المنتج (سلعة أو خدمة) أول وأهم عناصر المزيج التسويقي الذي يجب أن تحدده الشركة وتعتقد بأنه يشبع احتياجات ورغبات الزبائن. ثم يتم تحديد ملامح وخصائص باقي عناصر المزيج التسويقي بهدف وضع استراتيجيات التسويق بشكل متكامل ومنسجم. فيما بعد يقيم المدير إطار دورة حياة المنتج وماهية القرارات التسويقية التي يجب أخذها عند كل مرحلة من مراحل دورة حياة المنتج : انظر الجدول التالي.

---

[٥] - زكي خليل المساعد، مرجع سابق

دورة حياة المنتج		
التقديم	النمو النضج	الانحدار
هل يتم تقويم المنتج ؟	هل يتم تعديل استراتيجية المنتج ؟	هل يتم سحب المنتج من السوق ؟
القرارات التسويقية		

ومن أجل اتخاذ هذه القرارات لابد أن تتوافر معلومات معينة يمكن الحصول عليها بأساليب مختلفة. فقد تستخدم الأساليب الكمية لتحديد تشكيلة المنتجات المثلى وذلك من خلال تقييم عدد من المنتجات البديلة وفقاً لمعايير الربحية واستغلال الطاقة المتاحة ثم الاختيار من بينها. وهذه المعلومات يمكن أن توفرها النظم الخبيرة في مجال التسويق **Système d' Expert**، وتعد قرارات المنتج من القرارات شبه المبرمجة والتي يمكن في صنعها الاعتماد على النصائح التي تقدمها النظم الخبيرة وأيضاً على الحكم الشخصي لمدير التسويق لما له من معرفة وخبرة بالسوق.

٢ ـ النظام الفرعي للتسعير

يعد التسعير من النظم التي يصعب استخدام الحاسب فيها حيث يتوقف ذلك على سياسة الشركة في عملية التسعير. توجد عادة عدة سياسات في التسعير منها على أساس التكلفة والتسعير على أساس الطلب :

آ ـ التسعير على أساس التكلفة.

حيث تقوم الشركة بحساب تكاليف الإنتاج ثم تضيف هامش الربح المحدد كنسبة معينة من التكلفة وذلك لتحديد سعر بيع وحدة المنتج. وعند توافر نظام معالجة البيانات تصبح عملية التسعير سهلة نسبياً، حيث يوفر نظام المعلومات لمتخذ القرار المعلومات الدقيقة بشأن تكاليف كل منتج والتي تعتبر أساس قرار التسعير. ويعد أسلوب التسعير باستخدام تحليل التعادل أحد أساليب

التسعير الشائعة التي يمكن استخدام الحاسب فيها. حيث يزود الحاسب بالبيانات المختلفة المتعلقة بعناصر التكاليف الثابتة والمتغيرة ونسبة الربح ويتولى الحاسب تحديد السعر بناءً على هذه المعلومات.

ب ـ التسعير على أساس الطلب :

يعد هذا الأسلوب أقل حذراً من أسلوب التسعير على أساس التكلفة ويعتمد على القيمة التي يمكن أن يدفعها المستهلك للحصول على السلعة في سوق معينة بصرف النظر عن تكلفتها، ولذلك فإن الأساسي في هذه هو تقدير حجم الطلب. لكن يجب عدم المغالاة في تحديد الأسعار وذلك بسبب المنافسة في السوق، حيث يؤثر ذلك على حجم الطلب (المبيعات) وبالتالي على انخفاض حصة المنظمة في السوق.

ويمكن لنظام المعلومات الإداري أن يدعم المدير في كل من سياستي التسعير السابقتين. ففي الأسلوب المعتمد على التكلفة يمكن أن يقدم نظام المعلومات بيانات دقيقة لحسابات التكاليف تستخدم في اتخاذ القرار. أما بالنسبة إلى الأسلوب المعتمد على الطلب فيجعل نظام المعلومات المدير قادراً على استخدام النماذج الكمية التي يمكن من خلالها طرح أسئلة من نوع (ماذا لو ....إذا) ليحدد مستوى السعر الذي يعطي أكبر هامش ربح مع الأخذ بعين الاعتبار عنصر المنافسة في السوق.

٣ـ النظام الفرعي للتوزيع.

يتجسد هذا النظام في القنوات التي تستخدمها الشركة لتوصيل السلع والخدمات إلى المستهلك النهائي، حيث يختلف طول القناة من منتج لآخر. فالمنظمة التي تمتلك نظام توزيع يسمح للمعلومات أن تتدفق بحرية عبر العديد من أطراف التعامل تتوافر لديها ميزة تنافسية غير متاحة لدى شركات أخرى لا تمتلك مثل هذا النظام. ويمكن للشركات أن تحصل على مزايا اقتناء نظام معلومات مبني على الحاسب من خلال استخدام النظام الإلكتروني لتبادل البيانات، حيث يقوم هذا النظام بقراءة شفرة الأعمدة Code Bar الخاصة بكل وحدة مباعة. حيث تحمل هذه الشفرة معلومات خاصة بالشركة المنتجة وبنوع المنتج ورقم الصنف وسعر البيع، ... الخ. من خلال هذا النظام يمكن عمل تحليل المبيعات لمعرفة حجم المبيعات وقيمتها والرصيد المتبقي من مخزون السلعة في كل

فرع مبيعات ويمكن أيضاً بناء حجم المخزون أن يقوم العميل بإصدار الأمر لطلبية أخرى إلكترونياً دون الدخول في مشكلات المستندات وتأخير البريد.

يمكن أن نستنتج أن نظم المعلومات المعتمدة على الحاسب يمكن أن تسهم بشكل كبير وفعال في تطوير سياسة التوزيع، إضافة إلى توفير الوقت للمديرين بحيث يستطيعوا أن يركزوا جهودهم على الإدارة بدلاً من خطط السجلات، وأن يتحرر مديرو المخازن من مسؤولية تحديد متى يطلب كمية جديدة من أي عنصر من عناصر المخازن.

٤ـ النظام الفرعي للترويج.

تعد عملية استخدام نظام المعلومات المحوسب في الترويج من أصعب عناصر المزيج التسويقي لأن استخدام الشركات نظام معالجة البيانات لإجراء تحليل المبيعات يعكس أداء الشركة في الماضي فقط، في حين الترويج يرتبط بأداء الشركة المستقبلي. إضافة إلى ذلك فإن الإعلان والبيع الشخصي ـ هما أكثر أساليب الترويج شيوعاً، إلا أن دور نظم المعلومات المبنية على الحاسب الآلي يعتبر ضئيل نسبياً في نشاط الإعلان مقارنة نشاط البيع الشخصي. فرجال البيع يمكن أن يستخدموا الحاسب النقال الذي يمكن حمله والتنقل به وربطه بشبكة معلومات الشركة عن طريق الهاتف من أي مكان خارج الشركة، ويستطيع رجل البيع وهو في مكان العميل أن يتصل بشبكة معلومات الشركة للتعرف على وضع المخزون والمبيعات من منتج معين والرد على استفسارات العميل وإصدار أمر الشراء وإعداد الفاتورة في الوقت نفسه. وبتخزين واسترجاع عمليات الاتصال التي تتم بين رجال البيع وشبكة المعلومات يمكن إعداد تقارير تحتوي على معلومات تساعد رجال البيع على تحسين أداءهم. فيمكن الحصول على تقارير بحجم مبيعات كل رجال البيع وحجم مشتريات كل عميل ومعرفة أكثر الأصناف طلباً بالنسبة إلى كل عميل وأفضل الأوقات للاتصال بالعملاء، بالإضافة إلى تحليل ربحية الشركة وعمولة رجال البيع وغيرها .

أما الإعلان فهو فن أكثر من كونه علماً. فالمقدرة على الابتكار تلعب دوراً هاماً، ولا يعرف العاملون في التسويق إلا قليلاً عن سبب حث بعض الإعلانات الزبائن على الشراء وفشل البعض الآخر في تحقيق ذلك. بشكل عام، من الصعب استخدام الحاسب في أي مرحلة من مراحل الإعلان

سواء كان ذلك اتخاذ قرارات خاصة بتخطيط حملة من حملات الإعلان أو قياس كفاءة مثل هذه القرارات أو الحملات .

وأخيراً فإن نظم الترويج تقدم دعماً لقرارات الإعلان وذلك بجعل المدير قادراً على السيطرة على مشاكل غير مرتبة بصفة عامة. وأيضاً بدعم قرارات البائعين عن طريق تحرير مدير المبيعات من أداء الأنشطة التي تستغرق وقتاً طويلاً في كتابتها أو في حساباتها موفرة لهم وقتاً أكثر لأنشطة المبيعات.

٥ ـ النظام الفرعي للمزيج التسويقي المتكامل.

يسهم النظام الفرعي للمزيج التسويقي المتكامل في دعم قرارات المديرين المتعلقة بوضع الاستراتيجيات التسويقية. ويتكون هذا النظام من نماذج فرعية تتعلق بعناصر المزيج التسويقي، حيث تشمل نموذجاً للإعلان ونموذجاً للمنتج ونموذجاً للتسعير ثم التوزيع المادي. يقوم هذا النظام على فكرة محاكاة الأنشطة التي يمكن أن يمارسها مصنع سلعة أو خدمة معينة منذ بداية إنتاج السلعة إلى أن يتم بيعها إلى المستهلك وذلك مروراً بالوسطاء مع الأخذ بعين الاعتبار وجود المنافسين. وتكمن فكرة هذا النظام في تقدير الأثر الذي يمكن أن يحدثه كل عنصرـ من عناصر المزيج التسويقي منفصلاً على المبيعات، ثم بناء نموذجاً يوضح الأثر التفاعلي لهذه العناصر مجتمعة معاً. وبناءً على دراسة الأمر النهائي يقوم المدير باتخاذ القرارات المناسبة، ولكن يجب أن يأخذ بعين الاعتبار أن هذا النظام يتعامل فقط مع الآثار المستقرة لعناصر المزيج التسويقي، أما الآثار البيئية غير المتوقعة فلا يمكن للنظام التنبؤ بها أو التعامل معها، ما لم يتم إدخالها في النموذج بشكل صريح.

ثالثاً ـ عمليات التشغيل : كيف يستخدم المدير نظام معلومات التسويق .

إن الهدف الأساسي من استخدام مدير التسويق لنظام المعلومات هو معرفة المزيد عن احتياجات ومتطلبات الأسواق والتي يمكن إشباعها عن طريق تحسين المنتجات والخدمات أو تقدير منتجات وخدمات جديدة. ويجب على مديري التسويق أن يتخذوا قرارات عديدة منذ أن يعرفوا

هناك حاجة أو متطلباً معيناً وحتى يظهر المنتج أو تظهر الخدمة في السوق. ويجعل نظام معلومات التسويق من الممكن للشركة أن تستجيب بصورة أسرع لاحتياجات المستهلكين[٦].

يوفر نظام المعلومات أيضاً للمدير ما يحتاجه من بيانات ومعلومات للتعرف على حاجات المستهلكين ورغباتهم، وأيضاً الكشف عن سياسات المنافسين وتحركاتهم. ويقوم مدير التسويق بناءً على هذه المعلومات بصياغة عناصر المزيج التسويقي المناسبة. كما تساعد المعلومات المرتدة المدير في تقييم آثار قراراته وأيضاً مراجعة خططه واستراتيجياته. كما يزود نظام المعلومات باقي المديرين في المنظمة بما يحتاجونه من معلومات تسويقية. فالنظم الوظيفية في المنظمة لا تعمل بمعزل عن بعضها بل لابد أن يكون هناك نوعاً من التكامل بين هذه النظم. فخطط الإنتاج والتصنيع مثلاً لا بد وأن تتوافق وتتكامل مع خطط واستراتيجيات التسويق، وإن الخطط المالية توضع في ضوء خطط الإنتاج والتسويق.

في الواقع، لقد أدى التطور الحديث في أساليب نقل المعلومات إلى استخدام معظم الشركات نظام معلومات لا مركزي يتيح لكل مدير الوصول إلى المعلومات المخزنة في النظام باستخدام الحاسبات الشخصية وأيضاً ربط جميع المديرين بشبكة معلومات رئيسية. بحيث تتيح هذه الشبكة لأي مدير في أي مكان وأي وقت الحصول على ما يحتاجه من معلومات داخلية أو خارجية وتحليلها باستخدام النماذج والأساليب الإحصائية المتطورة وإعداد التقارير اللازمة عنها ونقلها إلى غيره من المديرين عبر شبكة المعلومات نفسها.

وأخيراً، إن نظام معلومات التسويق يسمح للمديرين بالحصول على المعلومات التي يحتاجونها بشكل مباشر وسريع وبما ينسجم مع احتياجاتهم. وكلما زادت مهارات المديرين في استخدام وتشغيل هذه النظم، وكلما ازدادت التطورات التكنولوجية المرتبطة بها زادت اقتصادية تشغيلها وزادت أيضاً فعاليتها في صنع القرار التسويقي.

---

[٦] - محمد علي شهيب، ١٩٨٤، نظم المعلومات لأغراض الإدارة في المنشآت الصناعية الخدمية، كلية التجارة ـ جامعة القاهرة

المبحث الثالث

بحوث التسويق

مفهوم وأهمية بحوث التسويق

تهدف بحوث التسويق إلى مساعدة الإدارة في اتخاذ القرارات التسويقية. وتقوم على جمع وتحليل وترجمة المعلومات والبيانات بشكل موضوعي من أجل تقديم المعلومات الضرورية والمفيدة لمتخذ القرار.

تكون بحوث التسويق عادة موضوعية لأنها يجب أن تقدم معلومات تعكس الحقيقة وإلا سوف تؤدي إلى نتائج وقرارات خاطئة. فهي تحتاج إلى القيام ببعض الإجراءات مثل التخطيط لها وأتباع قواعد خاصة. تهتم هذه البحوث بعدد كبير من الأنشطة مثل القرارات الإستراتيجية أو التكتيكية في التسويق، والقرارات المتعلقة بالمشروع أو بيئته العامة، ويمكن استخدامها لتشخيص مشكلة ما أو حلها.

في الواقع تعد هذه البحوث هامة لكل من الحكومات والمصدرين والمستوردين ومدير التسويق في المشروعات :

- **بالنسبة للحكومات** : تساعد بحوث التسويق الحكومات في اتخاذ القرارات المناسبة في مجال التنمية والتصدير إلى الأسواق الخارجية ودراسة ومعرفة أفضلية هذه الأسواق[7].

- **بالنسبة إلى المصدرين** : تمد هذه البحوث المصدرين بالمعلومات اللازمة لمعرفة المنافسين وطرق النفاذ إلى الأسواق الأجنبية وحجم الطلب الحالي والمرتقب والرقابة على تحويل العملات وعلى المواصفات القياسية والقوانين الجمركية في البلدان المستهدفة.

- **بالنسبة للمستوردين** : تفيد في اختيار أفضل مصادر الاستيراد من خلال معرفة المعلومات عن أسعار ومواصفات المنتجات وأساليب السداد في الأسواق الخارجية.

---

[7] عبد يحيى، بحوث التسويق والتصدير، مطابع سجل العرب. القاهرة. ١٩٩٦.

بالنسبة إلى مدير التسويق في المشروع : بحكم اتصال مدير التسويق بعدد كبير من الأسواق يكون بحاجة ماسة إلى قسم أو وظيفة متخصصة في مجال المعلومات ودراسة الأسواق من منافسين ومستهلكين وموردين ومختلف عناصر البيئة الخارجية. كما أنه يحتاج إلى المعلومات أثناء تقرير إنتاج السلع أو أنسبها وتصريفها وحتى بعد البيع ليس فقط لتقديم خدمات ما بعد البيع إلى المستهلك بل من أجل التعرف على مدى رضاء المستهلكين عن منتجات الشركة ومعرفة رغباتهم وآرائهم مما ينعكس على قراراته التسويقية ويزيد في سلامتها ودقتها. ومن هنا جاءت أهمية وظيفة البحوث التسويقية في خدمة باقي وظائف التسويق أولاً والمجتمع ثانياً[٨].

أولاً - مجالات بحوث التسويق :

إن لبحوث التسويق مجالات عدة تمتد لتشمل كافة عناصر المزيج التسويقي. وهي:

- **بحوث المنتج** : تشمل التحسينات في المنتجات الحالية وتجديد وابتكار المنتجات و التنبؤ بالاتجاهات وتفضيلات المستهلك للسلع الجديدة...الخ

- **بحوث المستهلك :** تشمل كل ما يتعلق بالقرار الشرائي للمستهلك والعوامل المؤثرة فيه (اقتصادية، نفسية، اجتماعية، بيئية، سياسية..)

- **بحوث البيع والتوزيع** : تهتم في فحص دقيق وشامل لكل الوظائف البيعية وأساليب توزيع الشركة لمنتجاتها في الأسواق الداخلية والخارجية.

- **بحوث التسعير**: وتهتم بالسياسات السعرية وطرق تسعير المنافسين لمنتجاتهم...الخ.

- **بحوث الترويج** : تتعلق بتقييم واختيار أساليب الترويج والإعلان وطرق العرض للمنتجات والعلاقات العامة...الخ.

يمكن استخدام بحوث التسويق بالتأكيد في كل مرحلة من مراحل دورة حياة المنتج (تقديم، نمو، نضج، تدهور) للتأكد من سلامة طرح المنتجات في السوق والمركز التنافسي للشركة واتجاه المبيعات واكتشاف استخدامات جديدة للمنتجات وتحديثها، وأخيراً معرفة أسباب تدهور المبيعات من أجل إيجاد الحلول المناسبة للمنتجات سواء إلغاء أم إبدال أو تجديد المنتج.

---

[٨] الشنواني صلاح، الإدارة التسويقية الحديثة بين المفهوم والاستراتيجية. أسيوط. مطبعة شباب العرب. ١٩٩٦

في الواقع لا تتم بحوث التسويق فقط عن طريق الاستقصاء sondage بل هناك طرق مختلفة لإجراء هذه الدراسات و جمع البيانات. ومن ثم يتم استغلال ومعالجة هذه البيانات لتحويلها إلى معلومات مفيدة لاتخاذ القرارات التسويقية.

ثانياً-إجراء بحوث التسويق:دراسة السوق Le processus d'étude du marché

يمكن تقسيم إجراءات بحوث التسويق إلى أربع مراحل، وكل مرحلة تعد أساس للمرحلة التالية لها : تحديد المشكلة أو الفرصة التسويقية - وضع خط البحث - القيام بالبحث التسويقي - تحضير وعرض نتائج البحث.

ويمكن توضيح هذه المراحل من الشكل التالي رقم (٤-١).

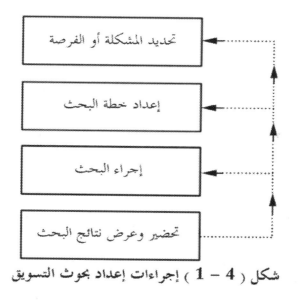

شكل (4 – 1) إجراءات إعداد بحوث التسويق

تحديد المشكلة أو الفرصة السوقية.

تسمح هذه المرحلة بمعرفة طبيعة المشكلة والقرار السليم لها. تحتاج هذه المرحلة عادة إلى بحث استكشافي يسمح بإيجاد أفكار جديدة والتأكد من المبادرات الفردية. ومن الضروري أحياناً

القيام بدراسات نظرية تعتمد على الوثائق وأخذ آراء أفراد المشروع الذي يمكن أن يقدموا معلومات جيدة لمعرفة المشكلة. لكن ليس من السهل دائماً التعرف إلى السبب الحقيقي للمشكلة، على سبيل المثال، إن انخفاض رقم المبيعات يحتاج إلى دراسة معمقة لأسبابه المحتملة (تقادم المنتج، وأسعار مرتفعة جداً، منتجات الإحلال) لهذا يجب تحديد المشكلة بشكل كافي. وتنتهي هذه المرحلة بمعرفة المعلومات والمعطيات الموجودة التي نرغب بالحصول عليها. كما أنها تسمح بتحديد أهداف الدراسة والمشاكل أو التساؤلات الواجبة الحل وأسلوب استخدام ومعالجة المعلومات من قبل مسؤول التسويق.

٢- إعداد خطة البحث : La réalisation du plan de l'étude

تصف هذه الخطة خصائص وإجراءات الدراسة. حيث تبدأ عادة بالتذكير بأهداف الدراسة والمشاكل الواجب إيضاحها في البحث. تتضمن الخطة اختيار وتحديد أسلوب البحث والبيانات اللازمة وطرق جمع هذه البيانات وتقنيات معالجتها لتحويلها إلى معلومات مفيدة. وأخيراً يتم تحديد الموازنة اللازمة.

في الواقع توجد عدة أساليب للقيام ببحوث التسويق: البحث الاستكشافي (استقصاء) البحث الوصفي، البحث السببي (سبب ونتيجة) فالبحث الاستقصائي هو المستخدم عادة لتوضيح المشكلة بعد تحديد منهج الدراسة المناسب، يجب أن تحدد الخطة معلومات عن المتغيرات والعناصر الواجب أخذها بالحسبان وسبب اختيارها. وكذلك يجب أن تحدد بدقة طبيعة هذه المعلومات ومصادرها (الأساسية، الثانوية، داخل المؤسسة، خارج المؤسسة) ونوعها وشكلها (شفهية أو لا) بعد ذلك يجب شرح أسلوب معالجة هذه المعلومات وتوضيح الفرص والقرارات المتعلقة بهذه المعلومات. أخيراً يتم وضع الموازنة المخصصة للبحث والتي تتضمن تقديرات عن التكلفة وزمن البحث[٩].

---

٩ - الصحن فريد محمد وأبو بكر مصطفى، بحوث التسويق، الدار الجامعية، الإسكندرية. ١٩٩٦

٣- **إجراء البحث :** **La réalisation de l'étude**

يعني تنفيذ خطة البحث ويتطلب تنفيذ البدائل المتعلقة بالقياس وجمع وتحليل المعطيات المجمعة. وسيتم التعرف على هذه العناصر في الفقرات اللاحقة.

٤- **إعداد وإصدار النتائج (تقرير الدراسة).**

يجب إصدار النتائج بشكل واضح.ودقيق وكامل حتى تكون مفهومة من قبل جميع الأفراد ومحققة لأهداف البحث.

ثالثاً- جمع المعلومات : **La collecte des informations**

يتم جمع البيانات بشكل مختلف وحسب مصادر المعلومات وأساليب استثمار الأسئلة و العينية المستخدمة كمصدر للمعلومات.

١- **مصادر المعلومات** **Les sources de l' information**

يتم جمع المعلومات من المصادر الموجودة والتي تحتوي على معلومات مختلفة وعامة (معلومة ثانوية) أومن مصادر المعلومات الخاصة بتلبية حاجة المشكلة المطروحة من المعلومات (معلومات أساسية). وقبل البحث عن مصادر المعلومات الأساسية، يجب التأكد أولاً بأن المعلومات غير متوفرة لدى الشركة (مصادر داخلية) أو لدى منظمات بحوث التسويق والنقابات المهنية، والمؤسسات الإحصائية (مصادر خارجية). المعلومات الثانوية يمكن جمعها بسهولة وتكلفة منخفضة.

إن مشكلة المعلومات الثانوية تكمن في عدم ملاءمتها أحياناً للمشكلة التجارية المدروسة ويصعب أحياناً معالجتها من قبل الباحث.

بالمقابل يمكن أن تكون المعلومات الثانوية أحياناً قيمة ومفيدة جداً لتعزيز المعلومات الأساسية. ويتم الحصول على المعلومات الثانوية كذلك سواء من المصادر الداخلية أم من المصادر الخارجية[١٠].

- **فالمصادر الداخلية** تكون عادة قليلة التكلفة كونها من داخل أقسام المشروع: المحاسبة، المالية، التجارية وبنك المعلومات، وقسم الزبائن، والشراء.....الخ. فالمعلومات عن الزبائن يمكن الحصول

---

[١٠] Dubois P L & Jolibent. op. cit. 1992

عليها من القسم المسؤول عن خدمة الزبائن ومن قسم المحاسبة كـذلك، والمعلومـات عـن المبيعـات يـتم الحصول عليها من قسم المحاسبة والمالية أو الإنتاج.

- **المصادر الخارجية.** يمكن أن تكون الدولة، والجمعيات والإدارات العامة، والمصادر التجارية.

- **الدولة والإدارات العامة والجمعيات** تعد مـن أهـم مصـادر المعلومـات. مـن أهـم هـذه المصـادر نجـد: الوزارات، الجامعات، الجمعيات المهنية، غرف التجارة والصناعية، المجـلات المتخصصة، بنـوك المعلومـات، الأنظمة الحديثة لشبكات المعلومات (إنترنت).

- **المصادر التجارية** : تقوم بعض المنظمات المتخصصة ببحـوث السـوق و بجمـع المعلومـات بهـدف بيعهـا والتي تشكل مصادر هامة للمعلومات.

٢- **أساليب جمع المعلومات.** **Méthodes de collecte des données**

تتضمن هذه الأساليب الملاحظة والتجربة التحقق (الاستقصاء).

أ- **أسلوب الملاحظة أو الرصد Observation** يتضمن هذا الأسلوب عدة طرق : المراقبة، تحليل المضمون **Content analysis**، الملاحظة الأولية، الملاحظة الفردية، التقصي **dépistage**. لكن لا يمكن استخدام هـذه الطرق بنفس الدرجة وبالنسبة إلى الأهداف نفسها.

- تقصي السلوك يكون نادر الاستخدام عادة ويقوم على جمع المعلومات عن السلوك الماضي بـدون معرفـة المستهلك : مثل إجراء دراسة عامة عن المخلفات والقمامة.

- تقوم المراقبة في دراسة السوق على تفحص الوثائـق المختلفـة وجردهـا. فمراقبـة البيـع تسـتخدم عـادة لمعرفة اتجاهات المبيعات في منطقة جغرافية أو مخزن معين.

- يستخدم تحليل المضمون لدراسة سياسة الاتصال (المواضيع، الكلمات)، و يسمح بدراسة سياسة الترويج والاتصالات لدى المنافسين وتحليل أوضاعهم.

- الرصد الآلي من خلال استخدام بعض الآلات لتسجيل سلوك الأشخاص.

- الرصد الفردي (الشخصي). يتم استخدامه في بيئة يمكن التحكم بها. فبعض صـانعي الألعـاب يراقبـون استخدام منتجاتهم من قبل أطفال العاملين في الشركة المتواجدين في دار الحضانة في المشروع.

ب- **التجربة أو الاختبار** **Expérimentation**. يقوم الباحث أثناء التجربة بعملية الرصد بحيث يستخدم بعض المتغيرات مثل المنتج، السعر الترويج أو قناة التوزيع مع قياس آثار المتغيرات الأخرى مثل المنافسة والخصائص الاجتماعية والسكانية للفرد (عمر، جنس) يهدف أسلوب التجربة لقياس ودراسة العلاقة بين السبب والنتيجة : مثلا أثر الغلاف الجديد على زيادة المبيعات. ويمكن استخدام هذا الأسلوب لدراسة نوعين من المشاكل : اختبارات مفهوم المنتج واختبارات السوق / المخزن.

- اختبارات مفهوم المنتج تقدم للمستهلك فكرة عن المنتج وتقيس تفضيلات المستهلك واحتمال الشراء ...الخ. فعند وجود تصميمات معينة لمنتج ما يمكن الطلب من المستهلك لاختبار أفضلها.

- اختبارات السوق / المخزن يمكن أن تتم في المخزن، الشراء عن طريق الكتالوج، مخزن سيارة متحركة، اختبارات المدينة، اختبارات السوق... إن تكلفة هذه الاختبارات تكون عادة مختلفة من واحد إلى آخر، وتسمح بدراسة معدل الشراء ، تكرار الشراء، الحصص السوقية....

ح- **الاستقصاء.** **L' énquête**

يتم الاستقصاء بعدة طرق لجمع المعلومات من خلال استخدام استمارة أسئلة وطرحها على عينة من المجتمع المدروس، حيث يشارك فيها الأفراد بشكل مباشر. من أهم هذه الأساليب نذكر :

- الاتصال المباشر للباحث بالأفراد.

- الاتصال عن طريق البريد (رسائل بريدية)

- الاتصال الهاتفي.

- الاتصال من خلال شبكة اتصالات مبرمجة على الحاسب

في الواقع يختلف استخدام هذه الطرق من بلد إلى آخر لأسباب ثقافية وسياسية، وجغرافية...الخ. إن اختيار أحد هذه الأساليب يعتمد على أهميته في الدراسة :

- **الاتصال المباشر.** يعد من أهم أساليب جمع المعلومات نظراً لجودة وكمية المعلومات التي نحصل عليها، ولمعرفة الظروف الحقيقية للاستقصاء (تفهم المجيب، ترتيب الإجابات) لكنه الأسلوب الأكثر تكلفة، ويمكن استخدامه بعدة أشكال تصنف ضمن ثلاث فئات: بحسب عدد مرات الاستقصاء،

وبحسب صيغة الاستقصاء، وبحسب الميزة غير المباشرة للاستقصاء. وكل فئة من هذه الفئات تستخدم وسائل خاصة بها لإجراء الاتصال بعينة البحث [11].

- **الاستقصاء عن طريق البريد**. يتطلب هذا الأسلوب إرسال استمارة أسئلة عن طريق البريد إلى أفراد عينية البحث المبعثرين في مناطق مختلفة (مثل الشركات) ويعد من الأساليب الضعيفة التكلفة. يسمح هذا الأسلوب إلى أفراد العينية بالوقت للتفكير في الإجابة على الأسئلة كونه غير محدد من ناحية الزمن. لكن يعاب على هذا الأسلوب ضعف معدل الرد على الرسائل البريدية، مما يؤدي إلى خلل في العينة الممثلة للمجتمع المدروس. تستخدم عادة بعض الإجراءات أو الترتيبات من أجل أضعاف أثر هذا الخلل[12]. ومنها قيام الباحث بإرسال ظرف إجابة مدون عليه العنوان والطابع البريدي، ونموذج الأسئلة وتعليمات الرد عليها....

إن عدم مراقبة ومعرفة المجيب على الأسئلة تعتبر نقطة ضعف كذلك في هذا الأسلوب. حيث بعد إرسال استمارة الأسئلة، لا يمكن معرفة من يقوم بالرد على الأسئلة وفيما إذا تم فهم المقصود من كل سؤال... يمكن استخدام هذا الأسلوب في الحصول على حجم كبير من المعلومات وبسرعة مناسبة.

- **الاستقصاء الهاتفي**. لقد انتشر هذا الأسلوب الحديث بشكل واسع في بعض الدول الأوربية في الوقت الحاضر ولا سيما في مجال التجهيزات المنزلية، من خلال الحصول على أرقام الهواتف للعينة المدروسة من الدليل العام للهاتف. يعاب على هذا الأسلوب بأنه يتم خلال فترة زمنية قصيرة جداً (١٠ إلى ١٥ دقيقة كحد أعلى) مقارنة بأسلوب البريد أو المقابلة المباشرة. ويتم إملاء استمارة الأسئلة من خلال الباحث مباشرة. ينصح في هذا الأسلوب عدم استخدام الأسئلة الطويلة والتي تتضمن عدة إجابات.

- **شبكة الاتصالات المبرمجة على الحاسب**. يعد هذا الأسلوب من الأساليب القليلة الاستخدام من قبل المشروعات. ويقوم هذا الأسلوب على عرض مجموعة أسئلة على شاشة الحاسب ويتم الإجابة عليها

١١- Dubois P.L & Jolibert. A. op. cit. 1992

١٢- انظر د. المحمود العمر رضوان، مرجع سبق ذكره. ١٩٩٤

باستخدام الحاسب الذي يتم وضعه في منزل أو مكان عمل المجيب أو بطرق أخرى. يتميز أسلوب الاتصالات المبرمجة بضعف التكاليف وقلة زمن الاستقصاء وتسهيل مراقبة الإجابات. في الحقيقة تختلف عيوب ومحاسن هذه الأساليب الأربعة في جمع المعلومات بحسب المشكلة المراد حلها وحجم العينية ومعدل الإجابات.

٣- إعداد وصياغة استمارة الأسئلة Le Questionnaire

تهدف الاستمارة إلى قياس البيانات موضوع البحث من خلال التحليل اللاحق لها

أ- قياس البيانات.

يتم القياس عن طريق طرح أسئلة مفتوحة أو مغلقة مستخدمة أنواع مختلفة من سلم المراتب (درجات أو أفضليات). تتيح الأسئلة المفتوحة مجالاً واسعاً للفرد من أجل التعبير عن رأي. وتتلاءم مع أسئلة من النوع التالي: ما هي علامة الشاي التي تعرفها ؟

أما الأسئلة المغلقة فإنها تقيد الفرد بإعطاء إجابة محددة : مثلاً ما هي حالتك الاجتماعية ؟ عازب متزوج بدون أطفال، متزوج مع أطفال، مطلق، أرمل. يمكن عادة استخدام أربعة أنواع من سلم المراتب (قياس المراتب).

- سلم اسمي **Nominal** لمعرفة فئات محدده مثل : عازب، أرمل، متزوج.....
- سلم ترتيبي **Ordinal** يسمح بمعرفة ترتيب الأشياء بحسب أفضلياتها مثل (ترتيب العلامات).
- سلم الفواصل أو المسافات **Interval**: موافق، حيادي، غير موافق، غير موافق بشدة
- سلم العلاقات بين المتغيرات : مثل حجم الشركة، رقم الأعمال، العمر....الخ.

يتميز كل سلم عن الآخر من خلال حجم المعلومات التي يتضمنها. وبذلك يكون سلم الفواصل أو المسافات أغنى هذه السلالم من ناحية المعلومات وأفقرها هو سلم المراتب. إن صياغة سلم المراتب الموجه لتسجيل الإجابات على الأسئلة يطرح عدة مشاكل من أهمها نجد صعوبة اختيار عدد المراتب لكل سلم. في الواقع يعتمد هذا الاختيار على أسلوب الاستقصاء المرغوب به.

بالرغم من أن معظم السلالم المستخدمة في بحوث التسويق تتكون من سلم يحتوي على سؤال وحيد، فإن دراسة الأسواق تستخدم أحيانا سلالم مكونة من عدة أسئلة. فمثلاً دراسة أنماط الحياة للنزعة إلى

التجديد يتطلب عدة أسئلة لنتمكن من قياسه. أخيراً يتم جمع النتائج (العلامات) التي تم الحصول عليها بالنسبة إلى كل سؤال من أجل تحديد معيار ثابت أو اتجاه معين.

ب- صياغة استمارة الأسئلة

يتم صياغة استمارة الأسئلة على عدة مراحل :

- المرحلة الأولى تقوم على تقييم المعلومات الضرورية لحل المشكلات التسويقية.

- طرحة أسئلة محتملة، ومن ثم تحليلها وتصنيفها بحسب أولويتها.

- تقييم كل سؤال بحسب المعايير التالية : الأسئلة التي يمكن فهمها من قبل المجيب، الأسئلة التي يتمكن ويقبل الفرد الرد عليها. فنوعية السؤال تعتمد على عدة عوامل : مثل أسلوب جمع المعلومات، وطبيعة المعلومات، وهدف البحث،و الخبرة الضرورية للباحث، وطبيعة الأسئلة:أسئلة مفتوحة أم مغلقة.

- تحديد التعابير والكلمات المستخدمة في كل سؤال. وهنا يجب أن تكون هذه التعابير مختصرة، واضحة ومتخصصة، وعدم طرح أسئلة تتضمن عدة إجابات محتملة.

- تحديد هيكل الاستمارة. يتم صياغة الاستمارة بالشكل الذي يمكن المجيب من قراءتها والإجابة عليها بسهولة. ومن ثم تجمع الأسئلة التي تعالج الموضوع نفسه تحت بند معين وبدء الاستمارة بالأسئلة العامة و السهلة الإجابة.

يمكن تقسيم الاستمارة إلى ثلاثة أجزاء: المقدمة، الموضوع أو صلب الأسئلة، وجزء للتصنيفات. في الجزء الأول يتم وضع أهداف البحث وبعض المعلومات الموجهة لتشجيع الأفراد على الإجابة (نداء للتعاون مع الباحث، السرية، صدق وصحة الإجابات...). في الجزء الثاني نجد الأسئلة المتعلقة بالبحث. وفي الجزء الثالث يتم عادة طرح أسئلة تتعلق بالخصائص الاجتماعية والديمغرافية للمجيب أو للشركة أو المجتمع.

قبل استخدام استمارة الأسئلة يفضل القيام باختبار أولي للاستمارة على عينة صغيرة لمعرفة سلوك (أوردة فعل **Réaction**) الأفراد المجيبين بالنسبة إلى الأسئلة. يمكن استخدام معلومات الاختبار الأولي لإجراء التعديلات المحتملة وطريقة إرسالها أو توجيهها إلى العينة.

٤ - اختيار عينة البحث Le choix d' un échantillon

عند القيام باستقصاء يجب القيام باستجواب جزء من المجتمع المدروس أو عينة ممثلة للمجتمع والتي يتم من خلالها تعميم النتائج التي نحصل عليها على المجتمع المدروس. الهدف من اختيار العينية هو تخفيض تكاليف البحث والسرعة في جمع البيانات كونه يصعب أحيانا دراسة كامل مجتمع البحث.

من أجل الحصول على عينية ممثلة للمجتمع المدروس، وتقيم صفات هذه العينة (وسيلة، النسبة، الانحراف المعياري **écart type** يجب القيام بعدة إجراءات :

- تحديد مجتمع البحث
- تحديد أسلوب اختيار العينة : عينة محتملة (عشوائية، نظامية) عينية غير محتملة، (الحصص **quotas**).
- تحديد أساس أو قاعدة الاستقصاء (مجتمع البحث).
- اختيار حجم العينية

إن تحديد وتعريف مجتمع البحث يجب أن يتم من خلال عدة خصائص مثل المعايير الاجتماعية والسكانية (عمر، مهنية ، تمركز جغرافي) أو معايير الاستهلاك. تتكون قاعدة البحث أو الاستقصاء إذاً من مجموعة من الأفراد أو الشركات التي تشكل مجتمع البحث.

تتكون العينية المختارة إذاً من جزء من السكان المدروس من خلال أسلوب تحديد العينة. وهنا نميز نوعين من أساليب اختيار العينات: عينية محتملة **probable** أو غير محتملة. الأسلوب الأول (عينة محتملة) يتم بتقدير خصائص المجتمع المرتبطة بحجم العينة مع تحديد هامش الخطأ للنتائج التي حصلنا عليها وتحديد التكلفة. أما الأسلوب الثاني (عينة غير محتملة) فأنه لا يسمح بتحديد هامش الخطأ للنتائج التي تم الحصول عليها. بعض المشروعات تستخدم أحياناً أسلوب الحصص **quotas** (عينة غير محتملة) لاستكمال عينة عشوائية **aléatoire** (عينة محتملة).

بالتأكيد كل أسلوب من هذه الأساليب يتطلب تحديد حجم العينة. يعتمد كبر حجم العينة عادة على أهمية القرار المراد اتخاذه من خلال البحث، الشيء الذي يتطلب تعين حجم أكبر أو أصغر للعينة.

بالإضافة إلى ذلك، فإن طبيعة البحث (بحث استكشافي، قبول عينه صغيرة) وطبيعة التحليل، الإحصائي للعينة وأسلوب جمع المعلومات (مع الأخذ بالحسبان معدل الرد المحتمل) أو الزمن المطلوب للبحث تؤثر على اختيار حجم العينة.

رابعاً – تحليل البيانات :   L' analyse des données

يمكن استخدام المعلومات التسويقية لإجراء تحليل كمي أو نوعي للسوق. يقوم التحليل النوعي على المفهوم الشخصي الذي يعتبر الفرد وحدة معقدة complexe ويتطلب تحليل وترجمة سلوكه اللاشعوري incoscient. بينما مدخل التحليل الكمي فيعتبر الفرد شخصاً منطقياً وواعياً حيث يتحدد سلوكه من خلال بعض العوامل التي يجب إيضاحها من خلال الدراسات الميدانية. وبالرغم من تناقض اتجاه هذه المداخل فإنها تعتبر متكاملة، حيث التحليل النوعي يسبق عادة التحليل الكمي.

١- التحليل النوعي :   L' analyse qualitative

يستخدم هذا النوع من التحليل لمعالجة موضوعات مختلفة، ويعتبر وسيلة لاستكشاف معالم مشكلة معينة. في هذه الحالة، يمكن أن يسبق التحليل الكمي ويسمح بتحديد الكلمات و التعابير المستخدمة من قبل المستهلك بهدف استخدامها في استمارة الأسئلة. يمكن استخدامه كذلك كهدف بحد ذاته وذلك للتعرف على السلوك اللاشعوري لدى المستهلك أو التعرف على ماهية المستهلك. تقوم تقنيات هذا الأسلوب على دراسة الدوافع، واختبارات الإسقاط أو المقابلات المعمقة [١٣]...الخ. بشكل عام يهدف التحليل النوعي إلى تفسير الرسائل، ولهجة الأصوات، والتردد، والإهمال أو النسيان. وبذلك يتضح لنا أن هذا الأسلوب يعتمد على التحليل الشخصي المعتمد بشكل كبير على ثقافة وخبرة المحلل.

---

[١٣]- GATTO.M.L .L' euro marketing direct,Dunod, Paris, 1994 .

٢- التحليل الكمي : **L' analyse quantitative**

يفضل في التحليل الكمي اختيار تقنيات التحليل الإحصائي. إن تفضيل أسلوب على آخر يعتمد على نوعين من المعايير: الأول يخص نوع المعلومات التي نملكها وبشكل خاص على سلم المراتب المستخدم. الهدف من المعيار الثاني هو معرفة العلاقات السببية بين المتغيرات المدروسة أو غياب هذه العلاقات. يسمح هذا التمييز بمعارضة الأساليب الوصفية **Descriptives** (أو عدم وجود علاقة مميزة) مع الأساليب السببية **causales** :

- تقوم الأساليب الوصفية أولاً على تصنيف الإجابات على الأسئلة بحسب الاحتمالات المستخدمة ولها أولوية معينة (أسئلة مغلقة) والتي تليها (أسئلة مفتوحة). يقود هذا التحليل إلى حساب القيم المركزية (المتوسط، والوسيط والأصغر) والتشتت (التغير والانحراف والتوزيع الطبيعي، والنسب) وتحديد الثوابت.

- توضح الأساليب السببية العلاقة بين المتغيرات وتسمح باختبار متغير أو عدة متغيرات (مفسرة) تمكن من تفسير متغير أو عدة متغيرات يرغب بتفسيرها، فمثلاً متغيرات نمط الحياة تفسر السلوك الاستهلاكي للأفراد.

الفصل الخامس

سلوك المستهلك

إن سر نجاح السياسة التسويقية في أي منظمة هو الاهتمام بالمستهلكين، وهذا هو الشيء الوحيد الذي لا ينساه المستهلكين أبداً.

ذكرنا أن الهدف الأساسي للتسويق بحسب **Ph. kotler** هو إشباع الحاجات الإنسانية عن طريق عمليات تبادلية و تحقيق هدف المنظمة. إن الأهمية المعطاة لإشباع حاجات المستهلك تعكس المركز الأساسي الذي يحتله هذا الهدف في مفهوم التسويق. لهذا فإن دراسة سلوك المستهلك أصبحت ضرورية للشركة، نظراً لتأثيرها على القرارات التسويقية كافة : تجزئة السوق، تطوير سلع جديدة، وضع المنتج، أو العلامة، في السوق، استراتيجيات الترويج، اختيار قنوات التوزيع... الخ.

يتميز تحليل سلوك المستهلك بتعدد العلوم التي عالجت هذا الموضوع. وهكذا فإن علوم الاقتصاد وعلم النفس وعلم الاجتماع ساعدت في تكوين المفاهيم و المعارف الحالية عن هذا المجال وقدمت نماذج مختلفة لتفسير سلوك المستهلك بهدف مساعدة رجال التسويق في فهم هذا السلوك ووضع البرامج التسويقية المناسبة. حيث أن علم النفس قدم المفاهيم المساعدة في فهم دوافع و إدراك شخصية المستهلك، وقدم علم الاجتماع المفاهيم المتعلقة بتأثير الجماعات المختلفة على الأفراد و تأثرهم بالعوامل الثقافية و الاجتماعية المختلفة، والتي تحدد سلوك كل فرد. وقدم علم الاقتصاد المفاهيم المتعلقة بمبدأ الرشد لدى الإنسان كونه يمتلك المعلومات والمعرفة الكافية عن السوق وعن المنتجات، وعند كل عملية شراء يوازن بين ما يدفعه من نقود وبين ما يحصل عليه من منافع من جراء

عملية شرائه لسلعة أو خدمة ما. والمستهلك الرشيد هو الذي يحصل على أعلى درجة من الإشباع والمنفعة من خلال الشراء مقابل السعر الذي يدفعه.

وقد زاد اهتمام المشروعات بدراسة سلوك المستهلك من أجل وضع خططها الإستراتيجية في مجال التسويق. بحيث يقوم المشروع بوضع هذه الخطط بالاعتماد على آراء ووجهات نظر المستهلكين واحتياجاتهم التي يسعى المشروع إلى إشباعها،وليس من وجهة نظر المنتج. لهذا لابد من دراسة دوافع و رغبات المستهلكين، ومعرفة سلوكهم ومبرراتها، والعوامل المؤثرة في هذا السلوك، وما يتوجب على الشركة القيام به لجذب المستهلك إلى شراء منتجاتها.

يمكن القول بأن السبب الأول في إخفاق بعض المنتجات الجديدة يكمن في عدم دراسة السوق و معرفة سلوك ودوافع و رغبات المستهلك. فعند دراسة السلوك الشرائي لابد كذلك من معرفة محددات هذا السلوك و العوامل الداخلية و الخارجية التي تؤثر في قرار الشراء : الأسرة، الجماعات المرجعية، وقادة الرأي، الدوافع، الدخل،...الخ.

المبحث الأول

مفهوم سلوك المستهلك والعوامل المؤثرة في قرار الشراء

قبل كل شيء لابد من التعرف إلى السلوك الشرائي، و كيف يتم اكتشاف هذا السلوك ؟. فالمستهلك النهائي هو الذي يشتري و يستعمل السلعة أو الخدمة لأغراض شخصية أو منزلية. و يرتبط السلوك الشرائي بالجهود المبذولة من قبل الفرد في سبيل الحصول على /و استخدام المنتجات بما فيها اتخاذ قرار الشراء نفسه[1]، و بذلك فان السلوك الشرائي يتضمن إجراءات اتخاذ قرار الشراء. و يعرف سلوك المستهلك على أنه " ذلك الموقف الذي يبديه الفرد عندما يتعرض لمنبه داخلي أو خارجي والذي يتوافق مع حاجة غير مشبعه لديه". إذاً لابد للشركة من دراسة هذا السلوك لمعرفة

[1] - الصحن محمد فريد، 1996، سبق ذكره.

تصرفات المستهلكين، ووضع خطط المزيج التسويقي على أساس معرفة العوامل التي تؤثر في هذا السلوك والتنبؤ بما يدور في ذهن المستهلك.

فالمستهلك يتعرض خلال حياته اليومية للعديد من المؤثرات أو المحرضات مثل عناصر المزيج التسويقي (منتج و سعر وتوزيع و ترويج)، العوامل الاجتماعية و الثقافية والنفسية والاقتصادية، ...، والتي تدفعه لتقديم استجابات أو تصرفات معينة. فسلوك الفرد هو إذاً محصلة لمجموع هذه القوى. وإن المنظمة التي تفهم جيداً كيف يستجيب المستهلكين لعناصر مزيجها التسويقي يمكنها أن تحقق مزايا تنافسية كبيرة في السوق[2]. و السؤال هنا هو كيف يستجيب المستهلك للمؤثرات التسويقية المختلفة التي تستخدمها أو ربما تستخدمها المنظمة ؟ تتوقف الاستجابة طبعاً على ما يدور في ذهن المستهلك، وكيفية إدراكه و فهمه لهذه المؤثرات وتفاعلها مع العديد من العوامل الأخرى: دوافع، بيئة، إعلان، شخصية،....

و هنا لابد من معرفة أثر كل من هذه المؤثرات على المستهلك، والتي تجعله يتبنى سلوكاً معيناً (أنظر الشكل التالي 5-1).

Reponse   **Organisation**   **Stimuli**

استجابة	←	المستهلك	←	محرضات
- شراء		- دوافع- قيم		- الإعلان -
- عدم الشراء		- اتجاهات- إدراك		- الجودة - المكان
- بحث عن معلومات إضافية		- ثقافة- شخصية		- الأسرة – الجماعة المرجعية
		معتقدات		

شكل (5-1) يوضح كيفية التعرض إلى المؤثرات وما هي نوع الاستجابات لدى المستهلك.

[2]- Ph. KOTLER.et Co, 1996, op cit.

العوامل المؤثرة في سلوك الشراء

توجد العديد من العوامل التي تؤثر على سلوك الشراء لدى الفرد : عناصر المزيج التسويقي المستخدم من قبل المنتجين أو الموزعين، العوامل النفسية و الاجتماعية و الثقافية، والاتجاهات، والعوامل التي تدفع الفرد لاتباع سلوك باتجاه معين.

وهنا سوف نتناول مختلف هذه العوامل و معرفة أثر كل منها في سلوك المستهلك: أنظر الشكل التالي.

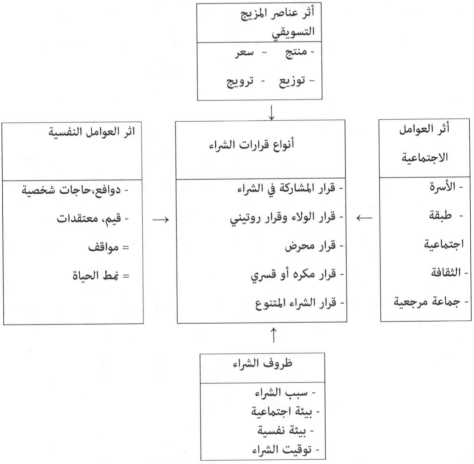

المصدر : DUBOIS. P-L et JOLIBERT. A, op cit

أولا - أثر العوامل النفسية (الداخلية) :

تؤثر العديد من العوامل على المستهلك أثناء اتخاذ قرار الشراء. بغض النظر عـن المـؤثرات الخارجية مثل الإعلان والذي هدفه الأول هو التأثير على المستهلك، فإن اختلاف السلوك بين الأفراد ينجم أحيانا عن العوامل النفسية والاجتماعية والمواقف. تتضمن العوامل النفسية الحاجة والدافع وأنماط الحياة والشخصية والإدراك والقيم و المعتقدات و المواقف[3]. وهنا يمكن القول بأنه لا يمكن الفصل بـين مختلـف العوامل النفسية والعوامل الاجتماعية والثقافية والمواقف. وسيتم تناول أهم هـذه العوامـل و أثرهـا علـى سلوك المستهلك و على قرار الشراء.

1- الدوافع و الحاجات و الغرائز: Les motivation, besoins et pulsions

ما هي الحاجة التي نريد إشباعها ؟

تظهر الحاجة عادة عندما يشعر الفرد بفارق بين حالته الحقيقيـة والحالـة المثاليـة أو المرغـوب بها. وتترجم هذه الحاجة بالشعور بالنقص أو الحرمان من شيء ما، وبالتالي الشعور بالتوتر وهذه الحاجة تدفع المستهلك إلى التصرف أو أتباع سلوك معين. في الواقع توجد عـدة أنـواع مـن الحاجـات[4]، حيـث يتـم تحـريض بعضها مـن خـلال الغرائـز pulsion أو بـالفطرة instinct التـي تقـود أحيانـاً إلى التمييـز بـين الحاجات اللاشعورية (الغريزية) و الحاجات الأخرى. فالدافع أو الرغبة **ما هـي إلا القـوة الفيزيائيـة التـي تدفع الفرد إلى اتباع سلوك معين من أجل تخفيف حالة التوتر و إشباع حاجاته.**

لهذا يتوجب على رجل التسويق دراسة و تفهـم الـدوافع التـي تقـود المسـتهلك إلى اتخـاذ قـرار معين للشراء. وهناك تقسيمات متعددة للـدوافع، فقـد تكـون الـدوافع شـعورية أو لاشـعورية، رشـيدة أو عاطفية، أولية أو مكتسبة.

- دوافع رشيدة : مثلاً اقتصادية السلعة، طول عمرها، إمكانية الصيانة، خدمة ما بعد البيع، أداء السلعة.

---

3 - ناصر محمد، 1994، التسويق الداخلي للسلع والخدمات، دار الفكر.
4 - الخضر علي و آخرون، 1997، التسويق وإدارة المبيعات، جامعة دمشق.

- دوافع عاطفية : حسب الظهور و التميز، تقليد الآخرين، البهجة، اللذة.

- دوافع أولية : هي الدوافع التي تحث الفرد لشراء سلعة معينة بغض النظر عن العلامات المختلفة الموجودة في السوق: شراء كتاب للثقافة، معجون الحلاقة، القهوة بدلاً من الشاي.

- دوافع انتقائية : وترتبط بالأسباب الحقيقية التي تدفع الفرد لتفضيل علامة عن غيرها مثل تفضيل شراء تلفاز sony أو سيرونكسو.

- دوافع التعامل : و هي الأسباب التي تؤدي إلى تفضيل المستهلك للتعامل مع صالة بيع دون الصالات الأخرى، أو تفضيل منتج معين على آخر نظراً للموقع الجغرافي، الدخل، المهنة،الثقافة، السعر، التغليف، خدمات ما بعد البيع، الراحة النفسية للتعامل،......

- دوافع ظاهرة ودوافع كامنة : الدوافع الظاهرة هي التي تحرك المستهلك دون أن يتم إيقاظها لديه من قبل الإعلان :الدخل،السعر،الجودة،.....، أما الدوافع الكامنة فتعبر عما يخلد في ذهن المستهلك، ولا تتحرك دون محرض خارجي، مثل الأمان، تسهيلات الدفع.

يمكن القول بأن احتياجات الفرد و أهدافه هي المصدر الرئيسي ـ للدوافع، حيث يتوقع الفرد مستوى إشباع معين لكل منها. لذا نلاحظ وجود علاقة قوية بين مفهوم الدوافع Motivation و مفهوم الحاجات Bésoins. فالحاجة تنشأ من الشعور بالنقص لدى الفرد مما يؤدي إلى تحريك الدوافع بهدف إشباع هذه الحاجات و بالتالي فإن الحاجات هي أساس الدوافع و أسبابها[5].

على الرغم من الدور الرئيسي ـ الذي تلعبه الحاجات في التسويق، لا توجد نظرية وحيدة تفسر هذه الحاجات. إن اختلاف النظريات المستخدمة لتفسير الحاجات ينحدر من اختلاف مفاهيم ومنظور كل نظرية (نظريات التدريب، نظريات التحليل النفسي، نظريات الشخصية) ومن أهمية أو حجم المنفعة المتوقعة (نوع الحاجة سواء غريزية أو محرضة، أو وجود ترتيب أو تناقص في الحاجات). من أهم النظريات التي عالجت موضوع الحاجات نذكر ما يلي:

---

5 - المساعد زكي،1997، التسويق في المفهوم الشامل، دار زهران، عمان

أ- **نظرية الغرائز لـ freud** : توضح هذه النظرية الدور الهام للغرائز الإنسانية. يرى **freud** أن الغريزة أو الفطرة هي مفهوم محدد ما بين الجسد و النفس. و المصدر يكمن على الأغلب بجانب الجسد. بالمقابل، إن البحث عن الشيء القادر على تخفيف حدة التوتر الغريزي يتضمن مساهمة العامل النفسي. لقد أضاف أنصار فرويد علاوة على أهمية الغرائز الجنسية، دوافع أخرى. حيث أكد **adler** مثلاً على الدفاع عن التفوق الذي يسمح بتجاوز الشعور بالدونية **infériorite** أو النقص الذي شعر به الفرد خلال مرحلة الطفولة، ويؤكد **Fromm وsullivan** على النفور من الوحدانية، أما Horney فإنه يؤكد على موضوع الحاجة إلى الأمان. إن النظريات التي عالجت موضوع تخفيض التوتر الغريزي تقوم على مفهوم الانضباط الذاتي **homeostasis**، أي وجود آليات منظمة تسمح للفرد بالمحافظة على حالة التوازن. تفيد هذه النظريات بأن الفرد يتصرف بشكل يخفض حالة التوتر الغريزي و أن محاولة تخفيض هذا التوتر يقود إلى ظهور الحاجة.

ب- **نظرية المنبه للحاجة Eveil** : تقوم على أن المستهلك يبحث على أن يكون مثاراً أو منبهاً أو لديه حاجة مثارة حتى يصل إلى مستوى مثالي من الإثارة التي تسمح له بالحصول على الراحة و السعادة. يتم ترجمة الإثارة القوية أما بالهروب من المشكلة أو البحث عن تخفيض حدة التوتر بتجنب على سبيل المثال علامة جديدة، أو غير معروفة وأن الإثارة غير الكافية تقود المستهلك إلى البحث عن مستوى أعلى من الإثارة حتى يتم توضيح الحاجة أكثر من خلال سلع أخرى أو سلع جديدة (مثلاً، جمع معلومات عن منتجات أخرى، أو شراء سلع غير معروفة، أو تغيير العلامة التجارية، أو تغير المخزون). يضمن هذا السلوك راحة كافية تسمح للمستهلك بالوصول إلى مستوى أمثل من الإثارة.

جـ- **نظرية Maslow** (1954): تقوم هذه النظرية على أساس وجود ترتيب للحاجات بحسب سلم أولويات محدد. حيث يقوم المستهلك بإشباع الحاجات الأكثر إلحاحاً (الضرورية)

قبل إشباع الحاجات الأقل إلحاحاً [6]. يتكون سلم الحاجات لدى Maslow من العناصر التالية :

- الحاجات الأساسية الفيزيائية : الجوع، العطش، ....

- الحاجة إلى الأمان : الحماية، التبعية ...

- الحاجة الاجتماعية: الانتماء، الأسرة، الأصدقاء، ....

- الحاجة للاحترام والتقدير : احترام نفسه، المركز، النجاح، الثقة بالنفس، الحب.

- الحاجة إلى تحقيق الذات : الازدهار، الانتعاش....

يمثل هذا الترتيب مجموعة الدوافع التي تحرك الرغبات، وتترجم بالبحث عن المنتجات التي تشبع هـذه الحاجات. لكن إذا كان هذا الترتيب للحاجات يتوافق مع الفرد الأمريكي (موطن البحث)، فإنه لا يتلاءم والثقافات أو المجموعات الأخرى. على سبيل المثال، إن أعلى الحاجـات في المجتمـع الفرنسي- و البرتغـالي و اليوغسلافي هي الحاجة إلى الأمان و الانتماء و ليس الحاجة إلى تحقيق الذات.

هـ – النظرية النفسية (LEWIN) (1935)

تقدم هذه النظرية تفسيراً هاماً لتصارع الـرغبـات. بحيـث تتوافق الـدوافع مـع قـوى مناسـبة (إيجابية) أو سلبية. فدرجة إشباع المنتجات لرغبة معينة تحدد قوة جذبها (قوة إيجابيـة) أو استبعادهـا (قوة سلبية) وأن الفرد يتخذ قراره بحسب القوى أو الأفكار التي يحملها. لكن في الحالة التي تكون فيهـا الدوافع ذات قوى متقاربة، فأن المستهلك سوف يعيش حالة تناقض لعدة أسباب:

- صراع ما بين بديلين مناسبين و متساويين (السفر إلى فرنسا أو السفر إلى إيطاليا).

- صراع ما بين بديلين، الأول مناسب والثاني غير مناسب: شراء تلفاز يعتبر مناسب للتسلية و غـير مناسـب لدراسة الأطفال.

- صراع ما بين بديلين غير مناسبين. في حالة ظهور عطل كبير في السيارة، فهل ينصح بشراء سيارة أم القيـام بالإصلاح المكلف كثيراً ؟

---

[6] - KOTLER. Ph. 1996. Op cit.

إن حل هذه الصراعات يتم من خلال المستهلك نفسه أو من خلال النشاط التسويقي. فالمستهلك يتمكن من تعديل أهدافه الأولية وأولوياتها، وبالتالي يقوم بحل هذه الصراعات. الشيء نفسه بالنسبة إلى شركة من أجل دراسة التأثير على سلوك المستهلك. فدراسة هذا السلوك تساعد على وضع الخطط التسويقية، و التركيز على ربط استخدام السلعة أو الخدمة بدوافع معينة لدى المستهلك من خلال الإعلان عن هذه السلعة.

2- الشخصية **La personnalité.**

إن تضمين عنصر الشخصية في سلوك الشراء كان موضوع عدة أبحاث، و خاصة من خلال علاقاته مع النية و الشعور و إظهار الدوافع[7]. تعرف الشخصية على أنها "تصور خاص للميزات و المعتقدات و السلوك و الكفاءات التي تميز الفرد". أن جزءاً من هذه الميزات هو فطرية، والجزء الأخر ينجم عن التأهيل و التدريب **apprentissage** الاجتماعي، أي من التجارب و التاريخ الخاص بكل فرد.
من أهم النظريات التي عالجت موضوع الشخصية نذكر:

أ- **نظريات التحليل النفسي للشخصية.** لقد اقترحت هذه النظريات عدة ميزات للشخصية تستخدم عادة في الدراسات الخاصة بالمستهلكين وقوى البيع و التفاوض بين البائع والمشتري،... الخ. لقد تم التمييز بين حالة الانفتاح و حالة الانغلاق في الشخصية، و بين حالة الخضوع والعدوانية، الانفصالية، الشخصية المستقلة، المستغلة، التجارية و المنتجة، وقدتم استخدام هذه ا لحالات في دراسة الدوافع.

ب- **نظرية الميزات و الخصائص الشخصية** : تقوم هذه الفكرة على الخصائص الشخصية المستقرة جداً، بحيث يمكن تعريف الشخصية على أنها تتكون من هيكل (أو بناء) من الميزات مثل: تحقيق الذات، الخضوع، النظام، الاستقلالية، الانتماء، التحليل، التبعية، المساعدة، التغيير، العدوانية ...الخ، وكل فرد يتصف بعدد من هذه الميزات. يسمح هذا التحليل للشخصية بتحديد نماذج أو مجموعات من الأفراد. الشيء الذي يسهل عمل الباحثين في مجال التسويق.

---

7 - الشنواني صلاح، 1996، سبق ذكره.

جـ- نظرية فهم الذات [8]   concepet de soi : تتضمن عدة مفاهيم للشخصية :

- صورة الشخص بنظر الآخرين و بنظر البيئة : من نحن بالنسبة إلى الآخرين ؟

• ما نرغب بأن نكون : النموذج المرغوب به لشخصيتنا ؟

إن هذه النظريات ساعدت على وضع معايير أو مقاييس لنماذج الحياة التي تعتمد على مفهوم الذات و خصائص الشخصية و القيم و الاتجاهات، وتم استخدامها في الدراسات التسويقية المختلفة و فهم سلوك المستهلك حيث يتم تصنيف المستهلكين بحسب أنواع الشخصية التي يتميزون بها، ومن ثم إيجاد علاقات ارتباط بين تلك الأنواع من الشخصيات وقرارات اختيار بعض السلع، الشي الذي يمكن الشركة من تصميم و إنتاج السلع المرغوبة و تنفيذ برامجها التسويقية المناسبة لكل سوق.

3-الإدراك   perception

يرتبط مفهوم الإدراك بمختلف الأنشطة الذهنية لمعالجة المعلومات. فعند دراسة إدراك المستهلك، يجب طرح بعض الأسئلة : مثل

- ما هي المعلومات التي يبحث عنها كل مستهلك ؟

- كيف يبحث المستهلك عن المعلومات ؟

- لماذا يتقبل الناس نفس الوضع بشكل مختلف ؟

فمن أجل الرد على مثل هذه التساؤلات، يفضل تحديد دور المفاهيم النفسية التالية : الإحساس sensation ، الانتباه attention ، التفسير (المعنى)   signification

- **الإحساس** : يتوافق مع منبه الحس بالرؤية، المس والشم، التذوق، السمع، الناجم عن المعلومات أو من الفطرة.

- **الانتباه** : هو إجراء يسمح بتحديد المعلومات التي يتم معالجتها منذ الشعور بها (أجراء انتقائي).

- **التفسير** (المعنى): يعتمد على معالجة المعلومات و تفسير النتائج.

---

[8] - DUBOIS. P-L et JOLIBERT. A, op cit.

في الواقع، يعرف عادة الإدراك على أنه إجراء فهم البيئة من خلال الإحساس. و بالتالي فإن دراسة القدرة على استقبال الاحساسات تسبق كل تساؤل عن المعلومات. إن البحث عن المعلومات الضرورية يعتمد بشكل أساسي على وجود:

- الغرائز

- الحضور الفيزيائي للمحرض (مثل الإعلان)، لأن بعض العناصر تجذب انتباه المستهلك أكثر من غيرها. كما هو الحال بالنسبة إلى الأشياء الجديدة و المعلومات التي لا توافق ما ينتظره المستهلك.

إن مختلف المعلومات المجمعة من خلال الإدراك يتم تخزينها في الذاكرة لفترة قصيرة بدون الأخذ بها أو تفسيرها. يقود تنبيه المستهلك بالطبع إلى الاهتمام بالمعلومات المخزنة لديه و تركيز الانتباه عليها. وهنا يقوم المستهلك بالمقارنة بين المعلومات وتخزين جزء منها لديه على المدى الطويل، ويمكن أن يتم إثارة المستهلك للبحث عن بعض المعلومات الخارجية من جديد. ومن ثم يقوم المستهلك باستخدام المعلومات المجمعة للحكم على منتج معين، من خلال معالجته لهذه المعلومات بشكل واعي أو لا شعوري. تتطلب عادة إجراءات التفكير جهود خاصة من المستهلك من أجل جمع المعلومات و معالجتها (عن العلامة، و الخدمات و طريقة الاستخدام ...).

في مجال التسويق، يرتبط جمع المعلومات بدوافع وأهداف الموضوع، وتعتمد الحساسية للمعلومات على أهدافنا الخاصة. ويتم جمع المعلومات سواء من مصادر داخلية، حيث يقوم الفرد بالرجوع إلى المعلومات المخزنة في ذاكرته، أو من مصادر خارجية من خلال الرجوع إلى أشخاص خارجيين، أو من البيئة بشكل عام (الأعلام، الأوضاع الحالية...). وتتوقف الجهود المبذولة في البحث عن المعلومات على الرغبة الفعلية للفرد بالشراء.

4- المواقف (أو الاتجاهات):

يعرف الموقف على أنه الاستعداد المستمر باتباع سلوك ثابت و مكتسب بالخبرة تجاه مجموعة من المواضيع . ويعرف أيضاً على أنه ميل الفرد إلى تقييم موضوع معين بأسلوب ما. و يعطي .M ROKEACH (1968) تعريفاً أكثر شمولاً و تكاملاً للمواقف، مفاده:

" الموقف هو تنظيم مستمر للمعتقدات تجاه موضوع أو حالة ما يمتلكها الفرد من أجل الرد على هذا الموضوع بشكل مناسب". يتضمن هذا التعريف عدة خصائص :

- يقوم الموقف على بعض المعتقدات : و هو تنظيم لمعتقدات الفرد المتصلة بنقاط معينة.

- الموقف هو تنظيم للمعتقدات، و بالتالي يوجد نظام للمعتقدات يتضمن عدة أنظمة جزئية. وإن رجل التسويق من خلال بحثه لمعرفة ما يسمى بعالم المنتج، يهتم بنظام المواقف.

إن مفاهيم التنوع و التكامل و التعقيدات و التناقضات الادراكية المستخدمة في بحوث التسويق تشير إلى حالات هذا النظام (المواقف).

- الموقف هو حالة مستمرة. إن مشكلة تغير المواقف يتضمن بالطبع تغير العلامة التجارية[9]

- يرتبط الموقف بحالة أو بموضوع ما. إن المواقف تجاه الخصائص المرتبطة عادة بموضوع أو بالقرارات الحقيقية للشراء تعد هامة ومؤثرة. بالنسبة إلى رجل التسويق، يكون التمييز بين الموقف بالنسبة إلى منتج و الموقف بالنسبة إلى شراء سلعة ما هاماً جداً، فيمكن أن نميل لنوع من السيارات (مرسيدس) ولا نرغب بشرائها لأسباب لا تتعلق بالسلعة نفسها (مثال الحالة المالية للفرد).

- يعتمد الموقف على مجموعة من الميول. فالأسلوب الذي يعتمده الفرد بناءاً على بعض المعتقدات المكتسبة من أجل تقييم حالة أو موضوع جديد يثير عدة تساؤلات :

- كيف تمت معرفة هذه المعتقدات ؟
- هل هذه المعتقدات ترتبط بالدوافع
- و هل تحث الفرد للتصرف أو اتباع سلوك ما.

- يقودنا الموقف إلى الرد على الحالة بشكل مناسب أو منطقي.

أ- تشكل المواقف: La formation des attitudes

تتشكل المواقف من العوامل التالية : الأسرة، الثقافة، نظرة الفرد إلى ذاته، الخبرة الشخصية، المعلومات التي حصل عليها الفرد بالسماع أو من الإعلان والموصفون وقادة الرأي. إذاً تتشكل

---

9 - ناصر جودة و القطامين قبس، 1997، الأصول التسويقية، مجدلاوي. عمان.

المواقف من خلال صلة الفرد بالبيئة و بالأفراد الآخرين في المجتمع. وإن تعلمها يتوقف على دوافع وشخصية الفرد. فالموقف هو أداة لإشباع حاجات الفرد. فمن خلال خبرة الفرد عن منتج ما يتشكل لديه موقف إيجابي أو سلبي تجاه هذا المنتج. إذا يعتمد تشكل المواقف على استخدام المعلومات التي حصل عليها أو المعلومات المخزنة في ذاكرة الفرد.

ب- تغيرات الموقف Les changements de l' attitude

لقد أجريت عدة بحوث حول تعديل و تغيير المواقف، معتمدة بشكل أساسي على العلاقة بين الموقف والسلوك نفسه. الهدف من هذه البحوث هو تفسير كيفية تغير المواقف من أجل تفسير تغير السلوك نفسه. و قد لوحظ بأنه من الصعب تغيير الموقف إذا كان مرتبطا مباشرة بإشباع حاجة أساسية. و قد قدمت هذه البحوث النتائج التالية:

- من السهل تغيير موقف متطرف على العكس من الموقف التابع لنظام معين.
- من الصعب تغيير الموقف المرتبط بموقف أو حالة قوية (مهيمنة).
- كلما كان الموقف متوازناً و منتظماً، كلما انخفض الميل للتغيير
- توجد صلة قوية بين الذكاء في المواقف، والتغيير الإرادي لهذه المواقف.
- إن بعض الميول المزاجية **temperamentales**، مثل الاستعداد لتقبل الاقتراحات **Suggestibilité**، تسهل التغير في المواقف.
- يعتمد تغيير الموقف أيضاً على طبيعة ومصدر معلومات الفرد ومصداقية هذه المعلومات.
- إن القرار المتخذ مع مجموعة مرجعية يتبعه مباشرة تغيير في الموقف (أو سلوك ما) أكثر من القرار المتخذ بشكل فردي.

على الرغم من هذه النتائج يلاحظ في معظم الدراسات أن جمع المعلومات يعتمد على رأي الأفراد أكثر من اعتماده على الدراسة نفسها.

جـ - نظريات المواقف (الاتجاهات): Les Théories d' Attitudes

تفسر معظم نظريات المواقف شكل تطور المواقف وكيفية تغيرها. توجد عدة نظريات للمواقف منها:

- **نظرية التوافق** : وتقوم على أن الفرد يبحث عـن الوحـدة والتوافـق بيـن المعلومات التي حصـل عليهـا، وبالتـالي سـيكون لديـه ميـل لتجنـب أو رفـض المعلومـات المتناقضـة مـن أجـل المحافظـة علـى التـوازن Equilibre.

- **التنافر الإدراكي** : في مجال التسويق، عرفت ظاهرة البحـث عـن التـوازن بنظريـة **التنـافر الإدراكي**. عندمـا يقوم الفرد بإتباع سلوك لا يتطابق مع أفكاره ومواقفه، يكون في حالة تنـافر إدراكي، وإن تخفيـف هـذه الحالـة سيولد الدافع لدى الفرد للبحـث عـن حـل للتوترات الناجمة عـن هـذه الحالـة. فيقـوم الفـرد بتغير أفكاره ومواقفه ويبرر بذلك سلوكه (مقتنعاً مثلاً بأنه حقق صفقة شراء جيدة).

- **نظرية الإسناد (المرجعية)**: تعتبر هذه النظرية أن موقف الفرد يـنجم عـن ملاحظة تصرفه: فعنـدما نريد معرفة ما يشعر به الفرد ننظر إلى سلوكه. فإذا ضحك فهو مسرور، وإذا ركض فهو خـائف.... الـخ. إذاً نستدل على السلوك من خلال المعلومات التي تخص هذا السلوك.

د - المواقف واستراتيجية التسويق

إن معرفة وفهم احتياجات ورغبات المستهلكين يعد أمراً هاماً لوضع استراتيجية تسويقية جيدة وتحديد الفرص التسويقية الهامة. ولكن مـا هي أهميـة معرفـة اتجاهات المستهلك نحو علامـات السلع وعلاقة ذلك بطبيعة نشاط إدارة التسويق ؟

في الواقع إن معرفة الاتجاهات تمكن رجال التسويق من التنبؤ بسلوك المستهلك ومـن تحديـد القطاعـات السوقية وتقييم استراتيجيات التسويق ولقد أكد M. perry [10] أن مفهوم الاتجاهات يلعب دوراً هامـاً في كل من استراتيجية وبحوث التسويق وذلك لتحقيق الأهداف التالية :

- الاتجاهات هي وسيلة هامة للتنبؤ بالسلوك المتوقع للمشتري؛ حيـث أن الاتجاهات تـرتبط بالسلوك. فمعرفة اتجاهات المستهلك تجاه سلعة أو خدمة معينة أو علامة محددة تساعد رجل التسويق على التنبؤ بسلوكه الشرائي. فالاتجاهات الإيجابية للمستهلك نحو علامة معينة تعتبر مؤشرات لاحتمال شراءه لهـذه العلامة، وبالتالي يمكن على هذا الأساس التنبؤ بزيادة حجم المبيعات من هذه العلامة.

---

10 - ثابت إدريس.1991، الاتجاهات والسلوك الإنساني في الإدارة،عين شمس، القاهرة.

- تساعد الاتجاهات في تجزئة سوق المستهلك إلى قطاعات متميزة. فسوق السلعة يمكن تقسيمه إلى قطاعات مختلفة و متميزة من المستهلكين على أساس اتجاهاتهم نحو هذه السلعة من حيث جودتها و سعرها و مدى توفرها أو سهولة استعمالها أو منافذ توزيعها...إلخ

وذلك بالمقارنة باتجاهاتهم نحو السلع المنافسة في السوق. و عند تقسيم السوق على أساس الاتجاهات لا بد من اختيار المفاهيم الأساسية للاتجاهات (إدراك، وسرعة، وميول، وقيم) وكذلك اختيار المقاييس الملاءمة والتي تؤدي إلى ما يلي:

- القياس العملي والممكن لميزات الاتجاهات المرغوبة وتحديد الفروق الفردية في الاستجابة للمؤثرات التسويقية.

- إمكانية التنبؤ باستجابة المستهلك للمتغيرات التسويقية (إعلان، سعر، جودة).

- إمكانية توصيف الأجزاء السوقية المختلفة من أجل رسم السياسات التسويقية بحسب خصائص ونوعية اتجاهات الأفراد.

- تستخدم الاتجاهات كأداة لتقييم نتائج و فاعلية الاستراتيجيات التسويقية لعناصر المزيج التسويقي (منتج، وسعر، و توزيع، و ترويج). كما تستخدم الاتجاهات في تقييم بدائل المنتج للسوق وسيما في مرحلة تقديم السلعة لأول مرة في السوق.

5- القيم les valeurs

القيم هي مجموعة المفاهيم أو المعتقدات التي تخص السلوك أو الأهداف لحالات خاصة و التي تقود إلى اختيار سلوك معين. كل فرد لديه مجموعة من القيم التي تتعلق بثلاث متطلبات عامة:

- حاجات بيولوجية : السعادة، الحب، الألفة.

- الحاجة إلى التعامل الاجتماعي : مساواة، صدق.

- الطلب الاجتماعي لرفاه و استمرار الجماعة : السلام في العالم، الأمن القومي...

إن هذه القيم تؤثر على موقف المستهلك اتجاه المنتجات من خلال الأهمية المعطاة للميزات المختلفة لهذه المنتجات : مثل تفضيل المنتجات التي تحافظ على سلامة البيئة. وتشكل القيم و الأهداف

والحاجات الجزء الأكبر من مفهوم الفرد لذاته. حيث يعتبر المستهلك أن المنتجات القريبة من ذاته هامة جداً.

6- نمط (نموذج) الحياة le style de vie

يعرف نمط الحياة عل أنه النماذج و المظاهر التي تعكس حياة الناس وكيفية إنفاقهم لوقتهم وأموالهم. ويتضمن قياس أبعاد النشاطات (العمل، التسوق، الرياضة، الهوايات، أحداث اجتماعية) و الاهتمامات (طعام، وموضة، أسرة، استجمام) والآراء (حوال أنفسهم، المسائل الاجتماعية، المنتجات). فنمط الحياة يعكس أحياناً أكثر من الطبقة الاجتماعية للشخص أو أكثر من شخصيته، إنه يعكس تفاعله مع العالم بكامله[11].

إن نمط الحياة يشبه النظام الذي من خلاله يقوم الفرد بإعلام البيئة بتفضيلاته و معاييره الاجتماعية. ويعكس هذا النظام مفاهيم مختلفة جداً.

هكذا نجد بأن نماذج الاستهلاك تشكل أنماط حياة يمكن التعرف عليها من خلال المنتجات المشتراة من قبل المستهلك. وقد حاولت بعض الأبحاث وضع تصنيفات لأنماط الحياة و أظهرت وجود 8 مجموعات أو أنماط معتمدين في ذلك على كيفية إنفاق المال و الوقت من قبل الأفراد :

- المجددين : وهم الأغنياء الذين يمكنهم دخلهم من تحقيق الذات. و يهتمون بتوسيع الذوق و الحرية و منفتحون على التجديد أو يشترون الأفضل في الحياة.

- الراضون / المطمئنون : وهم مهنيون جيدو التعليم و منفتحون على التجديد. دخولهم مرتفعة لكنهم عمليين و يتبعون القيم الفعلية في الاستهلاك.

- المؤمنون : وهم المحافظون متوسطي الدخل الذين يفضلون الأصناف الوطنية العريقة وتتركز حياتهم على الأسرة.

- المنجزون : محافظون سياسياً، ناجحون في العمل ويركزون على العمل و الأسرة و يفضلون الأصناف العريقة التي تثبت جدارتها.

[12] - KOTLER. Ph & ARMSTRONG.G, 1996, Principles of Marketing. Op. Cit.

- المناضلون : مثل المنجزون مع موارد أقل ويهمهم الانضمام إلى طبقة أعلى.

- المجربون : أصغر المجموعات سناً وينفقون على الملابس والوجبات السريعة والأشياء الجديدة.

- الصانعون : يحبون التأثير في بيئتهم ويحبون إرضاء الذات والتقليد.

- المكافحون : هم أقل الناس دخلاً : لا يتوجهون إلى الولاء أو الوفاء للأصناف.

نلاحظ من هذه التقسيمات أن المعيار الأساسي في تقسيم هذه الفئات هو معيار الدخل الذي يحصل عليه كل فرد. وبما أن هذه الدخول تختلف من مجتمع إلى أخر فإن أنماط الحياة تختلف كذلك من مجتمع إلى آخر ومن طبقة اجتماعية إلى أخرى وحتى من منطقة أو حي إلى آخر. لهذا يجب أن تهتم إدارة التسويق عند تحديد أسواقها المستهدفة ووضع خططها التسويقية بمعرفة أنماط الحياة المختلفة لأفراد قطاعات السوق. وأحياناً قد تتخصص إحدى الشركات في إنتاج السلع الخاصة بأنماط الحياة المختلفة.

ثانياً- أثر العوامل الثقافية والاجتماعية Les Facteurs Socio - Culturels

توجد أربعة عوامل ثقافية واجتماعية تؤثر على سلوك المستهلك وهي: الطبقات الاجتماعية - الجماعات المرجعية - الأسرة - الثقافة.

1- الطبقات الاجتماعية : هي تقسيمات ثابتة ودائمة للمجتمع إلى فئات تشترك في قيم واهتمامات وسلوك متشابه. تمثل الطبقات الاجتماعية التركيب الاجتماعي للسكان. ويمكن تميز هذه الطبقات بحسب ثلاثة معايير أساسية :

- العوامل الديموغرافية : الخصوبة، ولادات، هجرات داخلية وخارجية.

- حجم السكان وتوزعه الجغرافي : ريف، مدينة،...الخ.

- التركيب السكاني : الأعمار، الجنس، نموذج الأسرة، نمط السكن (ملك، إيجار)، حجم وتركيب أفراد الأسرة، المهن، التعليم، الدخل، الحالة الزوجية... .

إن هذه العوامل كافة تؤثر عادة على سلوك الشراء بحسب نمط الحياة لكل طبقة اجتماعية وطبيعة السلع المطلوبة. وبالتالي نلاحظ عدة أنماط لسلوك المستهلك و تختلف هذه الأنماط بحسب

طبيعة تركيب الأسرة وعمر رب الأسرة و المسؤول عنها ووجود أطفال أم لا، الأسرة الوحيدة : عازب، عازبة، مطلق، مطلقة، عاجز، وحيد،.... الخ.

فكل نوع من هذه الأسر لها سلوك استهلاكي و حاجات خاصة بها. على سبيل المثال بالنسبة إلى العمر: يلعب هذا العامل دوراً كبيراً في الطلب على شهادة القيادة أو بالنسبة إلى الزواج، وللعمل في بعض المجالات. بالتالي يتم استبعاد كافة الأفراد المتجاوزين لسن معين. مثال آخر : الأسرة الجديدة بدون أطفال يكون طلبها على دخول المطاعم أو دخول السينما و المسرح و النوادي أكثر من العائلات الأخرى[12].

يتم تمييز الطبقات الاجتماعية من الناحية الاستهلاكية بحسب الدخل و مستوى التعليم و المهن (المركز)..الخ. فكل طبقة من هذه الطبقات تشترك بعدد من القيم التي تعكس نمط حياتها وسلوكها الشرائي. فأهمية هذا التصنيف بالنسبة إلى التسويق تختلف بحسب المنتجات. بحيث كل طبقة لها حاجات معينة و تقوم بطلب سلع تتناسب مع خصائص هذه الشريحة الاجتماعية. فعلى سبيل المثال : الأفراد الذين ينتمون إلى طبقة اجتماعية واحدة (أغنياء، فقراء، قضاة، أطباء) يميلون في معظم الأحيان إلى السكن في مناطق سكنية واحدة و الاتصال بالأفراد الآخرين من نفس الطبقة، وتكوين وحدة ثقافية وفكرية عامة تجمع بينهم بحيث تكون هناك وحدة من الأهداف و المصالح و تقارب في الاتجاهات و الأفكار.

لكن بالرغم من أهمية هذا التصنيف للطبقات الاجتماعية إلا أن رجل التسويق يواجه صعوبة في استخدام هذه الأسس (الدخل، المهنة، التعليم) نظراً للعديد من الأسباب منها:

- إن استخدام معيار الدخل في التقسيم لم يعد مجدياً في بعض البلدان، حيث أن أصحاب الحرف (عامل الدهان) يحصلون على دخول أعلى من أصحاب الوظائف الرفيعة مثل القاضي و الأستاذ.... و من ثم لم يعد يصلح الدخل أحياناً للتعبير عن أنماط الشراء لدى الطبقات الاجتماعية المختلفة.
- لقد أدى انتشار التعليم العالي بين أفراد المجتمع إلى تقليص لأهمية الفجوة بين المراكز الاجتماعية.

---

12 - أبو قحف عبد السلام، 1996، مرجع سابق.

- إن تناقص الفروق في الدخول بين العمال والموظفين (الكوادر) في بعض الـدول أدى إلى صـعوبة الفصل بين الطبقات الاجتماعية المختلفة على أساس معيار الدخل.

على الرغم من هذه الصعوبات في استخدام هذه الأسس في المكانـة الاجتماعيـة للأفراد إلا أن العلاقـة بـين الطبقات الاجتماعية و أنماط الشراء تمد رجل التسويق بالعديد مـن المـؤشرات لوضع خططـه التسـويقية المختلفة.

فالشركة تستخدم الطبقة الاجتماعيـة عـادة كأسـاس لتحديد الهدف السـوقي لسـلعها (سيارة مرسيدس موجهة أساساً إلى الأفراد من الطبقات الغنية). و عنـدما تعلـن الشركة عـن منتجاتها تسـتخدم وسائل مختلفة لمختلف الطبقات الاجتماعية (فبعض المجلات تسعى إلى جذب الطبقة الاجتماعية العالية). وعادة يركز الإعلان على ربط السلعة بمكانة اجتماعية معينة. فالإعلان عن السيارة الفخمة يركز دائماً عـلى المركز الاجتماعي والمكانة الاجتماعية العالية لمقتني السيارة، من خلال إظهار رجل أنيـق يـدخن السـيجار ويتناول عشاؤه إلى جانب فتاة مشرقة في أفخر المطاعم...الخ. أما الإعلان عن الوجبات الجاهزة و السـريعة فيوجه إلى المرآة العاملة التي ليس لديها الوقت لتحضير الطعام.

2- الجماعات المرجعية (قادة الرأي)   Les groupes de reference

وهي عبارة عن مجموعة حقيقية أو تخيلية تـؤثر (سلباً أو إيجاباً) عـلى تقيـيم سـلوك الفـرد.

ينجم هذا التأثير بشكل عام عن :

- صحة المعلومات التي يمتلكها الفرد.

- الخضوع لمعايير المجموعة المرجعية.

- حاجات الأفراد لتفسير قيمهم الخاصة، وهنا تشكل الجماعة المرجعية وسيلة للتعبير والانتـماء لهـذه القيم.

هناك العديد من العوامل التي تشل تأثير هذه الجماعات المرجعية. يتعلق بعضها بالمنتجات أو العلامات التجارية و بعضها الآخر يرتبط بخصائص المستهلك. إن نظرية المستهلك تزيد من أهمية الجماعة المرجعية في تكوين السلوك. فمثلاً اختيار المنتجات الكمالية، بحيث يكون المستهلك محط أنظار الآخرين (السيارة الفخمة، ألبسة، مجوهرات، سيجار)، تتأثر عادة بالجماعات المرجعية، سواء

بالنسبة إلى شراء نوع من المنتج أو لاختيار العلامة التجارية. إن أهمية المخاطرة المتوقعة من الشراء تزيد من أهمية أثر الجماعة المرجعية على السلوك الفردي. وبالتالي فإن استهلاك نوع من المنتجات يزيد من أثر الجماعة المرجعية لأن الأفراد يكونون أفكارهم عن أي شخص من خلال السلع المستهلكة (السلوك). حتى ضمن الجماعات المرجعية، يتمتع بعض الأفراد بقوة تأثير أكثر من غيرهم، بفضل معرفتهم لموضوع خاص، ويطلق على هؤلاء الأفراد تسمية قادة الرأي (مثل الرياضيين، نجوم السينما). ويختلف تأثير قادة الرأي بحسب المنتجات. وخاصة وبالنسبة إلى السلع التي تكون محط أنظار الآخرين (ألبسة، مجوهرات). ويقدم قادة الرأي معلومات إيجابية أو سلبية ((سلع ضارة مثل التبغ، كحول)) عن المنتجات من خلال تجاربهم ومستوى الإشباع لحاجاتهم والراحة باستخدام السلعة المعلن عنها.

إذاً يلعب قادة الرأي دوراً هاماً في توزيع المنتجات، ويكون تأثيرهم قوياً عندما نقترب من اتخاذ قرار الشراء. لهذا السبب نجد أن الجماعات المرجعية أصبحت من العناصر الأساسية التي يستخدمها المعلنين في إعلاناتهم حتى يحققوا مزايا تنافسية معينة. وفي هذا المجال يقوم المعلن باستخدام بعض المشاهير بهدف زيادة إدراك المستهلك ووعيه تجاه اسم تجاري معين وتخفيض الخطر المرتبط بشراء السلعة. وقد تستخدم صور هؤلاء المشاهير في تغليف السلع ذاتها أو كاسم تجاري للسلعة، مثل استخدام صور (كسندرا) على غلاف بعض المأكولات (المسكة)، واسمها لبعض المحلات، عطور باكوربان، ملبوسات (إيف سان لوران) صابون زنوبيا...الخ. فالمستهلك يحدد سلوكه ويتأثر بالمشاهير التي تتصف حياتهم بأنهم أكثر راحة ومتعة، باستخدام السلعة، من الآخرين. فالجماعات المرجعية تؤثر في اختيار الفرد للمنتجات من سلعة أو خدمة أو علامة معينة [13].

3- الأسرة   La Famille

تشكل الأسرة جماعة مرجعية إضافية للمستهلك. فقرار الشراء لا يؤخذ دائماً من قبل شخص وحيد. فهناك عدد كبير من المنتجات التي تحتاج لمشاركة عدة أشخاص من الأسرة، ويختلف

[13] - ENGEL. J. & BLACK WELL.R, 1982, Consumer Behavior, The Dryden Press.

دور كل من هؤلاء الأفراد من شراء إلى آخر ومن مجتمع أو طبقة اجتماعية أو أسرة إلى أخرى. يمكن أن نميز على سبيل المثال الأدوار التالية :

- الموصف: وهو من يطرح فكرة الشراء ويحدد مواصفات السلعة (أب، أم، أحد الأطفال).

- المؤثر (المحرض): من يؤثر على بقية أفراد العائلة (أب، أم).

- المعلن : وهو من يقوم بجمع المعلومات.

- المقرر : من يأخذ قرار الشراء (أب، أم، جد).

- المشتري : من يقوم بإجراءات الشراء (أب، أم).

- المستهلك (أو المستخدم) : المستخدم للسلعة (أب، أم، أطفال).

تترجم هذه العناصر توزيع المهام بين مختلف عناصر الأسرة : الزوج و الزوجة، الأطفال:

- فالأطفال لهم دوراً كبيراً بالنسبة إلى المنتجات التي تخصهم (ألعاب، ألبسة، كتب،...). وهناك مجالات يكون فيها الرجل هو المسيطرة (منزل، سيارة، ألبسة خاصة)، وحالات أخرى تسيطر الزوجة (ألبسة، أدوات المطبخ، العطور، المكياج). وحالات يكون فيها قرار مشترك بين الزوجين، كما توجد حالات الاستقلالية في قرار الشراء[14] عادة تختلف أهمية دور كل فرد في العائلة بحسب أهمية الشراء أو مخاطرة. ويعتمد وجود هذه الأدوار على المعايير الاجتماعية في العائلة، حيث يمكن التميز بين العائلات التقليدية المتميزة بسيطرة الرجل على أفراد العائلة (حالة بعض دول العالم الثالث) والعائلات المتميزة بالمساواة بين أدوار الزوجين.

- يعتمد توزيع الأدوار بين أفراد الأسرة كذلك على مصادر كل عضو من العائلة (مصادر مالية، نفسية، ثقافية، فيزيائية،...)، وبالتالي نجد أن أهمية دور كل فرد يتناسب طرداً مع موارده. فعندما تكون مساهمة الرجل في دخل العائلة ضعيفاً يكون البحث عن المعلومات واتخاذ قرار الشراء مشترك بين الزوجين أكثر مما هو علية لو كانت مساهمة الرجل في الدخل كبيرة (موظف وزوجة لا تعمل)[15]

14 - المساعد زكي، 1997، مرجع سابق، ص 142

15 - GLAUDE.M & DE SINGLY. F, 1985, L'Organisation Domestique, Economie et Statistique, 187, P,3-30.

- بالإضافة إلى ذلك تلعب الطبقة الاجتماعية دوراً هاماً في توزيع المهام بين الزوج والزوجة. ففي الطبقـة العاملة المتوسطة الدخل تلعب الزوجة دوراً هاماً في قرار الشراء، بينما يكون هذا الدور مقتصر على الرجل في الشريحة ذات الدخول المرتفعة، حيث يكون دور الزوجة ضعيفاً ومقتصراً عـلى مـا هـو داخـل المنـزل. وعندما تكون الزوجة عاملة تكون هناك مساواة (نسبياً) في دور الزوجين باتخاذ قرار الشراء[16].

- يتغير كذلك دور كل من الزوجين مع تقادم فترة الـزواج، كلـما ازداد عـدد سـنوات الـزواج كلـما كـان هناك ميل للمشاركة أكثر في قرار الشراء.

لهذا يتوجب على رجل التسويق أخذ هذه العوامل بالحسبان عند دراسة سلوك المستهلك، والتميـز بـين مختلف الأدوار وخاصة تلك المتعلقة بكيفية اتخاذ قرار الشراء وكيفية استخدام المنتجات المشتراة.

4- الثقافة (و/أو التعليم). La culture

الثقافة هي طريقة التفكير والشعور والسلوك لمجموعة إنسانية يتم اكتسابها ونقلها مـن جيـل إلى آخر، وتمثل الهوية الخاصة لتلك الجماعة. وتترجم هـذه الثقافـة بأسلوب اتخاذ القرارات وجمع المعلومات وأسلوب الاستهلاك. وبما أن الثقافة تختلف من جماعة إلى أخرى ومن بلد إلى آخر، فإن الأنماط الاستهلاكية تختلف أيضاً من بلد إلى آخر. مع ذلك هناك خصائص مشتركة بين هذه الثقافات وبين العادات الاستهلاكية، وبالتالي لابد من التعرف على هذه الميزات ومعرفة كذلك نقاط الاختلاف و أسبابها بالنسبة إلى استهلاك نوع من المنتجات.

بالنسبة إلى المستهلك الفرد، تؤثر الثقافة على سلوكه من خلال أربع نقاط أساسية :

- إن علاقة الفرد مع السلطة ترتبط بوجود علاقة تسلسلية في العائلة، أو في الطبقة الاجتماعية والجماعات المرجعية. ففي الصين مثلاً يمثل بر الوالدين piete filiale

العلاقة الأكثر أهمية مـن بـين ثـلاث علاقـات إنسانية هامـة :الوالدين، أطفـال، الـزوج، الزوجـة، الأخـوة، الأخوات. ينجم عن أهمية هذه العلاقات بـأن سـلوك المستهلك الصيني لا يعـبر أو لا يعـكس تفضيلاتـه الخاصة الناجمة عن إرادته. ويمكن إيجاد مثل هذه العادات أو الثقافة بكثرة في المجتمعات الإسلامية.

16 - أبو قحف عبد السلام، 1996، مرجع سابق، ص111

- العلاقة مع الذات تدل على مراقبة الفرد لنفسه، وتخص الرقابة على الميول الغريزية. وهكذا فإن مبدأ المركزية أو العرف هـام جـداً بالنسبة إلى المستهلك الصيني. لهذا فإن المنتجـات الشاذة أو المسرفة أو المنتجات التافهة غير مرغوبة في الثقافة الصينية، وفي الثقافة الإسلامية.

- العلاقة بالمخاطر: تحمل الفرد على تجنب حالة عدم التأكد وتساعد على تطور المواقف والسلوك البعيد عن المخاطرة. وبالتالي فإن تغير السلوك بالنسبة لمنتج أو علامة من قبل الأفراد يختلف بـاختلاف الثقافة. ففي الصين يستغرق تغير الموقف فترة طويلة، بينما يتم ذلك بسرعة في أوروبا.

- الميل لتقبل التغيير يختلف كذلك من ثقافة إلى أخرى. ففي الصين نحتاج إلى فترة طويلة لتقبل المنتجات الجديدة، وفي سورية أو في الأردن نحتاج لفترة أقل من ذلك بكثير.

لهذا فإن الثقافة تؤثر على سلوك المستهلك وعلى عاداته الاستهلاكية. ولا بد للشركة مـن القيـام بتقسيم الأسواق بحسب هذه المعيار وابتكار وتقديم المنتجات التي تلبي مختلف الطبقات الاجتماعية على اختلاف ثقافاتهم [17]، وذلك من خلال اتباع استراتيجية إعلانية خاصة بكـل ثقافة وتعريف المسـتهلكين على هذه السلع التي تلبي حاجاتهم الخاصة. فالكثير من الحملات الإعلانية تركز على ترسيخ قيم معينـة لدى الأفراد، وربطها باستخدام السـلعة. علـى سبيل المثال: كثير مـن الإعلانـات التي تتوافق مـع بعض المجتمعات التي تستخدم المرآة السافرة أو العلاقة العاطفية لتوضيح فكرة الإعلان، تكون غير مقبولة في بعض البلدان الأخرى (سورية، السعودية،...) نظراً لتعارضها مع المعتقدات الدينيـة أو الأخلاقيـة في هـذه المجتمعات.

ثالثاً- ظروف الشراء (متغيرات الحالة)   Le circonstance de l' achat

تتضمن هذه المتغيرات كافة العوامل الخاصة بمكان أو بزمن الشراء، والتي لا تنجم عن عوامل خاصة بالمستهلك أو بالمنتجات، ولها آثار واضحة على سلوك المشتري.

إن معرفة ظروف استخدام المنتج والشراء تعد هامة جـداً بالنسبة لرجـل التسـويق. فتحليـل العلاقة بـين المنتج واستخدامه تكون مفيـدة لدراسـة تجزئـة السـوق أو مركـز المنتجـات أو لاكتشـاف فرصـة منتجـات جديدة.

---

17 -أبو قحف عبد السلام، 1996، مرجع سابق. ص 112.

يمكن تحليل ظروف الشراء من خلال الخصائص التالية :

1- حالات المستهلك السابقة للشراء.

ترتبط هذه الحالة بمزاج المستهلك (حالة القلق anxieté، إثارة excitation) وبظروف توقيت الشراء (تعب، مرض، توفر النقود ...). على سبيل المثال، عندما يكون الفرد بمزاج حسن يسهل تغير السلوك، ويرتبط إنفاق الفرد كذلك بالدخل وبأسعار السلع الاستهلاكية المرغوب بها: إن انخفاض سعر التلفاز مثلاً سوف يحرض على زيادة الاستهلاك لهذه السلعة.

2- البيئة الفيزيائية (المادية) l'environnement physique

تتعلق هذه البيئة بالميزات المرتبطة بظروف الشراء : الموقع الجغرافي للمتجر، الديكور، الصوت و الروائح، الإضاءة، درجة الحرارة، شكل المنتجات وكل ما يتعلق بالعلامة المدروسة من الناحية المادية. فمثلاً الموسيقى من نوع مفضل لدى بعض الأفراد سوف تزيد من إقبالهم على المتجر وبالتالي زيادة المبيعات.

3- توقيت الشراء La perspective temporelle de l 'achat.

يختلف عادة سلوك المستهلك باختلاف توقيت الشراء (الموسم، اليوم و الساعة) فإذا كان لدى الفرد الوقت الكافي للشراء فإنه سوف يتأثر بسلوك محدد من الشراء. أما عند عدم توفر الوقت سيؤدي إلى تغيير العلامة و الشراء بشكل غير مخطط أو غير منظم.

4- البيئة الاجتماعية l 'environnement social

يتعلق هذا العامل بوجود أو غياب أفراد آخرين بمرافقة المستهلك (زوجة، أطفال، أصدقاء) و بخصائص هؤلاء الأفراد وبدور الشخص (وجود البائع أم لا) و العلاقة بين الأشخاص الموجودين. فالبيئة الاجتماعية تؤثر على الشراء و خاصة عند وجود أفراد الأسرة.

المبحث الثاني

إجراءات قرار الشراء و أنواعه

Les procedures de décision d'achat

تختلف إجراءات قرار الشراء بحسب أثر مختلف العوامل الشخصية و الثقافية و الاجتماعية ظروف الشراء و عادات الاستهلاك و عناصر المزيج التسويقي. و يمكن التمييز بين عدة أنماط من القرارات التي تعتمد بشكل خاص على درجة مشاركة أو تدخل المستهلك :

- قرار التدخل القوي في الشراء (أي التدخل أو الاهتمام والانشغال بعملية الشراء).

- قرار الشراء الروتيني و شراء الوفاء و الولاء لعلامة ما.

- قرار يتميز بضعف التدخل من قبل المستهلك.

- قرار محرض (الإثارة).

- قرار الشراء المكره و القسري.

- قرار الشراء المتنوع للمنتجات.

من هذا التصنيف لقرارات الشراء نلاحظ أن قرار التدخل في الشراء و سلوك الولاء يتضمنان تدخلاً فعالاً من قبل المستهلك، بينما القرارات الأخرى لا تتضمن إلا تدخل ضعيف للمستهلك.

أولاً- أنواع قرارات الشراء

1- قرارات التدخل أو الانشغال في الشراء Les decisions impliquantes :

يتميز التدخل في عملية الشراء بأهمية و طبيعة الفائدة المتوقعة من قبل المستهلك بالنسبة إلى سلعة أو مجموعة من السلع و بالنسبة للأنشطة التسويقية المتعلقة بها. و يختلف تدخل الفرد بحسب نوعيه المستهلكين و المنتجات و ظروف الشراء: حيث يمكن أن يكون التدخل دائماً (الاهتمام بمنتج ما) أو عابراً (ناجم عن الخطر المتوقع في ظروف الشراء). فالتدخل الدائم يعكس العوامل الادراكية cognitives والعاطفية. تعكس العوامل الادراكية دوافع المنفعة من ميزات منتج ما، بينما تعكس

169

العوامل العاطفية وجود الحاجات العاطفية التي يمكن إشباعها من خلال المنتج. بشكل عام يتأثر التورط (أو المشاركة) في الشراء بعدة عوامل منها :

- درجة الأهمية الشخصية المعطاة للمنتج.
- القيمة الرمزية المعطاة للمنتج من قبل المستهلك (تتعلق بمفهوم الفرد لذاته).
- درجة السعادة المحققة.
- درجة المخاطرة (في الشراء غير الموفق).
- تقييم درجة الخطأ (تقدير شخصي للشراء غير الموفق).

تتميز عادة قرارات المشاركة بأنها قرارات معقدة وتمر بعدة إجراءات أهمها:

الشعور بالحاجة - البحث عن المعلومات - معالجة وتحليل المعلومات المتاحة - تقييم عام للبدائل - نية أو قرار الشراء - القيام بالشراء والاستهلاك للسلعة - تقييم سلوك ما بعد الشراء. ويتم تمثيل هذه الإجراءات على الشكل التالي (5-3) :

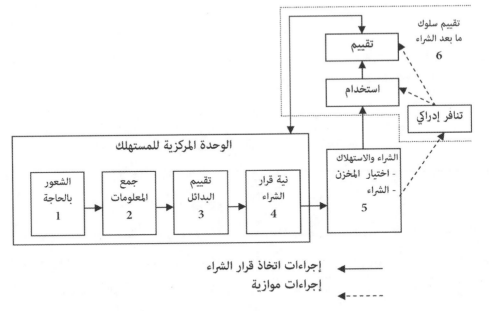

الشراء
- الشراء
5
إجراءات اتخاذ قرار الشراء
إجراءات موازية

المصدر : 1992. A. op cit.JOLibert. P-L et.DUBOS

إن دراسة خطوات عملية الشراء بشكل كامل يمّكن من معرفة الاعتبارات التي يأخذها المستهلك في الحسبان عند تفكيره في شراء سلعة أو خدمة ما. في الواقع العملي، قد لا يمر المستهلك بجميع هذه الخطوات في كل عملية شراء يقوم بها للمنتجات التي يحتاجها.

أ- **الشعور بالحاجة** : تتميز بالتعرف على حاجة أو رغبة بحاجة إلى إشباع. وكما ذكرنا، تظهر هذه الحاجة من خلال مقارنة بين الحاجة المرغوبة والحاجة الفعلية للمستهلك.ويتم إثارة الحاجة من خلال الإعلان عن سلعة ما بهدف توجيه الحاجات نحو منتجات الشركة من خلال الترغيب بالمنتج نظراً للفوائد التي يقدمها بالمقارنة مع منتجات المنافسين.

ب - **البحث عن المعلومات** : بعد الشعور بالحاجة يقوم المستهلك بالبحث عن المعلومات من مصادر مختلفة أو من خلال المعلومات المخزنة في ذاكرته.

ومن أهم مصادر المعلومات نذكر:

- المصادر الشخصية : أسرة، أصدقاء جيران ....
- مصادر تجارية : الإعلانات، رجال البيع، الموزعين، طريقة العرض.
- المصادر العامة : الوسائل الإعلانية، منظمات حماية المستهلكين.
- المصادر التجريبية : المستخدمين للسلعة.

بالتأكيد يختلف تأثير مصادر المعلومات باختلاف المنتج والشاري. بعد ذلك يتم تحليل هذه المعلومات واختيار المعلومات المناسبة المتعلقة بالبدائل المختلفة لإشباع الحاجة

جـ- **تقييم البدائل** : بعد جمع وتحليل المعلومات يحدد المستهلك العلامات التي يمكن شرائها بالاعتماد على ميزات كل علامة، وأهمية هذه الميزات بالنسبة له. وتختلف عملية التقييم من شخص إلى أخر، ولكن يمكن القول أن المستهلك من خلال ممارسته لإشباع حاجاته يبحث عن مجموعة من المنافع المرتبطة بالسلعة والتي تمده بالإشباع، وفي هذه الحالة يحدد المستهلك مجموعة من الخصائص التي يجب برأيه توافرها في المنتج موضوع التقييم (معايير التقييم). ويأتي دور رجل التسويق في التأثير على المستهلك من خلال الإعلان عن طريق ربط السلعة بالخصائص المختلفة

والمؤثرة في اختيار المستهلك للعلامة التجارية. مثلاً يركز الإعلان عن الثلاجة على عامل الجودة، طول العمر، الأمان ... الخ.

د- قرار الشراء : في مرحلة التقييم ينسق المستهلك الأصناف وتتشكل لديه نية الشراء للصنف المفضل مـن بين مختلف الأصناف. إن قرار الشراء لاينته بالشراء المباشر للسلعة، بل يهتم المستهلك أحياناً بطريقـة السداد أو بتأجيل الشراء لفترة لاحقة، اختيار المتجر ...

هـ- تقييم سلوك ما بعد الشراء : بعد شراء واستهلاك السلعة، يقدر المستهلك مـدى الإشباع الـذي قدمتـه السلعة له، من خلال مقارنة كفاءة السلعة مع توقعات المستهلكين منها[18]. إن إشباع المستهلك سوف يدعم صورة المنتج في سلوكه ويقوده إلى تكرار الشراء مـن نفس العلامة. في الحالـة المعاكسـة، يغير المستهلك تقييمه للمنتج، وبالتالي يخفض مشترياته من العلامة، مما يؤدي إلى تغيير سلوكه نحو هـذه العلامة أو اتخاذ سلوك سلبي نحوها. فمثلاً الشراء أثنـاء الـرخص يمكـن أن يولد سلوك سلبي نحو المنتج. إن الشراء سوف يحول النية (الرغبة) إلى سلوك، ويتأثر السلوك عادة بظروف الشراء وبعناصر المزيج التسويقي (قوة البيع، أفراد البيع، العلامة، المساومة).

2- قرارات الشراء الروتينية والتدريب   Aprentissage

إن معظم قرارات الشراء لا تتبع الإجراءات السابقة كاملة. إنها قـرارات روتينيـة متكررة وتتبع إجراء معين ناجم عن التدريب والمعرفة المتراكمة. لهذا تنخفض كمية المعلومات اللازمة وتقل معها المعايير المستخدمة في تقييم البدائل ويقل كذلك وقت التفكير بالشراء مع تزايد احتمال الشراء. إذا لم توجد أشياء جديدة (ظهور منافسين جدد، فقدان العلامة، انخفاض الجودة، دعاية جديدة، تناقض إدراكي)، فإن الشراء يتم بشكل روتيني أو شراء حسب العادة. وفي هذه الحال يكون القرار آني وبدون تفكير، ويكفـي أي منبـه لدفع عملية الشراء مباشرة لأن إجراء الشراء ناجم بحد ذاته عن التدرب أو العادة أو الشراء المحرض.

18- KOTLER. Ph & ARMSTRONG. G. 1996 , op cit.

يوجد عادة نوعان من الشراء المحرض (المثار):

- **الشراء المحرض بشكل تام** : وهو الذي لا يتوافق وعادات الشراء، عندما يتذكر الفرد أنه بحاجة إلى منتج ما من خلال مشاهدته أو من خلال الدعاية له ويتم الشراء المحرض والمقترح عندما يرى المستهلك السلعة لأول مرة ولها علاقة بحاجة موجودة.

- **الشراء المحرض المخطط** : وهو الشراء الذي يتنبأ به الفرد قبل حدوثه، ولكنه ينتظر الفرصة المناسبة للقيام بالشراء (مثل فترة الترويج). فإذا كان الشراء المحرض يتم بدون تفكير مسبق عادة، فإن الشراء المحرض المخطط يشكل حالة خاصة من الشراء المحرض.

يعتمد الشراء المحرض عادة على نظريات التعلم أو التمرن، وهنا يمكن التمييز بين أربع حالات

- التمرن العادي من نوع : **محرض ← استجابة**

في هذه الحالة يتم تعديل السلوك من خلال التعرض لمحرضات خارجية. وبالتالي يعبر التدريب عن انتقاء استجابة خاصة بالمحرض (إثارة) ومدى تكرار هذا المحرض

- التمرن الآلي : هنا يوجد هدف يجب الوصول إليه من خلال إتباع سلوك يقوم على التجربة والخطأ. وبالتالي يتم تغيير السلوك بحسب النتائج سواء إيجابية أو سلبية.

- بحسب النظرية الادراكية : يتأثر سلوك الفرد ليس فقط بالقوى الخارجية، ولكن هناك قوى داخلية أيضاً تؤثر على عملية التمرن[19]. وبالتالي يجب معرفة كيفية قيام الفرد بالمعالجة الادراكية لعناصر البيئة أثناء عملية الاختيار.

- يوجد نموذج آخر من التمرن يستخدم عادة في التسويق مفاده أن الفرد يعدل سلوكه عندما يرى تصرفات الآخرين تجاه موضوع ما.

هذا النموذج له ثلاث نتائج أساسية في مجال التسويق:

= يمكن أن يسمح للمراقبين (المستهلكين) باكتساب استجابات جديدة غير متوفرة في سلوكهم.

= يستخدم هذا النموذج في منع أو عدم تشجيع سلوك غير مرغوب به.

---

[19] - DUBOS. P-L et.JOLibert. A. op cit. 1992

= يسمح بظهور استجابات مرغوبة في سلوك المستهلك.

3- الوفاء والإخلاص في الشراء   La Fidélité

يعرف الوفاء أو الإخلاص على أنه استجابة منحرفة (معدلة) يقوم بها متخذ القرار خلال الـزمن وتخص علامة أو عدة علامات من بين إجمالي العلامات الموجودة، بالاعتماد على إجراء نفسي لمتخذ القرار.

يمكن تصنيف إجراءات الوفاء في ثلاث مجموعات:

- إجراءات تتعلق بعوامل سلوك الشراء السابق : وهي عبارة عن نماذج النظرية السلوكية.

- إجراءات تتعلق بعوامل المواقف والاتجاهات التي تفسر استعدادات الفرد تجاه علامة ما.

- الإجراءات المركبة التي تستخدم مجموع عوامل الإجراءات السابقة (السلوك والمواقف معاً).

لهذا يلاحظ إن الوفاء ينجم عن معايير نفسية تولد تفضيلات محددة لسلعة أو لخدمة ما. ويتم ترجمة ذلك بسلوك حقيقي للفرد لتكرار الشراء من علامة أو من محل مـا، والرغبة بالمحافظة علـى هـذه العلامة ما أمكن. تتجلى أهمية دراسة الوفاء في الدور الذي يلعبـه هـذا العامـل في اسـتراتيجيات التسـويق بالنسبة إلى معظم السلع الاستهلاكية. إن الإخلاص لعلامـة محـددة تسـمح بتحقيـق مردوديـة حقيقيـة للمشروع، لذا يجب على رجل التسويق الاهتمام بعامل الوفاء للعلامات والمنتجات وقناة التوزيع وعمليات البيع.

لقد أوضح F. Guilbert أن بعض المستهلكين لديهم وفاء لسياسة الترويج في محلات التوزيع، بغض النظر عن قناة التوزيع أو علامة المنتج.

4- الشراء المحرض أو المثار   L'achat Impulsif

يعتبر الشراء المحرض بأنه شراء تلقائي وغير مخطط لـه، وبـدون اهـتمام بالنتـائج الناجمـة عـن الشراء. فهو يعكس العديد مـن الميـول الفرديـة، مثـل غيـاب التخطيط والتفكير، وعـدم الصبـر، وتجنـب التعقيد، الشرود، وتكون ناجمة عن محرض من البيئة الخارجية للفرد. لهذا فإن الشراء المحرض يمكن أن يمثل بما يلي:

- شراء التذكر لموضوع منسي ويكون الفرد بحاجة إلى السلعة.

- الشراء المحرض بأحد مثيرات المتجر : جذب الغلاف، الترويج ....

- الشراء المحرض المخطط له بشكل مسبق : ينجم عن التفكير المسبق بسلعة معينة بدون تحديد للعلامة (شراء جهاز هاتف، آلة حاسبة، حقيبة يد).

5- الشراء المكره أو القسري   L'achat Compulsif

وهو عبارة عن نموذج شراء غير عادي وإفراط في السلوك الاستهلاكي المتكرر، ويعبر عن مشكلة بالنسبة للفرد المدفوع للاستهلاك. فالمشتري المكره لا يشتري فقط للحصول على منفعة أو خدمة من السلعة، ولكن أيضاً من أجل الحصول على مكافأة من عملية الشراء. يتم الشراء القسري عادة للتخلص من توتر أو قلق ما. فهو يتم إذا بدون إرادة رشيدة للفرد وتحت تأثير حاجة عاجلة (مثل شراء بعض أنواع اليانصيب).

يختلف الشراء القسري عن الشراء المحرض بنتائجه على الفرد، ورغبة الفرد بالشراء و فقدان الرقابة الذاتية.

6- الشراء المتنوع :   La Recherche de veriété

يتعارض أسلوب الشراء المتنوع مع مبدأ الوفاء في الشراء لعلامة ما، كونه يؤدي إلى تغيير المنتج أو العلامة. يتأثر الشراء المتنوع بعدة عوامل :

- عوامل الصدفة أو عوامل غير قابلة للتفسير.

- عوامل مباشرة أو قابلة لتفسير تغيير السلوك نحو سلعة ما.

أ- **العوامل المشتقة** أو التي تشكل سبباً غير مباشر لتغيير العلامة، تضم وجود حاجات متعددة ومختلفة بحسب أولويتها.

من أهم أسباب اختلاف الحاجات نذكر:

- وجود تفضيلات مختلفة من قبل أفراد الأسرة. يؤدي هذا التناقض في الأذواق إلى اختيار عدة علامات عندما يتم احترام تفضيلات كل فرد.

175

- البحث عن أنواع مختلفة يمكن أن ينجم عن اختلاف ظروف الشراء، والتي تؤدي إلى سلوك مختلف للمستهلك. على سبيل المثال شراء بعض السلع من علامة محددة للاستهلاك الشخصي- وشراء نوع أخر للاستهلاك مع الأصدقاء أو الأقارب.

- يمكن أن ينجم الاختلاف كذلك عن الشروط المختلفة للاستعمال: مثلاً استخدام مادة الرز ذات الحب الصغير للاستهلاك العادي والرز ذات الحبة الكبيرة من أجل المنسف (أو الكبسة)، استخدام جهاز الهاتف الذي يتضمن خدمات كثيرة في المكتب والجهاز العادي في المنزل، استخدام زيت عباد الشمس للطعام أو للقلي فقط.

يتم تغيير العلامة كذلك عندما يتغير تركيب أولويات حاجات الفرد (حذف علامة ما عند ظهور علامة جديدة، أو عند تغيير أذواق المستهلكين). ويمكن أن ينجم هذا التغيير عن تعديل الإعلان عن منتج ما، أو عند التغيير في مهنة الشخص، أو زيادة الدخل، ...

ب- **العوامل المباشرة** تعود لأسباب شخصية أو من خلال علاقة الشخص مع الآخرين.

تنجم الأسباب الشخصية عن عدم معرفة الشخص بالعلامة، أو بسبب التغيير في بعض العلامات المعروفة لديه [20] . وتنجم عوامل التعامل مع الآخرين عن الانتماء إلى مجموعة أو طبقة اجتماعية ومحاولة التقليد لنمط حياة الآخرين أو لعناصر هذه المجموعة.

ثانياً- إجراءات قرار شراء المنتجات الجديدة :

رأينا سابقاً المراحل التي يمر بها المشتري خلال إشباع حاجاته، وقد يمر بهذه المراحل بسرعة أو ببطيء وقد تعاد الكرة أو لا تعاد، وهذا يتوقف على كل من طبيعة المستهلك والمنتج وحالة الشراء. لكن كيف تتم عملية شراء منتج جديد من وجهة نظر المستهلك المرتقب ؟ كيف يعلم بالمنتج للمرة الأولى وكيف يتخذ القرار بالتكيف معه أو تقبله ؟ وما هي الحالة النفسية التي يمر بها الفرد منذ سماعه بابتكار جديد للمرة الأولى حتى مرحلة التقبل النهائي ؟

---

[20] - KOTLER. Ph & ARMSTRONG. G. 1996 , op cit

1- مراحل التكيف / التقبل للجديد　　　　Adoption

يمر المستهلك بخمس مراحل في عملية تقبل منتج جديد:

- العلم بالمنتج الجديد دون معرفة معلومات عن هذا المنتج.

- الاهتمام : يبحث المستهلك عن معلومات حول المنتج الجديد.

- التقييم والاختبار للمنتج.

- التجربة : يجرب المستهلك المنتج الجديد لإثبات تقديره لقيمة ومنفعة المنتج.

- التقبل والشراء للمنتج الجديد.

وهنا يتوجب على المسوق أو المروج وفق هذا النموذج تسريع هذه العمليات ومعرفة ما يعيق التجربة ومن ثم بيع المنتج بعد التجريب.

2- تباين الأفراد في قبول الجديد:

تتباين رغبة الأفراد في استعدادهم في تجربة السلعة الجديدة. وفي مجال كل منتج جديد هناك مستهلكون رواد أو متبنون بسرعة، وأفراد آخرون يشترون السلعة الجديدة فيما بعد. ويمكن أن نصنف الأفراد إلى عدة مجموعات بحسب السرعة في تبني وشراء المنتجات الجديدة. والشكل التالي (5-4) يوضح توزع نسب هذه المجموعات.

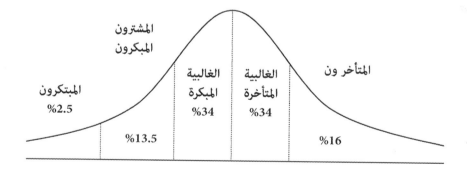

الشكل (5-4) : توزيع الفئات المشترية بحسب سرعة تبني المنتجات.

177

انطلاقا من الشكل (4-5) نلاحظ أنه بعد بداية بطيئة لمشترين المنتج الجديد تتزايد أعداد الأفراد المشترين للمنتج حتى تصل إلى الذروة، وثم تتناقص حتى غير متبني السلعة. تمثل هذه الأعداد المجموعات التالية:

- المبتكرون : يفضلون تجريب المنتج الجديد والمخاطرة.

- المشترون المبكرون : الحذرون وقادة الرأي.

- فئة الغالبية المبكرة : يتبنون الجديد بعد قيام معظم الأفراد بتجريب الجديد.

- فئة الغالبية المتأخرة: يحافظون على التقاليد ويشككون بالتجديد حتى يصبح المنتج تقليدياً.

وهنا يتوجب على مسوقي الابتكارات الجديدة التركيز على الفئتين الأولى والثانية، وهما في العادة أصغر سناً وأعلى ثقافة من الفئات الأخرى، يفضلون الجديد ويعتمدون على تقييمهم الذاتي وحب المخاطرة، وأقل ارتباطاً وتمسكاً بالتقاليد، ويمكن استدراجهم من خلال الحسميات والعيّنات المجانية.

3- تأثير مزايا المنتج الجديد في سرعة تقبله:

تؤثر مزايا المنتج الجديد على معدل وسرعة تقبله من قبل الأفراد. فبعض المنتجات تنتشر بسرعة هائلة (برامج الحاسب)، بينما يستغرق البعض الأخر وقتاً طويلاً (الحاسب الشخصي). وهنا يمكن ذكر أهم المزايا التي تؤثر على سرعة تقبل المنتجات الجديدة (مثال التلفاز الواسع الشاشة):

- المحاسن أو المزايا النسبية مقارنة مع الشاشات المتوفرة : مثل الوضوح في الصورة وسهولة الرؤيا.

- التوافق : درجة التوافق مع قيم الزبائن المرتقبة.

- التعقيد : درجة صعوبة فهم أو استخدام الابتكار فالتلفاز الأكثر تعقيداً يتم قبوله بسرعة أكبر في بعض الدول.

- التدرج في التصريف : مثل تجريب الابتكار قبل شرائه إذا كان مرتفع الثمن.

- إمكانية التواصل : درجة وصف نتائج استخدام الابتكار الجديد للآخرين.

وخصائص أخرى يمكن أن تؤثر على معدل تقبل التكلفة الأولية وتكاليف الاستمرار والمخاطرة والقبول الاجتماعي. وبالتالي يجب على مسوقي المنتجات الجديدة دراسة جميع هذه الخصائص عن تطوير المنتجات الجديدة ضمن إطار برامجها التسويقية.

ثالثاً- سلوك المستهلك العالمي:

من المعروف أن هناك صعوبة كبيرة في فهم سلوك الأفراد في مجتمع أو دولة واحدة. والأصعب من ذلك عبور الحدود الدولية حيث تتباين فيها القيم والمعتقدات والسلوك تبايناً كبيراً. ولابد من فهمها من قبل المسوقين الدوليين والقيام بتعديل عروضهم وبرامجهم التسويقية وفقاً لسلوك الأفراد في كل مجتمع.

أحياناً تكون الاختلافات ملحوظة، ففي فرنسا مثلاً يستخدم الأفراد القهوة والكرواسان **Croissant** (فطيرة) لوجبة الإفطار، وفي سورية نستخدم الشاي و الأجبان وغيرها في حين أن الأجبان لا تستخدم في فرنسا إلا بعد وجبة الغداء أو العشاء. وفي أمريكا تستخدم الحبوب في وجبة الصباح. أما في إيران فيستخدم الأفراد شوربة اللحوم في وجبة الإفطار ...

وغالباً يحتاج الفرد للتحدث بأكثر من لغة لعقد صفقة في هونغ كونغ، البائع المتجول في إيطاليا شخص مشاكس (وجلف) بينما البائع الفرنسي يكون لطيفاً ومبتسماً دائماً، والبائع السوري يكون عادة ثرثاراً وما يهمه هو عقد الصفقة بأسرع ما يمكن.

إن الإخفاق في معرفة هذه العوامل والاختلافات في العادات والتقاليد قد يؤدي إلى كارثة بالنسبة إلى الشركة التي ترغب بتسويق منتجاتها على المستوى العالمي. وبالتالي يتوجب على رجال التسويق تحديد درجة تكيف منتجاتهم وبرامجهم التسويقية لتلبية احتياجات وثقافات الزبائن في مختلف الأسواق الخارجية. إن طرح منتجات نمطية يمكن أن يؤدي إلى تبسيط إجراءات الإنتاج وعمليات التسويق والاستفادة من مزايا وفورات الحجم (الوفورات السلمية) **Economies d'echelle**. لكن لدخول الأسواق الخارجية لابد من التكيف مع الاحتياجات الخاصة بكل بلد وذلك للاستمرار في هذا السوق ومجابهة المنافسة.

رابعاً- مشكلات المستهلك

في الواقع يواجه المستهلك النهائي مشكلات عديدة في سلوكه الشرائي تتمثل في نقص المعلومات عن جودة السلع وأسعارها والكميات المعروضة، منها بالإضافة إلى ذلك عندما تتوفر المعلومات فإن هذه المعلومات لا توظف لصالح المستهلك بسبب وسائل الدعاية والإعلان المغررة بالمستهلك. فمثلاً للإعلان عن سيارة مستعملة يحاول رجل البيع بكافة الوسائل إقناع الزبون بأنها سيارة ممتازة (لقطة) وعملية جداً وإخفاء عيوبها كافة.

- قد يعتمد المنتج أو البائع على تغليف السلع بشكل جيد كي لا يرى المستهلك مدى جودة السلعة كما هو الحال في بعض المواد الغذائية المصنعة (حلوى - بسكويت)، وهنا يعتمد المستهلك على السعر المرتفع لتبرير الجودة العالية والعكس صحيح. فالسعر هو المؤشر الوحيد للجودة في حال غياب المعايير الأخرى[21].

- جهل المستهلك بالسعر بسبب نقص المعلومات، وبذلك يشتري السلعة بأعلى من سعرها الحقيقي على الرغم من وجود التخفيضات (الرخص Solds) عليها لأن هذه التخفيضات تكون في بعض البلدان على الأغلب صورية.

- بالنسبة إلى الكميات تباع بعض السلع عادة على أساس أنها موزونة أو ذات قياس معين، وقد يتبين أحيانا بأن الكمية أو القياس غير مطابق للواقع (الأرز - والسكر - والسجاد).

- يقوم المشتري عادة بالتعامل مع متجر خاص وهو على علم بأنه يشتري السلعة بسعر أعلى من السعر السائد في السوق وبالتالي تظهر مشكلة استغلال الزبون بشكل واضح   (خاصة في متاجر الأحياء البعيدة عن مركز المدينة والقريبة من منزل المستهلك).

- مشكلة الإعلان : يلعب الإعلان دوراً هاماً في تعريف المستهلك على السلع الجديدة واستخدامات جديدة للسلع القديمة. وهو بذلك يساعد المستهلك على اتخاذ قرار الشراء، لكن قد يتعدى (غالباً) الإعلان حدوده فيركز على الدوافع العاطفية للفرد ليجعل منها أساسا للشراء، كما قد يعتمد على

---

[21] - الشنواني صلاح، 1996، مرجع سابق.

تضليل المستهلك والتغرير به بحيث يغالي في إظهار الاختلافات بين السلع المتماثلة والتي لها نفس الجودة (حالة بعض أنواع المنظفات). كما يستخدم الإعلان للشهادة المزيفة، كأن يروج شخص لسلعة (مثل السيجارة أو المنظفات) على أساس أنه استخدمها وجربها وثبت أنها جيدة وهو بالأصل لم يستعملها. يركز الإعلان على سلع الموضة كذلك من أجل زيادة الطلب على السلع الجديدة وتخفيض الطلب على السلع الحالية مع العلم أن السلعتين تؤديان نفس الخدمة أو الإشباع للمستهلك ويمكن أن تكون القديمة أفضل.

إن هذه المشكلات المتعددة السابقة الذكر تجعل المستهلك فعلاً في حيرة حقيقية عند شرائه للسلع والخدمات واختيار المناسب منها وهذه الحيرة قد تكون مكلفة جداً للمستهلك. لكن كون الإعلانات هي مصدراً من مصادر المعلومات بالنسبة إلى المستهلك عن السلع وكيفية استخدامها، كان لابد هنا من إخضاع وسائل الدعاية والإعلان إلى رقابة جادة من قبل السلطات الحكومية وذلك لتأمين قدر معين من الحماية للمستهلكين. بالإضافة إلى ذلك، لابد من إنشاء ما يسمى بجمعية حماية المستهلك على غرار بعض الدول المتقدمة التي تمد المستهلك بالمعلومات عن السلع وأسعارها واستخداماتها. كما يمكن مساعدة المستهلك بإرغام المنتجين والباعة على وضع أسعارهم على السلع والإشراف الجاد على ذلك.

خامساً- بعض النماذج المفسرة لسلوك المستهلك:

بعد التعرف على مختلف العوامل التي تؤثر في سلوك المستهلك نعرض بعض النماذج النظرية التي ساهمت في تفسير سلوك المستهلك لدى الأفراد.

1- نموذج مورجان

بالنسبة إلى مورجان، عند تفسير سلوك المستهلك لابد من معرفة العوامل النفسية المتعلقة بالدوافع والشخصية والإدراك والثقافة من ناحية ومعرفة العوامل الاقتصادية كالدخل والموارد الاقتصادية من ناحية أخرى ومعرفة أثر هذه العوامل على سلوك الفرد، مبيناً كيف أن الفرد يواجه موقفاً ما يتطلب منه الاختيار بين طرق بديلة لاستخدام موارده، والتي تجعله يتبع سلوكاً معيناً متأثراً

بالعوامل الاقتصادية والنفسية ومن أهم العوامل المؤثرة في السلوك الاستهلاكي بحسب هذا النموذج نذكر:

- العوامل الاقتصادية: وتتمثل بالموارد المتاحة للمستهلك والتي قد تكون عاملاً مساعداً أو معوقاً للسلوك الاستهلاكي تبعاً لمدى توفرها لدى المستهلك.

- ظروف الحالة أو الموقف: وهي العوامل التي تصف حالة الشراء أو الموقف كما يشعر به المستهلك، وتتمثل في إدراك الفرد لاحتمالات الإشباع التي يتوقعها من سلعة معينة وقيمة هذا الإشباع[22].

- العوامل النفسية للفرد: وتتمثل بالدوافع والرغبات والاتجاهات والإدراك.

ويمكن توضيح آلية العلاقات بين هذه العوامل من الشكل التالي:

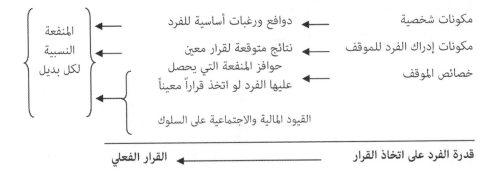

يتضح من الشكل السابق أن مجموعة العلاقات المؤثرة في السلوك الاستهلاكي تتفاعل معاً لتحدد المنفعة النسبية لكل بديل عند قيام المستهلك باتخاذ قرار ما، حيث تمثل المنفعة النسبية درجة إشباع الحاجة لدى الفرد.

2- نموذج مارش وسيمون   J. March   H. Simon

يعتبر مارش وسيمون أن سلوك الفرد يتحدد على أساس مقوماته النفسية الأساسية، وبالتالي فإنه من أجل تفسير هذا السلوك بشكل واضح لابد من دراسة التكوين النفسي للمستهلك، الأمر الـذي دفع (مارش وسيمون) إلى محاولة تفسير كيفية وصول المستهلك إلى قرار استهلاكي في حالة

الرغبة في تغيير العلامة أو السلعة التي تعود استهلاكها، عن طريق إظهار أهم العوامل التي تتفاعل معاً وتحدد هذا القرار مثل:

- إدراك الفرد لوجود علامة بديلة.

- ميل الفرد للبحث عن علامة جديدة وتغيير العلامة المستخدمة.

- مستوى الإشباع من العلامة المستخدمة حالياً.

- مدى توفر علامات أخرى مقبولة في السوق.

وبذلك تكون عملية اتخاذ قرار معين بشأن تغيير السلعة المستخدمة كما يلي:

- وجود رغبة لدى المستهلك بتغيير العلامة الحالية وتتوقف الرغبة على درجة الرضا عنها بعد الاستخدام.

- تحديد درجة إشباع المستهلك من العلامة المستخدمة بناءً على مستوى تطلعاته أو على توقعاته عن قدرة تلك العلامة على إشباع حاجاته.

- تحديد مستوى التطلعات عند المستهلك بناءً على خبرته بالعلامات الحالية وعلى أساس المنفعة المتوقعة من تغيير العلامة.

= توقف قدرة المستهلك على إدراك العلامات الأخرى على مدى الجهد الذي يبذله وعلى توفر هذه العلامات.

وبالتالي، فإن مارش وسيمون حددا المبادئ التي تحكم عملية السلوك الاستهلاكي بالأمور التالية :

- كلما كان مستوى التطلعات عالياً، كلما قل الرضا عن العلامة المستخدمة حالياً.

- كلما قل مستوى الرضا عن العلامة الحالية، كلما زاد معدل البحث عن علامات أخرى.

- كلما زاد معدل الجهد المبذول للبحث عن علامات أخرى، كلما كان إدراك المستهلك للعلامات الأخرى أكثر.

-كلما كان إدراك المستهلك للعلامات الأخرى أكثر، كلما ارتفع مستوى التطلعات.

---

22 - ناصر محمد، 1994، التسويق الداخلي للسلع والخدمات، دار الفكر، دمشق.

المبحث الثالث

سلوك المشتري الصناعي

Le comportement de l'acheteur industriel

مثلما تبيع المشروعات منتجاتها فإنها تقوم بشراء مستلزمات إنتاجها والأجهزة التي تمكنها من الإنتاج ويتم شراء هذه المستلزمات من شركات متخصصة بتسويقها. لهذا يتوجب على الشركات الأخيرة فهم طبيعة الشراء. فالشراء الصناعي يختلف عن الشراء الاستهلاكي لعدة اعتبارات :

- اختلاف في إجراءات قرار الشراء.

- المشاركة في إجراءات الشراء.

- دوافع كل من المشاركين في الشراء.

- طبيعة التعامل ما بين المنظمات : بائع ☐ مشتري.

إن معرفة هذه العوامل لها أهمية خاصة بالنسبة إلى كل من البائع والمسؤول التسويقي للمورد. وقبل التعرف على هذه الاعتبارات سوف نقوم بتفسير بعض الاعتبارات الأخرى المتعلقة بخصائص المشتري الصناعي.

أولاً – خصائص المشتري الصناعي

المشتري الصناعي (سواء صناعي أم تجاري أم حكومي) هو الذي يشتري المنتجات بهدف استخدامها في عمليات الإنتاج أو بهدف إعادة بيعها (مثل الوسطاء). وتختلف خصائص الشراء الصناعي عن الشراء الاستهلاكي من عدة جوانب. يتم تصنيف خصائص الشراء الصناعي عادة ضمن ثلاث مجموعات :

- خصائص متعلقة بهيكل وطلب السوق

- خصائص متعلقة بطبيعة المنتجات المشتراة والعملية الشرائية

- خصائص متعلقة بوحدة الشراء (متخذ قرار الشراء).

1- **هيكل وطلب السوق.** يتضمن العناصر التالية :

- **التركيز الجغرافي:** يتميز السوق الصناعي بخاصة التركيز الجغرافي لكثير من المشروعات وبالتكامل فيما بينها، على عكس السوق الاستهلاكية الواسعة الانتشار.

- **قلة عدد المشترين :** بالمقارنة مع السوق الاستهلاكية. حيث نلاحظ في هذه الأسواق قلة عدد الزبائن، وهم فقط الأفراد الذين يمثلون المشروعات الإنتاجية في قطاع معين.

- **الطلب على السلع الصناعية :** هو طلب مشتق من الطلب على السلع الاستهلاكية. فإذا انخفض الطلب على سلعة ما (الثلاجات) فهذا يعني انخفاض الطلب على المواد الداخلة في تركيب هذه السلعة.

- **يتميز الطلب على السلع الصناعية بأنه غير مرن.** حيث الطلب على السلع الصناعية لا يتأثر كثيراً بالتغيرات السعرية وخاصة في الأجل القصير، كما هو الحال في الطلب الاستهلاكي.

- **يخضع السوق الصناعي لكثير من التقلبات في الطلب.** نتيجة للتقلبات التجارية والموسمية ففي فترة الرواج يسعى المنتجين للتوسع في شراء الأجهزة والآلات ومستلزمات الإنتاج نتيجة التصريف الزائد للسلع والعكس صحيح في حالة الكساد.

2- **طبيعة المنتجات المشتراة والعملية الشرائية :** تتميز بما يلي :

- **الشراء الكبير الحجم :** يتميز الشراء الصناعي بضخامة الكميات المشتراة في الطلبية الواحدة لتغطية احتياجات الصناعة لفترة طويلة نسبياً.

- **يتم الشراء على فترات بعيدة.** ينجم هذا المعيار عن المعيار الأول حيث الشراء بكميات كبيرة يغطى فترة طويلة (ربعيه، نصف سنوية)، وبالتالي لا يتم الشراء إلا عند الاقتراب من انتهاء المخزون أو عند مستوى محدد من المخزون.

- **الشراء المباشر من الموردين** نظراً لضخامة الكميات المشتراة ولتحقيق الوفورات الناجمة عن الخصم (خصم الكمية) وعن النقل بشكل اقتصادي.

- **وجود مواصفات نمطية للسلع المشتراة :** تحدد من قبل الإدارة المشترية لضمان تحقيق الكفاءة في الإنتاج النهائي.

- **طول فترة التفاوض.** تطول عادة فترة التفاوض بين المورد والمشتري الصناعي نظراً لضخامة قيمة الصفقة وتعقيد المواصفات المطلوبة ولتحديد السعر المناسب وإمكانية الالتزام بالتوريد المستمر (أو عند الطلب).

3- خصائص متخذ قرار الشراء

يختلف قرار الشراء الصناعي عن الشراء الاستهلاكي من النواحي التالية :

- سلوك المشتري الصناعي أكثر رشداً من المشتري الاستهلاكي. حيث يقوم المشتري الصناعي بدراسة السوق وتحديد الكمية المناسبة والسعر المناسب ومصادر التوريدات والوقت المناسب قبل اتخاذ قرار الشراء. لذا لا نلاحظ وجود الدوافع العاطفية وغير الرشيدة في سلوك المشتري الصناعي.

- اشتراك عدد كبير من الأفراد في اتخاذ قرار الشراء الصناعي من خلال لجنة الشراء التي تتضمن أفراد مسؤولين عن الإنتاج والمالية والبحوث والشراء والإدارة الهندسية...الخ.

- الحاجة إلى المشورة الفنية: يحتاج المشتري الصناعي قبل اتخاذ قرار الشراء للعديد من المعلومات، سواء من المصادر الداخلية أو الخارجية لمعرفة خصائص السلع والفائدة من استخدامها وتكلفتها...الخ.

ثانياً – إجراءات قرار الشراء الصناعي.

Les procedures de décesion d'achat industriel

لا توجد عادة إجراءات موحدة في كل المنظمات، ويتضمن قرار الشراء عدة مراحل:

- الشعور بالحاجة : يتم ذلك عند احتياج بعض الأفراد أو الأقسام لمادة أو سلعة أو خدمة معينة يتم طلبها من السوق لعدم توفرها في مخازن الشركة [23].

- تحدد مواصفات وكميات المادة المطلوبة بشكل عام من قبل الإدارة الطالبة. يجب أن يكون التوصيف مستوفياً للنوع والخصائص والأحجام...الخ.

23- الشنواني صلاح مرجع سبق ذكره   1996.

- جمع المعلومات عن الموردين وتحليلها والقيام بفحص واختيار العروض وفقاً لاعتبارات الجودة والسعر والخدمة أو الأداء... الخ.

- تقييم العروض واختيار الموردين وفق معايير محددة : يجب أن لا يمثل السعر المتغير الوحيد في اختيار البدائل.

- التفاوض مع الموردين حول مدة التسليم، الانتظام في التوريد، خدمة ما بعد البيع، السعر... الخ.

- الاختيار النهائي للموردين (البدائل الممكنة)، وإرسال أمر الشراء ومتابعة الشراء والتسليم والرقابة والتأكد من مطابقة المواد المستلمة مع المواصفات المطلوبة.

- الرقابة وتقييم النتائج. بقصد تحديد مدى نجاح المورد بالرد على الشروط المطلوبة وتحديد إمكانية الاستمرار معه وتكرار الشراء منه أو استبعاده والتفتيش عن مورد آخر.

تبين هذه المراحل أن العلاقات بين المشترين والبائعين غير متشابهة مع العلاقات الملاحظة في الشراء الاستهلاكي، حيث يكون المشتري المستهلك في موقف ضعيف أمام البائع. لهذا فإن علاقات القوة تبدو هامة في مجال الشراء الصناعي. حيث تسمح هذه العلاقات من خلال التضامن بتبادل عدد من الشروط المتعلقة بخصائص المنتج والأسعار وأسلوب الرقابة والتفتيش عن العيوب... الخ. توضح هذه الأهمية الحاجة إلى المفاوضات بين الأطراف [24].

إن تشعب إجراءات قرار الشراء يعتمد على أهمية الشراء و مستجدات. ويمكن تميز ثلاث حالات من الشراء الصناعي :

- الشراء الجديد أو لأول مرة.
- إعادة الشراء المعدل.
- إعادة الشراء بدون تعديل.

إن الحالات المعقدة (مثل الشراء الجديد) تتطلب أكبر عدد ممكن من المشاركين الذين يؤثرون على إجراءات الشراء وجمع المعلومات. فالشراء لأول مرة مثلاً يتطلب المرور بكافة مراحل اتخاذ قرار الشراء، بينما الشراء المكرر بدون تعديل لا يتطلب إلا المرور بعدد قليل من هذه المراحل.

يمكن توضيح إجراءات قرار الشراء الصناعي من الشكل التالي (5-5).

الشعور بالحاجة	1
توصيف الحاجة	2
جمع المعلومات عن الموردين	3
تقييم عروض الموردين	4
التفاوض على شروط التوريد	5
اتخاذ القرار ومتابعة الشراء	6
تقييم النتائج	7

شكل (5-5) إجراءات قرار الشراء الصناعي

ثالثاً – المشاركة في إجراءات قرار الشراء الصناعي

في مجال الشراء الصناعي، لا يقوم المشتري إلا نادراً بالتصرف بمفرده (إلا في الشراء المتكرر وغير الهام).إن مجموعة الأشخاص المشاركين في إجراءات الشراء تكون لجنة أو مركز الشراء. وهنا تلعب عناصر لجنة الشراء أدواراً مختلفة بحسب مركز ومهمة كل فرد في الشركة، ويتكون عادة مركز الشراء من العناصر التالية :

- الموصفون : وهم الأفراد الذين يؤثرون في اتخاذ قرار الشراء لما لهم من خبرة فنية في تحديد المواصفات المطلوبة، ومد الإدارة بالمعلومات اللازمة لتقييم البدائل.

24- Dubois.p.l et Jolbirt، op. cit   1992.

- **المقررون** : هم الأفراد الذين يقررون اختيار مورد معين مـن بـين المـوردين المتـاحين أو اختيار منتج أو علامة تجارية محددة.

- **المعتمدون للقرار** : وهم الأفراد الذين لديهم سلطة اعتماد القرارات التي اتخذت في هذا الصدد : مدير، رئيس قسم، مدير عام،.... الخ.

- **المشترون** : وهم الأفراد الذين يقومون بالشراء الفعلي، وعـادة يكـون لهـم دوراً في تحديد المواصفات وتقييم العروض.

- **المستخدمون** : هم من يقومون باستخدام المواد المشتراة. يلعب المستخدم دور المبادرة بالشراء ويساهم في تحديد مواصفات السلع [25].

رابعاً - دوافع المشاركون في قرار الشراء

من أجل معرفـة دوافـع المشـاركون، يجـب دراسـة المعـايير المسـتخدمة في قرار الشـراء. بحيـث يستخدم كل فرد معايير مختلفـة عـن الآخـر و يمكـن تصـنيف هـذه المعـايير في ثـلاث فئـات : المنافسـة – الكفاءة – المطابقة (التكييف).

- يعود عامل المنافسة على قدرة المنتج على حل المشكلة المطروحـة (تحقيـق أفضـل علاقـة بـين السـعر والجودة وتكلفة استخدام المنتج).

- العامل الثاني يخص قدرة المورد على الإنتاج المستمر بحسب المواصفات المطلوبة وتسـليم المنتجـات في المدة المحددة.

- العامل الثالث يشير إلى قـدرة المـورد علـى التكييـف واحتياجـات الشـركة عنـد زيـادة أو تعـديل هـذه الاحتياجات.

خامساً - التعامل بين المنظمات المعنية: بائع ← → مشتري.

إن عملية البيع في المجال الصناعي لا يمكن اعتبارها صفقة منفردة، بل تعبر عن إجراء تعامل بـين المنظمة البائعة والمنظمة المشترية. يترتب على هذا المفهوم البيعي في المجال الصناعي النتائج التالية :

---

25 الخضر علي، مرجع سابق،   1997.

- يشترك كل من البائع والمشتري في إتمام الصفقة بشكل فعال.

- إن سلوك الشراء الصناعي يتم خلال الزمن. حيث يتأثر طلب الشراء بالعلاقة السابقة مع المورد.

- إقامة علاقات على المدى الطويل تساهم في جعل هذه العلاقات أكثر تنظيماً وارتباطاً بين البائع والمشتري.

- إن التعامل بين المنظمات يمكن أن يستمر أو يتوقف بحسب عوامل البيئة الخارجية (مثل هيكل السوق) أو بحسب هيكل المنظمة (مثل التكنولوجيا المستخدمة من قبل المستهلك).

فعندما يقوم المشتري بشراء تجهيزات صناعية من أحد الموردين بهدف استخدامها في الإنتاج، فإن العلاقة مع المورد تكون قوية لأن استمرارية الآلة في الإنتاج يعتمد أساساً على المواد المستخدمة (وبالتالي فالزبون يفضل علاقة مستمرة مع المورد).

الفصل السادس

استراتيجية المنتج

La Stratégie de Produit

في مجال التسويق، يشكل المنتج التعبير أو الرد الفيزيائي للشركة على الطلب. فمن أجل تصميم وإنجاز المنتج يجب على الشركة الأخذ بالحسبان حاجات المستهلكين وقدرتها التكنولوجية ومهاراتها وإمكاناتها المالية والتجارية. مع ذلك فأن استراتيجية المنتج لا تتضمن فقط تحديد المميزات التقنية للطلب، بل تتضمن كذلك الحاجات النفسية التي ستظهر من خلال اختيار أشكال وتصميم المنتجات. بالإضافة إلى ذلك يفترض الأخذ بالحسبان بعض العناصر المرتبطة مباشرة بالمنتج مثل الاسم، العلامة، التوضيب أو التجهيز **Conditionnement** أو بعض الخدمات. وأخيراً، وفي إطار المزيج التسويقي، يجب تعريف المتغيرات الأخرى (سعر، ترويج، توزيع) بما يتناسب مع استراتيجية المنتج لأن الاختيارات المستخدمة على هذه المستويات ستنعكس آثارها مباشرة على سمعة المنتج (مثلا معجون أسنان الموزع من خلال الصيدليات ليس له نفس انطباع المعجون الموزع في المتاجر في ذهن المستهلك).

إن سياسة منتج الشركة تنضوي إذاً تحت مفهوم استراتيجيتها التسويقية. وفي هذا الفصل سوف نتعرف بشكل خاص على العناصر المكونة لسياسة المنتج وأهم القرارات المتخذة في هذا المجال التحديث (تجديد، التكيف، التقليد، التوضع، التخلي عن المنتج).

المبحث الأول

سياسة المنتج وأهم العناصر المكونة لهذه السياسة

أولاً - دورة حياة المنتج **Le cycle de vie du produit**

لقد تم طرح هذا المفهوم لأول مرة من قبل J.DEAN **1950** بحسب المفهوم التقليدي تتضمن دورة حياة المنتج أربع مراحل أساسية : طرح أو تقديم المنتج، النمو، النضج، والانحدار، كما هو مبين في الشكل التالي (٦-١) بالإضافة إلى ذلك حاول بعض المفكرين وضع ست مراحل لحياة المنتج، لكن في الواقع العملي يتم الأخذ بعين الاعتبار الأربع مراحل التقليدية فقط [١].

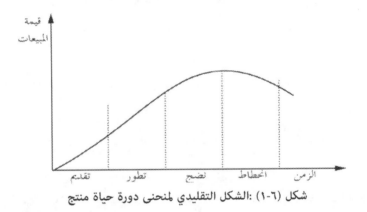

شكل (٦-١) :الشكل التقليدي لمنحنى دورة حياة منتج

يبين الشكل (٦-١) الشكل التقليدي لمنحني دورة حياة المنتج. لكن في الواقع العملي ومن خلال البحوث الميدانية تم وضع أشكال مختلفة لمنحنيات دورة حياة المنتج، وقد تختلف هذه الأشكال أو المنحنيات تبعاً لنوع المنتج (سلع صناعية، سلع معمرة، سلع غير معمرة، سلع استهلاكية) وتبعاً لمستوى الشهرة (مثل السيارات، العلامات المشهورة الأخرى) يضاف إلى ذلك أن فترة هذه المراحل وميل كل منحني هي مختلفة أيضاً (أنظر الأشكال التالية رقم (٦-٢) على سبيل المثال).

---

[١]- Kotler. ph. & Armestrong. G, op cit 1996.

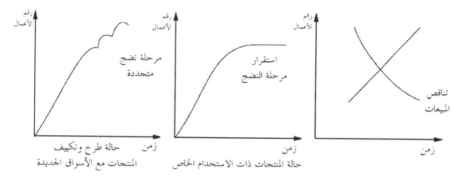

شكل (٦-٢) : بعض منحنيات دورة حياة المنتج

بشكل عام يتضمن مفهوم دورة حياة المنتج أحد المفاهيم الجوهرية للإدارة. إذ يجب تجنب تحديد رسالة أو نشاط الشركة بناءً على منتج بل يجب تحديد ذلك بناءً على حاجة موجودة في المجتمع [٢]. وبالتالي يتوجب على الشركة إعادة النظر باستمرار في منتجاتها بما يتلاءم مع تطور حاجات ورغبات المستهلكين، ومن ثم القيام بالتجديد وطرح منتجات يمكن تصريفها في السوق الحالية. كما يسمح مفهوم دورة حياة المنتجات بتحديد ومعرفة مشكلات ومهام الإدارة في كل مرحلة.

١- مرحلة طرح المنتج في السوق **Introduction**

أ- على مستوى البيئة :

- اتجاه الطلب : تطور بطيء.
- ميزات المشترين والمستهلكين : مجددين، دخول مرتفعة.
- هيكل المنافسة: احتكار، لكن تطور تقني سريع للمنتج والأساليب الإنتاج.

ب)- **على مستوى الأهداف الاستراتيجية :** يجب تنمية الطلب الكلي من خلال التعريف بميزات المنتج وخدماته الجديدة ومن خلال التشجيع على تجربة المنتج.

---

[٢] - **Levitte. T. Le Marketing à courte vue , Encyclopédie Française du Marketing. ED. Techniques , 0-11. A. 1975.**

ج)- السياسة التسويقية للمنتج :

- المنتج : توضيح تقنيات ومهارات المنتج التجارية.

- الرقابة على الجودة.

- مزيج سلعي محدد، التكيف مع الجزء السوقي الأكثر تقبلاً للمنتج.

- التوزيع :

- توزيع محدد : كلي أو انتقائي.

- هوامش ربح مرتفعة.

- الأسعار :

- سعر يتناسب مع المرونة السعرية للقطاع السوقي الأكثر تقبلاً للمنتج.

- توزيع مجاني أو بأسعار منخفضة لفترة مؤقتة.

- الترويج (الاتصالات) :

- تنشيط التعريف بالمنتج.

- هدف مفضل : المجددون أو الموصفون مثل الموزعون.

- الإعلام : اتصال شخصي واستخدام العينات.

٢- مرحلة النمو (التطور)   Croissance

أ- البيئة

- اتجاه الطلب : نمو بمعدل متزايد.

- ميزات المستهلكين : أغلبية مبتدئة، دخول مرتفعة ومتوسطة.

- هيكل المنافسة : منافسة احتكارية، دخول السوق من قبل عدد كبير من المقلدين.

ب- **أهداف استراتيجية** : يجب تطوير أفضلية الطلب على العلامة من خلال تقوية مركز الشركة في قنوات التوزيع ومن خلال تغطية واسعة وأفقية للسوق.

ج- السياسة التسويقية :

- المنتج : إنتاج بكميات كبيرة، تحسينات تقنية، توسيع التشكيلة السلعية.

- توزيع : توزيع مكثف وعلى مستوى واسع، مخزون مرتفع، تموين سريع.

- سعر : الميل نحو الانخفاض بهدف التمكن من السوق، تشكيلة واسعة من السلع، أسعار متلائمة مع مختلف الأجزاء السوقية.

- الترويج :

- خلق الشعور بتفضيل السلعة: من خلال الدور المقنع للترويج

- الهدف: أغلبية غير مميزة من المستهلكين المحتملين

- التحكم بقوة جذب العلامة

- الإعلام: الاستخدام الواسع للإعلام الواسع الانتشار Média de masse

٣- مرحلة الاضطراب Turbulence أو مرحلة الإشباع Saturation

أ- البيئة

- اتجاه الطلب : تناقص الطلب.

- ميزات المستهلكين : التوجه إلى المستهلكين المحتملين كافة.

- المنافسة : الميل نحو التركيز واختفاء الشركات الضعيفة أو الهامشية.

ب- **أهداف استراتيجية** : خلق الولاء للعلامة من خلال تعزيز ثقة وولاء الموزع والمستهلك ومع بـدء مرحلة تجزئة السوق.

ج- السياسة التسويقية :

- المنتج: تغير النماذج باستمرار (التجديد): تغير بسيط في اللون، الشكل، النمط.

- التوجيه نحو تخفيض التشكيلة السلعية.

- توزيع: توزيع مكثف وواسع، تخفيض هوامش الربح. زيادة خدمات ما بعد البيع.

- تسعير: التوجه نحو تخفيض السعر، ظهور المنافسة على مستوى الأسعار.

- الترويج : تعزيز الولاء والإخلاص Fidélité للعلامة.

- الدور المقنع للترويج (الإعلان).

- الإعلام : الإعلام الواسع الانتشار. تنشط المبيعات في مكان البيع.

٤- مرحلة النضج :   Maturité

أ - البيئة :

- اتجاه الطلب : التطور بحسب تطور مستوى الاقتصاد بشكل عام.

- ميزات المستهلكين : سوق مجزئة بشكل كبير، أهمية الطلب على منتجات الإحلال.

ب- **الأهداف الإستراتيجية** : المحافظة على الولاء للعلامة بزيادة تجزئة السوق وتعزيز العلاقات مع منافذ التوزيع.

ج- السياسة التسويقية

- المنتج : تمايز المنتجات بهدف تجزئة السوق، التأكيد على توضيب المنتجات وعلى أحجامها، التخلي عن بعض المنتجات بشكل مخطط ومدروس.

- التوزيع : تخفيض عدد الموزعين، العودة إلى التوزيع الانتقائي.

- السعر : منافسة قوية على مستوى الأسعار

- الترويج : زيادة معدل الاستخدام للترويج

- الهدف : تحديد الهدف بحسب معايير التجزئة

- الإعلام : إعلام واسع الانتشار وتنشيط المبيعات في مكان البيع

٥- مرحلة الانحدار : Déclin

أ - البيئة :

- اتجاه الطلب: تناقص أو نمو الطلب على مستوى أقل من مستوى نمو الاقتصاد العام.

- ميزات المستهلكين : أجزاء سوقية متخصصة.

- المنافسة : احتكار القلة، انخفاض عدد المنافسين، تخصص معمق للشركات التي مازالت موجودة.

ب- **الأهداف الاستراتيجية** : العـودة إلى المحافظـة وصياغة الطلـب الكـلي مـن خـلال التخصـص في الاستخدامات الإحلالية أو بعدم الاستثمار

ج- السياسة التسويقية :

- المنتج : تخفيض حاد للتشكيلية السلعية، تخفيض تكاليف المنتجات إلى الحد الأدنى.

- توزيع : توزيع انتقائي ومتخصص.

- تسعير: إمكانية رفع الأسعار في بعض الأحيان، سياسة التسعير ضمن حدود الربح.

-ترويج : تخفيض نفقات الترويج إلى أدنى حد، العودة إلى مهمة الترويج في التعريف على المنتج.

مما سبق يتضح لنا أن أثر مختلف عناصر المزيج التسويقي يختلف بحسب كل مرحلة من مراحل حياة المنتج وإن الطلب يكون أكثر أو أقل حساسية تبعاً لهذه المراحل مما يؤدي إلى تغير مرونة الطلب على المنتجات [٣]. يبين هذا التحليل أن الدور الخاص للمنتج وللخدمات المرافقة له تكون أكثر أو أقل تأثيراً (أو هيمنة) في المزيج التسويقي بحسب المراحل السابقة. ففي مرحلة تقديم المنتج إلى السوق، يكون دور المنتج كبيراً جداً نظراً لدخول منتج جديد في السوق. بعد هذه المرحلة الأولية وخلال مرحلة النمو (التطور) يلاحظ ظهور المقلدين من خلال تكييف المنتجات. مع تطور التقليد، يقوم مسئولي التسويق بالبحث عن تمايز منتجاتهم، وفي نهاية هذه المرحلة يكون السوق مشبعاً أومزدحماً **encombré** بالمنتجات فيصبح من الضروري تمركز المنتجات في وضع قوي وخاص يتلاءم مع طلب خاص بها. وهذا التوضع في السوق يميز مرحلة النضج. وعند بداية مرحلة الانحدار ينحسر وضع المنتج حتى يصل إلى الفترة التي يصبح فيها من الضروري التخلي عن المنتج. وبذلك توجد علاقة بين مراحل حياة المنتجات والإستراتيجيات المناسبة لذلك: التجديد الذي يحدد السوق الجديدة، التكيف، التقليد، الوضع في السوق والتخلي عن المنتج. بالرغم من أهمية دورة الحياة المنتج إلا أنها تعرضت لانتقادات عديدة نذكر منها :

- ضعف الاهتمام بالبيئة التنافسية وخاصة بالاختلافات بين حجم الشركات المتنافسة وأسلوب دخولها السوق.

- لا تعترف بوجود الفرص العابرة لدخول السوق.

- لا تسمح بتحديد الظروف التي أحدثت مرحلة الاضطراب وخاصة اختفاء بعض الشركات خلال هذه المرحلة.

---

٣ د.عبد المحسن توفيق مرجع سابق ١٩٩٧

- إن أثار الإستراتيجيات المتبعة على شكل منحنى التطور تكون عادة مهملة بالرغم من أن هذه الإستراتيجيات تتمكن من تسريع أو إبطاء معدل التطور.

- إن حتمية **الولادة** ⟵ **الحياة** ⟵ **الموت** للمنتج تقود إلى حتمية قبول مرحلة انحطاط المنتج. لكن هذا غير صحيح في بعض الأحيان بسبب وجود استراتيجيات تسمح بإطالة فترة حياة المنتج.

- لقد تم إهمال بيئة المنتج بالرغم من أثرها على دورة حياة المنتج. فسياسة التوزيع والخدمات الضعيفة يمكن أن تعيق دخول الشركة إلى السوق على سبيل المثال.

- لم يتم الأخذ بالحسبان مدى رفض أو عدم قبول الزبائن للمنتج وحجم السوق وسلوك المنافسة...الخ.

يظهر أن مفهوم دورة حياة المنتج يفترض غياب حالة عدم التأكد بسبب عدم الاهتمام بمختلف الظروف التي يمكن أن تولد حالة الشك وعدم التأكد.

ثانياً – العناصر المكونة لسياسة المنتج : (تخطيط المنتجات)

١- المنتج نفسه :

أ - تعريف المنتج : يعرف **ph. kotler** (١٩٩٦) المنتج على أنه " كل ما يقدم للسوق لجذب الانتباه وللاستهلاك أو ما يلبي طلب أو حاجة". لا تتضمن المنتجات السلع الملموسة فقط ولكنهما تتضمن بشكل عام الخواص الفيزيائية والخدمات والأشخاص والمنظمات والأماكن والأفكار (كل ما يلبي رغبات المستهلكين ويشبع احتياجاتهم). أما الخدمات فهي منتجات تتألف من نشاطات أو منافع أو مغريات تقدم للبيع مثل الحلاقة، الإصلاحات المنزلية، التأمين، الخدمات المصرفية، البريد.... هي منتجات غير ملموسة. يجب على مخططي الإنتاج أن يفكروا بالمنتج على ثلاثة مستويات :

- المستوى الهام والأساسي هو جوهر المنتج وهنا يجب طرح السؤال التالي: ماذا يشتري الزبون حقاً ؟ يكمن جوهر المنتج في مركز المنتج الكامل الذي يتألف من خدمات لحل المشاكل وفوائد جوهرية يسعى إليها المستهلكون عندما يشترون منتجاً ما (مثل الشهرة). لذلك يجب على المسوقين أن يحددوا أولاً الفائدة التي سوف يقدمها المنتج للمستهلكين.

- كما يتوجب على مخططي الإنتاج أن يحيطوا المنتج الجوهري بالمنتج الحقيقي (الفعلي). يتصف المنتج الفعلي بخمس صفات أساسية وهي مستوى الجودة، المواصفات، التصميم، الاسم التجاري، التغليف. كافة هذه الصفات الأساسية هي التي تقدم الفائدة الأساسية للزبون.

- وأخيراً على مخططي الإنتاج أن يحيطوا المنتج الحقيقي والجوهر بالمكملات لهذا المنتج وذلك بتوفير منافع وخدمات إضافية للمستهلك: مثلا كفالة، دروس مجانية عن كيفية الاستخدام، صيانة سريعة عند الحاجة، رقم الهاتف للاتصال عندما يكون لدى المستهلك مشاكل أو استفسار.

بالنسبة إلى المستهلك، إن كل هذه الإضافات تعد جزءاً هاماً من المنتج الكامل. لهذا فإن المنتج هو أكثر من مجموعة بسيطة من الصفات الملموسة (المادية). لقد اعتاد المستهلكون أن يروا المنتج كمجموعة مركبة من الفوائد التي تلبي متطلباتهم. فبعد تصميم المنتج الجوهري يجب البحث عن طرق مكملة لهذا المنتج، وبذلك يتم خلق مجموعة الفوائد التي ترضي المستهلك. حيث يحدث أكثر التنافس حالياً على صعيد المواد المكملة فتضيف للشركات الناجحة فوائد (ميزات) لعروضها لا ترضي المستهلك فقط ولكنها تسره أيضا.[٤]

بالتأكيد، لهذه الإضافات المكملة تكلفة إضافية وعلى المسوقين أن يتسألوا فيما إذا كان المستهلكون سيدفعوا ما يكفي ليغطي الكلفة الزائدة.مثلا نزلاء الفندق يتوقعون حالياً وجود تلفاز ووسائل راحة أخرى في غرفهم، وهذا يعني أن المنافسين سيبحثون عن خدمات أخرى وفوائد لتحسين عروضهم. على العكس من ذلك، يقوم بعض المنافسون بالعودة لاستراتيجية عرض منتج أساسي بسعر منخفض للزبائن الذين يريدون الوسائل الأساسية فقط. لهذا نلاحظ أنه مع تطور الفنادق الحديثة ظهرت الفنادق ذات التكلفة المنخفضة (فنادق السلسلة) للزبائن الذين يرغبون فقط بالوسائل الأساسية للمنامة في الغرفة.

---

[٤] **Kotler. ph. & Armestrong. op. cit 1996**

ب-تصنيف المنتجات.

يجب على المسوقين أثناء تطوير استراتيجية التسويق أن يطوروا خطط تصنيفية للإنتاج من أجل منتجاتهم وخدماتهم.في الواقع توجد عدة تصنيفات سواء للمنتجات الاستهلاكية أو للمنتجات الصناعية:

- بحسب الجهة المستهلكة :مواد أولية، مواد صناعية، مواد الاستهلاك الواسع.

- بحسب عمر السلعة :سلع معمرة، سلع غير معمرة.

- بحسب الشراء: شراء متكرر، شراء رشيد، منتجات خاصة، شاذة Anormaux.

- بحسب مستوى المخاطرة: سلع عالية الخطورة (أسلحة، متفجرات،) وسلع ضعيفة الخطورة (العاب الأطفال).

- بحسب مستوى التعقيد: سلع معقدة و سلع بسيطة.

- بحسب ميزاتها بالنسبة إلى الموزع: سلع سهلة التصريف أو ذات هامش ربح جيد، وسلع صعبة التصريف أو ذات هامش ربح ضعيف.

- بحسب نوع الحاجة التي تشبعها السلعة: سلع ضرورية، سلع كمالية.

- بحسب درجة الوفاء والولاء للسلعة : سلع ذات درجة ولاء عالية ويصعب التحول عنها (التبغ، البن،) وسلع ذات درجة ولاء ضعيفة (الصحف، المشروبات الغازية).

- بحسب وجهة النظر التسويقية : سلع ميسرة وسهلة المنال ذات شراء متكرر (خبز، تبغ، صحف، أغذية الأطفال)، وسلع التسوق ذات شراء غير متكرر   (ألبسة، أحذية، سجاد، تلفاز، أثاث منزلي،)، وسلع خاصة ونادرة تخص فئة قليلة من أفراد المجتمع مثل: سيارات خاصة، لوحات فنية نادرة، خيول أصيلة، أنواع من العطور، أنواع من الساعات،...الخ.

ويمكن توصيف كل منتج بحسب الميزات التالية :

- مواصفات تقنية، فيزيائية وكيميائية، شكل، مركبات، تصميم، لون، الكثرة...الخ.

- مواصفات الاستخدام : استخدام واسع، متخصص، مدة الاستخدام....الخ.

- مواصفات نفسية: الناحية الجمالية، الحرية، الشباب، القوة...الخ.

- مواصفات مرافقة : السعر، العلامة، الخدمات، التجهيز أو التوضيب.

لقد اهتمت معظم أدبيات التسويق بشكل خاص بالعلاقة بين هذه الميزات وإدراك ومواقف وسلوك المستهلكين. إن أهمية الجودة وخصائص المنتج بالمقارنة مع المنافسين تمثل العناصر الأكثر أهمية في الاختيار الاستهلاكي. فالنماذج التي تهتم بتعدد خصائص المنتج تبحث قبل كل شيء عن المعتقدات التي توجه اختيار المستهلك. بفضل تحديد هذه المعتقدات يمكن تحديد المواصفات أو الخصائص المفتاحية للمنتج والتي تلعب دوراً أساسياً في إدراك وموقف المستهلك. ففي استراتيجيات التجديد والتوضع أو تكييف المنتج يعتمد تعريف المنتج على هذا النوع من الإجراءات.

إضافة إلى ذلك أصبحت فكرة المقاييس **les normes** للمنتجات أكثر أهمية حالياً. في البداية كانت هذه المقاييس تعتبر من المعطيات التقنية، أما الآن فقد أصبحت رهاناً **enjeu** تجارياً (أو مؤهلاً) وأحد عناصر الاستراتيجية بالنسبة إلى بعض الشركات. في الواقع تطرح المواصفات عدة مشكلات تخص التسويق:

- أنها تثبت أحد مركبات المنتج في فترة زمنية محددة. وهنا يمكن التساؤل فيما إذا كان هذا الإثبات يشكل استجابة لمتطلبات المستهلك أو يخضع لأوامر أخرى: إنتاج، تحويل، بيئة.....

- تلعب المواصفات دوراً استراتيجياً من خلال تسهيل أو منع الدخول إلى السوق ونشر المنتجات وتسمح بسياسة تمايز المنتجات **differnciation**. وبهذا يمكن تفسير أهمية الموصفات كأداة قوة وأداة منافسة.

إن فوائد تحديد الموصفات بالنسبة للشركات تتجاوز الإطار التقني، هذه الموصفات يمكن أن تشكل :

- حاجزاً مانعاً لدخول السوق.
- عامل تجديد وتحديث.
- أداة موضوعية لتقييم المنتج.
- أداة تقييم للجودة.
- أداة لتوجيه الطلب.
- منبهاً لسلوك المنتج.
- تهديد بالخروج من السوق.
- الحد من متطلبات وشروط الزبائن.
- أداة لكسب ولاء الزبائن.

إن ظاهرة الموصفات (المقاييس) يمكن أن تسهم في خروج بعض الشركات المنافسة غير المتوافقة مع هذا النظام والتي ظهرت في بداية حياة المنتج أو القيام بعملية التوافق مع الأنظمة القائمة (مثل أنظمة البث في التلفاز، أشرطة الفيديو، أنظمة تشغيل الحاسبات.....الخ.

ج - قرارات تطوير المنتجات:

يتضمن تطوير منتج معين تحديد المنافع التي سيقدمها هذا المنتج. تتعلق هذه المنافع بصفات المنتج مثل جودته، صفاته وتصميمه، وإن القرارات المتعلقة بهذه الصفات تؤثر بشكل كبير على ردود أفعال المستهلكين تجاه هذا المنتج [٥].

- جودة المنتج La qualité du produit

الجودة هي إحدى الوسائل الوظيفية الهامة ولها بعدان اثنان هما: مستوى النوعية والاستمرار. يجب على المسوق أن يختار مستوى جودة المنتج أثناء تطوير المنتج الشيء الذي يعزز مكانته في المحل الذي سيوضع فيه. ومن هنا فإن جودة المنتج تعني قدرته على أداء وظائفه وهي أيضاً متانته وإتقانه وجدارته و مصداقيته وسهولة استعماله وإصلاحه وبقية الصفات الأخرى. وعلى الرغم من أن بعض هذه الصفات يمكن أن يحكم عليها بشكل موضوعي من وجهة نظر السوق فإن النوعية تقاس من خلال فهم الزبائن لها. فالشركات لا تقوم إلا نادراً بتقديم أعلى مستوى نوعية ممكنة لأن القليل من الزبائن يرغبون باقتناء الجودة العالية المتوفرة في السوق لبعض السلع. وبدلاً من ذلك تختار الشركات مستوى الجودة الذي يناسب متطلبات السوق المستهدفة ومستوى جودة المنتجات المنافسة. علاوة على مستوى الجودة فإن الجودة العالية تعني إيصال الهدف المنشود من الجودة للمستهلكين بشكل ثابت، وهنا تعني الجودة عدم وجود الأخطاء والاختلافات. يجب أن تسعى كل الشركات للوصول إلى المستويات العليا من ثبات الجودة حتى يشعر الأفراد بأنهم يحصلون على مقابل ما يدفعون من نقود. فالجودة هي إحدى أهم الميزات التنافسية في الوقت الحاضر وفي مختلف الأسواق المحلية والعالمية، وأن معظم الشركات تركز حالياً على عنصر الجودة في منتجاتها. وقد طبقت

---

٥ - بازرعة محمود صادق، مرجع سابق، ١٩٩٥.

الشركات اليابانية منذ زمن طويل سياسة الجودة الشاملة (أو الكلية) **Total Quality Management** (**T.Q.M**)، ويقصد بها السعي المستمر لتحسين المنتج ومعالجة الجودة في كل مرحلة من عملياتها. وما كان للشركات الأمريكية والأوربية إلا أن تستجيب لذلك، وكانت النتيجة ثورة عالمية أثرت على كل جوانب العمل. ولأكثر من أربعين عاماً مضت واليابان تقدم جائزة قيمة للشركات التي تقدم منتجات بنوعية بارزه، وقد بدأ قسم التجارة الأمريكية مؤخراً بمنح هذه الجوائز للشركات الأمريكية المبرزة في الجودة العالمية ومازالت الدول النامية بعيدة كل البعد عن هذا المفهوم الذي سيصبح في الأيام القليلة القادمة شرطاً أساسياً في التجارة المحلية والعالمية، وعنصراً أساسياُ في المنافسة بين الشركات. بالنسبة إلى بعض الشركات، فأن الجودة تعني تحسين ومراقبة النوعية لتقليل الأخطاء التي تزعج المستهلكين. بالنسبة إلى البعض الآخر، فإنها تعني صنع مقولات منمقة عن أهمية النوعية وتوزيع أقلام وهدايا عليها شعارات النوعية. لكن الجودة الكلية تعني أكثر من ذلك وإنها تحتاج لتكريس الجهود الجماعية للوصول إلى تحسين مستمر في الجودة. تبدأ الجودة هنا بالتزام شديد من قبل إدارة مميزة، وعلاوة على ذلك يجب أن يكون العاملين على كافة مستويات المنظمة مؤهلين ومتحمسين لأن يحققوا الجودة في المنتجات. النوعية الجيدة تعني منع الأخطاء قبل حدوثها (من خلال الرقابة الوقائية) وليس معرفة الأخطاء وتصحيحها بعد الإنتاج، ويكون ذلك من خلال ترتيب إنتاجي أفضل واستخدام وسائل إنتاج متطورة. إن الهدف الأساسي للجودة الكلية هو تحسين تقييم المشتري أكثر من تقييم الأخطاء الإنتاجية، وبالتالي معرفة وتحديد الجودة التي يحددها الزبون والعمل على إرضاء هذا الزبون بشكل كامل. إن إرضاء الزبائن هو أهم الاعتبارات التي تستخدم في تقييم المتنافسين على جوائز الجودة.

لقد قدمت ظاهرة سياسية الجودة الكلية النقد الذاتي لدى الشركات التي اعتبرت هذه الظاهرة دواءاً سحرياً (ناجعاً) وعملت على إيجاد خطط رمزية للجودة الكلية لكنها لم تطبق هذه الخطط إلا ظاهرياً. وقد حاولت بعض الشركات استبدال معيار **T.Q.M** بأسماء أخرى أقل مستوى مثل (منهج التحسين المستمر) أو(التحسين المستمر للقيمة). في الحقيقة إن التركيز على الجودة فقط قد يخفف الخطاء عن الأشياء الأخرى الهامة مثل إرضاء الزبائن. وفعلاً، إن برامج

(T.Q.M) قد طبقت بشكل سيئ أو غير مرضى إلا أنه في الحقيقة مازالت مبادئ الجودة الكلية طريقاً مميزاً في العمل [٦]. العديد من الشركات التي اعتمدت هذا النظام بنجاح لم تعد تستخدم كلمة الجودة الكلية ولكنها أصبحت طريقتها المعتمدة في نشاطها. وهكذا فقد حولت الشركات مفهوم الجودة إلى سلاح استراتيجي فعال، فالجودة الاستراتيجية تعني أن تكون لك ميزة عن المنافسين وذلك بتقديم الجودة تبعاً لما يدعيه أحد الخبراء (الجودة ليست مجرد مسألة تتطلب حلاً بل إنها فرصة تنافسية)، ويشير بعضهم إلى أن الجودة قد أصبحت اليوم ضرورة تنافسية ولن تستمر في السوق إلا الشركات ذات الجودة الأفضل في إنتاجها (ومنتجاتها).

إن تحقق الجودة الشاملة يعني أنه على كل فرد في الشركة السعي لتحسين الجودة، وبذلك تصبح الجودة جزءاً هاماً من ثقافة الشركة [٧]. بالإضافة إلى ذلك تقوم بعض الشركات بإلزام مورديها من المواد بتحقيق المعايير الدقيقة للجودة وذلك لمنع الأخطاء والعيوب والتركيز على الجودة من قبل الزبائن. وهكذا فإن الهدف الجوهري لمفهوم الجودة في الشركة يعني الإرضاء الكلي للزبائن. حيث يقول أحد مديري الشركات اليابانية (أن هدفنا الأساسي لا يتوقف عند إرضاء الزبائن بل يذهب إلى أبعد من ذلك إلى إسعاد الزبائن).

يعرف **ph. Kotler** (١٩٩٦) العيب أو الخطاء كما يلي : " إذا لم تحظى المنتجات بحب ورضاء الزبائن فهذا هو العيب ". وبدلاً من التركيز على عيوب التصنيع تقوم بعض الشركات حالياً بإجراء مسح للزبائن بشأن احتياجات الجودة بالنسبة إليهم وتحليل شكوى الزبائن ودراسة سجلات الخدمة في إطار سعي متواصل لتحسين القيمة لدى الزبائن والتركيز على دوافع السوق. ويجب على الشركة توسيع برنامج الجودة لديها ليشمل كل الأقسام والعمليات بدءاً من تطوير الإنتاج والتصنيع إلى دراسة السوق والتحويل والترويج. فالجودة الممتازة هي الحل الأقل ثمناً بالنسبة إلى الأشياء لأن كلفة مراقبة وتصحيح الأخطاء قد تتجاوز بكثير كلفة تنفيذ الأعمال بشكل صحيح من البداية.

---

٦ **Kotler. ph. et Armestrong.G.op.cit 1996**

٧ **stratégor , op cit ,1993**

- **خصائص المنتجات:.** من الممكن تقديم السلعة بمواصفات متنوعة، فالنموذج المجرد الذي ليس فيه أي إضافات أو زيادات هو نقطة البداية. كما تتمكن الشركة من خلق نماذج ذات مستوى أعلى عن طريق إضافة المزيد من السمات الأساسية التي تعتبر أداة تنافسية جديدة وضرورية وهامة، وهذا يعد من أكثر الأساليب الفعالة في المنافسة. لكن كيف لشركة أن تحدد وتقرر ماهية المواصفات الجديدة التي ينبغي لها أن تضيفها إلى صنف معين من أصنافها ؟ هنا يتوجب على الشركة إجراء مسحاً دورياً شاملاً لزبائنها الذين استخدموا هذا الصنف طارحة عليهم الأسئلة التالية: كيف ترغبون أن يكون هذا الصنف؟ وما هي المواصفات الخاصة التي ترغبونها في الصنف أكثر من غيرها ؟ وما هي المواصفات التي نستطيع أن نضيفها لتحسين هذا الصنف ؟ وكم ستدفعون لقاء كل مواصفة من هذا المواصفات ؟

إن الإجابة على هذه التساؤلات ستؤمن للشركة قائمة غنية بالأفكار المتعلقة بالمواصفات ومن ثم تتمكن الشركة من تقدير قيمة كل مواصفة من المواصفات التي يطلبها الزبائن إزاء الكلفة التي تتحملها الشركة. وأخيراً، يجب إهمال المواصفات التي يعتبرها الزبائن قليلة الأهمية بالنسبة إلى التكاليف، كما يجب إضافة المواصفات التي تعد هامة من قبل الزبائن مقارنة بالتكاليف.

- **تصميم المنتجات**

توجد وسيلة أخرى لإضافة المزيد من القيمة للمنتج في نظر الزبون من خلال التصميم المتميز للصنف. حيث أن لبعض الشركات سمعتها الخاصة بالتصميم المتميز وبالمقابل هناك بعض الشركات التي تفتقر إلى اللمسات التصميمية، مما يجعل من تصاميم أصنافها تصاميم مبتذلة وعادية **banales.**

وهنا يجب الإشارة إلى أن مفهوم التصميم أوسع من مفهوم الشكل. فالشكل ليس إلا مجرد وصف لمظهر الصنف. فالأشكال أما أن تكون أثرة للعين أو مثيرة للسأم والضجر. فالشكل الممتاز قد يجذب الاهتمام لكنه يجعل الصنف يعمل بشكل أفضل بالضرورة، وقد يؤدي أحياناً إلى الأداء السيئ. فقد تكون السيارة ذات شكلاً جميلاً جداً لكنها غير مريحة في السفر أو مستهلكة للوقود. فالتصميم الجيد يسهم في نفعية الصنف إضافة إلى مظهره، والمصمم الجيد يأخذ موضوع الشكل والمظهر بحسبانه

لكنه يبدع في الوقت نفسه أصنافاً سهلة وأمينة ورخيصة من حيث الاستعمال والخدمة وبسيطة واقتصادية من حيث الإنتاج والتوزيع. ونظراً لزيادة المنافسة في الأسواق يقدم التصميم لنا واحداً من أهم الأدوات الأساسية بالنسبة لتمييز أصناف وخدمات الشركة. فالتصميم الجيد يستطيع أن يلفت الانتباه ويحسن أداء الصنف ويقلل من الكلفة الإنتاجية ويؤمن لصنف ميزة تنافسية قوية في الأسواق المستهدفة.

٢- العلامة التجارية (الماركة) أو تمييز السلعة: La Marque

ينظر المستهلك إلى العلامة على أنها جزءاً هاماً من أجزاء الصنف (السلعة) ويعتقد أن العلامة تضيف مزيداً من القيمة للمنتج. فاختيار العلامة يعتبر إذا عنصراً أساسياً في تحديد سياسة المنتج أو المزيج السلعي. وتلعب العلامة دوراً إضافياً في تحديد وتعريف السلعة أو الخدمة المعروضة من قبل منتج أو موزع معين.

فما هي العلامة ؟ وما هي خصائصها وأهميتها ؟

أ- تعريف العلامة :

ربما كانت البراعة الكبيرة للمسوقين المحترفين تتمثل في مقدرتهم على خلق علاماتهم والمحافظة عليها وحمايتها وتعزيز قوتها. فالعلامة التجارية هي: " عبارة عن اسم أو تعبير أو علامة أو رمز أو مجموع هذه الأشياء التي ترمي إلى تحديد هوية سلع أو خدمات بائع أو مجموعة من البائعين وتميزهم عن غيرهم من المنافسين " [٨].

وهكذا فإن العلامة التجارية تحدد هوية البائع أو السلعة وهي عبارة عن وعد البائع للمشتري في أن يقدم له مجموعة من المواصفات والمزايا والخدمات الخاصة والثابتة والمستمرة، وهي كفالة للنوعية. في الحقيقة تقدم لنا العلامة أربعة مستويات من المعاني:

- الخواص   Les caractériestiques

تذكر العلامة بالخواص المحددة للسلعة. فمثلاً تشير علامة مرسيدس إلى خواص معينة مثل الهندسة الجيدة والتصميم الجيد وقوة التحمل والفخامة الكبيرة والسرعة والغلاء....الخ. وقد

---

[٨] Kotler ph & armestrong G. op. cit 1996

تستعمل الشركة هذه الخواص في إعلاناتها المتعلقة بهذه السيارة   (مثلاً، السيارة التي لا مثيل لها في العالم من حيث التصميم الهندسي) وهذا يعزز مركز هذه السيارة في السوق العالمية.

- المزايا (المنافع)

عادة لا يشتري الزبائن خواصاً بل يشترون مزايا (منافع). لذا فمن الواجب ترجمة هذه الخواص إلى مزايا عملية وظيفية وحسية ملموسة. مثلاً ترجمة ميزة التحمل في سيارة مرسيدس إلى ميزة وظيفية عملية (مثلاً لن يتوجب علي أن أشتري سيارة جديدة كل بضع سنوات)، أما خاصة الغلاء فمن الممكن ترجمتها إلى ميزة حسية كما يلي : إن هذه السيارة تجعلني أشعر أني إنساناً هاماً ومحط إعجاب الآخرين.

- القيمة :

تقدم العلامة شيئاً معين عن قيمة المشتري، وهكذا فان الذين يشترون سيارة مرسيدس يعتبرونها عالية الأداء و آمنة وفخمة. لذلك فعلى المسوقين تحديد الفئات الخاصة لمشتري السيارة الـذين تتوافـق قيمهم مع الميزة المقدمة.

- الشخصية :

تكشف لنا العلامة أيضاً عـن شخصية المشـتري. وبالتـالي فهـي تجـذب الأفـراد الـذين تتطـابق انطباعاتهم الذهنية الذاتية مع صورة العلامة.

بالتعرف على هذه المستويات الأربعة من المعاني يجب على المسوقين تقريـر المستويات التـي سيبنون عليها علاماتهم. إن المعاني الأكثر دواماً للعلامة تتمثل في قيمتها وشخصيتها التي تمثل روح وجوهر العلامة. وبالتالي على الشركة حماية سمعة هذه العلامة.

ب- خصائص العلامة :

توجد عدة خصائص للعلامة من أهمها نـذكر : قابليتها للتطبيق، الضمان، مميزة للشخصية، خصوصية، متميزة عن غيرها، جذابة وتوحي بمنفعة للمستهلك. إن اختيار علامة معينة والعناصر المرافقـة لها (اللون، الإشارة، المخطط، البيانات) يعتبر وسيلة تمييز للمنتج، تمييز للشخصية، المعرفة والشهرة وتذكر بالمنتج (السلعة).

قبل طرح علامة معينة يفضل تفحص ما يلي :

- سهلة القراءة وواضحة. - سهلة النطق والحفظ والتذكر.
- السهولة في التحريض والإثارة. - إمكانية استخدامها في الخارج بدون تعديل.
- اسم قابل للتصريف. - إمكانية قبولها وحفظها لدى منظمة حقوق
- الجاذبية. - الملكية الصناعية [٩].
- التكيف مع أية وسيلة إعلان. - تغطية رسالة الشركة.

ج- فوائد تبني علامة تجارية:

إن قرار تبني علامة ما، وعلى الرغم من التكلفة التي يتضمنها هذا القرار، يقدم للشركة عدة فوائد نذكر منها :

- حماية المنتج من التقليد من خلال تسجيلها قانونياً.
- يسهل على المستهلك تمييز سلعة الشركة من سلع المنافسين وبالتالي خلق لديه الولاء للعلامة التي تقدم له الجودة نفسها عند كل شراء.
- تسهل العلامة إمكانية الترويج للسلعة.
- تساعد العلامة في التعرف على الشركة المنتجة والحصول قطع على التبديل أو الصيانة،أو احتمال تكرار الشراء.

د- سياسة تبني العلامة التجارية : La politique de Marque

ذكرنا في الفقرات السابقة أن العلامة تضيف مزيداً من القيمة للمنتج. لذلك فإن تبني العلامات أصبح قضية أساسية في استراتيجية الإنتاج. فمن جهة يتطلب تطوير المنتج الذي يحمل علامة تجارية معينة مقداراً كبيراً من الاستثمار التسويقي الطويل الأجل خاصة في مجال الإعلان والترويج والتغليف. وغالباً ما يجد المصنعون أنه من الأسهل والأرخص بالنسبة إليهم القيام بتصنيع السلعة وترك مجال بناء العلامة للآخرين (الموزعون). لقد تبنى المصنعون التايوانيون هذه الطريقة،

---

٩ Helfer J-p et Orsoni. J. 1998 , marketing. vuibert. paris

فهم يقومون بتصنيع كمية كبيرة من ألبسة العالم والإلكترونيات والحاسبات التي تباع كلها تحت علامات تجارية غير تايوانية (تباع بأسماء الموزعين).

ومن جهة أخرى يعلم معظم المصنعون حالياً أن القوة تكمن في الشركات التي تتحكم في العلامات التجارية. فعلى سبيل المثال تتمكن شركات الحاسبات والإلكترونيات والألبسة التي تحمل علامات تجارية أن تستبدل المصنعين التايوانيين بمصادر أرخص من ماليزيا والأماكن الأخرى. وبذلك تمتلك أسماء العلامات القوية امتيازاً استهلاكياً لأنها تسيطر على الـولاء الاستهلاكي القومي أو العالمي (مثل SONY, IBM). فهنالك عدد كاف من المستهلكين الذين يطلبون هذه العلامات ويرفضون بـديلاً عنها حتى لـو كانت المنتجات البديلة أرخص سعراً إلى حد ما. وهكذا فان الشركات المنتشرة في العالم تستثمر الكثير في سبيل خلق الاعتراف والتفضيل القوي لعلاماتها على الصعيد الوطني والعالمي. لـذلك تعتبر العلامة أحـد عناصر السياسة التجارية ويمكن إظهار ذلك من الشكل رقم (٣-٦).

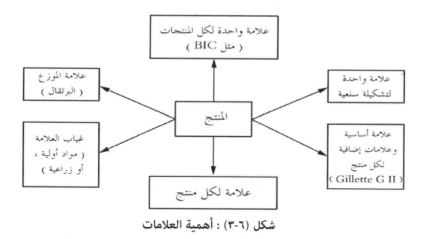

شكل (٣-٦) : أهمية العلامات

المصدر : DUBOIS P.L ET JOLBERT. A OP. CIT 1992.

إن اختيار سياسة العلامة يعتبر أساسياً لا سيما أثناء التفاوض بـين المنتج والموزع. حيـث يعطي المـوزع أهمية كبيرة للعلامة من أجل معرفة مصدر المنتج. وهنالك مبادئ أخرى نذكر منها:

- إن اختيار علامة وحيدة للشركة أو لتشكيلة سلعية يضمن شهرة المنتج بسرعة، ولاسيما عند طرح منتجات جديدة، ويمكن أن تسهم في تخفيض تكاليف التسويق. لكـن هـذه السياسـة يمكـن أن تـؤثر عـلى كافة المنتجات في حال إخفاق أو فشل أحدها.

- إن سياسة تمايز العلامات تزيد الاستثمار في الإعلان لكنها تسمح بتجزئة كبيرة للسوق.

- عندما تمتلك شركة معينة تشكيلات سلعية متمايزة يكون من المفيد لها تمايز هـذه التشكيلات لتجنـب الآثار السلبية لفشل بعض المنتجات أو العلامات.

- إن اختيار علامة جديدة يسمح بإعطاء ميزة أفضل للمنتج.

-أحد المخاطر الأساسية من تجديد العلامات هي المنافسة وطغيان علامة على أخرى.

فالعلامة الجديدة يمكن أن تطغى وتكسب حصة سوقية أكبر عـلى حسـاب العلامـات الأخـرى للشركة نفسها.

- نظراً لقوة بعض شركات التوزيع في التفاوض وشهرتها في الأسواق تقوم بعض الشركات المنتجـة باستخدام علامة الموزع الذي لا يقبل توزيع المنتجات إلا إذا تمتعت بمواصفات معينة تـرضي زبـائن المـوزع : مثـل ناشيونال، كارفور، كونتينا..... إضافة إلى ذلك يفضل الموزع التمتع بالاستقلالية في سياسته التسعيرية دون الالتزام بسعر المنتج من خلال اتباع الأسعار المرتفعة أو الأسعار المنخفضة أو القيام بالترويج،.....

- بحسب الاستراتيجية المتبعة تطرح بعض الشركات نفس العلامة لكـل التشكيلات السـلعية (سيارات Renault) وبعضـها الآخـر يبقـى ضـمن مجـال محـدد (سيارات BMW أو مرسـيدس، لادا) وكل حالة من هذه الحالات تتضمن علامة مختلفة مـن خـلال تمايز موديـل المنتج (رينـو٤، رينـو ٢١، رينو٢٥، مر سيدس ١٩٠-٢٢٠-٢٦٠...الخ).

يتوجب إذاً على كل الشركات تحديد سياسة علاماتها بحسب التشكيلات السلعية للمنتج وصورة علاماتها في مخيلة المستهلك. على أساس هذه السياسة يتم الإبداع والتجديد والاحتفاظ بالعلامات أو التخلي عنها.

٣- التغليف :   Emballage

أ- تعريف التغليف:

إن اختيار الغلاف يعتبر من القرارات الهامة في سياسة المنتج. في الواقع العملي يمكن أن نميز بين نوعين من التغليف هما التغليف التسويقي والتغليف التوزيعي:

- التغليف التسويقي : هو وضع المنتج ضمن ظروف وشروط محددة سواء في علبة أو زجاجة أو أكياس. وإن المنتجات غير المغلفة تكون في حالتها الطبيعية وبدون أي غلاف. فالتغليف التسويقي ما هو إلا الغلاف الذي يحيط بالسلعة مباشرة والذي يعمل على زيادة جاذبية السلعة في مكان عرضها (المتجر).

- الغلاف التوزيعي :هو الغلاف أو الظرف enveloppe الذي يحتوي على مجموعة من السلع المغلفة غلافاً تسويقياً، و يسمح بحماية وحفظ ونقل وتخزين المنتج وطرحه في السوق بعد تغليفه. مثلاً: توضيب زيت عباد الشمس في زجاجات أو علب سعة لتر واحد   (تغليف تسويقي) وتغليفه في صندوق سعة ١٢ زجاجة غلاف توزيعي.

ب- أهمية التغليف:

كان ينظر إلى الغلاف في الماضي على أنه بمثابة حماية للسلعة من الكسر والتلف، لكن في الوقت الحاضر أخذ الغلاف أهمية أكبر لعدة أسباب منها:

- الانتشار الوسع للمتاجر الكبيرة واعتمادها على أسلوب الخدمة الذاتية من قبل الزبائن. حيث يتمكن الزبون من التجول في مختلف أقسام المتجر واختيار السلع التي يرغب بها دون مساعدة رجال البيع. لذا لا بد من تغليف السلع وعرضا بشكل مناسب داخل المتجر، ويقوم الغلاف، من خلال المعلومات المكتوبة عليه بوضوح، بإرشاد الزبون، بدلاً من رجل البيع، عن كافة المعلومات التي يرغب الحصول عليها عن السلعة وخصائصها وطرق استعمالها،...إلخ.

- ارتفاع القدرة الشرائية للزبائن نتيجة ارتفاع دخولهم، مما أدى إلى تفضيل السلع المغلفة عن غيرها كونها تحقق لهم سهولة في الاستعمال وأيضاً تحقق لهم مكانة معنوية معينة [10].

- ظهور مواد تغليف جديدة ومتنوعة مثل المواد البلاستيكية وصفائح الألمنيوم والتي سهلت مهمة نشاط التغليف وأسهمت في تطوره.

جـ- فوائد التغليف:

يعد التغليف نشاطاً هاماً بالنسبة إلى كل من المنتج والموزع والمستهلك. حيث يساعد الغلاف على زيادة جذب السلعة للمستهلك وبالتالي على زيادة الطلب، ويمكن أن يستخدم الغلاف في استعمالات أخرى من قبل المستهلك : مثلاً استعمال الأكواب الزجاجية المستخدمة غلافاً لبعض المنتجات كالبن والعسل والأجبان،...إلخ.

لكن مهما كانت طبيعة الغلاف فالمشكلة الأساسية في التسويق هي قيام الغلاف بالوظائف التي وضع من أجلها وهي :

- حماية المنتج من الرطوبة أو الكسر والحرارة والسرقة.

- سهولة حمل و نقل وتداول المنتج : الوزن، الصيانة، الأمان.

- سهولة بيع المنتج والترويج له من خلال:

• ملاءمته مع أسلوب البيع المتبع (عبوات صغيرة، متوسطة، كبيرة، شفافة).

• ملاءمته مع احتياجات المستهلك: يجب أن يشبع الغلاف بعض الحاجات النفسية   (من خلال شكله وجذبه) وبعض الحاجات العملية (معرفة العلامة والتعرف على مكونات السلعة من خلال المعلومات المكتوبة على الغلاف) وملاءمة شروط الشراء (صيانته، نقله بواسطة الزبون......).

• سهولة استهلاكه من خلال الاستخدام الصحيح للمنتج.

١٠- بشير العلاق و قحطان العبدلي، ١٩٩٩، إدارة التسويق، زهران، عمان.

- تسهيل عرض المنتج داخل متجر الموزع بالشكل المناسب كي تسهل رؤيته وحمله من قبل المستهلك.

- حفظه للمنتج.

وهكذا يعد التوضيب أو التغليف مصدراً هاماً للتجديد والتحديث في الوقت الحاضر. الشكل رقم (٤-٦) يوضح أهمية العناصر الفيزيائية والنفسية والاقتصادية والبيئية للمواد الأكثر استخداماً في تغليف المنتجات.

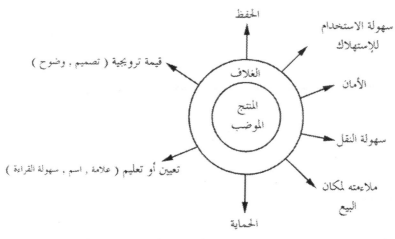

شكل (٦-٤) : وظائف التغليف

وفي الوقت الحاضر تعطى أهمية كبيرة ومتزايدة للشكل وللتغليف. وبذلك يعتبر تصميم المنتجات والغلاف من العناصر الجوهرية في المزيج التسويقي لعدد كبير من المنتجات.

٤- الخدمات: **Les Services**

لقد تطورت قطاعات الخدمات وتطورت أيضاً السياسات التسويقية المرتبطة بها استجابة للتطور الاقتصادي والاجتماعي في مختلف دول العالم ويلاحظ حالياً أن أكبر معدل نمو في قطاعات الأعمال يوجد في قطاع الخدمات، ولا سيما خدمات النقل (الجوي والبري والبحري) والسياحة والمصارف، وقد ترافق هذا التطوير بزيادة المنافسة بين مختلف الشركات المكونة لهذه القطاعات

الحيوية الأمر الذي تطلب ضرورة اهتمام رجال التسويق المحلي والدولي بقطاع الخدمات، والعمل على وضع البرامج التسويقية الفعالة لجذب أكبر عدد من الزبائن للشركة والاستمرار في السوق.

أ- تعريف الخدمات:

يقوم المبدأ الأساسي للتسويق على افتراض أن المستهلك يبحث عن إشباع احتياجاته ورغباته. يمكن تقديم له هذا الإشباع من خلال تقديم السلع أو الخدمات أو مزيج متكامل منهما. يعرف **ph.Kotler** الخدمة على أنها " نشاط أو منفعة غير ملموسة **intangible** عادة ولا تنجم عن امتلاك فيزيائي لموضوع معين مقدم من شخص آخر". وتعرف الخدمة أيضاً على أنها " نشاط غير ملموس تهدف إلى إشباع حاجات ورغبات المشتري مقابل دفع مبلغ معين من المال على أن لا تقترن هذه الخدمات ببيع سلع أخرى". ويمكن القول أن الخدمة هي أعمال وإنجازات وأفكار غير ملموسة تنتج من قبل المرافق الخدمية، وتعرف على أنها " كل الأنشطة الاقتصادية التي مخارجها ليست منتجات فيزيائية، وتستهلك في الوقت الذي تنتج فيه، وتقدم قيمة مضافة في أشكال متعددة (نقل، صحة، تسليه، تأمين، سياحة...) والتي تشبع حاجات معنوية للمشتري ". وإن عنصر المعنوية في الخدمة هو مفتاح التمييز بين الخدمة والسلعة المادية، وتميل الخدمة لأن تكون غير ملموسة.

إن مساهمة الخدمات في الاستهلاك أصبحت حالياً أكثر أهمية، وإن المستهلك أكثر تطلباً لهذه الخدمات سواء من خلال مرافقتها للسلعة أو بشكل مستقل عنها (خدمات البنوك، التأمين، السياحة، النقل، اتصالات، التعليم، الفنادق، المسارح، الإعلام، الصيانة، الحلاقة،....). وبالتالي يجب على المنتج طرح عرض (سلعة أو خدمة) يتوافق مع ما ينتظره المستهلكين سواء كان مادياً (منتج) أو غير مادي (خدمات). لهذا نلاحظ تطور تسويق الخدمات (التأمين، النقل..) من جهة، وزيادة أهمية الخدمات في المزيج التسويقي لمنتج ما من خلال مرافقتها لذلك المنتج (اعتمادات، شحن، خدمة ما بعد البيع، تعليم...) من جهة أخرى. في كثير من الحالات تكون المنتجات نمطية **standards**، وبذلك تصبح الخدمات العنصر- الرئيسي في تمايز العرض (المنتج): في مجال السيارات مثلاً، نجد مدة الضمان، الإصلاح المجاني، شروط الشحن، إعارة سيارة، الائتمان،.... تشكل عدة خدمات لتمايز عرض المنتج. لقد طور كل من **p.Eiglier** و**E.langeard** (١٩٨٧) مفهوم

تسويق الخدمات[11]، وقد اعتبرا أن الخدمة هي نتيجة للتفاعل interaction بين مقدم الخدمة والزبون والعناصر الملموسة tangibles لنظام إنتاج الخدمة. يتكون هذا النظام من ستة عناصر جوهرية :

- **الزبون** : هو المستهلك الذي يشتري الخدمة ويساهم في خلقها (أو إنتاجها). بدون هذا الزبون لا توجد خدمة (مثل غرفة غير مشغولة في أحد الفنادق).

- **الشخص مقدم الخدمة** : وهو كل شخص يتصل مع الزبون، لكنه غير موجود في حالة نظام الخدمة الآلية.

- **المواد الفيزيائية** : وهي عبارة عن العناصر المادية الضرورية لخلق الخدمة : سواء المواد المستخدمة من قبل الزبون أو من قبل الشخص مقدم الخدمة أو من عناصر البيئة.

- **الخدمة نفسها** : هي ما ينتج عن تفاعل الزبون مع الشخص مقدم الخدمة والمواد المساعدة.

- **التنظيم الداخلي** : وهو الجزء غير المنظور في نظام إنتاج الخدمة والذي يجعل الخدمة ممكنة (مثلا المطبخ في مطعم معين..).

- **زبائن أخرى**: على هذا المستوى نأخذ بالحسبان أثر سلوك الزبائن الأخرى على إمكانية خلق وتقديم الخدمة.

ب- الخصائص التسويقية المميزة للخدمات :

تتميز الخدمة عن السلعة المادية بعدد من الخصائص نذكر منها:

- **الخدمة هي منتج غير ملموس.** تتصف الخدمة بأنها غير ملموسة، أي لا يمكن لمسها أو تذوقها قبل الشراء، ولا يمكن أيضاً تغليفها أو نقلها أو تخزينها.وبما أن الخدمة هي منتج غير ملموس فيمكن تسويقها بنفس أسلوب تسويق المنتجات المادية، لكن أسلوب التطبيق والرسالة المنقولة للزبائن في حالة الخدمات تكون عادة مختلفة : فقد يعلن عن الخدمة ولكن الإعلان هو إحدى أدوات التسويق فقط. ففي مجال الخدمات يمكن لأي شخص شراء الخدمة لكن لا يمكنه مسبقاً توقع ما الذي سيحصل

11- Eiglier p. et Langerard. E 1987 servucation , le marketing des services mc Graw - hill, paris

عليه، وبالتالي فإن الزبون لا يستطيع أن يعيد خدمة سيئة لموردها بعد إنتاجها، لكنه يستطيع عدم تكرار شرائها من نفس الشركة ويتحول إلى الشركات الأخرى المنافسة.

لذلك فإنه في تسويق الخدمات يجب أن نقوم بتسويق العاملين مقدمي الخدمات، وعلى الشركة بذل جهود كبيرة لتدريب وتشجيع وتحفيز العاملين على كسب الزبائن قبل زجهم في العمل، فالعامل المبتسم يشعر الزبون بدرجة الاهتمام به ومحاولة إشباع حاجته بأقصر وقت ممكن. إن الخدمة يجب أن نسوقها لممارسيها بنفس الحماس الذي نسوقها بها لزبائنها وهنا يتوجب على الشركة أن تبذل كل الجهود ولأن تكون أفضل من منافسيها وكسب ثقة وولاء الزبائن للشركة وللخدمات التي تقدمها.

- **سرعة التلاشي وعدم القدرة على تخزين الخدمة** وإعادة استهلاكها من جديد: في الواقع، تنتهي منفعة الخدمة بمجرد تقديمها للزبون في كل مرة، ويصعب الاحتفاظ بها وتخزينها: فبعد أن ينطلق القطار من المحطة لا يمكن إعادة استثمار المقاعد الفارغة، وفي الفنادق لا يمكن الاستفادة من الغرف الفارغة، وهكذا....

- **تزامن الإنتاج مع الاستهلاك** : بالنسبة إلى أغلب الخدمات فالإنتاج والاستهلاك يتمان في الوقت نفسه فالمستهلك يدخل إذاً في عملية إنتاج الخدمة مع مقدمها (عامل حجز التذاكر، الطبيب، المحامي)، لذا ترتبط الخدمة بشخصية من يقدمها. وطالما أن رجال البيع هم على اتصال مباشر بالزبائن فيجب عليهم المحافظة على إرضاء هؤلاء الزبائن والمحافظة على الدقة في تنفيذ أعمالهم .ويقاس مستوى رضاء العميل من خلال مقارنة توقعات العميل للخدمة مع الأداء الفعلي للخدمة المقدمة.

مستوى رضاء الزبون = الأداء الفعلي للخدمة - توقعات الزبون.

وتكون درجة الرضا عالية إذا كان الأداء الفعلي أعلى من توقعات الزبون والعكس صحيح.

- **عدم التجانس أو عدم النمطية في تقديم الخدمات:** يفضل الزبون دائماً معرفة جودة الخدمة التي سيحصل عليها، لكن في الواقع لا يوجد دائماً أفراد يقدمون خدمات بالجودة نفسها، وحتى جودة الخدمة تتغير من يوم إلى آخر بالنسبة إلى مقدم الخدمة نفسه : فمثلاً لا يقدم الموظف في أحد البنوك

خدماته بنفس الأسلوب أو الجودة لكافة العملاء وحتى للعميل نفسه. إذاً لا يمكن ضمان جودة الخدمة نفسها وبالتالي سعر الخدمة قد يختلف من شركة إلى أخرى ومن زبون إلى آخر.

- **تغير حجم الطلب من فترة إلى أخرى:** قد يتغير حجم الطلب على بعض الخدمات بحسب الفصول والمواسم والأعياد والعطل والتوقيت. فمثلاً يزداد الطلب على الخدمات السياحية وخدمات النقل وعلى الفنادق في فصل الصيف، ويزداد الطلب على الاتصالات في ساعات العمل اليومي وينخفض في أوقات أخرى. لذا تقوم المنظمات المقدمة للخدمات بالترويج لخدماتها وتسعرها بشكل يمكنها من الاستفادة من الإمكانيات المعطلة خلال فترات محددة من اليوم وتشجع الزبائن على استخدامها في أوقات معينة بأسعار مخفضة: مثلاً، تخفيض أجور المكالمات الهاتفية المحلي والدولية خلال الساعات المتأخرة من الليل، وتخفيض أجور النقل بالطائرات والقطارات في المواسم أو الساعات التي يقل فيها الطلب على هذه الخدمات بغية تخفيف العبء على خدماتها في الأوقات النظامية أو في بعض الأيام.

جـ - التركيز على الجودة الشاملة في أداء الخدمة :

لقد وجدت العديد من شركات الخدمات بأن الجودة العالية للخدمة المقدمة تمنح الشركة ميزة تنافسية قوية وفعالة ضد المنافسين وتساعد على زيادة المبيعات وبالتالي زيادة الأرباح[١٢]. فالمفتاح الرئيسي- هو تقديم خدمة عالية تفوق الخدمة المتوقعة من الزبون لكسب رضاءه، يقول أحد مديري الشركات :

((أعطي وعداً فقط لما تستطيع تسليمه وسلم أكثر مما وعدت))

فإذا كانت الخدمة المقدمة أفضل من الخدمة المتوقعة من الزبون سيكون مستوى رضاء الزبون مرتفعاً وسيميل لتكرار شراء الخدمة وجذب بعض المقربين له لاستخدامها.

فذاكرة الزبون ربما تكون هي المقياس الأفضل لجودة الخدمة، وإن مقدرة شركة الخدمة على ترسيخ هذه الفكرة في ذهن الزبائن تعتمد على مدى الالتزام في تسليم الوعد أو أكثر من الوعد للزبون كي تتمكن من إرضاءه وكسب زبائن جدد.

١٢- د. رضوان العمر وآخرون، إدارة الجودة الشاملة بالتطبيق على الصناعات الغذائية السورية، مجلة بحوث جامعة حلب، العدد /٢٤/ لعام ١٩٩٩ (بحث علمي منشور).

إن العديد من شركات الخدمات قد استثمرت بقوة لتطوير كفاءة تسليم الخدمة لضمان تسليم خدمة عالية الجودة للزبائن في كل مرة وبشكل لا يشبه تقديم الخدمات من قبل المنافسين، لكن يمكن أن تواجه هذه الشركات أوقات تأخير في تسليم الخدمات، وهنا على الشركة أن تتعلم التعويض عنها وعودة الخدمة الجيدة وتحويل تذمر المستهلك إلى وفاء وإخلاص للشركة، فالتعويض الجيد يمكن من الفوز بزبائن أكثر ولاءً للشركة، وهذا يتطلب من الشركة تفويض موظفين خطوط الخدمة الأمامية (الذين هم على تماس مباشر مع الزبائن) وإعطائهم السلطة وتحفيزهم على الاهتمام بالزبائن وحل مشكلاتهم بأسرع ما يمكن.

فالموظفين المدربين بشكل جيد يمنحون السلطة للقيام بما يجب القيام به في الوقت المناسب للحفاظ على راحة الزبائن وجعلهم مسرورين من الخدمة المقدمة، إن أفضل شركات الخدمات هي تلك التي تقدم مستويات جودة عالية للخدمة وتراقب فعالية أداء الخدمة عن قرب وتحصل على معلومات عن فعالية تقديم الخدمات من قبل المنافسين، والقيام بالتسويق المقارن بين خدماتها وخدمات المنافسين وإظهار الفوارق وما يميز خدماتها عن خدمات المنافسين.

ثالثاً– إدارة المنتجات الجديدة: التجديد La gestion de nouveaux produits

بشكل عام يكون التجديد الحقيقي نادراً وأن معظم المنتجات الجديدة المطروحة في السوق ما هي إلا نسخة جديدة لمنتج موجود. لقد أظهرت بعض البحوث التي أجريت في أمريكا على ١٣٠٠٠ منتج جديد صناعي واستهلاكي أن نسبة المنتجات الجديدة والمطروحة لأول مرة في العالم لا تتجاوز ١٠ % من المنتجات المدروسة[١٣]. لهذا يمكن القول أن التجديد هو استراتيجية تتضمن بعض المخاطر لكنها يمكن أن تكون مربحة للشركة، وإن نسبة قليلة من المنتجات تم تسويقها مقارنة بالتصميمات المدروسة أو التي وصلت حتى مرحلة اختيار المنتج وتم رفضها من السوق. ومن أهم أسباب فشل المنتجات الجديدة نذكر :

---

١٣ Dubois p.l et Jolibert A , op cit 1992

- صغر الجزء السوقي الذي تخدمه الشركة. - ضعف الميزة التنافسية مقارنة بالمنافسين
- ضعف جودة المنتج. - ضعف مركز الشركة في السوق.
- عدم ملائمة قناة التوزيع.
- الخطأ في التنبؤ أو التخطيط للمبيعات. - عدم كفاءة طرح المنتج في السوق
- ضعف إمكانيات الشركة. (بيع، إعلان).
- تغير في أذواق المستهلكين. - ضعف وقلة هوامش الربح.
- تغير في البيئة(سعر،مواد أولية،ضرائب) - مشاكل تنظميه (صراع بين المنظمات)
-الدراسة غير الموضوعية للسوق وللطلب. - ارتفاع تكاليف إنتاج المنتجات الجديدة.

يعد التجديد كذلك إستراتيجية نادرة، وأن نسبة قليلة من الشركات تمتلك خطة تجديد وتحديث مستمرة. مع ذلك فأن معظم البحوث أظهرت أن ٦٠ إلى ٨٠% من مبيعات الشركات يتم من خلال منتجات موجودة منذ على الأقل ١٠ سنوات. في الواقع، أغلب هذه المنتجات الجديدة ما هو إلا نسخة جديدة لمنتجات موجودة (تكييف، تقليد، مركز الشركة في السوق). فالتجديد الحقيقي هو الذي يخلق سوق جديدة. يتميز هذا التجديد عن غيره من المنتجات الموجودة من خلال الأبعاد الجديدة له التي لا تنتمي لأي مجموعة سلعية وبذلك تشكل سوقاً جديدة بالنسبة إلى مختلف المستهلكين. مقابل المخاطر التي تتعرض لها الشركة من خلال التجديد يمكن أن تتمتع الشركة باحتكار لفترة محددة في حال النجاح والاستفادة من فوائد الاحتكار : غياب المنافسة المباشرة، ارتفاع هامش الربح... . وهنا تتوقف منفعة الشركة في حالة الاحتكار على إمكانية وسلوك المنافسين في تطوير وتقليد هذه المنتجات بسرعة. وفي هذه الحالة توجد استراتيجيتان ممكنتان أمام الشركة :

- استراتيجية التجديد سريعة الاستجابة **Reactives**، أي استراتيجية المقلد السريع للمنتج والذي يتصرف عند أي تغير في البيئة بفضل مهارته الكبيرة في التسويق والمرونة في هياكل المنظمة ووحدة الإنتاج.

- استراتيجية التصرف السابق **Proactives** التي تتضمن تنبؤ الشركة بتغيرات البيئة والقيام بإجراءات التجديد. وهنا تسبق الشركة منافسيها وتوجد عدة دوافع لاتباع هذه الإستراتيجية :

- البحث عن مستوى تطور مرتفع.   - إمكانية حماية التجديد ببراءة اختراع.

- وجود موارد كبيرة.   - استحالة تحسين المنتج من قبل أحد المنافسين.

- الهيمنة على قناة التوزيع.

ومن أجل تنفيذ الإستراتيجية الثانية، يمكن اتباع عدة مراحل :

- اكتشاف أفكار جديدة.   - انتقاء وتقييم المنتج أو الخدمة القابلة للتجديد

- القيام باختيار المنتج.   - طرح وتوزيع المنتج.

١- اكتشاف أفكار جديدة :   **Les Idées Nouvelles**

توجد عدة أساليب لاكتشاف الأفكار الجديدة في مجال المنتجات. بعض أنواع التجديد في الصناعة يكون مصدره الزبائن المشترين لمنتج ما، ومن خلال تجاربهم يحاولون تعديل المنتج للحصول على منتجات جديدة. تعطى هذه الخبرة لبعض الشركات لجمع أفكار الزبائن أو المستخدمين والتي يمكن أن تزودها بأفكار جديدة قابلة للتطبيق. بالإضافة إلى ذلك فإن السياسة التجارية، الزيارات، مراقبة المنافس، المعارض ووكالات الأفكار تشكل أيضا مصدراً للعديد من الأفكار التي تتلاءم مع متطلبات وشروط بيئة أخرى والتي تقدم مفاهيم جديدة (معظم الابتكارات في مجال التوزيع وخدمات المطاعم والخدمات تأتي من الولايات المتحدة الأمريكية). لهذا تقوم بعض الشركات بوضع تنظيم خاص بجمع ومعالجة المعلومات عن المنافسة والمنافسين وذلك للتعرف على الأفكار الجديدة القابلة للتطبيق كما هو الحال في الشركات اليابانية التي تخصص شعبة في تنظيمها لمعالجة وتصنيف المعلومات. بالإضافة إلى هذا الأسلوب الميداني توجد أساليب أخرى للبحث عن المنتجات الجديدة : أساليب الخلق والإبداع وأساليب التنبؤ التكنولوجي.

أ- أساليب الخلق والإبداع

موضوع هذه الأساليب هو خلق كمية من الأفكار الجديدة الخارقة للمنطق أو المستخدمة بطريقة غير معتادة. تقوم هذه التقنية على جمع ستة إلى ثمانية أشخاص تحت قيادة مشرف والطلب من المشاركين طرح الأفكار المترابطة التي تخطر ببالهم (صور، رموز ....) مهما كانت درجة الفائدة من هذه الأفكار. وفي هذه الحالة لا يجوز توجيه الانتقاد لأي مشارك. في المرحلة الثانية يتم تحليل دقيق

ومنطقي للأفكار التي تم جمعها مسبقاً من أجل الوصول إلى أفكار جديدة تخص المنتج. توجد طريقة أخرى قريبة من الطريقة الأولى لكنها تعتمد على تماثل وتشابه الأفكار بدلاً من ترابط الأفكار في الأسلوب الأول. تتضمن هذه الطريقة مشاركة قوية من قبل المساهمين بحيث كل شخص يلعب دوراً معين خاص به ومن ثم تحليل المشكلة والأفكار المتماثلة والوصول إلى أفكار جديدة.

الطريقة الأخيرة أو طريقة المصفوفة الابتكاريه تقوم على وضع مصفوفة تتكون من عدد من المنتجات في العامود وعدد من الميزات في السطر ومن ثم تقاطع هذه المنتجات مع الميزات (الصفات)، عند هذه التقاطعات بين كل منتج وميزات المنتجات الأخرى تظهر لدينا أفكار جديدة تتعلق بالمنتجات. انظر إلى الجدول ٦-١ :حيث الإشارة x تدل على تقاطع المنتجات الجديدة مع مواصفاتها: ملونة ماصة للعرق...الخ.

جدول (٦-١) المصفوفة الابتكاريه لإبداع الأفكار الجديدة

منتج مواصفات	بنطال	بيجاما	جوارب	قميص داخلي
شفافية		x		x
لون	x	x	x	x
امتصاص للعرق			x	x

ب- الأساليب التقنية في التنبؤ

تستخدم هذه الطريقة من قبل العديد من الشركات، وتقوم على مبادئ مختلفة جداً عن الأولى :

- تعميم (أو استكمال) الاتجاهات الماضية. حيث يتم تجزئة المشكلة بشكل منتظم ومنطقي إلى أهداف وأنظمة ووظائف، ووضعها في شجرة قرارات بحيث يتم الأخذ بالحسبان كافة العناصر. من خلال هذه التجزئة يمكن الوصول إلى تحسينات تشكل أساس للمنتجات الجديدة. توجد طريقة أخرى تفترض تعميم المشكلة المطروحة أولاً قبل تحليل شكلها العام ثم نبحث عن كافة الحلول الممكنة في كل

مستوى من مستويات المشكلة. يقدم تنسيق هذه الحلول مفاهيم جديدة للمنتج يمكن استخدام بعض منها.

- الاستفادة من خبرة أشخاص يعرفون المنتج أو بعض المفاهيم التقنية والاجتماعية والاقتصادية المتعلقة بالمنتج. ويطلب منهم التنبؤ بمستقبل بعض المفاهيم المدروسة (تقنيات جديدة، منتجات جديدة) وفي تواريخ محددة، ومن ثم تحليل هذه المفاهيم من خلال التوقعات والوصول إلى أفكار جديدة تتعلق بالمنتجات.

٢-انتقاء وتقييم المنتج الجديد :

تتردد الشركة عادة في اختيار المنتجات الجديدة من بين عدد كبير من الأفكار. ماذا نختار ؟ ما هي الفكرة الأكثر تلاؤماً مع استراتيجية الشركة ؟

لقد وضعت عدة أفكار لاختيار المنتجات الجديدة بناء على عدة معايير. من أهم هذه الأفكار نعرض الأسلوب الذي يفترض قياس شخص لمستقبل (أو إمكانية) فكرة معينة ويتم ذلك من القانون التالي [١٤] :

$$I = \frac{T.C.P}{D}$$

حيث :

I- علامة إجمالية للفكرة المعينة.   C- تقدير شخصي لاحتمال النجاح التجاري.

P- المر دودية في حال النجاح.   D- التكلفة المحتملة لتطوير الفكرة .

T- تقدير شخصي لاحتمال قيام الشركة يتطور الفكر على مستوى التقني.

وبهذا الشكل يتم تحديد عناصر النجاح والفشل للمنتج الجديد. وهنا على الشركة تقييم الفكرة بحسب عدة معايير (تتعلق بميزات المنتج والسوق والشركة) ومحاولة تقليل ظروف عدم التأكد (الشك) وضمان التجانس بين الفكرة التي تعتبر فرصة مناسبة وبين أهداف و إمكانية وبيئة الشركة.

_____

[١٤]- **Dubois pl et op cit 1992**

٣- تطوير واختبار المنتج الجديد.

بعد تحديد وتقييم مفهوم المنتج الجديد يجب على الشركة إنجاز وتنفيذ هـذا المفهـوم. وهـذا يتطلب القيام بسلسة من الاختبارات tests على مختلف مراحل التنفيذ. تتعلق هذه الاختبارات بالمنتجات والعناصر التي ترتبط بها مثل التغليف والتوضيب والخدمات. من أهم هذه الاختبارات نذكر :

- اختبار الفكرة أو مفهوم المنتج من خلال وضع تصميم أولي للمنتج وعرضه للجمهور.

- اختبار الذوق : الطعم، الرائحة : تختلف هذه العناصر من منتج إلى أخر.

- اختبار السعر : بحيث نقوم بتقدير ردود فعل المستهلك على تغيرات السعر.

- اختبار الاسم : هنا يتم دراسة ردود الفعل على الاسم المستخدم ومدى ملاءمته والصورة التـي نرغب أن نعطيها للمنتج. وقبل اختبار الاسم يجب التأكد من أن هذا الاسم غير مستخدم من قبل أو لمنتج آخر.

- اختبار التغليف والتوضيب يجب تفحص جودة الاستخدام وملاءمته مع المستهلك، وضوح الكتابـة عـلى الغلاف... ويتم هذا الاختبار بالاستعانة بالمستهلكين في المنزل أو في المخبر.

- اختبارات المنتج : الهدف منه هو تحديد جودة المنتج والميزات التي نرغب بها: وزن صلابة، ألوان، مـدى قبوله.

- اختبارات الترويج : أي اختبار الإعلانات وتنشيط المبيعات التي ترافق المنتج.

- اختبار التوزيع (المكان) : يقوم على وضع المنتجات لـدى بعض المستهلكين خـلال فتـرة كافيـة بهـدف تحديد الجودة والأخطاء من قبل المستهلكين والرد على الاستقصاء الذي سيتم عقب فترة طرح المنتج.

- اختبار نقاط البيع : هدفها تحليل تصرفات المستهلك بما يخص شراء المنتـج وسلوك المسـتهلك بعد شراء للمنتج.

- اختبارات الأسواق : إنها تشكل مرحلة سابقة لطرح المنتج في السوق، ويتم ذلك في رقعة جغرافية صغيرة. ومن خلال هذه الاختبارات تتمكن الشركة من اختبار كافة عناصر المزيج التسويقي بالتأكيـد. يتطلب كـل اختبار من هذه الاختبارات تقنية خاصة لكن ضغوط الوقت والتكلفة لا تسمح

أحياناً القيام بهذه الاختبارات بشكل دائم ومنتظم. بالإضافة إلى ذلك، فإن نتائج هذه الاختبارات ليست أكيدة أو ليست خالية من العيوب، فمثلاً اختبارات السوق تطرح عدة مشاكل :

- تمثيلها للمنطقة المختبرة فقط.
- إمكانية احترام شروط طرح المنتج (استخدام الإعلام، شروط التوزيع).
- مراقبة السوق المختبرة من قبل المنافسة التي بإمكانها كذلك القيام برد سريع في فترة طرح المنتج.
- التأخر في طرح المنتج بسبب طول فترة اختبار السوق.

لمعالجة أو للتخفيف من هذه العيوب اقترح بعض المفكرين القيام باختبار أولي أو جزئي. يقدم هذا الأسلوب تقدير لحجوم المبيعات من خلال خطة أو عدة خطط تسويقية مقترحة لطرح منتج أو تشكيلة من المنتجات. ويعتمد الاختبار الجزئي على سلوك المستهلك، فعندما يطرح منتج جديد للمستهلكين يقوم هؤلاء بتجربة هذا المنتج من خلال الشراء لأول مرة. فإذا كان مستوى الإشباع والرضا جيد سيقوم المستهلكون بتكرار الشراء على فترات وبكميات محددة في كل شراء. فأحجام المبيعات المحققة ستكون مساوية لمجموع الأحجام الناجمة عن التجربة والأحجام الناجمة عن تبني المنتج **adoption**. يفسر الاختبار الجزئي هذه الإجراءات على الشكل (٦-٥). أولاً يتعرض المستهلك للمنتج الجديد أو للتصميم والمواصفات، فإذا أبدى إيجابية للتجربة يتم تقديم المنتج له لتجربته في المنزل ضمن شروط الاستخدام العادي المحددة لفئة المنتج، وفي نهاية فترة التجربة (المتغيرة بحسب المنتج المراد اختباره) يتم الاتصال بالمستهلك والتعرف على نيته لاعتماد أو تبني المنتج الجديد. ويسمح هذا الإجراء الذي يتم على مرحلتين (المفهوم أو الفكرة والمنتج) من جهة بتقدير المعايير والعناصر الأساسية المرتبطة بحياة المنتج والتي تسمح بحساب أحجام المبيعات، ومن جهة أخرى تسمح بتشخيص دقيق للفكرة والجودة أو الميزات الأساسية للمنتج، هذه العناصر المشخصة تسمح عند اللزوم بإعادة النظر في التصميم والمفهوم أو في شكل المنتج في حال ظهور بعض المشاكل (شكل ٦- ٥).

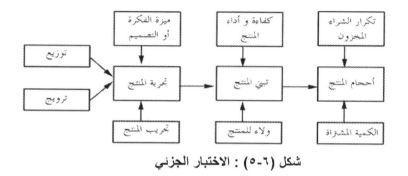

شكل (٦-٥) : الاختبار الجزئي

المصدر : Dubois P.L..op.cit, 1992

فالعناصر المفتاحية لحساب أحجام المبيعات هي إذا:

- معدل التجربة أو نسبة المستهلكين المشترين للمنتج لمرة واحدة على الأقل.

- معدل قبول أو نسبة المستهلكين الذين سيشترون المنتج بعد تجربة.

- الكميات المشتراة في كل شراء.

- معدل تكرار الشراء.

بالإضافة إلى هذه الثوابت المتعلقة بالمستهلكين يجب الأخذ بعين الاعتبار شروط طرح المنتج الجديد عند مختلف فروض خطة التسويق. العوامل المأخوذة بالحسبان هي:

- الزيادة في التوزيع

- الاستثمارات الترويجية لكل فترة.

هذه العوامل ونتائج المستهلك تسمح بمعرفة حركة تطور المبيعات.

ويقدم أسلوب الاختبار الجزئي المعلومات التالية :

- حجم المبيعات للسنة الأولى والثانية من طرح المنتج في السوق ما بين مجربين ومعتمدين للمنتج.

- معدل التجربة التراكمي cumulé للمنتج الجديد خلال السنة الأولى والثانية.

- معدل تبني واعتماد المنتج.

- العديد من المعلومات التي تسمح بتعظيم وتطور المزيج التسويقي. علاوة على تحديد حجم المبيعات الناجم عن طرح المنتج الجديد. يسمح الاختبار الجزئي كذلك بتقييم منتج موجود سابقاً وإعادة طرح أو توسيع تشكيلة سلعية من خلال إدخال أنواع جديدة من المنتجات.

٤- طرح ونشر المنتج الجديد.

بعد الانتهاء من مختلف الاختبارات السابقة يأتي قرار طرح المنتج في السوق. يتطلب هذا القرار تحديد وتنفيذ مختلف القرارات المتعلقة بعناصر المزيج التسويقي. يعتمد هذا القرار كذلك على فرضيات نشر وتوزيع المنتج المطروح. هناك بعض الأساليب المقترحـة علـى هـذا المسـتوى والتي تهـدف إلى تقديـر مبيعات المنتج الجديد من خلال التنسيق بين مختلف عناصر المزيج التسويقي ومراقبة نشره بعـد أن يتم طرحه في السوق بهدف تعديل مختلف عناصر عملية طرح المنتج.

لقد تم طرح عدة اقتراحات أو افتراضات لنشرـ وتوزيـع المنتجـات الجديـدة. وقـد تمـت دراسـة اعتماد المنتجات الجديدة وتحديد فئات المستهلك بحسب السرعة في تبني منتج جديد بعد تـاريخ طرحـه في السوق معتمدين في ذلك علـى نظريـات دورة حيـاة المنتجـات. وبالتـالي تـم تمييـز الفئـات التاليـة مـن المستهلكين ونسبة كل فئة :

- رواد التجديد   ٣ %   - المشترون المبكرون   ١٣%

- المقلدون المبكرون   ٣٤%   - المقلدون المتأخر ون   ٣٤%

- المشترون المتأخر ون   ١٦%

ويتم تمثيل هذه الفئات بيانياً على الشكل التالي (٦-٦).

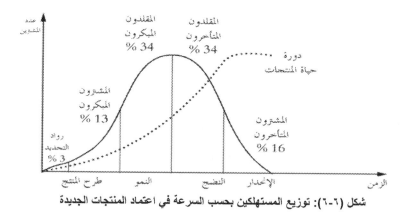

شكل (٦-٦): توزيع المستهلكين بحسب السرعة في اعتماد المنتجات الجديدة

الصدر : Kotler.ph. op cit. 1996.

نلاحظ من الشكل السابق أن منحنى فئات المشترين للمنتج الجديد يتبع قانون التوزيع الطبيعي حيث تتميز كل فئة بصفات شخصية وسلوك اجتماعي محدد (ميل للريادة، أثر اجتماعي،...)، ومع ذلك فإن هذا المنحنى يبقى نظرياً كما هو الحال في منحنى دورة حياة المنتج كونه يمكن أن يحتوي على أكثر من خمس فئات من المستهلكين وسيما في مجالات التأمين والسيارات. كما أن هذا الأسلوب في نشر المنتجات الجديدة يختلف بحسب سياسات المزيج التسويقي: فمثلاً سياسة الترويج الجيدة تزيد من سرعة نشر المنتج الجديد والعكس صحيح.

إضافة إلى الاقتراحات السابقة، تم اقتراح عدة أساليب للتنبؤ بظاهرة نشر المنتج. تختلف هذه النماذج بحسب إمكانية استخدامها بعد دخول المنتج للسوق أو قبل دخوله، وتختلف كذلك بحسب استخدامها سواء بالنسبة لنشر المنتجات المعمرة أو المنتجات غير المعمرة. وفي الواقع توجد علاقة بين إجراء تطوير منتج جديد وبين العوامل التنظيمية والإدارية وعوامل البيئة وطرح المنتجات الموجودة كما يلي :

- توجد ثلاثة أبعاد للبيئة : خطر المنافسة، خطر التقليد وسهولة التغلغل في السوق.

- تتلخص ميزات عرض المنتج بثلاثة عوامل : التغليف وصورة المنتج وسياسة التسعير والتفوق النسبي للمنتج من خلال الميزة المعطاة له من المستخدمين.

- إجراء تطوير المنتج : التطور التقني والعمليات التجارية.

- إدارة التجديد : أي العلاقة بين أقسام البحث والتطوير والتسويق والإنتاج ودعـم الإدارة العلـيا، مرونـة المنظمة والرقابة على الناحية المالية. والشكل رقم (٦- ٧) يحـدد العلاقـة الأكثر تعبيراً (بحسـب أهميـة السهم) بين هذه العوامل (بعد عزل السعر كمكون خاص للميزات الخاصة للمنتج). هـذا النمـوذج أو الشكل يسمح لنا بفهم العلاقات الموجودة بين جملة العوامل التي تدخل في إجراء التجديد.

شكل رقم (٦-٧): نموذج عام لإجراء طرح منتج جديد

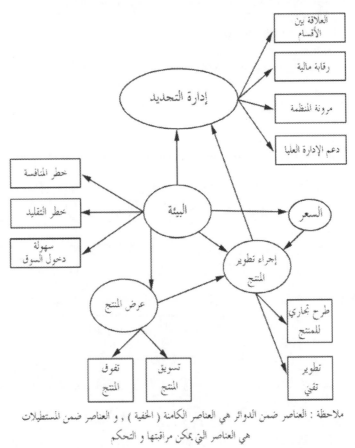

ملاحظة : العناصر ضمن الدوائر هي العناصر الكامنة (الخفية) , و العناصر ضمن المستطيلات هي العناصر التي يمكن مراقبتها و التحكم

المصدر : Salerno.F et Benavent.c., 1991.op. cit.

المبحث الثاني

الإستراتيجيات البديلة في مجال المنتج

في الواقع يمكن استخدام عدة استراتيجيات في الأسواق الحالية. لا تهدف هـذه الاستراتيجيات في الواقع لخلق سوق جديدة كما هو الحال في التجديد بل المحافظة وزيادة الحصة السوقية لمنتجات الشركة أو الدخول في السوق موجودة.من أهم هذه الاستراتيجيات: التقليد، التكييف adaptation ووضع المنتـج في السوق positionement وأخيراً يمكن إضافة استراتيجية التخلي عن المنتج.

أولاً – استراتيجية التقليد   **La stratégie d'imitation**

يشكل التقليد الاستراتيجية الأكثر استخداماً في الأسواق منذ بداية السبعينات. إن عـدم تحمل مخاطر التجديد يعرض منتجات الشركة للقدم والشيخوخة، لهذا فإن الكثير من الشركات يبحث عن تجديد منتجاته من خلال تقليد المنتجات الجديدة المطروحة من الشركات الأخرى منذ بداية نجاح هذه المنتجات. يمكن أن يشكل التقليد استراتيجية ممتازة أوعلى العكس استراتيجية قليلة المردودية. لقـد أظهـر T.Levitt منذ عدة سنوات الدور الجوهري للتقليد كاستراتيجية للتطور، وقد ركز على ثلاث أفكار رئيسية :

- يجب على الشركة تجديد عرضها (منتجها) باستمرار. لذلك يتوجب عليها تجديد وضعها بالنسبة إلى مهنة أو وظيفة (تغليف، التدفئة،...) وليس بالنسبة إلى منتج ما، الشيء الذي يجعلها تخضع لدورة حياه وإلى الانحطاط في فترة قريبة أو بعيدة.

- يمكن اعتبار التقليد تجديداً. ليس المقصود فقط نسخ صورة طبق الأصل عن المنتج الجديد بـل تحسين المنتج. مثلاً جمع مجموعة ميزات موجودة في منتجات المنافسين في منتج وحيـد غـير متوفرة في المنتجات الأخرى.

- سرعة دخول السوق تعد المعيار الأكثر أهمية في نجاح هذه الاستراتيجية (التقليـد). فالسرعة في دخول السوق تفترض أولاً مرونة كبيرة من الشركة، الشيء الذي لا يمكن الحصول عليه بدون تطوير

الهيكل التنظيمي وأنظمة المعلومات واتخاذ القرارات وإجراءات الإنتاج. بالنسبة إلى الهيكل التنظيمي، يجب إيجاد فرقة خاصة مؤلفة من متخصصين في وظائف المنتجات والخدمات المدروسة (وظائف التسويق، الإنتاج، التكلفة، التموين....) وبذلك يسمح بحرية العمل وسرعة متزايدة في إنجاز المشروعات و الخطط المدروسة. تعتمد السرعة في التقليد كذلك على جمع المعلومات عن المنافسة: كلما كان هذا النشاط سريع ومناسب للقرارات وللنتائج الأولية لطرح منتجات المنافسين، كلما تمكنت الشركة من الدخول إلى السوق بشهرة قوية. لهذا فإن بعض الشركات، خاصة الشركات اليابانية، نظمت أقسام متخصصة بجمع المعلومات. تتم في هذه الأقسام معالجة كافة المعلومات عن المنافسين (من الصحافة، الندوات، زيارات، معارض) ومن ثم يتم تصنيفها وتبويبها ووضعها في خدمة المسؤولين عن المشروعات المدروسة. في الواقع يوجد عدد كبير من الشركات لا يملك أي معلومات عن المنافسة.

أن ضرورة مرونة أنظمة الإنتاج يتم ترجمتها من خلال استخدام استراتيجية التمايز المتأخرة للمنتجات. تقوم هذه الإستراتيجية على تخفيض تشكيلة المنتجات المساعدة ودعم إجراءات الإنتاج وتجديد المنتج (كما هو الحال في صناعة السيارات).أخيراً، الفرصة المناسبة وصعوبة إستراتيجية التقليد تعتمدان كذلك على شكل منحنى نشر- وتوزيع المنتج. حيث يوضح هذا المنحنى سرعة وحجم هذه الظاهرة (انظر الفقرة السابقة).

ثانياً- استراتيجية التكييف (تكيف المنتج). La stratégie d'adptation

بعد طرح المنتج في السوق وخلال دورة حياته يجب تكييفه مع السوق. يتم التكييف من خلال إعادة توضع المنتج في السوق أو إجراء تحسينات تهدف إلى تطور المنتج بحيث يصبح أكثر تلاؤماً مع احتياجات المستهلكين أو أكثر مردودية للشركة. يمكن أن ينجم تكييف المنتج عن التطورات التي تتم على مستوى الشراء والتصنيع والتسويق والتموين (الإمداد) أو الخدمات. يمكن استخدام بعض الأساليب بشكل خاص في تحديد التكييفات التي يمكن القيام بها مثل وكالات الأفكار، تحليل توقعات المستهلكين لمواصفات المنتج.

إن أسلوب تحليل القيمة يعتبر من الأساليب الناجعة لإجراء تحسينات على المنتج. حيث يمكن تعريف تحليل القيمة على أنه بحث مستمر ومنسق عن الحلول الأكثر اقتصاداً في التكاليف والتي تسمح بتكييف وظائف المنتجات مع حاجات المستهلكين. فالتحليل المنهجي للقيمة ليس إذاً إلا أسلوباً يهدف إلى إزالة واستبعاد التكاليف الزائدة (كل ما ليس له قيمة كبيرة بالنسبة إلى المستهلك) والحصول على مستويات خدمة مطلوبة من قبل المستهلكين. أثناء إجراء التحليل يمكن استخدام عدة طرق (تقنيات الابتكارات، تقنيات دراسة السوق، تقنيات المحاسبة والمالية والتصنع والشراء....). لهذا فأن تحليل القيمة يطبق من قبل فريق يجمع بين عدة مهارات : مهارات مالية، إنتاجية، محاسبة، شراء وتسويق....الخ.

ثالثاً- تحديد وضع (مركز) المنتج في السوق Le positionnement

قبل التعرف على أسلوب تحديد وضع الشركة في السوق، سنقوم بتحديد مصدر وتعريف هذا المفهوم.

١- مبادئ وتعريف الوضع في السوق

توجد عدة مصادر لمفهوم التوضع والتي نجمت عن لغة الاقتصاديين ومسئولي الإعلان. لقد تم تطبيق هذا المفهوم في التسويق من خلال بحوث تمايز المنتجات ووضعها بالمقارنة مع المنافسة. ويمكن تفسير تطور استراتيجية الوضع السوقي من خلال ثلاثة عوامل رئيسية :

- إشباع وازدحام الأسواق بالمنتجات والذي يأخذ عدة أشكال ترتبط بالمنتجات والترويج لكنها تكون أكثر حساسية على مستوى إدراك المستهلكين.
- مقابل هذا الازدحام في المنتجات يقوم المستهلك ببعض ردود الفعل الخاصة به، وهكذا يتم توضيح مفاهيم جملة المعتقدات الأساسية للمستهلك.
- في الوقت الذي نجد فيه عدة مشاكل مرتبطة بالازدحام والنشر والإشباع يجب ترسيخ صورة المنتجات والعلامات بطريقة صحيحة ومبسطة في ذهن المستهلكين والزبائن المستقبليين للشركة **prospects.**

ففي وضع ازدحام المنتجات في السوق يكون تمييز المستهلك للمنتجات أو العلامات ضعيف. فتحديد وضع المنتج في السوق يهدف إلى تجنب ضعف تميز المستهلك للعلامات وتجنب عيوب الاستراتيجيات الكلاسيكية للمنتج.

- فتحديد وضع المنتج في السوق يسمح كذلك بالتخلص من مشكلة ازدحام الأسواق لكن لا يشكل حلاً دائماً كونه باهظ التكلفة ويعرض الشركة للمخاطر.

- تكييف المنتجات باستخدام مثلاً تحليل القيمة لا يكون إلا نادراً حلاً جيداً في المراحل الأولى من دورة حياة المنتجات، لكن في فترة النضج والازدحام حيث تكون المنتجات قد خضعت لعدة تعديلات وتكييف؛ فتوجد في هذه الحالة عدة حالات للتمايز. وهنا لا بد من البحث عن طرق أو مجالات أخرى لتمايز المنتجات.

- أخيراً لا يساهم التقليد إلا في ازدحام الأسواق. فالتقليد يمثل استراتيجية مربحة عندما يتم في بداية دورة حياة المنتج. الشكل (٦-٨) يمثل الدور الخاص لوضع المنتج في السوق.

شكل رقم (٦-٨) : دور توضع المنتج في السوق

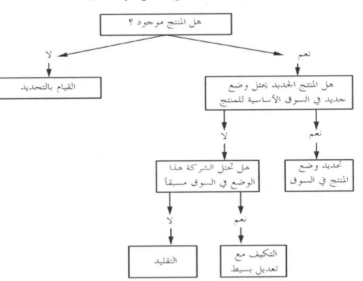

المصدر : Dubois, op.cit, 1992.

انطلاقاً من هذا الشكل نلاحظ وجود أربع إستراتيجيات للمنتج:

- التجديد
- الوضع في السوق
- تعديل بسيط أو تكييف المنتج
- التقليد

الهدف من توضع المنتج في السوق هو مجابهة وضع جديد لمنتج أو لعلامة في سوق موجودة. هذا الوضع يجب أن يتوافق مع تعرف المستهلكين على المنتج الجديد ومع الطلب الفعلي على المنتج. لهذا يجب تعريف وتحديد وضع المنتج في السوق مقارنة مع المنتجات المنافسة والمعتقدات الرئيسية للمستهلكين وللزبائن المستقبلين. إن اختيار وضع خاص بالمنتج من خلال إعطاءه شخصية (أو صورة) تتوافق مع ما يتوقعه المستهلكين يشكل أساس وجوهر هذه الاستراتيجية. تتضمن هذه الاستراتيجية عادة بعض شروط اتخاذ القرار والعمل في السوق. فهي تتضمن إذا تشخيص كامل لتحديد وضع المنتجات المنافسة وأوضاعها بالمقارنة مع معتقدات المستهلكين والزبائن المحتملين ومن ثم تحصل بالنتيجة على ثلاثة أنواع من القرارات :

- القرارات المتعلقة باختبار مفهوم المنتج (اختبار المعتقدات الأساسية للمستهلك واختبار وضع المنتج بالنسبة لهذه المعتقدات....)

- القرارات المتعلقة بالمنافسة : يجب تحديد وضع المنتج بطريقة مختلفة عن المنافسة وغير معروفة من قبلها.

- قرارات تتعلق بالمزيج التسويقي والترويج (الاتصالات) : فتوضع المنتج يحتاج إلى ترسيخ صورة المنتج في ذهن المستهلك وهذا يحتاج إلى التحرك على مستوى مختلف عناصر المزيج التسويقي وخاصة القيام باستراتيجية ترويج ملائمة. أخيراً يمكن تعريف توضع المنتج في السوق على أنه استراتيجية تسويقية يمكن أن تجنب الشركة نتائج ازدحام السوق. تقوم هذه الإستراتيجية على :

- إعطاء المنتج وضع أو صورة في ذهن المستهلكين والزبائن المحتملين.

- إمكانية تميز المنتج بوضوح من منتجات المنافسين.

- توافق المنتج مع ما ينتظره attents المستهلكين.

٢- تنفيذ استراتيجية وضع (مركز) المنتج في السوق :

يحتاج تنفيذ هـذه الإستراتيجية أولاً تحديـد حقـل المنافسـة وثانيـاً تحليـل إدراك perception المستهلكين.

أ- تعريف حقل (مجال) المنافسة

يـتم عـادة اسـتخدام مفهـومين رئيسـيين في تحديـد مجـال المنافسـة : ظـروف الشرـاء وإجـمالي المنتجات المنافسة. إن مقارنة المستهلك للمنتجات تعتمـد عـلى ظـروف الشرـاء **circonstances d'achat**. يجب قبل كل شيء تحديد هذه الظروف وبالتالي استخدام تقنيات التحليل الكمي في هذا الموضـوع. ففـي كل مرحلة شراء تحدد مجموعة من العلامات. لكن اعتبارات الشراء للعلامات التي يتوقع المستهلك شراءها تختلف من مرحلة إلى أخرى. هذه الاعتبارات تبقى ذات طابع شخصي (فردي).

بشكل عام وبالنسبة إلى مجموعة من المستهلكين أو جزء منهم، يمكن ملاحظة كثافة وتكرار المنافسـة بـين العلامات في كل مرحلة من مراحل الشراء : أي تكرار ظهـور العلامـة في مختلـف قـرارات الشرـاء وفي هـذه الحالة لا بد من استخدام أسلوب أو تقنية ما لمقارنة العلامات المنافسة.

ب- تحليل إدراك المستهلكين :

بعد أن يتم تحديد حقل المنافسة تقوم الشركة بتحليل إدراك المستهلكين والزبـائن المحتملـين، و لا سيما الأبعاد التي يستخدمها المسـتهلكين ومركـز أو وضـع العلامـات في السـوق بالمقارنـة مـا بـين هـذه العلامات. كلما كانـت العلامـات متقاربـة فـيما بينهـا كلـما كانـت المسـافات عـلى الخريطـة **mapping** ضعيفة.

ويمكن القيام بهذا التحليل بأشـكال مختلفـة، وخاصـة بأسـلوب التحليـل العـاملي المسـتخدم في تحليل نماذج (استمارات) الأسئلة المنظمة حيث يتم جمع المعلومات عن كافة مواصفات المنتجـات ومـن ثم تقدير العلامات المعطاة لكل صفة من صفات المنتج. وأخيراً، يتم وضع مصور لوضع المنتجات في سـوق معين بحسب قربها وبعدها من الميزات أو المواصفات المدروسـة. والشـكل التـالي (٦-٩) يوضـح مختلـف علامات صناعة الإطارات.

شكل (٩-٦) : مخطط يوضح وضع علامات الإطارات (●) بالنسبة إلى مجموعة من الصفات (×)

المصدر : Dubois.p.l. op,cit. 1992.

من الشكل السابق نلاحظ أن إطارات Uniroyal تتميز بمقاومة عالية للانفجار ومصممة بشكل جيد، أما إطارات Dunlop فهي إطارات مريحة وتصلح للسيارات الصغيرة وذات التصاق جيد بالطريق، بينما إطار Michelin فهو إطار كل الأوقات وذات عمر طويل.

جـ- تحديد وضع العلامات ومدى إدراكها من المستهلك ومرتبة أفضليتها. يمكن تحليل وضع العلامات أو المنتجات من خلال قياس إدراك المستهلك وتفضيله لهذه المنتجات. يتم جمع المعلومات عن تفضيلات الأفراد وترتيبها بحسب سلم الأفضليات. ومن خلال معرفة الأفضليات ونقاط التشابه similarités بين العلامات نحصل على النقاط المثلى points idéaux (المواصفات) التي تعكس تفضيلات الأفراد. كلما كانت العلامات قريبة من النقاط المثلى كلما كانت مفضلة.

رابعاً - استراتيجية التخلي عن المنتج   **L'abandon du produit**

تتطلب سياسة تجديد المنتجات التخلي عن بعض المنتجات. لهذا فإنه يتوجب على الشركة الكشف المنظم عن المنتجات الخاسرة أو الكاسدة لمعرفة وضع كل علامة وصورتها في ذهن المستهلك وإمكانية تجديدها. تعتمد سياسة التخلي عن المنتج على عدد من العوامل، من أهمها نذكر : المخزون الكبير لدى الشركة ولدى الموزعين، أثر التخلي عن المنتج على الموزعين والمستهلكين، الحاجة إلى قطع التبديل، ضعف الحصة السوقية، انحطاط المبيعات، ضعف هامش الربح، ضعف الطلب، نشاط المنافسة، منتجات الإحلال، الأسعار المنخفضة...الخ. إن اختلاف وتنافر معايير التخلي عن المنتج وأثاره على إدارة الشركة والزبائن يجعل من قرار التخلي عن المنتج مهمة صعبة وغالباً يكون قراراً ضعيف الرشد، كما أن القرار نفسه يتوقف عادة على آراء عدة أشخاص يشغلون مناصب مختلفة في الشركة وليس بالضرورة لديهم نفس الهدف من التخلي عن المنتج. بالإضافة إلى ذلك سيكون لهذا القرار نتائج سلبية على المخازين، والإنتاج، والتوزيع والسوق...الخ. لهذا يجب على الشركة معرفة العوامل التي تستوجب التخلي عن المنتج أو عدة منتجات ومن ثم اتخاذ القرار السليم سواء بالتخلي أو بالمحافظة على المنتج ومحاولة تطويره.

الفصل السابع

استراتيجية التسعير

يعد التسعير أحد أهم القرارات الاستراتيجية التي تؤثر في نجاح الشركة وربحيتها وجذب المستهلكين لشراء منتجاتها. لهذا فإن دراسة الأسعار لها أهمية خاصة في التسويق وعمليات البيع نظراً لعلاقتها المباشرة مع المبيعات والتكاليف والأرباح ونظراً لأن هذه الدراسة تستوجب دراسة التكلفة والربح لأنهما أجزاء رئيسية من السعر.

في الواقع، يشكل السعر المتغير الوحيد في المزيج التسويقي الذي يتضمن إيرادات للمشروع، بينما بقية العناصر (إنتاج، توزيع، ترويج) لا تتضمن إلا استثمارات أو نفقات coûts. لهذا فالسعر له أهمية خاصة بالنسبة إلى الشركات وله دوراً كبيراً في عملية التسويق.

فما هو السعر ؟ وما هي السياسات التسعيرية ؟ وكيف يتم تحديد الأسعار من قبل المشروع ؟ وما هي أهداف التسعير والعوامل المؤثرة في الأسعار ؟ هذا ما سوف نحاول الرد عليه في هذا الفصل.

المبحث الأول

ماهية التسعير وأهدافه

أولاً - مفهوم التسعير.

١- تعريف التسعير.

السعر هو كمية النقود اللازمة لمبادلتها مع مزيج من مواصفات السلعة المادية والنفسية والخدمات المرتبطة بها. أي هو القيمة التبادلية للسلعة أو الخدمة في السوق (الداخلية أو الخارجية) ويعبر عنه بشكل نقدي.

يمكن النظر عادة إلى السعر من ثلاث وجهات نظر: من وجهة نظر المستهلك مـن وجهـة نظـر المشروع ومن وجهة نظر المجتمع[1].

- فالمستهلك ينظر إلى السعر على أنه ذلك المبلغ من المال الذي يكون مستعداً لدفعه في سبيل الحصـول على السلعة أو الخدمة التي يتوقع أن تشبع حاجاته ورغباته.

- من وجهة نظر المشروع السعر هو الوسيلة التي يسترد بها تكاليفه ويحقق قدراً من الربح يبرر القيـام بنشاطه واستمرار حياته.

- من وجهة نظر المجتمع، السعر هو مؤشر للقيمة التي يوليها المجتمع لمنتج معين سلعة كانت أم خدمة. إذاً ترتبط عملية التسعير بالمنفعة المتوقعة من السلعة وكافة الاعتبارات المتعلقة بسياسة التسعير، مثل مرونة الطلب والتكلفة والدخل والمنافسة وسياسة الخصم والائتمان والظروف الاقتصادية العامة في البلـد والقوانين الناظمة للأسعار.

٢- أهمية السعر و التسعير في التسويق.

لقد ازدادت أهمية الأسعار زيادة ملموسة لدى مديري ومسئولي التسويق في الآونة الأخيرة لأن السعر كما ذكرنا هو المتغير الوحيد الذي يتضمن إيرادات للشركة، كما أن السعر له تأثير كبير علـى حجـم المبيعات المحقق للمشروع، وبالتالي على ربحيته. لذلك فقد أعطيت هذه الأهمية للأسعار في المشروعات الاقتصادية.

إن البحوث التسويقية التي أجريت في عام ١٩٦٤ صنفت الأسعار في المرتبة السادسـة مـن الأهمية من بين اثني عشر عاملاً من عوامل التسويق. وقد بينت الدراسة في عـام ١٩٨٦ أن السـعر يحتـل المرتبة الأولى ويعد من أكثر العناصر التسويقية أهمية لدى ٨٠,٦% من مديري التسويق في أمريكا و ٧٨ % من المديرين في أوروبا، ويعتبر أهم من حجم الإنتاج وطرح منتجات جديدة وأهم مـن نفقـات التـرويج والتوزيع واستخدام وتدريب العاملين والمنافسين الجدد[2]....الخ. لقد أعطيت هذه الأهمية للتسعير لعـدة أسباب: منها تزايد دورة حياة المنتج وتزايد أصناف المنتجات والنفقات وما

---

[1] غنيم أحمد، المدخل الحديث في إدارة التسويق، دار النهضة العربي، القاهرة،١٩٩٥.

[2] Dubois. pl et JOLIBERT. A op cit ١٩٩٢

تولد عنها من ارتفاع في الأسعار في فترة السبعينيات والثمانينيات، إضافة إلى تعزيز قوى المنافسة بين الأسعار. وبما أن السعر يرتبط بمجموعة تراكيب متغيرات التسويق (مثلاً، مواصفات السلع، العرض، مكان وجود المتجر، المخزن، خدمات المستهلكين....)، لذا يجب أن تتخذ القرارات بشأنه مقترنة بخطط بقية عناصر المزيج التسويقي : السلع، التوزيع، الترويج [3]. فمثلاً عند تحسين جودة المنتجات لا يمكن اتخاذ هذا القرار دون مراعاة مدى تقبل السوق للسعر الجديد المرتفع الـذي سـيكون مرافقـاً للجودة العاليـة للمنتج. وسوف نقوم بإيضاح العلاقات الأساسية للأسعار مع متغيرات المزيج التسويقي marketing mix لاحقاً.

إن تحديد السعر يجب أن يكون إذاً متوافقاً وعناصر المزيج التسويقي. وهذا يـرتبط مـع اختيـار السـوق المستهدفة والحصة السوقية part de marché

الشكل رقم (١-٧) يبين لنا كيفية تحديد السعر وما هي الخطوات الواجب اتباعها والعناصر المؤثرة في عملية التسعير.

شكل رقم (١-٧) : إجراءات تحديد السعر

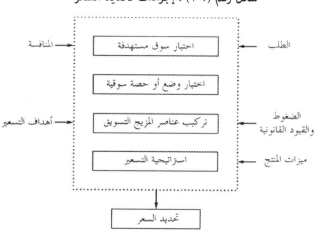

نلاحظ من هذا المخطط أنه لا يمكن تحديد السعر انطلاقاً مـن عنصر- التكاليف بـدون الأخذ بالحسبان الطلب والمنافسة وميزات الإنتاج والقيود القانونية وأهداف التسعير. وفي هـذه الحالة يـتم

[3] د. الصحن فريد مرجع سابق ١٩٩٦

تحديد السعر أو عدة مستويات من الأسعار من أجل اختيار أنسبها [٤]. لهذا فإن قرارات تحديد السعر تتأثر بعدد من العوامل الداخلية والخارجية :

تضم العوامل الداخلية التي تؤثر في قرارات التسعير ما يلي :

- **أهداف التسويق** : قبل تحديد السعر المناسب يجب على الشركة اتخاذ القرار المناسب بما يخص استراتيجية إنتاجها. إذا كانت الشركة قد اختارت سوقها ومكانتها في هذه السوق بدقة فإن استراتيجية تسويقها بما في ذلك السعر ستكون واضحة وسليمة. وهنا أما أن تختار سعراً عالياً أو سعراً منخفضاً وذلك بحسب وضع المنافسة في السوق وأهداف الشركة (استمرارية حياتها، تعظيم الربح، الهيمنة على السوق، الهيمنة على قطاع صناعي معين...).

- **استراتيجية التسويق:** يعتبر السعر أحد أدوات التسويق التي تستخدمها الشركات لتحقيق أهدافها. وإن اعتماد سعر ما يأخذ بالحسبان تصميم المنتج والتوزيع والترويج وذلك لوضع استراتيجية تسويقية مناسبة [٥]. فالسعر المرتفع يعكس جودة السلع والخدمات أو جودة قنوات التوزيع أو برامج الترويج. فإذا كان السعر عاملاً حاسماً في تحديد مكانة السلعة في السوق فسوف يؤثر السعر بشكل كبير على القرارات المتخذة حول عناصر التسويق الأخرى، لكن يجب على المسوقين كذلك الأخذ بالحسبان أن الزبائن نادراً ما يشترون بالاعتماد فقط على السعر (توجد عوامل أخرى يضعها المشتري في حسبانه)[٦]. ومنهم من يفتش عن منتجات تعطيهم نتائج أفضل بالأسعار التي سيدفعونها. وبالتالي يجب على الشركة أن تضع في حسبانها السعر إلى جانب عناصر التسويق الأخرى في برنامج تسويقها.

- **التكاليف**. تشكل التكاليف أرضية السعر الذي يجب على الشركة تحديده لمنتجاتها. فهي تشكل أهم عنصر في استراتيجية تسعيرها. فالشركة تحاول تخفيض تكاليف إنتاجها من أجل البيع بأسعار منخفضة لزيادة المبيعات وتحقيق الأرباح المرتفعة (انظر المبحث الثاني).

---

[٤] Bon.A et Gegory.p. technique marketing، vuibert paris ١٩٨٦

[٥] kotler.ph et Armestrong .G. op cit ١٩٩٦

[٦] أنظر فصل سلوك المستهلك

- **التنظيم والإدارة**: يجب أن تقرر الإدارة من المسؤول عن وضع الأسعار داخل الشركة. ففي المشروعات الصغيرة والمتوسطة توضع الأسعار غالباً من قبل الإدارة العليا (صاحب المشروع) بدلاً من أقسام البيع والتسويق، أما في الشركات الكبرى فيتم وضع الأسعار من قبل مدير خط الإنتاج أو أقسام خاصة بوضع الأسعار بالاعتماد على أهداف وسياسات الإدارة العليا في مجال التسعير.

أما العوامل الخارجية فتضم السوق والطلب والمنافسة وانطباع المستهلك عن السعر...الخ. وسوف نتعرف على هذه العوامل في المبحث الثاني والمبحث الثالث.

نستنتج بأن تحديد السعر يعتبر من أصعب مهام إدارة المشروع لأنها تعكس مدى نجاح أو فشل المشروع لما له من أثر في ربحية المشروع وقدرته على تحقيق أهدافه. ومن جهة أخرى يجب مراعاة احتياجات ورغبات المستهلكين عند تحديد السعر الذي يكون المستهلك مستعداً لدفعه مقابل حصوله على السلعة أو الخدمة.

ثانياً - الضوابط والقيود القانونية في مجال التسعير :

إن أهمية سياسة التسعير في استراتيجية المشروع لا تتغير فقط من عام إلى آخر بحسب التطورات التقنية والاقتصادية، ولكن تعتمد كثيراً على نوع المنتج والظروف الاقتصادية والقوانين وقدرة مديري التسويق على معرفة أثار هذه السياسة على السعر.

فالظروف التي تقود الشركة إلى تحديد أو تعديل سعر البيع تكون مختلفة جداً : مثل طرح منتجات جديدة، الحصة السوقية، مجابهة المنافسة، تغير تكاليف الإنتاج...الخ. وتختلف هذه الظروف كذلك بحسب أهداف المشروع وسياساته. كما أن الإطار القانوني الذي يحيط بالمشروع يرغمه أحياناً على اتباع سياسة تسعير محددة.

١- القيود القانونية ورقابة الحكومة في مجال تحديد الأسعار :

بشكل عام، ليست المشروعات حرة دائماً في تحديد أسعارها. بل تتدخل عادة الدولة بأشكال مختلفة لتحديد السعر وخاصة من خلال فرض الضرائب والقوانين. ويوجد سببين رئيسين يقودان الحكومة إلى تنظيم الأسعار من خلال القرارات والقوانين وغيرها. السبب الأول يتعلق بمراقبة

تطور الأسعار وخاصة في فترات التضخم الكبير. والثاني يخص دعم حرية المنافسة ودورها المنظم للسوق [٧]

أ- تقنيات وإجراءات الرقابة على تطور الأسعار.

بالرغم من وجود بعض التشريعات الناظمة للأسعار، فمن حق الحكومة التدخل أحياناً في هذا المجال ولاسيما عندما تلاحظ ارتفاعات متتالية في السعر ناجماً عن ارتفاع حدة التضخم.

إن إجراءات رقابة الدولة على الأسعار يجب أن تتلاءم مع سرعة تطور تلك الأسعار. ففي حالة التضخم تستخدم الدولة الإجراءات الصارمة مثل تثبيت الأسعار وفرض الضرائب و تحديد إطار الأسعار وهوامش الربح. أما في حالة الاستقرار النسبي، فإن الدولة تستخدم إجراءات أكثر مرونة مثل سياسة الاتفاقيات والحرية غير التامة والحرية المراقبة في مجال الأسعار.

(١) - الإجراءات الصارمة في تحديد الأسعار : Politique rigide

توجد العديد من الأنظمة والقوانين التي تتعلق بالتسعير رغبةً من الحكومة في مراقبة الأسعار وجعل البيع أكثر أخلاقية وحماية بعض المصالح. من أهم الإجراءات المتخذة في هذا المجال نجد :

- تثبيت الأسعار وتحقيق استقرارها. تقوم هذه السياسة على المحافظة على الأسعار عند المستوى الذي وصلت إليه في فترة محددة.

- تحديد حد أعلى للسعر. يحدد هذا السعر من طرف الحكومة دون الرجوع إلى السعر المستخدم قبل فترة تطبيق هذه السياسة.

- تحديد الإطار العام للسعر. يسمح هذا الإجراء للشركة بتحميل سعر مبيعاتها الارتفاعات في التكاليف كافة التي تتحملها الشركة، ثم تقوم الحكومة بتحديد العناصر التي يجب أخذها في الحسبان عند تحديد السعر النهائي.

- تحديد هوامش الوسطاء والموزعين. تتدخل الحكومة في قنوات التوزيع (تجار جملة، تجار المفرق) والمستوردين من أجل تحديد سواء نسبة الربح المحسوبة على أساس سعر الشراء أو قيمة الهامش النسبي

---

٧ Novella J p et ferried.d "liberté des prix et nouveau droit de la concurrence lamy paris ١٩٨٧

لكل حلقه والمحسوب بتقسيم وتوزيع الهامش المطلق لسعر البيع بين وسطاء قنوات التوزيع. فعندما نستخدم سعر الشراء يكفي بضرب معامل هامش الربح بسعر الشراء بدون ضرائب للحصول على سعر البيع. **مثال** : إذا كان سعر الشراء هو ٨ ل.س بدون ضرائب وإن معامل هامش الربح هو ٠،٢٥ فإن سعر البيع سيكون ١٠ ل.س وهامش الربح ٢ ل.س توزع على وسطاء التوزيع.

(٢) – الإجراءات المرنة في تحديد الأسعار.   La politique souple

- سياسة الاتفاقيات في مجال الأسعار : يتم تدخل الحكومة في مجال الأسعار من خلال الاتفاق بين السلطات العامة وممثلي كل مهنة، الهدف من هذا التدخل الاتفاقي هو الالتزام والتعهد من قبل الإطراف للوقاية من التضخم. هذه الاتفاقيات تعطي بعض الحرية للشركات من أجل تحديد السعر بشرط أن لا تبتعد الشركة كثيراً عن أهداف الحكومة في مجال تطور الأسعار.

- الحرية المقيدة في تحديد الأسعار : يسمح هذا النظام للمنتجين والموزعين بحرية تحديد أسعارهم بشرط أخذ الموافقة مسبقاً من إدارة حماية المنافسة والاستهلاك أو من بعض الجهات المختصة. يطبق هذا النظام عادة في مجال أسعار المنتجات الصيدلانية.

- الرقابة على حرية تحديد الأسعار. بحسب هذا النظام يكون للشركة حرية التصرف في تحديد وتعديل أسعار منتجاتها دون تدخل الدولة. ولكن يجب أن يكون للحكومة علم سابق بتعديلات الأسعار والتي لا يمكن تطبيقها بدون معرفة الجهات الرسمية (كما هو الحال في فترات الرخص والتصفيات...).

ب- تنظيم الأسعار الموجه لتشجيع حرية المنافسة :

(١) – النظام الموجه لمنع التحالفات أو استغلال حالة الهيمنة.

يطبق هذا النظام في حالة التحالفات والحالات التي تكون فيها المنافسة محدودة، وحالة البيع بخسارة أو تطبيق أسعار منخفضة.

- إن القانون يمنع التحالفات واستخدام حالة الهيمنة (أو القوة) التي تمنع المنافسة الحرة من خلال:

- وضع رادع على تخفيض سعر البيع وإعادة البيع بأقل من تكلفة الإنتاج.

- تشجيع الارتفاع أو الانخفاض المصطنع artificial للأسعار.

تنص القوانين على أن السلطات العامة تتمكن من تنظيم أسعار بعض القطاعات (مثل قطاع الكهرباء - الغاز والطرق العامة....الخ) والتي لا يوجد فيها منافسة في الأسعار كونها محتكرة عادة من قبل القطاع العام وأن التشريعات لا تسمح بذلك للقطاعات الأخرى.

- بالإضافة إلى ذلك فإن تطبيق الأسعار التي تميز بين الزبائن يقيد حرية المنافسة. فالقانون يمنع التمييز بين الزبائن من ناحية الأسعار أو شروط البيع والدفع إلا إذا كان التمييز له ما يبرره مثل تخفيض تكاليف البائع (في حالة الطلبيات الكبيرة).

- القانون يمنع كذلك تطبيق الحد الأدنى من الأسعار وخاصة إذا كان يخفي وراءه تحالف معين أو حالة هيمنة معينة.

- إن البيع بخسارة (بسعر أقل من تكلفة الشراء) هو كذلك محظور لأنه يخل بقانون المنافسة ويكون هدفه إخراج بعض المنافسين من السوق. تأتي هذه الأنظمة لحماية المحلات الصغيرة من المحلات الكبيرة (سوبر ماركت) ولكن هناك بعض الاستثناءات بالنسبة إلى بعض المنتجات ومنها سلع الموضة القديمة، السلع الموسمية، السلع القابلة للعطب السريع، في حالة التصفية....الخ.

- إن أنظمة منظمة التجارة العالمية وبعض القوانين تسمح في حالة التصدير بتطبيق أسعار أقل من الأسعار المطبقة في السوق المحلية وبالتالي تطبيق أسعار منخفضة بشكل غير معقول. تستخدم هذه الأسعار في حالة إغراق الأسواق بالبضائع.dumping وأن هذه السياسة غير مسموح بها في جميع الحالات وفي جميع الدول ويمكن أن تتعرض لبعض القوانين التي تحد منها في حالة استخدامها على نطاق واسع أو في حالة الأضرار باقتصاد بلد ما.

(٢) - النظام الموجه لحماية المستهلك وحريته في الاختيار

يتدخل المشرع لحماية المستهلك في بعض الحالات : مثل البيع مع جوائز ورفض البيع.

- البيع مع جوائز. يتعلق بالمبيعات التي تعطي الحق بجوائز. لكي تكون قانونية يجب أن تكون هذه الجوائز بشكل نقدي وليست من طبيعة السلعة المباعة. تعطى هذه الجوائز عادة للمستهلكين وتحظر على الموزعين : مثل اليانصيب.

- رفض البيع. تعني قيام المنتج أو الموزع برفض البيع وتلبيه طلب المشتري إذا كان بإمكانه ذلك (السلعة موجودة) وإن السلعة مسموح تداولها (طلب عادي)، وإن البيع غير مشروط بنص قانوني (مثل الأدوية التي تتطلب وصفه طبية). إن رفض البيع هو إذاً محظور إذا كان الطلب نظامي. إن خضوع عملية البيع لشراء كمية مفروضة أو شراء منتجات أخرى (شراء مجموعة) أو تقديم خدمة ما بشرط شراء منتج معين يكون مرفوضاً. لكن أحياناً عندما تكون السلع معروضة ضمن غلاف موحد فإن البيع بالجملة (أو كمية مفروضة) يكون مسموحاً : مثلاً : عند شراء مجموعة أقلام تلوين موجودة في علبة واحدة أو طقم كؤوس أو ملاعق موجودة ضمن غلاف أو حد... الخ.

ج- الأعراف أو المعايير الاقتصادية   Normes Economiques

تفرض البيئة الاقتصادية أحياناً معايير وأعراف حقيقة على المشروعات التي لا تتمكن من اتخاذ مبادرات خاصة [٨]، وبالتالي فالأسعار تكون مفروضة عليها بسبب بعض العوامل الاقتصادية. يمكن أن نصادف هذه الحالة في حالة احتكار القلة لتوزيع الأجهزة الكهربائية المنزلية، حيث تقوم الشركات بالاتفاق على توحيد التعريفة فيما بينهم عندما يقوم أحد المنافسين المماثلين في القوة بتخفيض أسعاره، وهذه الحالة تكون عادة مكلفة جداً وتستخدم لتجنب المنافسة.

بعض الشركات الأخرى التي ليس لها تأثير قوي في السوق تتبع عادة سياسة سعر الشركات المهيمنة على السوق مع محاولة تنويع عرضها سواء بنوعية وجودة قنوات التوزيع أو بنوعية الاتصال (الإعلان).

وأخيراً فإن تكاليف عناصر الإنتاج ومعدل زيادة الإنتاج وهامش ربح وسطاء التوزيع تشكل قيود حقيقية عند تحديد أسعار البيع. وبالتالي فإن المشروعات تجد صعوبة في تطبيق سياسات تسعير مرنة ومتماسكة.

ثالثاً- أهداف التسعير

ترتبط أهداف التسعير بحجم المبيعات والعوائد المتوقعة والمزيج السلعي وبالحصول على علامة جودة رفيعة وأخيراً بوضع المنتج المباع بالمقارنة مع منتجات المنافسين.

[٨] Bon. J et Gregory. D. techniques marketing .١٩٨٧. paris

١ - أهداف التسعير المتعلقة بحجم المبيعات (الطلب).

إن حجم المبيعات يتغير بعلاقة عكسية مع تغير السعر. ويمكن استنتاج ذلك من خلال تغير منحنيات الطلب وعلاقتها بالسعر.

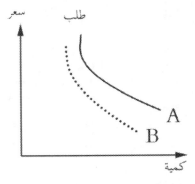

إن منحنى الطلب يأخذ عادة شكل المنحنى A : فالسعر المفروض يؤثر في حجم المبيعات. هذا التأثير يتغير بحسب مرونة المبيعات (الطلب) مقارنة بالسعر. (مرونة الطلب السعرية). على سبيل المثال، إن المرونة الضعيفة للطلب مقارنة بالسعر تترجم بمنحنى طلب أكثر انحداراً على شكل المنحنى B، وبالتالي هناك تزايد طفيف في الطلب عند وجود تناقص ضعيف في السعر. إذا كان الهدف هو تعظيم حجم المبيعات أو دخول سوق ما لزيادة حصة الشركة في هذه السوق فيتم ذلك بتحديد سعر منخفض قليلاً.

توجد عدة دوافع لتحقيق هذا الهدف : منها الرغبة في الاستخدام الكامل للطاقة الإنتاجية، تحقيق وفورات الحجم **Ecouomies d'échelle** أو تحسين الوضع على منحنى الخبرة، الوصول إلى وضع الهيمنة أو القيادة **leader** في إحدى الأسواق الجديدة.

٢- تحقيق عوائد معقولة للمشروع.

إن كل مشروع يتحمل عبء البحوث وتصميم المنتجات وشراء براءة الاختراع وتكاليف تصنيع وطرح وتسويق المنتجات، وبالتالي لابد له من الحصول على عائد مالي يعوض هذه النفقات وهامش ربح يبرر قيامه بعمله ويضمن استمرار حياته. فالعائد يستخدم كمقياس للحكم على كفاءة أداء المشروع.

يمكن حساب هذا العائد من العلاقة التالية :

$$Q.R = P.Q - C$$

حيث: R = العائد (الربح)، Q = الكمية المباعة، P = السعر، C = تكلفة الوحدة.

من هذه العلاقة نلاحظ أن الربح يرتبط بعلاقة مباشرة بالسعر، مع ذلك فإن هذه العلاقة تكون عادة أكثر تعقيداً لأن السعر يؤثر كذلك على الكمية المباعة بحسب النظرية الاقتصادية. الشيء نفسه بالنسبة إلى تكلفة الوحدة الواحدة، حيث أن جزءاً من هذه التكلفة يمثل التكاليف المتغيرة مثل تكلفة المواد الأولية واليد العاملة المباشر، والجزء الآخر يمثل التكاليف الثابتة على المدى القصير موزعة على الكمية المباعة (مثل تكاليف البحوث، رواتب ونفقات إدارية، نفقات التسويق وأقساط الاهتلاكات).

إن أهمية التكاليف الثابتة في تكلفة الوحدة تختلف من سلعة إلى أخرى بحسب الكمية المباعة وبالتالي بحسب السعر. لذا فإن العلاقة المعقدة بين العائد والسعر لا تسمح لنا القول أن السعر المرتفع يعطي عائداً مرتفعاً وأن هدف زيادة العائد يتطلب وضع أسعار عالية.

وعندما نتمكن من تقدير حجم المبيعات من سلعة ما لعام كامل، يسهل علينا تحديد سعرها مع الأخذ بالحسبان تحقيق عائد محدد.

عملياً يمكن حساب السعر بالعلاقة التالية:

$$P = V + F/Q + ri/Q$$

P = السعر   F = إجمالي التكاليف الثابتة   r = معدل عائد الاستثمار المطلوب

V= تكلفة متغيرة وسطية   Q = كمية المبيعات المتوقعة   i = الاستثمارات

من خلال هذه العلاقة، نلاحظ أنه لا يمكن تحديد سعر مرتفع، الشيء الذي يؤدي إلى انخفاض الطلب. و انخفاض الكمية الممكن بيعها يتطلب إذاً رفع سعر الوحدة الواحدة من أجل تغطية النفقات الثابتة، والتي يمكن أن ينجم عنه نقص في الطلب.

٣- أهداف المزيج السلعي

لاحظنا في الفقرة السابقة أن سعر السلعة له آثار جانبية على كمية المبيعات ويمكن أن تنعكس هذه الآثار كذلك على منتجات أخرى من المزيج السلعي.

هكذا فإن تحديد السعر يمكن أن يكون هدفه تعظيم المبيعات لمنتجات المزيج السلعي. وإن سعر المنتج الجديد له انعكاسات واضحة على المنتجات الأخرى في هذا المزيج.

مثال، إن الهدف من تطبيق السعر المنخفض هو جذب أنظار الزبائن إلى المنتجات ذات الجودة المتدنية في المزيج السلعي وأملاً ببيع السلع العالية الجودة في تلك المزيج.على العكس، إن السعر غير المحدد بشكل دقيق يمكن أن يكون له أثراً سلبياً على الحصة السوقية للمنتجات الأخرى في المزيج السلعي.

٤- التمتع بعلامة رفيعة.

عندما لا يكون لدى المستهلكين معلومات عن تمايز وجودة المنتجات، فإن السعر يكون مؤشراً للجودة. إن تحديد السعر على مستوى مرتفع يكون الهدف منه هو المحافظة على/أو خلق/ علامة جودة رفيعة، حيث أن العلامة تكون هامة بالنسبة إلى بعض المنتجات وأنواع السلع (مثل العطور، السيارات، وسلع المفاخرة والتميز بشكل عام).

٥- وضع المنتج المباع بالمقارنة مع منتجات المنافسين أو منتجات الإحلال.

الشركات التي لا تهدف إلى تعظيم الربح لا تهتم عادة بالأهداف السابقة في سياستها السعرية، بل تبحث أولاً عن مركز منتجاتها بالمقارنة مع المنتجات الأخرى المقدمة من قبل المنافسين للمجتمع لإشباع حاجة مماثلة. ويمكن لهذه الشركات أن تحدد أسعارها بحسب ما تحصل عليه من موارد مختلفة ومساعدات وعطاءات مجانية ضرورية للقيام بمهامها. بعض الشركات الصغيرة تكتفي بتطبيق أسعار منافسيها الأقوياء (رواد أو قادة السوق).

٦- أهداف أخرى. تسعى الشركة من وراء سياسة التسعير التي تتبعها إلى تحسين حصتها السوقية وتحقيق نوع من الاستقرار في أسعار منتجاتها أو تعظيم ربحها (حالة الاحتكار) والحصول على سيولة نقدية سريعة من خلال تحديد أسعار مرتفعة نسبياً واسترداد الأموال المستثمرة بسرعة [٩].

---

٩ باشري نفيسة د. عبد الحليم هناء. ١٩٨٦. إدارة المبيعات. نهضة الشرق. القاهرة

المبحث الثاني

تشكل الأسعار وسياسات المشروع المتعلقة بالمزيج التسويقي

سوف نعرض في هذا المبحث أهم الخطوات والأساليب المستخدمة في تحديد الأسعار والمتعلقة بتقدير الطلب وحساسية المستهلك للأسعار والعلاقة القائمة بين السعر وجودة المنتجات، بالإضافة إلى بحث سياسات المشروع المتعلقة بالمزيج التسويقي (تخطيط السلع، الترويج، التوزيع) وعلاقتها مع سياسة التسعير في المشروع.

أولاً- خطوات وأساليب تحديد الأسعار للمستهلك (أو المشتري)

تعد عملية تحديد الأسعار من أصعب المهام التي تقع على عاتق المسؤولين في أي مشروع، وذلك لأنها تخضع للعديد من العوامل التي تتغير بسرعة كبيرة والتي يخرج معظمها عن سيطرة المشروع [10]. عملياً توجد عدة خطوات وعدة أساليب لتحديد أسعار المنتجات. من أهم هذه الأساليب والخطوات نجد الطرق التي تستخدم قياس ومرونة الطلب على السلع والخدمات والتسعير على أساس التكاليف وإضافة هامش ربح محدد والتسعير على أساس أسعار المنافسين.

١- التسعير وتطور الطلب ومرونة الطلب

سوف نتعرف بالتفصيل إلى كيفية تقدير الطلب على السلع في الأسواق والتغير في مرونة الطلب بالنسبة إلى السعر. وما يهمنا هنا هو الجانب التقني في علاقة السعر بالطلب والمرونة وكيفية سعر البيع للمستهلك النهائي (أو المشتري).

أ- تقدير الطلب على السلع والخدمات.

يؤثر الطلب على سلعة أو خدمة ما على تسعير هذه السلعة أو الخدمة. فالطلب يمكن أن يكون إذاً رادعاً لزيادة أو انخفاض السعر. عند تقدير الطلب على منتج معين يجب الأخذ بالاعتبار عدداً من العوامل: مثل عدد السكان والتراكيب الاجتماعي، القوة الشرائية عدد المنافسين، ودخل و تفضيلات المستهلك، مرونة الطلب......الخ. وعند التخطيط للسعر يجب دراسة هذه العوامل كافة

---

١٠ غنيم حميد ، ١٩٩٥ ، المدخل الحديث في إدارة التسويق.القاهرة. دار النهضة العربية.

ومعرفة حجم الطلب الكلي ومرونة الطلب على السلعة. وهذا يتم طبعاً من خلال تحديد الشريحة الاجتماعية أو الجزء السوقي الذي سوف تقوم الشركة بخدمته، ومستوى الدخل لهذه الفئة لأن الدخل المرتفع سيصاحبه ادخار معين وبالتالي زيادة في الطلب على السلع الكمالية على سبيل المثال. وهنا يتم تقدير السعر الأولي للسلعة من خلال توقع السعر الذي سيكون الفرد مستعداً لدفعه وتقدير السعر بحسب مرونة الطلب السعرية (انظر الفقرات اللاحقة) التي تشكل المتغير الرئيسي في تحديد سعر سلعة ما. حيث تغيير المرونة يدل على تغيير في طبيعة الطلب وعلى المشروع أخذ ذلك بالحسبان.

بشكل عام تتناسب مرونة الطلب بشكل عكسي مع السعر ما عدا حالة بعض المنتجات الكمالية. ومن جهة أخرى تكون المرونة ضعيفة عندما يستخدم المستهلك السعر كمؤشر للجودة. تكون المرونة عادة منخفضة على المدى القصير وعالية على المدى الطويل. ففي مجال الصناعة مثلاً، عندما يرفع أحد الموردين سعره فإن المشروع يحتاج مدة معينة حتى يقوم بتغير المورد وبالتالي ينخفض طلبه من هذا المورد.

بشكل عام توجد بعض العوامل التي تؤثر على مرونة الطلب ومن أهمها نذكر :

(١) - وجود مجال محدد للسعر مقبول من المستهلك.

يقوم المستهلك بتحديد مجال مقبول لسعر كل سلعة من خلال معلوماته وخبرته في السوق. إذا كان السعر أقل من هذه حافة السعر يرفض المستهلك السلعة أو الخدمة كونه يعتبر هذه السلعة من المنتجات ذات النوعية المتدنية. وعلى العكس، عندما يتجاوز سعر السلعة هذه الحافة، فإن المستهلك لا يشتري المنتج لأنه يجده باهظ الثمن من أجل إشباع حاجته [١١]: على سبيل المثال، إن ارتفاع سعر البن في سورية عام ١٩٩٤ من ١٤٠ ل.س إلى ١٥٠ ل.س لم يكن له أثر على الطلب، ولكن ارتفاع السعر في عام ١٩٩٥ من ١٥٠ ل.س إلى ٣٥٠ ل.س وخلال فترة قصيرة (ثلاث أشهر) أدى إلى هبوط سريع في الطلب والتحول إلى سلع أخرى.

---

[١١]- Rostand .F et le Roy I. ١٩٨٦. le prix comme élément d'analyse du comportement du consommateur. revue franÇaise du marketing, n ١.

في الحقيقة إن مجال أو حافة السعر تختلف بحسب بعض ميزات المستهلكين. فالمستهلك الـذي يقتنـع بوجود علاقة بين السعر والجودة ومقتنع بسلعة معينة ولا يهتم كثيراً بالسعر، فإن مجال أو حافة السعـر المقبولة لديه تكون أوسع من المستهلكين الآخرين. ففي بعض محلات التجزئـة توجد بعض الأساليـب المستخدمة عادة من أجل إقناع المستهلك بقبول السعر المحدد وإظهار أهمية التخفيض في السعر المقدم. من هذه الأساليب يلاحظ مثلاً وضع السعر القديم للسلعة إلى جانب السعر الجديد أو نسبة الخصـم الممنوحة (حالة الرخص على الألبسة مثلاً) أو وضع السعر بناءً عـلى طلـب مـن المنتـج مـن أجـل حـث الطلب وزيادة المبيعات.

(٢) - حساسية المستهلك للأسعار : إن المستهلكين ليـس لـديهم حساسية واحدة للأسعار. فالمستهلكين الذين لديهم حساسية محددة للأسعار يكون لديهم ميل للـولاء لبعض الأسعار، لكن مـن لا يهتم كثيراً بالأسعار يكون لدى بعضهم ميل للأسعار المنخفضة والبعض للأسعار المتوسطة والبعض الآخـر للأسعار المرتفعة (وهي نسبة قليلة). ترتبط هذه التفضيلات المختلفة بالشرائح الاجتماعية. مثلاً في مجال المـواد الاستهلاكية، فإن الأسعار المرتفعة تقتصر على العائلات الصغيرة الحجم وذات الدخل المرتفع.

إن اختلاف حساسية المستهلكين للأسعار تفترض وضع أسعار مختلفة نظراً لعدم تجانس الطلـب بالنسبة للسعر. وهناك عدة استراتيجيات مستخدمة لتقديم خصومات على السعر من أجل دخول الأسواق التي تفضل الأسعار المنخفضة. ففـي الأسواق الثانوية مـثلاً يتم البيع بأسعار أقـل مـن أسعار الأسواق الرئيسة، كما هو الحال عند البيع للطلاب أو في الأسواق الأجنبية. يمكن استخدام الحسم المؤقت كـذلك في حالـة الرخص السنوية (بسبب تغير الموضـة) أو في فتـرات مـا بعـد الأعياد (أعيـاد دينيـة، أعيـاد رأس السنة...) . وأخيراً يمكن استخدام استراتيجية الخصم لبعض المنتجات لجـذب المستهلكين الـذين يبحثون باستمرار عن الأسعار المنخفضة أملاً بقيام هؤلاء الأفراد بشراء سلع أخرى من المتجر مع الاستمرار بتقديم سلع بأسعار مرتفعة للأفراد الذين لا يبحثون عن الأسعار المنخفضة.

ب- تطورات الطلب والمرونة

يعد الطلب على المنتجات أحد العناصر المؤثرة في تحديد الأسعار، لأن الطلب يعكس مدى إشباع المستهلك من سلعة ما وبالتالي السعر الذي عنده يكون المستهلك مستعد للحصول على السلعة بحيث تتساوى عنده المنفعة المتحققة من السلعة مع سعرها المعلن. لهذا فكل سعر تحدده الشركة سيؤدي إلى مستوى مختلف من الطلب [١٢].

إن تحديد السعر وفق أسلوب الطلب لا يعتمد على تكلفة إنتاج السلعة بقدر ما يعتمد على مدى استعداد المستهلك لدفع سعر معين واستجابته لقيمة السلعة مقارنة بالسعر وكافة العوامل النفسية المحيطة بالمستهلك. وبالتالي يحدد السعر على أساس مدى قبول المستهلك وحساسيته للأسعار و تكون التكلفة أحد المتغيرات في تحديد تلك الأسعار.

في الواقع العملي، يلاحظ وجود علاقة عكسية بين السعر والطلب. فكلما انخفض السعر كلما ازدادت الكمية المطلوبة والعكس صحيح (حالة السلع الجديدة). لكن هذه القاعدة لا يمكن تعميمها في جميع الحالات، لأنه من الناحية التسويقية نلاحظ أن بعض المستهلكين يفضلون السعر الأعلى لأنه يعطي أماناً أكبر ومؤشراً للجودة العالية (كما في حالة الوجبات السريعة، المنظفات الخاصة بالجلد والشعر....الخ). وهناك عدة عوامل محددة للطلب :

- يتم عادة تقدير الطلب بعدة طرق: منها النماذج الكمية والإحصائية وبحوث التسويق التي يتم من خلالها التنبؤ بالطلب الفعلي على السلع والخدمات ومعرفة مدى القدرة الشرائية للأفراد واحتياجاتهم ورغباتهم...الخ، ويتوقف نجاح البحوث التسويقية على درجة استعداد المستهلكين للتعبير عن احتياجاتهم الحقيقية (لأن البعض لا يعرف ما يريد أو لا يرغب بالإفصاح عنها مسبقاً).

- بالإضافة إلى بحوث التسويق، يمكن تقدير الطلب كذلك من خلال العلاقة بين بعض المتغيرات الاقتصادية ومن أهمها مرونة الطلب [١٣]: وهي تعني مدى تغير الطلب بتغير محدداته أي مدى تأثر

١٢ - الصحف محمد فريد . ١٩٩٦ . مرجع سابق.

[١٣] - Kotler & armestrong. G, op cit, ١٩٩٦.

الطلب بالتغير في الأسعار والدخل والإعلان وغيرها من المحددات. فالتغير في الطلب الناجم عـن التغير في الأسعار يطلق عليه مرونة الطلب السعرية والتي يمكن حسابها من العلاقة التالية :

مرونة الطلب السعرية = التغير النسبي في حجم الطلب / التغير النسبي في السعر

$$ e_p = \frac{dQ}{dP} \times \frac{P}{Q} $$

حيث : e_p = المرونة السعرية   P = السعر   Q = الكمية المطلوبة

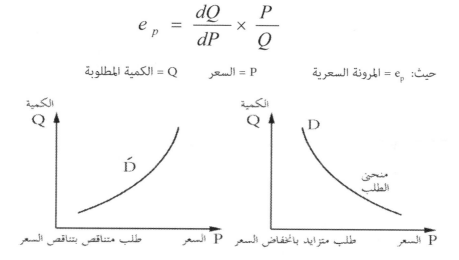

ويفسر منحى الطلب المتناقص زيادة الكميـات المطلوبـة مـن سـلعة مـا عنـدما ينخفض سـعر بيـع الوحدة المنتجة منها (منحنى D). وتتحـدد حساسـية المستهلك تجـاه تغيـرات الأسـعار لسـلعة محـددة بحسب المرونة السعرية. وتمارس هذه المرونة السعرية على الإيرادات الناجمة عن أي تغير في السعر. مـن خلال المرونة السعرية نلاحظ :

- تكون e_p سالبة عندما تزداد الكمية المطلوبة بانخفاض الأسعار (منحنى D).

- تكون e_p موجبة عندما تزداد الكمية المطلوبة بتزايد السعر (منحنىD́،طلب متناقص).

- عندما تكون المرونة أقل من الواحد الصحيح نلاحظ أنه لا توجد مرونة في الطلب، لأن تغيرات الأسعار لا تؤثر إلا بصورة بسيطة على الطلب وبالتالي يزداد الطلب بازدياد الأسعار وينخفض بانخفاضها.

- إن تغير سعر الوحدة المنتجة من سلعة ما يمكن أن يكون له أثر على الطلب لمنتجات أخرى (متممة أو منافسة). بشكل آخر، إن تغير الطلب لا يمكن فهمه جيداً إلا من خلال الأخذ بعين الاعتبار أثر تغير الدخل على هذا الطلب (مرونة الدخل) والتي تحسب من العلاقة التالية :

$$e_r = \frac{dQ}{dr} \times \frac{r}{Q}$$

r = الدخل   Q = الكمية e_r = مرونة الطلب الدخلية.

مرونة الدخل = التغير النسبي في الكمية المطلوبة / التغير النسبي في الدخل

وتحدد المرونة السعرية للطلب أيضاً كم من الزيادة في التكاليف يمكن تحميلها للمستهلك في شكل زيادة في السعر. فإذا كان الطلب غير مرن (سلع الاستقراب مثلاً) يمكن إضافة هذه التكاليف إلى الأسعار بصورة زيادة في الأسعار.

ج _ تفسير منحنيات الطلب غير السوية (الشاذة)_ بالنسبة إلى بعض السلع.

إن معظم منتجات الطلب (منحنى D مثلاً) تترجم زيادة الكميات المطلوبة لسلعة ما بانخفاض سعرها. ويمكن تفسير هذه الزيادة في الطلب من خلال دخول مشترين جدد مدفوعين بانخفاض سعر الوحدة أو من خلال زيادة دخل المستهلكين بحيث تحدث تغييرات في الموازنة المخصصة للاستهلاك (انخفاض سعر الوحدة يؤدي إلى شراء كمية أكبر بنفس الموازنة المخصصة للاستهلاك). مع ذلك يجب أن نعلم أنه بالنسبة إلى بعض المنتجات أو في بعض الظروف الخاصة يزداد الطلب أولاً بأول مع زيادة سعر الوحدة الواحدة من سلعة ما. إن منحنيات الطلب المتزايد (منحني Dَ) أو منحنيات الطلب المنعطف (منحنى Dً) تسمى المنحنيات غير السوية لأنها تترجم حالة مختلفة عما هو معروف في النظرية الاقتصادية الكلاسيكية.

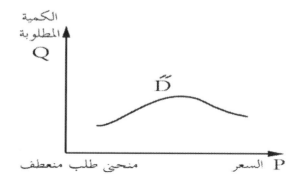

الكمية المطلوبة Q

D̃

السعر P

منحنى طلب منعطف

يمكن تفسير هذا التناقض الظاهر من خلال بعض العناصر التي ترتبط بطبيعة المنتجات:

- بالنسبة إلى السلع الضرورية للمستهلك ذو الدخل المنخفض[14]. عندما يزداد سعر إحدى السلع فإن الأسر الفقيرة لا تتمكن من شراء السلع المرتفعة الثمن، ويتوجب على المستهلكين الفقراء زيادة كمية استهلاكهم من السلع الرخيصة كونهم لن يتمكنوا من تنويع غذائهم. مثلاً زيادة سعر الخبز لن تمكن الأفراد الفقراء من شراء اللحوم وهنا يتوجب على الفقراء أن يزيدوا استهلاكهم من الخبز.

- بالنسبة إلى السلع الكمالية أو سلع الترف. إن بعض السلع الاستهلاكية التفاخرية   (مثل الألماس والمجوهرات) يتم البحث عنها نتيجة أسعارها المرتفعة من قبل بعض الأفراد من أجل أن يتميزوا عما حولهم. وكذلك هنالك بعض العوامل التي تتعلق بظروف الشراء ومنها :

- في حالة التضخم : يتمكن المستهلكون التنبؤ بسرعة تزايد الأسعار وبالتالي يتجهون إلى زيادة طلباتهم على الرغم من ارتفاع الأسعار.

- في حالة غياب المعايير الموضوعية للجودة فإن المشترين لا يثقون بالأسعار المنخفضة للسلع والتي تبدو لهم أنها تخص السلع الرديئة (منحنى D̃).

٢-التسعير على أساس تكاليف الإنتاج.   Rélation Prix / CoÛts

تشكل التكاليف الأساس في تحديد السعر. فبينما يحدد الطلب الحدود القصوى لما يستطيع المستهلك دفعه تحدد التكاليف الحدود الدنيا للسعر الذي يمكن أن تقدم به السلعة. لكن تحديد تكلفة

الإنتاج ليس بالعملية السهلة ويعتمد عادة على تحديد التكاليف الثابتة والمتغيرة للسلع وكذلك التكاليف المباشرة وغير المباشرة والتكاليف الكلية لهذه السلع. وبالتالي فإن معرفة التكاليف ليس مجردة من الغموض لسببين أساسيين هما :

- وجود عدة أساليب لحساب تكلفة المنتج
- تتميز التكاليف بالتغير وتعتمد على الكمية المنتجة

والشكل (شكل ٧-٢) يوضح هيكل التكاليف المتغيرة والتكاليف الكلية

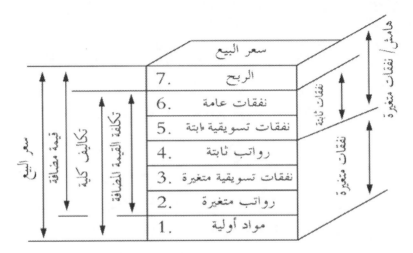

الشكل (٧-٢) : هيكل التكاليف

المصدر : Dubois، ١٩٩٢.et co ،op. Cit

من خلال هيكل التكاليف يتوجب علينا إذاً حساب التكاليف المتغيرة والثابتة والتكاليف الكلية للمنتج.

أ- حسا ب التكاليف الثابتة والتكاليف المتغيرة للمنتج :

إن تكلفة وحدة الإنتاج تعتمد على حجم الإنتاج المتوقع (أو الفعلي). وهنا يجب التمييز، من خلال التكلفة الكلية، بين التكاليف المتغيرة والتي تزداد بزيادة الكمية المنتجة (مثل المواد الأولية،

[١٤] - J bon et gergory, technique marketing, ١٩٨٦, paris.

الطاقة...) والتكاليف الثابتة (أجـور الأرض والبنـاء، الآلات، رواتـب الإدارة..) والتي تظل ثابتـة بشكل عام (على الأقل خلال فترة محددة). إن حصة هذه التكاليف الأخيرة في التكلفـة الكليـة للوحـدة المنتجة تتناقص عادة عندما تزداد كمية الإنتاج. في الحقيقـة حتى التكاليـف الثابتـة تتغير عنـدما يتغير مسـتوى التشغيل (اسـتئجار مباني إضافية، استرداد الآلات، ...). وكذلك فإن التكاليف المتغيرة لا تتغير دائماً بتغير حجم النشاط الإنتاجي.

فإذا قامت الشركة بتحديد سعر مبيعاتها بحسب التكلفـة تـتمكن مـن إضافـة هـامش ربـح إلى التكلفة (متغيرة، ثابتة) وذلك بهدف تغطية الأعباء والحصول على قيمة مضافة. تتمكن الشركة أيضاً مـن تحميل التكاليف الثابتة لمنتجات أخرى مشتركة في العملية الإنتاجية وتحديد سعر أقل مـن السعر الـذي يمكن وضعه أثناء اتباع طريقة التكلفة الكلية.

إن توزيع التكاليف الكلية إلى تكاليف ثابتة وتكاليف متغيرة يقودنا إلى مفهوم نقطة التعادل أو النقطة الميتة point mort التي تتعادل فيها الإيرادات الكلية مع النفقات الكلية عند مستوى إنتاج معين، وهنا لا تحقق الشركة أي ربح أو خسارة وبالتالي نتمكن من حساب عـدد الوحدات المنتجة المعدة للبيع من أجـل الوصـول إلى نقطـة التعادل عنـد مسـتوى سـعر بيـع معـين عـلى الشـكل التـالي (٧- ٣):

$$ x \;=\; \frac{cf}{p \;-\; cv} $$

حيث: x : عدد وحدات الإنتاج في نقطة التعادل (كمية التعادل)

CF : تكلفة ثابتة   P : سعر الوحدة المباعة

Cv : تكلفة متغيرة للوحدة المنتجة

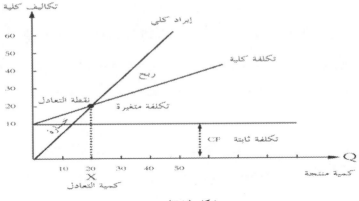

شكل (٧-٣)

إن تحليل نقطة التعادل يفترض السكون في التكاليف وأن جميع الوحدات المنتجة سيتم بيعها، ولهذا يعد الطلب على السلعة طلب مستقر، وهذا غير منطقي في الواقع العملي. لكن تحليل التعادل يساعد جزئياً على تحديد السعر حيث يوضح الأثر المقارن بين بدائل السعر، والتكلفة والكمية على نقطة التعادل. وبالتالي يعطي مؤشراً للإدارة عن الأسعار التي يجب العمل بها في ظل معرفة الطلب في السوق. بالإضافة إلى ذلك فإن نقطة التعادل تسمح بالتعرف على إمكانية السوق ومستقبل المنتج ونقطة بدء ربح هذا المنتج. بهذا الشكل يمكن استخدام هذه الطريقة أثناء طرح بعض المنتجات الجديدة في السوق.

إن العلاقة بين مكونات التكاليف ومرونة الطلب تسمح بالتوصيات التالية في تحديد الأسعار كما في الجدول التالي:

تكاليف متغيرة منخفضة تكاليف ثابتة مرتفعة	تكاليف متغيرة مرتفعة تكاليف ثابتة منخفضة	التكاليف ⟋ الطلب
تخفيض الأسعار	تثبيت الأسعار	طلب مرن
تثبيت الأسعار	رفع الأسعار	طلب غير مرن

ب - حساب التكاليف الكلية والتسعير على أساسها :

تتضمن التكاليف الكلية مجموع التكاليف المتغيرة لمنتج وجزء من التكاليف الثابتة، لاسيما إذا كانت الشركة تقوم بإنتاج عدة أصناف من المنتجات، لأن بعض التكاليف تكون مشتركة في العملية الإنتاجية [١٥]، وبالتالي يتم عكس التكاليف الثابتة على المنتجات بحسب عدة معايير (رقم الأعمال، عدد العاملين، مساهمة كل خط من خطوط الإنتاج...) مما يؤدي إلى إدخال عنصر التقدير في حساب التكاليف. لكن في الحقيقة، التكاليف تكون عادة متغيرة ويجب أخذ ذلك بالحسبان أثناء تحديد الأسعار. وفي هذه الحالة يجب التنبؤ بتطورات التكاليف بحسب الكميات المنتجة وأخذ هذه التغيرات في الحسبان أثناء تحديد سعر المنتج بأقل من أسعار المنافسين. من خلال التحليل الاستراتيجي للمشروع، نلاحظ أن منحنيات الخبرة تظهر أن التكلفة الكلية لسلعة ما تنخفض خلال الزمن بحسب حجم الخبرة في الإنتاج. وهنا تأتي الخبرة من عدة عوامل نذكر منها : تحسين كفاءة اليد العاملة، نمطية المنتجات، التخصص في العمل، التجديد في أساليب الإنتاج، الاستخدام الأمثل لأدوات الإنتاج من موارد بشرية ومواد أولية تقود كلها إلى تخفيض التكاليف من خلال زيادة حجم الإنتاج (أو الخبرة).

مع ذلك فإن تحديد منحنيات الخبرة ليست بالعملية السهلة وذلك لعدة أسباب :

- يجب تعديل التكاليف بحسب مستوى التضخم.
- بعض عناصر التكلفة الكلية ليس لها نفس منحنى الخبرة.
- تستخدم بعض المنتجات المختلفة نفس الموارد.
- يصعب أحياناً تحديد نقطة انطلاق منحنى الخبرة (أو وضع الشركة على هذا المنحنى)
- يجب تحديد العنصر الذي يجب تحليله بوضوح عند حساب التكاليف.

إن استخدام منحنى الخبرة في تحديد السعر يتطلب الحذر لأن المنافسين لا يتبعون بالضرورة نفس منحنى الخبرة (المنتج الداخل متأخراً إلى السوق يمكنه الاستفادة من معلومات المنتجين السابقين له في السوق). ومن جهة ثانية فإنه لا يفضل اتباع منحني الخبرة بشكل حرفي لأنه يجعل موقف الشركة هشاً أمام الحداثة التقنية وتغير احتياجات السوق.

---

١٥ - عبد الفتاح محمد سعيد. إدارة التسويق. دار النهضة العربية. ١٩٩٥. الإسكندرية

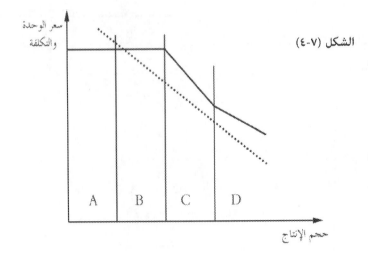

الشكل (٧-٤)

= ففي المنطقة A، تكون الأسعار أقل من التكلفة، وهي حالة طرح المنتج في السوق لأول مرة.

= في المنطقة B، يكون السعر أعلى من التكلفة وأن الشركة القوية تتمكن من الهيمنة على السوق على مستوى الأسعار. هذه الشركة (التي تمتلك أكبر حصة سوقية ولديها أقل تكلفة) تشجع على دخول السوق من قبل شركات تكون تكاليفها أعلى بقليل من تكاليف هذه الشركة الرائدة.

= في المنطقة C، تقوم بعض الشركات بتخفيض أسعارها بسرعة أكبر من تخفيض نفقاتها (بسبب زيادة طاقتها الإنتاجية).

= في المنطقة D، يكون هناك بعض الاستقرار حيث هوامش الربح تتبع تطور التكاليف.

أخيراً، بعد حساب جميع تكاليف السلعة المباشرة وغير المباشرة، يتم تحديد السعر النهائي من العلاقة :

السعر = تكلفة كلية للوحدة + الربح + ضريبة الإنتاج + هامش ربح الوسطاء (جملة + مفرق).

وهكذا يشكل السعر النهائي للسلعة التي يدفعه أو يتحمله المستهلك النهائي.

٣- تقدير ردود الفعل المتوقعة من المنافسين وحالة المنافسة :

تؤثر المنافسة المتوقعة بشكل كبير في تحديد سعر السلعة. في الحقيقة، تقوم المنافسة على فكرة الارتباط المتبادل بين الأطراف المتبادل. أي أن نتائج تصرف شركة ما لا يعتمد فقط على هذا

التصرف وإنما أيضاً على تصرفات المنافسين المتواجدين في السوق. لهذا تقود المنافسة إلى صراعات بين المصالح مما يؤدي إلى حالات من التوازن (في المصالح). تستدعي هذه الحالة أحياناً تدخل الحكومة أو بعض الدول كما هو الحال في المنافسة الدولية (الاتفاقات بين الشركات المنتجة للبترول OPEC)[١٦]. بشكل عام، يمكن النظر إلى هيكل السوق من ناحتين:

- عدد المنافسون في السوق.
- درجة تنوع المنتجات : منتجات متشابهة، سلع بديله، السلع غير المتشابهة وغير البديلة و إنما بإمكانها الاستحواذ على جزء كبير من دخل الفرد بحيث لا يبقى منه ما يكفي لشراء السلعة المعنية[١٧]،....الخ.

وهنا يمكن التمييز بين ثلاث حالات رئيسة للمنافسة التي تسود الأسواق :

أ- حالة الاحتكار : Monopole

تتميز هذه الحالة بوجود منتج وحيد وعدد من المشترين في سوق محددة، وهنا يلعب المنتج الدور الرئيسي في تشكل الأسعار. وتتميز هذه الحالة بالقوة المطلقة للمحتكر في السوق وفي تحديد الأسعار كما هو الحال في احتكار الدولة لبعض المشروعات (كهرباء، بريد، سكك حديدية....) وحالة بعض المشروعات عند طرح منتج جديد. بحسب النظرية الاقتصادية، إن السعر الذي يعظم ربح الشركة هو السعر الذي نحصل عليه عند تقاطع منحنى الإيراد الحدي مع منحنى التكلفة الحدية. ففي حالة الاحتكار كما في حالة المنافسة يتحدد السعر الأمثل من العلاقة التالية :

$$P = (e /(١+e)).\ MC$$

حيث: MC : التكلفة الحدية للوحدة المنتجة.

e : مرونة الطلب السعرية (≥-١)

P : السعر الأمثل.

---

[١٦] DOUBIS. PL ET JOLBERT. A. OP. CIT. ١٩٩٢

١٧ د. الصحن محمد فريد . مرجع سابق. ١٩٩٦

إن السعر الأمثل سيكون مرتفع عندما تكون المرونة منخفضة بالقيمة المطلقة (قريبة من الواحد الصحيح) وإن حساسية الطلب للأسعار تكون ضعيفة.

ب – حالة احتكار القلة : oligopole

تتميز هذه الحالة بوجود عدد قليل من المنتجين في السوق. وإن تحديد السعر من قبل أحد المنتجين يرتبط بأسعار المنتجين الآخرين في السوق، سواء كانت منتجاتهم متشابهة أو مختلفة، حيث المنتجات المختلفة تمثل خصائص مميزة وهامة بالنسبة إلى المشترين.

يكون في هذا النوع من الأسواق عدد المنافسون قليلاً ومعروفين من قبل بعضهم البعض ويتحالفون ضد تصرفات الآخرين. لهذا فإنه من الصعب اتخاذ قرارات تتعلق بالأسعار بسبب صعوبة تقدير ردود فعل واستراتيجيات الشركات الأخرى. بالإضافة إلى ذلك فإن تحديد السعر يتأثر بشكل كبير بنظرة المنافسين لتطور السوق. على سبيل المثال، في السوق التي هي في حالة نمو وتطور يكون نشاط المنافسين أقل عدوانية مما هو عليه في السوق الكاسدة. وفي هذه الحالة تكون محاولة المنافسين ضعيفة لاستخدام السعر من أجل زيادة المبيعات. بالمقابل في السوق الكاسدة، يمكن استخدام المنافسة القوية على مستوى الأسعار من أجل زيادة المبيعات ضد مصلحة المنافسين.

جـ – حالة سوق المنافسة الحرة والتامة : La concurrence pure et parfaite

يتعين على سياسة التسعير في أي منشأة أن تأخذ في اعتبارها تصرفات و ردود الفعل لدى المنافسين في السوق. ففي حالة المنافسة السعرية التامة يستطيع رجل التسويق أن يتوقع أن أي تصرف تسعيري يتم تقييمه من جانب السوق مباشرة ويقابل برد من جانب المنافسين.

في مثل هذه الأسواق يكون لدى المستهلك معرفة تامة بالسوق ويهمه الحصول على أقل الأسعار لأي سلعة. وبالتالي فالشركة لا تتمكن من التحكم بالسعر وعليها قبول سعر السوق. وفي مثل هذه الأسواق لا نلاحظ التصرفات التواطئية ممثلة في الاتفاق أو الحوار حول الأسعار فيما بين المنافسين كما هو الحال في أسواق احتكار القلة. إذاً يمثل المنافسون عاملاً هاماً ومؤثراً في قدرة المشروع على التحكم في تحديد أسعاره. وهنا يتوجب على المشروع عند تحديد أسعار منتجاته معرفة أسعار المنافسين ومراقبتها والتنبؤ بسلوك المنافسين ليس فقط في نفس الصناعة بل في الصناعات

الأخرى التي تنتج سلعاً تشبع نفس الحاجة. فتتبع بعض المشروعات تصرفات المنافسين عند تحديد أسعارها وخاصة أسعار رواد السوق (القادة leaders). فهناك بعض المشروعات تضع سعراً أقل من أسعار المنافسين أو في مستوى أسعارهم أو أعلى من الأسعار السائدة. وبعضهم الآخر يضع أسعاره على ضوء أسعار المشروعات الرائدة.

وأخيراً نلاحظ أن المشروعات لا تتمكن من رفع أسعارها في أسواق المنافسة التامة وإذا قامت بهذا التصرف فإنها لن تتمكن من بيع سلعها. وليس لديها أي مصلحة كذلك في تخفيض أسعارها لأنها سوف تصرف كامل منتجاتها في السوق بأقل هامش ربح ممكن   (كما هو الحال في أسعار الخضار والفواكه).

٤- علاقة السعر بالحصة السوقية المتوقعة للمشروع أو السلعة :

تتدخل عدة عوامل مثل سعر السلعة وعوامل الإعلان والتغليف...الخ لتميز السلعة عن مثيلاتها. لذا فإن السعر الذي تحدده الشركة يفترض أن يحقق لها مدى مساهمة المنشأة في سوق السلعة. إن ارتفاع الأسعار سيخفض الطلب وبالتالي المبيعات والعكس ليس صحيحاً دائماً، إذ أن انخفاض الأسعار لا يعني زيادة الطلب إلى درجة كبيرة نظراً لأن السوق مشبعة والمستهلك سوف يتطلع إلى مستوى جودة أعلى للسلع ويتوقع أن الأسعار المنخفضة تدل على جودة منخفضة.

لهذا يتوجب على المنشأة عدم رفع السعر بحيث تفقد جزءاً من حصتها السوقية ولا تخفض أسعارها لدرجة يكون الطلب على السلعة أكثر من العرض أومن طاقة المشروع الإنتاجية.

إن ارتفاع أسعار المواد الداخلة في تركيب السلعة سيؤدي إلى ارتفاع أسعارها وبالتالي انخفاض الطلب أو المبيعات. لذلك تلجأ المشروعات إلى إتباع بعض الإجراءات حتى تبقى محافظة على حصتها السوقية وحجم مبيعاتها دون أن يؤدي ارتفاع التكاليف إلى زيادة الأسعار وفقدان جزءاً من حصتها السوقية. من هذه الإجراءات نذكر :

- تحمل الزيادة في النفقات دون تعديل جودة السلع من خلال قبول هامش ربح منخفض.
- تحمل جزءاً من التكاليف والجزء الآخر تتحمله أقنية التوزيع (بتخفيض هامش الربح) دون تغيير جودة السلع.

- تعديل الجودة بشكل يخفض من النفقات والمحافظة على الأسعار وذلك بتخفيض الحجم أو استخدام مركبات ذات جودة أقل.

- تعديل المنتجات بشكل لا يعارض فيه المستهلك ارتفاع أسعارها وذلك بزيادة الحجم أو استخدام مواد ذات نوعية أعلى.

- أخيراً العزوف عن إنتاج السلع غير المربحة.

٥- معرفة الأسعار وتكيف المستهلكين مع ارتفاعها :

لقد حاولت بعض الأبحاث قياس مدى تذكر المستهلك للأسعار المدفوعة للسلع المستهلكة بشكل مستمر، فلوحظ أن أسعار السلع المستهلكة بشكل مستمر (سلع الاستقراب) تكون عادة معروفة أكثر من أسعار السلع التي يكون تكرار شرائها ضعيفاً[١٨]. في الحقيقة هنالك ثلاث حالات تسمح بالمعرفة الجيدة لدور السعر :

	خصائص الاستهلاك	معرفة السعر
حالة أولى	سلع الاستهلاك الضرورية ذات القيمة المنخفضة وكثرة تكرار شرائها (سكر – خبز – زيوت)	مصدر معلومات معروف : التكيف مع أخر سعر مدفوع
حالة ثانية	سلع الترف والكمالية ذات السعر المرتفع والتي تأخذ نسبة كبيرة من الموازنة (دخل)	العودة إلى نظام مقارنة الأسعار، وتوصيف للسلع ونتائج اختبار الجودة والسعر
حالة ثالثة	سلع الاستهلاك الموسمية أو الوقتية ذات الأسعار المرتفعة نسبياً وضعف تكرار الشراء (كستنا)	غياب المرجعية (المعلومات) إلى سعر عادل.

[١٨] Bon. J et Gregory D. technique marketing. vuibert. ١٩٨٦

ثانياً- التسعير والسياسات المتعلقة بالمزيج التسويقي :

ذكرنا أن السعر هو أحد عناصر المزيج التسويقي Marketing mix التي ترتبط فيما بينها بعلاقات وثيقة ولا يمكن تخطيط إحداها بغض النظر عن البقية و بالتالي لا يمكن دراسة الأسعار دون بحث تكاملها مع العناصر الأخرى وهي : السلعة، قنوات التوزيع، الترويج.

فلو نظرنا مثلاً إلى **علاقة السعر بالمنتج** نجد أن السعر يعكس الجودة من ناحيتين :

- الناحية الأولى : هي إدراك المستهلك بأن السعر المرتفع يعد مؤشراً على ارتفاع الجودة.

- الناحية الثانية : هي أن المصنع يحاول زيادة السعر حتى يسترد تكاليفه اللازمة لإنتاج السلعة بجودة عالية مع تحقيق هامش ربح معقول.

أما بالنسبة إلى **منافذ التوزيع**، فنجد أن السعر المحدد لسلعة ما يحدد نوعية منافذ التوزيع التي تقوم بإيصال هذه السلعة من مصادر إنتاجها إلى المستهلك. فالمتجر صاحب السمعة الجيدة لا يوزع سلعاً رخيصة أو ذات جودة منخفضة وبالعكس. على سبيل المثال، الساعات والأقلام ذات الجودة الرفيعة لا توزع إلا في متاجر راقية أو محلات المجوهرات.

للسعر علاقة قوية كذلك **بالإعلان** من ناحيتين :

- الإعلان يؤدي لزيادة أسعار السلع المعلن عنها وبالتالي يتحمل المستهلك الأخير هذه الزيادة.

- الإعلان يقدم معلومات للمستهلك الأخير عن السلع مما يعني توفير الوقت والجهد عند المفاضلة بين السلع البديلة.

وسوف نقوم بشرح هذه العلاقات الوثيقة بالتفصيل فيما يلي :

١- العلاقة بين السعر وخصائص المنتجات.

تعرف السلعة على أنها مجموعة من الخصائص المادية والمعنوية والشكلية التي تصمم لإشباع حاجات ورغبات المستهلك. وبذلك تشمل المادة والغلاف واللون والسعر وشهرة المنتج والوسطاء والخدمات والتسهيلات التي يقدمها كل منهما والتي يقبل بها المستهلك على أنها تلبي رغبات واحتياجاته.

تؤثر خصائص المنتج بشكل واضح على تحديد السعر. وإن وضع المنتج على منحنى دورة حياته وتكاليفه وانتماءه لمجموعة سلعية ما ووجوده في عدة أسواق لها أهمية خاصة في تحديد سعر تلك المنتج.

أ - تطور السعر مع مراحل دورة حياة المنتج :

تتكون دورة حياة المنتج عادة من أربع مراحل رئيسة وهي : الظهور، النمو، النضج، والانحطاط (الانحدار). إن السعر يتغير بتغير دورة حياة المنتج وانتقاله من مرحلة إلى أخرى كما يلي:

- **مرحلة ظهور أو طرح المنتج في السوق** (السلع الجديدة) **Introduction**

في هذه المرحلة تطرح المنتجات الجديدة لأول مرة في الأسواق. ويكون للمنشأة حرية أكبر في تحديد أسعارها، وهنا يمكن اتباع إحدى الاستراتيجيتين التاليتين :

- اتباع سياسة الحد الأعلى من الأسعار. أي سعر مبدئي مرتفع من أجل سرعة استرداد التكلفة المرتفعة التي وضعت في ابتكار وتطوير المنتج الجديد وخلق انطباع لدى المستهلك بأن المنتج ذو جودة عالية أو الاحتفاظ بالطلب بما يتلاءم مع الطاقة الإنتاجية للمشروع. وتستخدم هذه السياسة خاصة عندما لا تتوقع المنشأة سرعة دخول المنافسين إلى السوق (تخصص دقيق في الإنتاج) وبهدف الربح الكبير خلال فترة محددة. ويمكن تخفيض السعر إلى المستوى المطلوب عندما يقل الطلب على السلعة أو طرح سلع بديله تشبع الحاجة نفسها ودخول المنافسة إلى السوق بمنتجات ذات جودة مماثلة وأسعار أقل من السعر المتبع.

- اتباع سياسة التمكن من السوق أو الحد الأدنى من الأسعار. أي تحديد سعر مبدئي منخفض لتسهيل دخول المنتج الجديد في السوق وكسب حصة سوقية مقبولة وحجب المنافسة عن الاستثمار في نفس المجال وتخفيض تكلفة الوحدة المنتجة على أساس زيادة حجم الإنتاج والمبيعات (تحقيق وفورات الحجم). تستخدم هذه السياسة في حال توقع المشروع لدخول المنافسة بسرعة إلى السوق، وتهدف إلى زيادة ربحية المشروع على المدى الطويل.

- مرحلة النمو والتطور : croissance

في هذه المرحلة من حياة المنتج قد تبدأ المنافسة بدخول السوق ولكنها لا تزال محدودة وغير مؤثرة بشكل كبير، ولذلك فإن المشروع يبدأ في جني ثمار منحنى الخبرة (أي نقص تكلفة الوحدة المنتجة بزيادة خبرة المنشأة في تصنيع وتسويق السلعة). وتبدأ أيضاً بجني الأرباح الناتجة عن انخفاض التكاليف بزيادة الكمية وتبدأ في إجراءات تخفيض أسعارها عن طريق تخفيض هامش الربح كذلك.

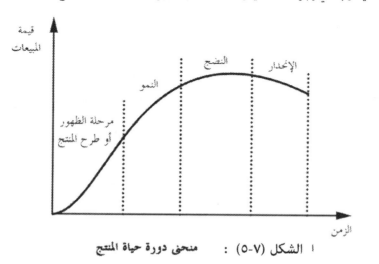

الشكل (٧-٥) : منحنى دورة حياة المنتج

- مرحلة النضج.

في هذه المرحلة تزداد حدة المنافسة وتظهر بدائل أكثر للمستهلك وكل منتج يسعى للحصول على حصة من السوق. لهذا فإن الأسعار تنخفض أكثر من المرحلة السابقة بالاعتماد على زيادة الكفاءة الإنتاجية وانخفاض التكاليف. ويتم عادة تسعير هذه السلع على أساس إنها منتجات قديمة وعلى أساس تقارب أسعارها من أسعار السلع النمطية والمماثلة في المواصفات.

- مرحلة الانحدار أو الانحطاط.

في هذه المرحلة الأخيرة ينخفض رقم المبيعات بسبب ظهور سلع أحدث وعزوف الأفراد عن السلعة القديمة. لهذا فإن المشروع يحاول الحصول على أقصى ما يمكن من الأرباح ويحاول جذب

عملاء جدد أو المحافظة على العملاء الحاليين عن طريق تخفيض الأسعار من خلال تخفيض تكاليف الإعلان عن المنتج و اعتماد تنشيط المبيعات بدلاً من الإعلان.

بشكل عام، نلاحظ اتجاهين للسعر خلال دورة حياة المنتج :

الأول : تخفيض مستمر للأسعار.

الثاني : تخفيض مستمر للتكاليف الناشئة عن منحنى الخبرة وزيادة حجم الإنتاج.

ب) العلاقة بين السعر والخصائص التسويقية للمنتجات :

تؤثر الخصائص التسويقية للسلع على أسعار هذه السلع سواء كانت سلع استهلاكية أو إنتاجية وسواء كانت سلع استهلاكية ميسرة أو سلع تسوق أو سلع خاصة.

(١)- أسعار السلع الاستهلاكية :

- السلع الميسرة (سلع الاستقراب): تعتبر هذه السلع الاستهلاكية من المواد التي لا تتأثر بعنصر الزمان والمكان، ويمكن أن توجد بسهولة وتكون عادة قريبة من المستهلك مثل : السجائر، الصحف، أقلام الرصاص...الخ. بشكل عام تكون هذه السلع ذات أسعار زهيدة وهامش ربح منخفض والطلب عليها غير مرن ومعدل دوران الشراء فيها مرتفع ويتم بسرعة و دون تفكير مسبق. يتم عادة تسعير هذه السلع بما يتلاءم مع أسعار السلع البديلة المماثلة.

- السلع الانتقائية (أو التسوق) : وهي السلع التي يفاضل ويقارن المستهلك بينها قبل وعند الشراء وبالتالي تكون هناك مفاضلة عند كل عملية شراء. تتميز أسعار هذه السلع بالارتفاع النسبي لأن الطلب يكون مرناً عليها وقلة معدل دوران الشراء وبذل جهد من قبل المستهلك للحصول عليها. كما أن اتخاذ قرار الشراء لا يتم عفوياً بل بعد فترة من التفكير وجمع المعلومات. من أهم هذه السلع نذكر :

- سلع الموضة: مثل الألبسة، الأحذية، المفروشات.....الخ. تخضع هذه السلع لتقلبات الموضة ولذلك فإن عامل السعر لا يعتبر عامل مفاضلة ويتم شرائها لما تتمتع به من ميزات (لون، مظهر، موديل..) يرغب المستهلك بها، وإن فروق الأسعار البسيطة لا يتأثر بها المستهلك بسبب اختلاف مميزات وخصائص هذه السلع.

- السلع المعمرة مثل : سيارات، ثلاجات، غسالات، المنزل...الخ. تكون أسعار هـذه السـلع مرتفعـة وإن اختلاف السعر من سلعه إلى أخرى يبرره عامل الجودة والشهرة مثل زيادة أسعار السـلع اليابانيـة عـن أسعار منتجات الدول الآسيوية الأخرى (الصين، ماليزيا،...). بالنسبة إلى هذه السلع يسعى المنتجون دائمـاً لتطويرها وتجديدها بحيث تقدم خدمات أفضل للمستهلك مع المحافظة على تقارب الأسعار.

- السلع الخاصة أو الفريدة : تتميز هذه السلع بصفات خاصة عن غيرها ولها زبائن خاصـة متميزة عـن غيرها بالانفراد والخصوصية : السيارة ذات المواصفات الخاصة، الملابس ذات علامة مميزة، اللوحات الفنية، الساعات المرصعة بالمجوهرات، المجوهرات الباهظة الثمن.......الخ. إن أسعار هـذه السـلع تكـون عـادة مرتفعة بشكل واضح عـن سـلع التسـوق الأخرى بسبب عـدم وجود منافسـة بالنسبة إلى مستهلكيها وتستخدمها طبقة معينة من المجتمع ممن يبحثون عن التفرد بسلعة محددة وتتميز كـذلك بقلـة تكـرار شرائها وقلة المتاجر التي تعرض فيها.

(٢)- المنتجات أو السلع الإنتاجية والصناعية. تقسم إلى ثلاثة مجموعات :

- الأجهزة والآلات الثقيلة : ينظر إلى أسعار هذه المواد بشكل غير مباشر حيث ما سيدفع مقابل هـذه الأجهزة يجب أن يتوافق مع اقتصاديات التشغيل وكمية وثمن قطع الغيار وتكاليف الصيانة. إذ ينظر إلى ما سيحققه سعر هذه السلع من عوائد مستقبلية.

- الأجزاء أو القطع تامة الصنع : هنا يلعب عاملا الجودة والسعر دوراً واضحاً في المفاضلة بين البدائل المتاحة من هذه السلع. وبذلك يجب التميز بين نوعين من الأسواق :

- سوق المشتري الصناعي. في هذا السوق يفاضل المنتج بين شراء السلعة وتصنيعها بحسب عوامل الجودة والسعر.

- سوق المستهلك النهائي. في هذه السوق يتم :

= تحديد مستوى الجودة من قبل المنتج ويضع أقل سعر بيع ممكن.

= تحديد الأسعار التي يمكن دفعها أكبر عدد ممكن من المستهلكين وبحسب القوة الشرائية

= يضع المنتج خطة الإنتاج ومستوى الجودة في ضوء الأسعار السائدة في السوق وتوقعات الطلب.

- المواد الأولية والمواد المصنعة : تلعب المنافسة السعرية هنا دوراً هاماً في تحديد نوعية هذه المواد بسبب تعدد البدائل. وهذه المنافسة السعرية سوف تنتهي إلى موازنة أو تقارب في أسعار هذه السلع.

جـ - العلاقة بين السعر والجودة :

لقد أظهرت الكثير من الأبحاث وجود علاقة طرديه بين السعر وجودة المنتجات [١٩]. فعند غياب المعلومات عن الجودة فإن السعر هو المؤشر الوحيد لجودة السلع. وتتأثر هذه العلاقة بمدى معرفة المستهلك للأسعار المستخدمة في السوق و قدرته على معرفة الفوارق بين جودة المنتجات. تختلف هذه العلاقة الوثيقة أيضاً بحسب ثقافة كل مجتمع. لكن بشكل عام يعتقد المستهلك أن الأسعار العالية توافق الجودة العالية، و الأسعار المنخفضة تقابلها جودة متدنية ؛ كما هو الحال في تغير أسعار الفواكه في السوق حيث يعتبر السعر معياراً للجودة، و عندما يدفع المستهلك سعراً مرتفعاً لسلعة ما يعتقد أنه قد حصل على سلعة ذات جودة عالية. فمن خلال العلاقة بين السعر و الجودة يلاحظ أن المستهلك يتصرف بشكل مختلف عندما يكون في إحدى الحالتين التاليتين :

في الحالة الأولى : يكون السعر الوسيلة الوحيدة في اختلاف جودة المنتجات. و إذا لم يكن المعيار الوحيد فهو على الأقل الأكثر سهولة في معرفة الجودة.

يحاول المستهلك عادة اختيار السلع ذات الأسعار المرتفعة في الحالات التالية :

- عندما يدرك عدم تجانس هذه السلع (فارق ملموس في الجودة بين المنتجات التي تنتمي إلى نفس الصنف).

- و عندما توجد فوارق ملموسة بين أسعار مختلف المواد. في هذه الحالة ينخفض إشباع و رضاء المستهلكين كثيراً عندما يختارون السلع ذات الأسعار المنخفضة.

في الحالة الثانية : عندما لا يشكل السعر المعيار الأوحد في اختلاف الجودة.هنا يعطي المستهلكون الذين لديهم خبرة في الشراء أهمية ثانوية للسعر عند وجود الجودة العالية. فالعلامة التجارية تلعب دوراً أكثر أهمية من السعر.

---

[١٩] zeithaml.VA. consumer perception of price quality and value. journal of marketing ٥٢،٣،٢،٢٢، ١٩٨٨

بالنسبة إلى السلع الجديدة فإن المستهلك يعتمد عادة السعر العالي كمقياس لجودة السلعة و ذلك لعدم توفر الخبرة عن هذه المنتجات الجديدة. و إذا أراد المنتج إثبات صفات الجودة في منتجاته فإنه يعتمد الأسعار العالية لتعكس صفات الجودة.

ولكن في الواقع. يعتمد المستهلك حداً أدنى للأسعار و لا يقوم بشراء السلع إذا كانت أقل من هذا الحد معتمداً بذلك على الجودة و المقدرة الشرائية. و كذلك يعتمد حداً أعلى للأسعار معتبراً أن الحد الأعلى الذي اعتمده مناسباً للسلع. و هنا يقع على عاتق المشروعات محاولة اتباع سياسة تسعير لمنتجاتهم تقع ضمن هذه الحدود (منطقة قبول المستهلك للأسعار) حتى تتمكن من الحصول على حصة سوقية تتناسب مع الطاقة الإنتاجية للمشروع و عدم انخفاض الطلب على سلعهم.

٢- العلاقة بين التسعير و سياسة التوزيع.

قنوات التوزيع : يقصد بها مجموعات الأفراد و المؤسسات التي يتم عن طريقها نقل السلع و الخدمات من المنتج إلى المستهلك الأخير و التي بواسطتها يتم خلق المنافع الزمانية و المكانية و التملكية (حيازة السلع).

أ- اعتبارات تحديد الأسعار ضمن قنوات التوزيع :

إن لأطراف التوزيع دوراً هاماً في تشكيل الأسعار [٢٠]، وبالتالي ترويج صنف معين أو إبقاءه كاسداً، لذلك على المنتج تحفيز التجار سواء كانوا تجار جملة أو مفرق على اتباع سياسة حفز البائع على الولاء للصنف الذي يوزعه و عدم وضع أسعار عالية على السلع التي سيعمل الموزع على تجميدها.

و هنا لابد للمنتج أن يأخذ باعتباره عدة عوامل عند تحديد سياسة الأسعار ضمن قنوات التوزيع و هي:

- ضمان نسبة ربح معقولة لعناصر أقنية التوزيع من أجل سد نفقات النقل و التخزين و دخل معقول لضمان استمرارهم في ممارسة نشاطهم أو استمرارهم في توزيع السلعة.

---

٢٠ د.محمد ناصر. التسويق الداخلي للسلع الخدمات وإدارة مؤسسات التجارة الداخلية. المطبعة العلمية. ١٩٩٤

- إعطاء ضمانات الأسعار لمساهمي قنوات التوزيع. وذلك لحماية الاحتياطي المخزون لديهم من تقلبات الأسعار، والمحافظة على أرباحهم في حال انخفاض أسعار سلعهم إلى أدنى مستوى لها. وعادة تعطى مثل هذه الضمانات للسلع المطروحة حديثاً في السوق أو من قبل المشروعات الحديثة.

- الاتفاقيات الخاصة التي يقترحها المنتجون على أطراف أقنية التوزيع مثل الخصومات أو السلع المجانية التشجيعية وذلك لفترة زمنية محدودة.

- آثار ارتفاع الأسعار من قبل المنتج على مساهمي قنوات التوزيع [٢١].

وهنا لابد للمنتج الذي يرغب برفع أسعار سلعة من التنسيق والتعاون مع أقنية التوزيع من أجل تقسيم النفقات والأرباح بشكل عادل، وكي لا يقع عبء ارتفاع الأسعار على تجار الجملة أو التجزئة فقط، بل لابد من تحمل هذه الزيادة من قبل الأطراف المختلفة وتقاسم كذلك هامش الربح. إن إتباع مثل هذه السياسة من شأنه تحقيق ولاء الوسطاء الموزعين للسلع التي توزع عن طريقهم.

ب- دور منافذ التوزيع (وسطاء) في تحديد السياسات السعرية للمشروع.

تلعب منافذ التوزيع دوراً واضحاً في تحديد السياسات السعرية التي تقررها المشروعات التي تعتمد على الموزعين والوسطاء وتتجلى هذه الآثار في الأمور التالية :

- سياسات التسعير من الأمام. يتم تحديد الأسعار في هذه الحالة من قبل المنتج وفي مستوى يعطي الوسطاء هامش ربح مناسب لجهودهم بحيث يكون السعر مناسباً للمستهلك.

- سياسة التسعير من الخلف. أي أن المشروع يحدد سعر البيع للمستهلك الأخير مباشرة على غلاف السلعة وبالتالي تحديد هامش ربح للوسطاء لقاء الخدمات والأنشطة التي يقدمونها، وتحدد نسبة الربح للوسطاء بحسب العرف والتقاليد أو بحسب قوة الموزعين في التفاوض، ويختلف ذلك بين صغار الموزعين وكبار الوسطاء الذين هم بمركز تفاوضي قوي يجعلهم يفرضون شروطهم على المنتج ويطلبون نسبة ربح مرتفعة نظراً لجهودهم وخبرتهم وسمعتهم في التوزيع وتغطية الأسواق. بالإضافة إلى مساهمة الوسطاء في خلق الطلب الفعال، هناك كذلك عوامل أخرى تؤثر على تحديد هامش ربح الوسطاء مثل الجهود الترويجية المبذولة وطبيعة السلع المروجة، حيث كلما ازدادت عملية الترويج

٢١ د.الصحن محمد فريد. التسويق. الدار الجامعية. الإسكندرية. ١٩٩٦

كلما ازدادت حافة أو هامش الربح. بالإضافة إلى ذلك فإن السلع سهلة المنال تعتمد في ترويجها إلى حد كبير على الإعلان وتكون نسبة الربح فيها عادية، أما السلع التي تحتاج إلى جهود رجال البيع والتي تتميز بانخفاض معدل دورانها فيكون هامش الربح الذي يعطى للوسطاء مرتفعاً نسبياً بالنسبة إلى هذه السلع.

جـ - أثر السياسات التوزيعية للمشروعات في التسعير :

تختلف سياسة التسعير باختلاف السياسات التوزيعية المعتمدة. ويمكن للمشروع اعتماد إحدى السياستين التاليتين في التوزيع :

- اعتماد سياسة التوزيع بالاعتماد على عدد كبير من **صغار الموزعين** : في هذه الحالة يتم اعتماد أسعار مرتفعة نسبياً لأن المنتج يقوم بحملات ترويجية في مختلف المناطق، و إن الموزع غير مهتم باعتبارات السمعة و التميز الخاصة بالمنتج.

- اعتماد سياسة التوزيع بالاعتماد على عدد محدد من **كبار الموزعين** : في هذه الحالة تكون الأسعار أقل من الأسعار التي تباع بها المنتجات إلى صغار الموزعين، لأن كبار الموزعين هم من أصحاب المتاجر و الأقسام الكبرى **super marchés** أو بيوت السلسلة يسعون للبيع بأسعار منخفضة وتكون أسعار شرائهم للسلع منخفضة نسبياً نظراً للكمية الكبير المشتراة.

٣- العلاقة بين التسعير والترويج : R élation Prix / Promotion

يمثل الترويج لسلعة ما الجهود المبذولة لإحداث تغير في سلوك المستهلكين وجذب مستهلكين جدد لهذه السلعة بهدف زيادة المبيعات من خلال البيع الشخصي- والإعلان ووسائل أخرى للترويج (تنشيط المبيعات، دعاية،خصومات،.....)، أي من خلال خلق الطلب الفعال على السلع والخدمات. ويعد الترويج وسيلة لتعريف المستهلك بالسلع ومنافعها وإقناعهم بالشراء واقتناء السلعة [٢٢].

يوجد عادة هدفين أساسيين للإعلان (أو الترويج) هما :

---

[٢٢] Dubois. pl & jolibert.A.op cit . ١٩٩٢

- **هدف تجاري** : ويقصد به تغيير سلوك المستهلك من خلال الإعلان عن السلع و إعطاء فكرة حسنة عن الشركة وعن منتجاتها (وهو الهدف الأساسي للشركة).

- **أهداف إعلامية** : ويقصد بها تغيير المواقف **ATTITUDES** والتعريف بالمشروع أو بالمنتج من خلال تقديم رسالة إعلانية مفهومة ومعبرة وترغيب وسطاء توزيع المنتج على زيادة المبيعات[٢٣] .

أ - العلاقة بين التسعير والإعلان :

ما هي العلاقة بين التسعير وسياسة الترويج ؟ آخذين بعين الاعتبار الإعلان كونه يلعب الدور الجوهري في عمليات الترويج.

إذا نظرنا إلى العلاقة بين الإعلان والأسعار نلاحظ وجود اتجاهين :

- يؤدي الإعلان إلى زيادة الأسعار إذ أن المنشأة تتحمل نفقات إضافية على تكلفة الإنتاج وتعكس هذه النفقات على السعر النهائي للسلعة (سعر المستهلك الأخير).

- قد يؤدي الإعلان إلى تخفيض الأسعار إذا كان ناجحاً بسبب توفيره المعلومات عن المنتجات وهذه المعلومات إذا لم تتوفر سيقوم المستهلك بالبحث عنها بطرق أخرى أو يقوم بشراء السلع بدون هذه المعلومات وسيتحمل تكاليف أعلى من تلك التي سيتحملها في حال وجود الإعلان. إذاً يمكن القول إن الإعلان سوف يؤدي إلى زيادة المبيعات في أغلب الأحوال مما يعني زيادة كمية الإنتاج وانخفاض تكلفة الوحدة المنتجة وبالتالي انخفاض الأسعار.

ب- تنظيم السعر وسياسة الخصم :

يقصد بتنظيم السعر كيفية تعديل السعر كي يتناسب مع بعض الظروف السوقية : البيع بكميات مختلفة، البيع للوسطاء المختلفين في وظائفهم، البيع والسعر في مختلف المناطق الجغرافية.....الخ. وبالتالي فإن إدارة المشروع لا تتمكن من وضع سعر موحد لكل حالة ولكل فئة ولهذا يجب على إدارة التسويق تعديل الأسعار الأساسية من خلال الخصومات والتمييز السعري بين مختلف المناطق الجغرافية بالاعتماد على بعض المعايير التي تراها مناسبة للسياسة السعرية.

---

[٢٣] Bon J et Gregory D، techniques marketing "vuibert " paris

الخصم : هو نسبة معينة يتم منحها للمشترين تبعاً لتغيير الكمية أو تغيير نوع المشتري أو كيفية السداد أو اختلاف الخدمات الترويجية و البيعية التي يقوم بها المشتري. بشكل عام توجد عدة أنواع للخصم على الأسعار وهي :

(١)- **خصم الكمية** : وهو خصم يسمح بانخفاض سعر بيع الوحدة كلما زادت الكمية المشتراة عن حد معين. والهدف من هذا الخصم السعري هو :

- تشجيع العملاء على زيادة الكمية المشتراة في الطلبية الواحدة وبالتالي تحقيق الرواج لمنتجاتهم وزيادة المبيعات مما يعني انخفاض تكلفة الإنتاج والتسويق معاً.

- تصريف الأصناف غير الرائجة أو الأقل رواجاً بإعطاء نسب خصم أكبر.

- زيادة مبيعات السلع ذات الطلب المرن وتصريف السلع التي تحتاج إلى تخزين بهدف خفض تكاليف تخزينها.

إذاً الخصم هو سياسة ترويجية يقوم بها المنتجون وتعتبر الأسعار أساساً لها.

(٢)- **الخصم التجاري** : يمنح هذا الخصم للعملاء والموزعون إذ أن الأسعار تختلف باختلاف قنوات التوزيع للسلع حتى تصل إلى المستهلك النهائي، وهنا فإن جهد تاجر التجزئة يختلف عن جهد تاجر الجملة وبذلك فإن الأسعار التي تحدد على أساس نسب الخصم التجاري ستختلف أيضاً وفق ما يلي :

- إن منح الخصم التجاري سيؤدي إلى تناقص الأسعار وبالتالي زيادة المبيعات على التوالي بين كل حلقة والتي تليها في سلسلة أقنية التوزيع.

- إن منح الخصم التجاري يشجع الموزعين على التعامل مع المنتجين مانحي الخصم.

- إن منح الخصم يدفع الموزعين للاهتمام بالسلعة وبذل جهود ترويجية إضافية لأنها سوف تحقق لهم عوائد أفضل من غيرها. هذه السياسة تعتبر كذلك الأسعار أساساً لها.

(٣)- **الخصم الترويجي** : يمنح من قبل المنتجين للموزعين الذين يتم الاتفاق المسبق معهم على القيام بجهود ترويجية أو بخدمات بيعيه من شأنها زيادة المبيعات أو المحافظة على مستوى معين من المبيعات كما هو الحال في المتاجر الكبيرة. إن نفقات هذه الجهود الترويجية يتحملها المنتج كاملة (أو جزءاً منها بحسب الاتفاق) وتدفع أحياناً بشكل خصم محدد من أسعار البيع.

(٤)- **الخصم النقدي** : يمنح هذا الخصم للعملاء إذا قاموا بدفع قيمة السلع المشتراة خلال فترة زمنية محددة أو نقداً. وتختلف نسبة الخصم بحسب الفترة الزمنية التي تدفع خلالها الفاتورة. هذا الخصم يشكل أسلوباً غير مباشر لتخفيض السعر بدلاً من تخفيض السعر المعلن وتوقع ردود فعل مباشرة من المنافسين. بالإضافة إلى هذه السياسة في تخفيض السعر، فإن الخصم يمكن استخدامه من قبل المنتج لتقليل الخطر الذي يصاحب الديون المشكوك في تحصيلها.

(٥)- **الخصوم الوقتية أو الموسمية** : تعني تخفيض الأسعار لأسباب ترويجية ولفترة زمنية محدودة قصيرة لا تلبث الأسعار بعدها أن تعود إلى ما كانت عليه سابقاً. تعتبر تكلفة هذه الخصوم جزءاً من تكاليف الترويج. من هذه الخصوم نذكر :

- خصوم التصفية التي تعطى بقصد التخلص من المخزون المتبقي قبل ظهور الموضة الجديدة من السلع (تصفيات الألبسة، الأحذية...).

- بدل الإعلان : يمنح إلى الموزع الذي يقوم بخدمات إعلانية نيابة عن المنتج وهي عبارة عن تخفيض في السعر يهدف إلى تغيير السعر بالنسبة إلى المشتري في وقت معين.

- مقابل العرض : يمنح هذا الخصم السعري في حالة تشجيع الموزعين على تداول وعرض السلع بشكل لافت للنظر في صالة العرض أو في نوافذ المحل.

- الجوائز : وتمنح للزبائن بعد جمع عدد من الكوبونات أو أغلفة السلعة وهي مكافأة لاستمرار التعامل مع المشتري وتكرار شراء السلعة، وتتمثل بصورة جوائز نقدية على الأسعار وحق شراء سلع أخرى للمشروع بسعر منخفض أو تقديم سلعة مجانية إذا زاد مبلغ الشراء عن حد معين.

المبحث الثالث

سياسات التسعير   Les politiques des prix

تعرف السياسة السعرية على أنها " مجموعة القواعد والأساليب والإجراءات والتدابير التي تعمل على تحديد السعر المناسب لمنتجات الشركة والذي يكفل تحقيق الأهداف الموضوعية للشركة

خلال فترة زمنية محددة " [24]. يرتكز هدف السياسة السعرية على الوصول للسعر المناسب الذي

لا يكون مرتفعاً بحيث يؤدي إلى تخفيض الطلب   (المبيعات) ويقلل عدد المشترين، ويترتب على ذلك

عدم الاستغلال الكامل للطاقة الإنتاجية للشركة، وبالتالي ارتفاع تكاليف الإنتاج بسبب وجود طاقة إنتاجية

عاطلة متزايدة. كما أن السعر المناسب ليس هو السعر المنخفض لدرجة لا تتمكن الشركة من تغطية

تكاليفها.وبذلك لا يتصف السعر المناسب عادة بالثبات والجمود بل قابل للتغير والتعديل بسبب وجود

عوامل كثيرة مؤثرة في السعر. وهنا سنتعرض لأهم السياسات التي تستخدمها المشروعات في تسعير

منتجاتها.

أولاً - سياسات تسعير المنتجات الجديدة.

تتغير استراتيجيات التسعير عادة بتغير المرحلة التي يمر بها المنتج في دورة حياته كما لاحظنا

سابقاً. وهنا يمكن التميز بين تسعير المنتج المقلد لمنتجات موجودة وبين تسعير المنتج المبتكر (الجديد)

الذي يكون عادة محمي ببراءة اختراع. فالشركة التي تخطط لتطوير منتج جديد تقليدي تواجه مشكلة

تحديد وضع منتجاتها في السوق مقارنة بالمنتجات المنافسة الأخرى من ناحية الجودة والسعر [25]. بشكل

عام تتمكن الشركة من اختيار إحدى الإستراتيجيات الممكنة التالية (جدول ٧-١) :

السعر

مرتفع	منخفض	
الاستراتيجية الأولية.	استراتيجية القيمة الجيدة	مرتفعة
استراتيجية السعر المرتفع	استراتيجية الوفر	منخفضة

الجودة

جدول ٧-١ : استراتيجية الجودة / السعر

٢٤ د. عبد المطلب عبد الحميد. مرجع سابق ١٩٩٧
٢٥ Kotler. ph & armestrong. G. op. cit . ١٩٩٦

- استراتيجية التسعير الأولية : تقوم على إنتاج سلع بجودة عالية وتفرض سعر مرتفع.

- استراتيجية الوفر : تقوم على إنتاج سلع بجودة منخفضة وتعرض سعر منخفض.

في الواقع العملي يمكن لهذه الاستراتيجيات التعايش معاً في نفس السوق طالما أن السوق يحتوي على الأقل مجموعتين من المشترين : منهم من يبحث عن الجودة ومنهم يبحث عن السعر المنخفض.

- استراتيجية القيمة الجيدة. تميز المنتجات ذات الجودة العالية وبسعر منخفض. تهدف هذه السياسة إلى جذب الأفراد ذوي الحساسية للجودة الذين سيشترون بشكل واعي ويوفرون النقود.

- استراتيجية السعر المرتفع والجودة المنخفضة. تسعر الشركة المنتج بسعر عال مقارنة بالجودة، وعلى المدى الطويل سيشعر الأفراد بوجود غبن في السعر مقارنة بالجودة وبالتالي سوف يتوقفون عن شراء المنتج ويتحدثون للآخرين عن هذه المنتجات. لذلك يجب قدر الإمكان تجنب هذه الاستراتيجية.

إن الشركات المبتكرة تواجه مشكلة تحديد أسعار منتجاتها عند تقديمها للسوق[٢٦]، وفي هذه الحالة يمكن اتباع استراتيجية الحد الأعلى أو استراتيجية الحد الأدنى للسعر.

١- سياسة الحد الأعلى من الأسعار (قشط السوق).

في بداية طرح السلع الجديدة في السوق، يلاحظ بأن بعض المستهلكين مستعدين لدفع سعر مرتفع لإشباع دوافع التميز و المباهاة عندهم. وهنا تكون الفرصة مناسبة لطرح السلع الجديدة بأعلى سعر ممكن قبل أن تتعرض الشركة لضغوط المنافسة. كما هو الحال عند طرح الخضار والفواكه في بداية المواسم أو في غير مواسمها. وعندما تقل الفرص البيعية يتم تخفيض الأسعار لكسب زبائن جدد. لقد تم استخدام هذه الاستراتيجية لأول مرة من قبل شركة intel فعندما تقدم لأول مرة أقراص (رقائق) حاسب جديدة فإنها تفرض سعراً مرتفعاً جداً، وبذلك تتمكن من إعطاء الرقائق الجديدة مزايا أكثر من الرقائق المنافسة. إنها تضع الأسعار بشكل يجعلها تماماً جديرة بالاهتمام من بعض أجزاء السوق. كما أن مبيعات الشركة تتباطأ عندما يهدد المنافسون بإنتاج رقائق مشابهة وبعد ذلك تقوم الشركة بتخفيض السعر لجذب الزبائن ذوي الحساسية للسعر المنخفض.

---

٢٦ د. أبو قحف عبد السلام مرجع سابق. ١٩٩٦

يمكن اتباع هذه السياسة في الحالات التالية :

- رغبة الشركة في استرداد الاستثمارات الموضوعة في البحث والتطوير بسرعة.

- ضعف مرونة الطلب على السلعة خاصة في المراحل الأولى من دورة حياتها.

- حالة تقسيم السوق إلى فئات بحسب الدخل والقدرة الشرائية.

- حالة التركيز على أصحاب الدخول المرتفعة (في مجال الألبسة ذات العلامة المميزة، العطور الشهيرة...).

- إن السعر المرتفع في المرحلة الأولى من دورة حياة المنتج يؤدي إلى زيادة الإيراد والربح من السلعة، ويمكن أن ينمي سمعة طيبة للمنتج عن طريق ربط السعر بالجودة.

- تكون الطاقة الإنتاجية في بداية الإنتاج منخفضة وإن السعر العالي يحافظ على التوازن بين القدرة الإنتاجية والطلب.

- في حالة الاحتكار أو إذا كان احتمال دخول منافسين إلى السوق منخفض في الأمد القصير.

يمكن القول إن إتباع مثل هذه السياسة تجذب المنافسين بسرعة إلى السوق وخاصة في حالة السلع غير المحمية ببراءة اختراع، لأن السعر المرتفع يحقق إيرادات عالية تجذب العديد من الشركات لمحاولة دخول هذه السوق المربحة. بالإضافة إلى ذلك إن إتباع هذه الاستراتيجية قد يؤدي إلى تعديل كبير في عناصر المزيج التسويقي عند قيام الشركة بتخفيض أسعارها في المستقبل بعد دخول المنافسين [٢٧].

مثلاً : عند قيام الشركة بتخفيض السعر لخدمة السوق يجب استخدام الإعلان بدلاً من البيع الشخصي- وتغيير منافذ التوزيع من المتاجر الخاصة إلى منافذ التوزيع الواسعة. فهذه التغيرات تتطلب مهارات إدارية وتسويقية وموارد مالية للعمل بكفاءة.

٢- سياسة الحد الأدنى من السعر (التغلغل في السوق) :

تقوم هذه السياسة على طرح السلع الجديدة بأسعار منخفضة لفترة زمنية محددة بهدف الوصول إلى أكبر عدد من الزبائن المتوقعين والحصول على أكبر حصة سوقية ممكنة للسلعة وحجب المنافسة من دخول السوق. يمكن إتباع هذه السياسة في الحالات التالية :

---

٢٧ د. ناصر محمد والقطامين مرجع سابق ١٩٩٧

- عندما يكون الطلب على السلعة الجديدة مرناً.

- عندما تنخفض تكلفة الإنتاج والتسويق مع تزايد الكميات المباعة (وفورات الحجم).

- إذا توقع مدير التسويق منافسة قوية وسريعة بعد طرح سلعته في السوق.

- عندما يجذب السعر المنخفض عدد كبير من السوق (زبائن).

هذه السياسة تمكن الشركة من الانتشار بسرعة والحصول على حصة سوقية كبيرة، ويفضل إتباعها إذا كان هدف الشركة هو زيادة معرفة السوق بالشركة ومنتجاتها وتحقيق حصة سوقية كبيرة. كما أن هذه السياسة تمكن من فتح أسواق جديدة لم يتم دخولها وقطاعات جديدة لم توجه لها أي جهود تسويقية. وتهدف إلى تحقيق الربح على المدى الطويل. لكن إتباع هذه السياسة يكتنفه بعض المخاطر حيث أن تقديم السلعة بسعر لا يمكن الشركة من تحقيق نقطة تعادل سريعة (كما هو الحال في سياسة قشط السوق) وبالتالي تزاد المخاطر المرتبطة بتقديم سعر منخفض للسلعة. في هذه الحالة يجب على الشركة زيادة أسعارها بالتدريج بعد الحصول على حصة سوقية جيدة.

وأخيراً يمكن القول بأن هاتين الاستراتيجيتين (قشط السوق والتغلغل في السوق) ليست متعارضتين بمعنى اتباع إحداهن لا يمكن من اتباع الأخرى. فعند اتباع إحداهن لفترة محددة يمكن التنازل عنها وتخفيض أو رفع الأسعار بالتدريج حتى تصل الأسعار إلى مستوى الأسعار المعتادة أو المناسبة للسلع وللسوق.

ثانياً - السياسات البديلة المستخدمة في التسعير :

إن الاستراتيجيات السابقة (قشط السوق والتغلغل في السوق) هـن الأكثر شيوعاً في التسعير.

لكن هناك عدة سياسات أخرى في التسعير وهي :

١- الأسعار المعتادة (أو السائدة) :

عندما يستقر سعر السلعة لفترة طويلة من الزمن في سوق المستهلك النهائي فإنه يـدخل ضمن الأسعار المعتادة. وعندما يصبح سعر سلعة معينة سعراً معتاداً فإنه يصبح من الصعب زيادته. وقـد يلجـأ المنتج عند الضرورة إلى تغيير الكمية أو الجودة حرصاً على إبقاء السعر المعتاد عـلى مـا هـو عليه : مثال، سعر الخبز، الملح، والبن، الطحين...الخ.

٢- أسعار قادة السوق :

يوجد في كل قطاع إنتاجي بعض العناصر (المنتجين) الذين يقومون بوضع الأسعار التي يسترشد بها باقي المشروعات الأخرى وتسمى هذه العناصر برواد الصناعة، شيخ الكار، شيخ السوق،.... يتميز رواد الصناعة بقوتهم النسبية والحصة الكبيرة في السوق (مثل **IBM**، ديبون، جنرال، موتورز...) تضع هذه الشركات من خلال أسعارها هيكلاً لباقي الشركات التي تعمل في مجالها وتصمم سياساتها السعرية على صورة السعر الذي وضعه القائد.

٣- أسعار البقاء :

من خلال نظام المنافسة نجد أن بعض الشركات القوية تسعر سلعها بطريقة تجعل بعض الشركات تخرج عن ضوء المنافسة، لكن الشركات الضعيفة أو الصغيرة تسعر منتجاتها بطريقة تضمن لها فقط البقاء في السوق والحصول على هامش ربح منخفض نسبياً.

٤- الأسعار الكسرية (النفسية) أو غير التامة. تؤثر أسعار بعض السلع من الناحية النفسية على المستهلكين. فبعض الأسعار قد تكون مقبولة لديهم من الناحية النفسية والبعض الآخر لا يؤثر على منطق المستهلك في قبوله للسعر [٢٨].

من جهة أخرى يعتمد التسعير النفسي على الأسعار المرجعية، وهي الأسعار التي يحملها المستهلك في ذهنه ويرجع إليها عندما يريد شراء المنتج. السعر المرجعي يمكن أن يتكون لدى الفرد من ملاحظة الأسعار الحالية واسترجاع الأسعار السابقة وتخمين حالة الشراء[٢٩]. يمكن للبائعين أن يستخدموا الأسعار المرجعية للزبائن في تحديد أسعارهم. وبذلك تتمكن الشركة من تقديم منتجاتها بأسعار مرتفعة لكي تضمن انتماء هذه المنتجات إلى نفس الطبقة (سياسة قشط السوق). يلاحظ أنه في المخازن ذات الأقسام يتم بيع الملابس النسائية مثلاً في أقسام منفصلة وذات أسعار مختلفة : حيث تزعم هذه المخازن أن الملابس الموجودة في القسم ذو الأسعار المرتفعة هي ذات جودة عالية. وبذلك تتمكن بهذه الطريقة التأثير على الأسعار المرجعية للمستهلك.

---

٢٨ د. الصحن محمد فريد. مرجع سابق. ١٩٩٦

٢٩ Kotler . ph & armestrong . G، op . cit . ١٩٦٦

في حال تطبيق الأسعار الثابتة يكون المستهلك مستعداً لدفع سعر ثابت أو محدد لسلعة ما   (مثال ١٠ وحدة نقدية لعلبة البسكويت) إذاً يجب على البائع مواجهة ارتفاع النفقات أو ضغوط المنافسة بتغيير فقط حجم المنتج والجودة وشروط البيع. أما في حال تطبيق الأسعار غير التامة (أو الكسرية)، فإن البائع يتوقع أن حساسية المشتري تكون أكثر إثارة عندما يكون السعر مثلاً ٩.٩٠ أو ٩٩ وحدة نقدية مما لو كان السعر عشري كامل أي ١٠ أو ١٠٠ أو ١٠٠٠ مما يشكل بالنسبة له حاجزاً نفسياً يكفي لتغيير أو إلغاء عملية الشراء. إن هذه السياسة السعرية مطبقة على نطاق واسع في كافة دول العالم حيث إنها تولد شعوراً لدى المستهلك بانخفاض سعر السلعة أو أنها أسعار ترويجية، وإن السعر لم يصل إلى العدد العشري (١٠- ١٠٠..) وإنه في المدى الأقل من هذا العدد العشري. بالإضافة إلى ذلك فإن هذه الأسعار تولد شعوراً لدى المستهلك أن المشروع يقوم بتحليل تكاليفه وأسعاره بدقة عالية ويضع هذه الأسعار على مستوى الحد الأدنى ما أمكن.

٥- التسعير على أساس إضافة نسبة معتادة :

يقوم المنتج بإضافة نسبة محددة إلى ثمن تكلفة السلعة بحيث تكفي تلك النسبة لتغطية النفقات الإدارية وتحقيق هامش ربح تبرر استمرار الشركة في نشاطها. وتختلف هذه النسبة من سلعة إلى أخرى ومن قطاع إلى آخر. أما الموزع فإنه لا يتبع هذه الطريقة إلا عندما يشتري السلعة من المنتج بسعر محدد ولم يتم تحديد سعر البيع للمستهلك من قبل المنتج، وبذلك يضيف الموزع نسبة معينة إلى ثمن الشراء لتغطية نفقاته وعائد ربح معقول يبرر كذلك القيام بنشاطه. في بعض الحالات يقوم بعض المنتجين بتحميل بعض السلع المباعة والرائجة بكمية من السلع الكاسدة والتي لم يقبل الموزعون على شرائها. ويترتب على ذلك أضرار للمستهلك التي يتحمل هذه السلع غير الرائجة وتشكل له زيادة في أسعار السلع الأخرى التي تشبع حاجاته.

٦- تحديد سعر تشكيلة سلعية :

يتطلب تحديد سعر المزيج السلعي ما يلي :

- اختيار المنتج الأقل سعراً.

- اختيار المنتج الأعلى سعراً.

- معرفة الفروقات السعرية الموجودة بين منتجات التشكيلة السلعية.

تعتمد هذه الاختيارات على العلاقة الوثيقة بين عناصر المزيج السلعي، وهنا يجب الأخذ بالحسبان مؤشرات الإحلال والتكامل فيما بينهم.

على سبيل المثال : بالنسبة إلى السلع القابلة للتلف والمتكاملة، وفي حالة وجود طلب غير متجانس، يكون من مصلحة المشروع تحديد سعر موحد لمجموعة سلع التشكيلة. في هذه الحالة سيكون السعر المعروض بالطبع أقل من إجمالي الأسعار المختلفة لمجموعة العناصر المكونة للتشكيلة السلعية. عندما تكون هناك حساسية معينة لدى المستهلكين للأسعار التي تعتبر مؤشراً للجودة، وإن منتجات التشكيلة مجتمعة تحقق بعض الوفورات، فإن المشروع يقوم بتقديم نماذج مماثلة لنفس المنتج بأسماء وأسعار مختلفة. فالمنتج ذو السعر المرتفع سيعوض طبعاً الخسارة الناجمة عن المنتج ذو السعر المنخفض (مثال، حالة الألبسة ومواد التجميل). في حالة السلع المتكاملة فيما بينها، لكن يوجد اختلافات كبيرة في تكاليف مكونات التشكيلة السلعة (مثلاً المنتج الأساسي وقطع التبديل) فإن سياسة التسعير تقوم على بيع السلعة ذات التكلفة المرتفعة بسعر منخفض (تشجيع المستهلك على الشراء) وتعويض الخسائر من المنتجات الأخرى المكملة. إن هذه السياسة السعرية الجذابة تستخدم عادة في حالة آلة الحلاقة الرخيصة والشفرات الغالية الثمن (gillet GII) في آلة التصوير الفورية الرخيصة وأفلامها الغالية، في السيارات وقطع تبديلها المرتفعة الثمن (مرسيدس، BMW،...).

في محلات التوزيع الضخمة (سوبر ماركت) يتم استخدام هذه السياسة عادة من خلال تخفيض أسعار السلع ذات العلامة المعروفة والجودة العادية من أجل جذب الزبائن إلى المحل وشراء هذه السلع وسلع أخرى يكون هامش الربح فيها مرتفعاً وتعويض الخسارة الناجمة عن بيع السلع الترويجية.

عند تحديد أسعار المجموعات السلعية يجب أن تكون هذه الأسعار مقبولة من قبل المستهلك وأن لا تكون أسعار المجموعات متقاربة حتى لا يؤدي ذلك إلى عدم إحساس المستهلك بوجود اختلافات في الجودة، وأن تكون متلائمة مع الاختلافات في تكلفة الإنتاج ومع تطور السوق وسلوك المنافسين.

٧- التسعير المجزأ

تعدل بعض الشركات عادة أسعارها الأساسية لتأخذ بعين الاعتبار الاختلافات بين الزبائن والمنتجات والمواقع. ضمن هذه السياسة تبيع الشركة منتجها بعدة أساليب :

- التسعير وفقاً **لفئات المستهلكين**. تدفع الفئات المختلفة عادة أسعاراً مختلفة من أجل المنتج نفسه : مثلاً الطائرات والقطارات تأخذ أجور منخفضة من الطلاب والأطفال.

- التسعير بحسب **خصائص المنتج**. يتم تسعير أنواع مختلفة من المنتجات بأشكال مختلفة، لكن ليس على اعتبار اختلاف التكلفة، بل نظراً لوجود ميزة بسيطة ولا تكلف إلا القليل من النقود. فشركة black تقدم مكواة غالية بسعر ٥٥ دولار والتي تزيد عن سعر المكواة التي تليها في السعر بحدود ١٢دولار، حيث أنها تملك ميزة التنظيف الذاتي، وهذه الميزة الإضافية لا تكلف إلا قليلاً من الدولارات لصنعها [٣٠].

- تسعير **المواقع** يتم تسعير المواقع المختلفة بشكل مختلف بالرغم من أن تكلفة العرض في كل المواقع هي نفسها. مثال : تفضيل المشاهدين لمواقع معينة في المسرح، والسينما.

- التسعير حسب **الزمن** (أو الموسم) تتنوع الأسعار بحسب الفصول والأشهر والأيام وحتى الساعات. فشركات الهاتف تقدم خصومات على الاتصالات في المناسبات والأعياد والعطل وفي فترات الليل.لكي تكون استراتيجية الأسعار المجزئة فعالة لابد من توفر ظروف معينة قبل كل شيء يجب تقسيم السوق إلى أجزاء بحيث تظهر هذه الأجزاء درجات مختلفة من الطلب، وأن يكون المنافسين غير قادرين على البيع بسعر أقل من سعر الشركة. كما يجب أن لا تتجاوز تكاليف الصنف ومراقبة السوق الريع الإضافي الذي تحصل عليه الشركة من فروق الأسعار. وأخيراً التسعير المجزأ يجب أن يكون قانونياً ومشروعاً.

٨- سعر الترويج

يعمد العديد من الباعة إلى تقديم أسعار مخفضة لبعض سلعهم ليس فقط للترويج عن هذه السلع ولكن لجذب عدد كبير من المستهلكين للشراء داخل المتجر لمنتجات أخرى تحقق للبائع الربح

---

[٣٠] **ph. Kotler & armestrong.G . ١٩٩٩، op cit.**

الذي يرغبه ويعوض الخسارة الناتجة عن بيع السلع المروج لها. الهدف الأساسي من إتباع هذه السياسة هو زيادة المبيعات الكلية للمتجر وتنمية الولاء لهذا المتجر (خاصة المتاجر البعيدة عن مركز المدينة) حيث يقوم المستهلكون أنفسهم بالترويج للمتجر وعن انخفاض أسعار منتجاته أو بعضها. نلاحظ هذا الوضع حالياً في بعض المخازن الموجودة في الأحياء أملاً بأن يقوم المستهلك بشراء كل المواد اللازمة له من المخزن نفسه.

٩- التسعير بحسب المناطق الجغرافية.

أحياناً تجد الشركات أن موقع المشتري قد يمثل بعض المشاكل عند تسعير منتجاتها من حيث تكلفة الشحن لهذه المواقع. فالزبائن تفضل دائماً السعر المنخفض للسلع ذات الجودة المتماثلة. وقد تقوم بعض المشروعات باتباع أسلوب التسعير المختلف وفقا للمناطق كوسيلة لتحقيق المساواة في المعاملة بين الموزعين وكطريقة لتخفيض السعر وحفز الموزعين على التعامل معها. وهناك عدة طرق تستخدم في هذا المجال:

- قد تحدد بعض المشروعات السعر على أساس تسليم السلعة في مكان إنتاجها وعلى المشتري نقلها على نفقته الخاصة وخاصة في حال قرب السوق من المشتري أو عندما تنفرد السلعة بجودة ومزايا أخرى تختلف عن سلع المنافسين، مما يزيد من رغبة المستهلكين بشرائها.

- استخدام سعر موحد، بحيث يتم تسليم السلعة للمشتري في مواقعهم بغض النظر عن اختلاف هذه المواقع. وهنا يتم التسعير الموحد على أساس السعر الأساسي مضاف إليه متوسط تكاليف النقل إلى المناطق التي يقوم البائع بخدمتها.

- في حالة التسليم محل المشتري، يتضمن السعر بالإضافة للسعر الأساسي تكاليف النقل والتخزين. وهنا تختلف الأسعار من منطقة إلى أخرى بحسب بعدها أو قربها من المورد ولكن تتساوى هذه الأسعار بالنسبة إلى جميع المشترين في المنطقة نفسها.

ثالثا - التسعير في التسويق الدولي

١- الأسعار والتسعير :

يعرف السعر على أنه القيمة التبادلية للمنتج في السوق، وفي مجال السوق العالمية فإن سعر المنتج هـو قيمتـه التبادليـة في الأسواق الخارجيـة. وبما أن هنـاك اختـلاف بين مفهوم التسويق المحلي والتسويق الدولي؛ لذا فإن طبيعـة السعر في الأسواق الدوليـة تبـدو مختلفـة عـن تلك الخاصـة بالسوق المحلية.

فما هو مفهوم السعر في التسويق الدولي ؟ هل هو سعر المنتج أم سعر الوسطاء أم سعر السوق أم السعر الذي يتحمله المستهلك الأخير ؟ إن الشيء الهام بالنسبة إلى إدارة التصدير هو السعر الذي يتحمله المستهلك النهائي أو المستخدم الصناعي للمنتج الذي يقوم بتسويقه، لأن الهدف مـن التسويق هـو إشباع حاجات ورغبات المستهلك النهائي صاحب قرار الشراء ومالك القوة الشرائية في أي سوق. ومن خلال التسعير للمستهلك يتمكن المصدر المحافظة على سوق المنتج دولياً.لذا يعد السعر مـن أهم المكونات في سياسة التسويق الدولي. وبالتالي لابد من النظر إلى عنصر السعر في سياسة التسعير الدولي نظرة شاملة لا تقف عند حد السعر الذي تبيع به المنشأ للوسطاء، بـل يجب أن يشمل مختلف المراحل التـي تمـر بهـا عملية التسويق عبر قنوات التسويق المختلفة إلى أن تصل إلى المستهلك النهائي. إن طول قنوات التوزيع في التصدير وإجراءات الشحن والتأمين والجمارك والمستندات كلها تتطلب نفقات إضافة تنعكس عـلى سـعر السلعة وتؤدي إلى رفعه. وبالتالي فعملية التسعير الدولي تكون عادة أكثر تعقيداً مما هي عليه في التسويق المحلي [٣١]. فالتسعير الخاطئ قد يترتب عليه فقدان السوق أو خسارة بالنسبة إلى الشركة. بشكل عـام يـتم تحديد السعر في الأسواق الخارجية أما من خلال المزايدات على عقود ضخمة بطريقة طلب عروض أسعار تتقدم بها الشركات المنافسة أو يتم تحديد السعر في ضوء ظروف التكلفة وأهداف المنشأة في النمو طويـل الأمد وكذلك في ضوء ظروف السوق وتوقعاته. وفي هذا المجال تتبع الشركات المصدرة (بحسب درجة الالتزام بالتصدير) في تسعير صادراتها إحدى السياستين التاليتين :

---

٣١ سالمان عمر، التسويق الدولي، عمان، ١٩٩٥

- تسعير الصادرات داخل البلد الأم للشركة (المصدر): وهنا السعر يدفع أحياناً من جانب وسيط أو عميل في السوق الخارجية، وتستخدم من قبل الشركات التي ليس لها من يمثلها في الأسواق الخارجية.

- أو التسعير داخل الأسواق الخارجية، أي قيام الشركة المصدرة بتحديد السعر الذي تبيع به إلى المشتري المحلي (في البلد المستورد) وهي الطريقة المستخدمة من قبل الشركات متعددة الجنسيات.

٢- الاعتبارات التي تؤخذ بالحسبان في سياسة التسعير الدولي:

عند قيام الشركة بتحديد سياسة التسعير لمنتجاتها يجب أن تأخذ باعتبارها العديد من العوامل: الظروف الاقتصادية للسوق، الأوضاع التنافسية، القوانين، التطور في النظام، تجارة الجملة والتجزئة، سلوك و تفضيلات المستهلكين التي تختلف من بلد إلى آخر. وهذا بالتأكيد سوف يؤدي إلى اختلاف الأسعار بين الأسواق. تتمكن الشركة كذلك من تحديد أهداف تسويقية مختلفة في الأسواق العالمية المتنوعة والتي تؤدي إلى تغيير في استراتيجية التسعير. لكن من أهم العناصر التي يجب أخذها بالحسبان في التسعير الدولي نذكر : العائد على الاستثمار، سياسة الترويج، المنافسة، ومخاطر دخول السوق الدولية.

أ- دور العائد على الاستثمار.

إن معدل العائد المستهدف من جانب الشركة ومستوى الربحية المتوقع الوصل إليه لهما أثر واضح على سياسة التسعير الدولي. ففي حالة الشركات التي تصدر لفترة محدودة في سوق ما يكون هدفها هو الربح السريع والمرتفع لتعويض هذه العملية واسترداد رأس المال المستثمر في فترة قصيرة. أما المشروعات التي تستثمر بهدف الاستمرار في مجال ما (فروع إنتاج، فرع توزيع، فرع إنتاج وتوزيع) فإن سياستها في التسعير تأخذ باعتبارها الربح على المدى الطويل، وبالتالي فإن أسعارها تكون أقل من أسعار المشروعات التي تهدف إلى تحقيق ربح كبير بسرعة من خلال الأسعار المرتفعة[٣٢].

---

٣٢ د. رضوان المحمود العمر. مرجع سابق. ١٩٩٤

ب - أثر النفقات الترويجية.

تؤثر النفقات الترويجية على سياسة التسعير سواء داخلياً أو دولياً نظراً لدورها الواضح في رفع التكلفة، ومن ثم أثرها على هامش الربح [٣٣]. ويلاحظ وجود أربعة بدائل متاحة أمام الشركة التي تلجأ إلى تسعير الصادرات.

- سياسة السعر المرتفع ونفقات ترويج مرتفعة. وهنا يتم التسعير على أساس تعظيم العائد من السلعة المباعة على أن تدعم هذه السياسة بنفقات إعلانية لتعزيز موقف المنتج في السوق. ونتبع هذه السياسة في حالة بيع كمية كبيرة المنتجات في السوق بأسعار مرتفعة ولفترة زمنية قصيرة بالنسبة إلى بعض المنتجات (ساعات رخيصة، ملابس).

- سياسة السعر المنخفض ونفقات ترويج مرتفعة وهي على عكس السياسة السابقة وتمثل سياسة التغلغل في السوق التي تهدف إلى بيع كمية كبيرة من المنتجات بهامش ربح منخفض جداً من أجل الحصول على حصة سوقية مقبولة. تتبع هذه السياسة عادة في فترة النمو من دورة حياة المنتج الجديد في الأسواق الخارجية وتعتبر الشركات اليابانية من الشركات الرائدة في استخدام هذه السياسة.

- سياسة سعر منخفض ونفقات ترويج منخفضة. وهنا تكتفي الشركة بهامش ربح معقول، وتصلح هذه السياسة للسلع الكمالية والتفاخرية.

- سياسة السعر المعتدل ونفقات ترويج معتدلة. وتصلح هذه السياسة للمنتجات النمطية والشائعة وتهدف إلى استمرارية المنتج في السوق وتحقيق هامش ربح معقول مع الاهتمام بالترويج.

٣- أثر المنافسة على سياسة التسعير في السوق الدولية.

لا يوجد سوق خال من المنافسة وتختلف قوتها من سوق إلى أخرى. فعند تحديد الأسعار لابد من أخذ عامل المنافسة في الحسبان وكيفية الرد على تصرفات المنافسة على مستوى الأسعار. وهناك عدة أساليب تتمكن الشركة من إتباعها للرد على تصرفات المنافسين في الأسواق الخارجية ومنها :

أ- تثبيت سعرها. وذلك في حالة الشركات المسيطرة على السوق نظراً لجودة منتجاتها.

---

٣٣ - سالمان عمر . مرجع سابق. ١٩٩٥

ب- تخفيض السعر عندما يلجأ المنافسون إلى تخفيض أسعارهم من أجل المحافظة على الزبائن والرد على المنافسة.

جـ- ثبات السعر وتحسين جودة السلعة خاصة بالنسبة إلى السلع التي تتصف بالتطور والانتشار السريع والمنافسة القوية كما هو الحال بالنسبة إلى الحاسب.

د- ثبات السعر وتحسين مستوى الخدمة المقدمة للزبائن. تتبع هذه السياسة في حال المنتجات النمطية التي تتصف بحدة المنافسة (مثل السيارات والأجهزة الكهربائية المنزلية...) حيث تسعى الشركات إلى المحافظة على مستوى سعر ثابت وتحسين مستوى الخدمات والضمانات المقدمة للمستهلك.

٤- مخاطرة دخول الأسواق الخارجية :

عند تحديد السياسة السعرية في أي منشأة مصدرة لابد من الأخذ بالحسبان المخاطر التي تتعرض لها أثناء دخول السوق الدولية مثل استقرار التدفقات النقدية، التضخم، الأخطار الاقتصادية والسياسية والطبيعية (كوارث، زلازل....)، وتقلب سعر الصرف، وولاء المستهلكين للسلع المحلية.....الخ. هذه العوامل كافة تشكل مخاطر دخول السوق والتي يمكن أن يكون لها أثار سلبية تنعكس على سعر السلعة وعلى الشركة.

٥- العوامل المؤثرة في سياسة التسعير في الأسواق الدولية :

أ - جودة المنتجات. يعبر السعر عن صورة المنتج في السوق. فإذا كان السعر مرتفعاً فهذا يقترن بمستوى جودة مرتفع والعكس صحيح.

ب- دور قنوات التوزيع. يجب على رجل التسويق أخذ دور ونشاط قنوات التوزيع في حسابه عند تحديد الأسعار (وسطاء محليون ودوليون).

جـ- التكاليف الإضافية. وهي التكاليف الإضافية التي تتحملها المشروعات في التسويق الدولي. فقد تلجأ الشركة إلى تحميل هذه النفقات إلى الربح أو بضمها إلى السعر وتحميلها إلى العملاء والمستهلكين. ومن هذه التكاليف نذكر :

- تكاليف مرتبطة بالأسواق الدولية وتشمل : إقامة المعارض الإيفاد في مهمات إلى الخارج، التخليص الجمركي ومستندات الشحن، الضرائب الأجنبية، نقل السلع إلى السوق الخارجية، تكاليف الاتفاق والمعاملات مع الوكلاء والتصفيات...الخ.

- تكاليف الخدمات المقدمة وتشمل : تكاليف التمويل والترويج والتجديد...الخ.

تلعب هذه التكاليف دوراً هاماً في تحديد الأسعار في الأسواق العالمية. فغالباً ما يندهش المسافرون عندما يجدون السلع الرخيصة في أوطانهم تحمل بطاقات سعر مرتفعة جداً في البلدان الأخرى. فمثلاً يباع نفس البنطال بـ٣٠$ في أمريكا وبحدود ٦٣$ في طوكيو و ٨٨$ في باريس. وتقوم شركة **conversely agucci**[٣٤] الإيطالية ببيع حقائب اليد النسائية بـ٦٠$ في ميلانو و ٢٤٠$ في أمريكا.

د- مدى تحقيق وفورات الحجم من خلال ارتفاع حجم الإنتاج والبيع وانعكاس ذلك على الربحية على المدى الطويل مما يؤثر على تحديد الأسعار في الأسواق الخارجية.

٦- سياسات تحديد السعر للسوق الدولية :

كما هو الحال في التسعير للأسواق المحلية فإن الطلب يلعب الدور الأساسي في تسعير المنتجات المعدة للتصدير. وإن طلب السوق هو من أكثر مدخلات قرار التسعير أهمية خاصة عندما لا تتميز المنتجات بالنمطية وإن التكلفة لها دور محدود في التأثير على السعر في العديد من السلع. كما يرتبط السعر بعنصر جودة المنتجات. إن قرار التسعير في الأسواق يتأثر كذلك بطبيعة قناة التوزيع، وبالتالي هناك تفاوتاً فيما بين الأسواق بحسب الطريق الذي تسلكه السلعة في طريقها إلى المستهلك[٣٥]. في الواقع إن عدد وسطاء التوزيع يختلف من سوق إلى أخر. ففي اليابان يجب أن يأخذ السعر باعتباره وسطاء الجملة والتجزئة بينما ينتفي دور تجار الجملة في ألمانيا حيث يتم البيع من الموزع إلى المستخدم الأخير.

---

[٣٤]- Kotler. ph & armestrong. ١٩٩٩.op. cit .

[٣٥] - Hollensen. S. ١٩٩٨ . global marketing. ed hall. Europe.

وهناك عدد من العناصر تؤخذ بالحسبان عند التسعير للتصدير وهي: سعر المصنع، الشحن،تكلفة الأرضية، التصفية، الرسوم الجمركية، التخزين، هوامش الوكلاء والوسطاء.

تلعب مرونة الطلب دوراً هاماً في تحديد السعر حيث يتغير الطلب على السلع بتغير أسعارها ويتوقف ذلك على درجة مرونة الطلب السعرية، وتختلف هذه المرونة من سوق إلى أخر. ويمكن أن نجد أسواق مختلفة لها نفس مرونات الطلب السعرية لمنتج ما. ويرجع ذلك إلى ظروف المنافسة والدخل الفردي المخصص للإنفاق والعناصر الأخرى المؤثرة على المرونة. تساعد هذه المرونة في تحديد مستوى أسعار السوق، وتمكن من إيجاد أفضل مقارنة بين حجم المبيعات والأرباح. ففي حال المرنة السعرية المرتفعة تقوم الشركة بتخفيض أسعارها من أجل زيادة الطلب على السلع بنسبة تفوق نسبة الانخفاض في السعر، وهذا يؤدي إلى الحصول على هامش ربح كلي أكبر والعكس صحيح بالنسبة إلى السلع التفاخرية والسلع ذات الأسماء (العلامات) المشهورة.

لكن في الأحوال كافة يجب على الشركة مراقبة سلوك المنافسين فيما يتعلق بحركة الأسعار لتجنب تحول المستهلك من سلع الشركة إلى سلع المنافسين.

ويمكن التسعير أيضاً على أساس التكلفة الحدية عند الحصول على إيراد حدي ولاسيما عندما تواجه الشركة منافسة في السوق لفترة قصيرة، وعند المحافظة على سوق السلعة. كل ذلك يتم من خلال استغلال الطاقات العاطلة للشركة والاكتفاء بتسعير المنتجات الإضافية عند مستوى التكاليف الإضافية المرتبطة بها، مما يشكل مصدراً للحصول على إيرادات حدية يمكن من خلالها توزيع التكلفة الثابتة على عدد أكبر من الوحدات المنتجة.

وهناك جوانب أخرى ترتبط بسياسة التسعير أيضاً، تتمثل في دور الحكومات في مجال التسعير وظروف المنافسة وتصرفاتها، وقد تم التعرف إليها في المبحث الأول من هذا الفصل.

رابعاً - تعديل الأسعار والسياسات البديلة في التسعير :

توجد المشروعات في بعض الحالات التي يتعين عليها تغيير سعر منتجاتها أو الاستجابة لتغيرات السعر من قبل المنافسين، وقد يؤثر هذا الأسلوب على انخفاض حجم المبيعات أو عدم قدرة

الشركة على رفع السعر بسبب المنافسة القوية في الأسواق أو بسبب ضعف القوة الشرائية للمستهلك. وفي هذه الحالة تتوقع الشركة مشترين محتملين وردود أفعال جديدة من المنافسين.

- **المبادرة في تخفيض السعر.** توجد العديد من الحالات التي تقود الشركة إلى تخفيض أسعارها. وإحدى هذه الحالات هي زيادة طاقتها الإنتاجية، وهنا لا بد من تخفيض أسعارها أو زيادة جهود البيع والترويج من أجل زيادة مبيعاتها والحصول على حصة سوقية أكبر. ويمكن للشركة أن تخفض أسعارها من أجل السيطرة على السوق من خلال تخفيض التكاليف (انظر فصل التحليل الاستراتيجي). فتبدأ بتخفيض تكاليفها أكثر من منافسيها أو تخفيض الأسعار في أمل كسب حصة واسعة من السوق. الأمر الذي يعزز تخفيض التكاليف من خلال بيع كميات كبيرة وتقودها إلى الهيمنة على السوق.

- **المبادرة في زيادة السعر.** في السنوات الأخيرة سعت العديد من الشركات إلى زيادة أسعارها بالرغم من معرفتها أن هذه الزيادة سوف تؤدي إلى استياء الزبائن المتعاملين معها واستياء قوى ووسطاء البيع لدى هذه الشركات. ولكي تتمكن الشركة من زيادة أسعارها بنجاح لا بد من زيادة أسعارها تدريجياً. فإذا كان هامش ربح الشركة يساوي ٣% من المبيعات، فإن زيادة السعر بمقدار ١ % سوف يزيد الأرباح بمعدل ٣٣ % من المبيعات إذا لم يتأثر حجم المبيعات بتغير السعر .

العامل الرئيسي في زيادة السعر هو تضخم التكلفة. فارتفاع التكاليف يقلص هامش الربح ويقود الشركة إلى زيادة الأسعار. بالإضافة إلى ذلك فإن الطلب على العرض في سوق معين يؤدي إلى زيادة السعر. وفي هذه الحالة تتمكن الشركة من زيادة أسعارها عندما لا تستطيع تلبية كافة رغبات الزبائن، أو أنها تزيد المنتجات المعروفة لمقابلة حصتها من المستهلكين أو تعمل بكلاهما.

تقوم الشركات أيضاً بزيادة أسعارها لمجاراة ارتفاع التكاليف من خلال رفع الأسعار بشكل غير منظور عن طريق تخفيض الخصومات وإضافة وحدات ذات سعر عالٍ إلى خط الإنتاج أو رفع الأسعار بشكل علني من خلال عكس السعر على الزبائن. لكن يجب تبرير وتفسير أسباب ارتفاع السعر للزبائن.

هناك بعض الأساليب والطرق يمكن للشركة أن تأخذها بعين الاعتبار لمواجهة ارتفاع التكاليف دون اللجوء إلى رفع الأسعار يتم عرضها فيما يلي :

١- بعض الاستراتيجيات البديلة لتغيير الأسعار :

بدلاً من رفع أسعارها تقوم الشركة بإتباع عدد من السياسات الأخرى التي لا تؤثر على سعر السلعة. ومن هذه السياسات نذكر :

أ- تغير كمية أو جودة السلعة :

تعتمد هذه السياسة على قيام الشركة بتخفيض كمية السلعة مع بقاء السعر بدون تغيير وتقديمها في حجم أقل بحيث أن المستهلك لا يلاحظ تغيراً ملموساً في ذلك حتى لا يتحول إلى سلع أخرى. وكبديل تقوم بعض الشركات بتخفيض جودة المواد الداخلة في تصنيع السلعة عن طريق استخدام بدائل أخرى أقل تكلفة ولا تؤثر جذرياً على الجودة النهائية للسلعة، وإن المستهلك لا يلحظ كذلك فرقاً ملموساً في الجودة، وذلك من أجل المحافظة على السعر : كما هو الحال في استخدام المواد البلاستيكية في صناعة أجزاء من السيارة بدلاً من المواد المعدنية، أو استخدام الجلود الصناعية بدلاً من الجلود الطبيعية، استخدام الزيوت المهدرجة بدلاً من السمن الحيواني في صناعة الحلويات.... الخ.

ب- تغيير مجموعة المنافع أو الخدمات المرتبطة بالسلعة.

تقدم بعض السلع مرتبطة بالعديد من الخدمات والمنافع مثل السعر، قطع الغيار، تغليف، ضمان، معلومات على الغلاف... الخ. ولمواجهة ارتفاع التكلفة يقوم رجل التسويق بتقديم السلعة الأساسية مجردة من بعض المنافع أو بوضع سعر خاص للخدمات المرافقة للسلعة[٣٦]. على سبيل المثال: تعرض شركات الحاسبات خدمات للتركيب وبرامج جاهزة وتدريب للمستهلك على التشغيل... الخ. وتأمل هذه الشركات من ذلك زيادة حجم مبيعاتها بدلاً من تغيير السعر.

جـ تغيير طريقة الدفع أو السداد :

يقوم رجل التسويق بزيادة جاذبية المنافع المقدمة من السلعة بتغيير طرق البيع في المتاجر وذلك عن طريق تقسيط السعر دون الحصول على فوائد أو السماح باستخدام بطاقات الائتمان لشراء ما يلزم بدلاً من الدفع النقدي ... الخ. تعد هذه الطرق بمثابة تخفيض للسعر عند التقسيط مما

٣٦- Joannis. h. op. cit .١٩٩٥ .

يسهل على المستهلك فرصة الشراء وكذلك يهدف الحل الثاني (بطاقات الائتمان) إلى زيادة القوة الشرائية للمستهلك بطريقة غير مباشرة، حيث يستطيع الحصول على حاجاته ثم يقوم بدفع أقساط معينة للبنك الذي يصدر هذه البطاقات شهرياً حسب مقدرته ودخلة.

٢- ردود الفعل على تغيرات السعر :

إن تغيرات السعر بالزيادة أو النقصان سوف تلقى ردود فعل من قبل كل من المستهلكين ومن المنافسين والموزعين والموردين ومن الحكومة (انظر بداية هذا الفصل).

- **ردود فعل المشترين**. لا يستطيع الزبائن تفسير تغير الأسعار مباشرة، بل يفسرون انخفاض السعر بعدة طرق : مثل قيام المنتج بطرح منتجات جديدة مستقبلاً أو نظراً لانخفاض أو عدم الاكتفاء بالمبيعات الحالية والشركة بحاجة للسيولة، وجود عيوب في المنتج، انخفاض الجودة أو انخفاض المستوى العام للأسعار وزيادة المنافسة والسلع البديلة.

أما زيادة السعر فسوف يؤدي إلى انخفاض المبيعات وتكون بعض التفسيرات لدى الزبائن هي : جودة المنتج، حداثة المنتج، تعديل المواصفات، زيادة الكمية، قلة العرض....

- **ردود فعل المنافسة** : تأخذ الشركة بعين الاعتبار في تغيير السعر ردود أفعال منافسيها بالإضافة إلى زبائنها ويكون المنافسون أكثر الجهات المحتملة للقيام بردود أفعال خطرة عندما يكون المنتج موحد وعندما يكون لدى الزبائن معلومات جيدة عن الأسعار. ففي حال تخفيض سعر الشركة يعتقد المنافسون أن الشركة تحاول الحصول على حصة سوقية كبيرة وزيادة مبيعاتها أو أن الشركة ترغب إلى المنتجين كافة تخفيض الأسعار بهدف زيادة الطلب الإجمالي (انظر المبحث السابق لمعرفة مختلف ردود أفعال المنافسون).

٣- استجابة الشركة لتغيرات الأسعار من قبل المنافسين :

هنا نلاحظ أن الحالة معكوسة. كيف تتمكن الشركة من الاستجابة لتغيير سعر المنافسين في سوق ما ؟ تحتاج الشركة عادة للتفكير بعدة أمور والتساؤل عن أسباب قيام المنافسون بتغيير السعر. هل للحصول على حصة سوقية أكبر أو زيادة الطاقة الإنتاجية لتحقيق وفورات الحجم في الإنتاج أو تخفيض السعر للهيمنة على القطاع(الصناعة)؟ وما هي النتيجة على حصة الشركة من السوق وعلى

الأرباح إذا لم تقدم استجابة مناسبة ؟ وما هي استجابات الشركات الأخرى والمنافسين ؟ إلى جانب هذه الأمور يجب على الشركة أن تقوم بتحليل واسع تراعي فيه دورة حياة المنتج وأهمية المنتج في مزيج منتجاتها وأهدافها ودهاء المنافسين وردود أفعال المستهلكين لتغيرات السعر. لكن لا تتمكن الشركة دائماً القيام بتحليل موسع لاختياراتها، لكنها يمكن أن تقوم بردة فعلها خلال وقت قصير (ساعات، أيام) والطريق الأوحد لتخفيض وقت ردة الفعل هو التخطيط للأمام بهدف التنبؤ بتغيرات سعر المنافسين الممكنة والاستجابات الممكنة للشركة [٣٧].

الشكل التالي ٧-٢ يوضح طرق وأساليب الشركة التي يجب أن تستجيب بها لتخفيض السعر من قبل المنافسين. عندما تلاحظ الشركة أن المنافسين قد خفضوا السعر الذي يمكن أن يضر بالشركة وبمبيعاتها وأرباحها، فعلى الشركة تقرير مدى قدرتها على الاحتفاظ بالسعر الحالي وهامش من ربحها. و ما هي أثار هذه السياسة (القرار) على حصتها السوقية وعلى الأرباح إذا كانت الأسعار أقل من أسعارها. ويمكن الانتظار وتقديم استجابة مناسبة عندما تتوفر لديها المعلومات حول تأثير تغير سعر المنافسين. أو أنها قد تقرر الاحتفاظ بالمستهلكين الميسورين وتتخلى عن المستهلكين الفقراء للمنافسين. والحجة ضد استراتيجية التمسك أو الاحتفاظ هي أن المنافسين يمكن أن يصبحوا أقوى وأكثر ثقة بأن مبيعاتهم سوف تزداد وذلك يجعل الشركة تنتظر طويلاً لكي تتصرف وتقدم استجابتها (انظر الشكل ٧-٢).

---

٣٧ أوبري ويلسون، ١٩٩٥، اتجاهات جديدة في التسويق، الدار الدولية للنشر والتوزيع، القاهرة

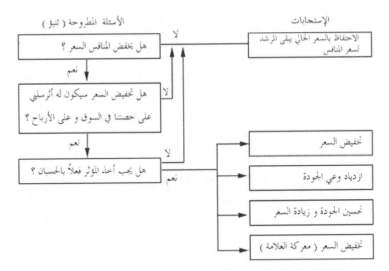

الشكل (٧-٢): التنبؤ والاستجابة لتغيرات سعر المنافسين

المصدر : Kotler. ph & Armstrong.G. op.cit. ١٩٩٦.

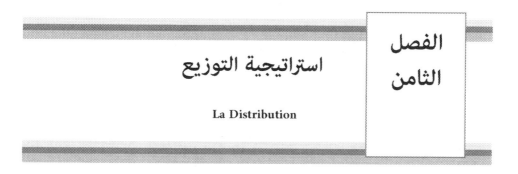

الفصل الثامن

استراتيجية التوزيع

La Distribution

يغطي التوزيع جملة العمليات التي بواسطتها يتم نقل السلع والخدمات من المنتج إلى المستهلك أو الموزع. إن آلية التوزيع التي كانت خلال فترة زمنية طويلة مسيطر عليها من قبل المنتج قد تطورت كثيراً خلال السنوات الأخيرة بسبب ضغوط تطور نظام الاستهلاك، حيث يربط هذا النظام ما بين التغيرات في مواقف **attitudes** المستهلكين وتطور الهياكل التوزيعية والتطورات التكنولوجية والاقتصادية و الديمغرافية والفكرية والعوامل الاجتماعية ووسائل الاتصال والإعلام والإجراءات الحكومية .... لقد قادت تطورات النظام الاستهلاكي العلمي إلى تغييرات جوهرية في سياسة الشركات في التوزيع وبشكل أوسع في استراتيجيتها التسويقية الكلية. لهذا فقد أصبح وضع الشركة في سلسلة الإنتاج - التوزيع اختياراً استراتيجياً هاماً. في كل مرحلة أو حلقة من السلسلة **filière** المتعاقبة يتم القيام بوظائف الإنتاج والتوزيع والخدمات الموافقة لها بمستوى معين من الكفاءة. بحسب كفاءة الشركة ووضعها في بيئتها التنافسية، نجد أن بعض الأوضاع أو المراكز تكون أكثر أهمية وتوفر إمكانيات الريادة أو الهيمنة التي تعد من مصادر النزاعات في قناة التوزيع. لذلك من المفيد لكل شركة أن تحدد وضعها في المكان الأكثر ربحية و الأخذ بالاعتبار كفاءتها وإمكانياتها المحتملة (مالية، تقنية، تجارية....) والتنبؤ بالتطورات المستقبلية[1]. كما أن معرفة قنوات الإنتاج والتوزيع والتنبؤ بتطورها تعد من شروط النجاح في هذا المجال الإستراتيجي.

---

1 Berman. B. Marketing channels, John wiley & sons, new-york.1996.

في الوقت الحاضر، أصبحت سياسة التوزيع أحد مفاتيح القيام بمزيج تسويقي فعال. إن التماسك والتجانس بين القرارات الخاصة بالأسعار والمنتجات، والاتصال والترويج والخدمات واختيار قناة وأسلوب التوزيع يعدان من المفاهيم الأساسية في السياسة التجارية. فالمنتج لا يقوم بمفرده بتحضير خطته التسويقية وفرضها على الموزع: فأما يضم حلقة التوزيع له (حالة التسويق المباشر، الامتياز، نقاط البيع باسم المنتج) أو يتفاوض مع الموزعين على شروط وظروف توزيع منتجاته. وفي كل حالة يجب أن يراعي ملائمة هذه الظروف مع عنصر آخر من عناصر مزيجه التسويقي.

إن التطورات المستمرة في التوزيع أدت إلى ظهور أشكال جديدة في تنظيم قنوات وأساليب البيع. وحتى شركات التوزيع نفسها أصبحت الآن في مواجهة تغيرات متعددة. فالتحولات التي أثرت في أساليب الاستهلاك والابتكارات التقنية في تدفق المنتجات وعروضها (غلاف، أساليب النقل، التوضيب، التخزين...) والتدفق المالي (الدفع عن طريق بطاقة الائتمان) وتدفق المعلومات (المعلوماتية) ساهمت في تغيير معالم وشكل التسويق. فالزيادة في الإنتاجية الناجمة عن تحسين وظيفة النقل والتمويل..... تسمح للمنافسين الأكثر ابتكاراً والأكثر ديناميكية من زيادة حصصهم السوقية أو زيادة المردودية على حساب الأساليب القديمة في التجارة والأساليب الأقل ابتكاراً. الشيء الذي أدى إلى ظهور أساليب جديدة في التجارة سواء بالنسبة إلى المنتج أو إلى الموزع. يعد التنبؤ بأشكال التجارة الأكثر فعالية من الأمور الهامة جداً، لكن لا يوجد أي أسلوب كامل و مثالي في هذا المجال، بل توجد أساليب وتجارب متعددة ومتنوعة. أخيراً يمكن القول أن أكبر الشركات في العالم (أمريكا، اليابان، أوربا) تعمل حالياً في مجال التوزيع، وتأخذ العديد من المنتجات علامة أو اسم الموزع وليس علامة المنتج.

المبحث الأول

تحليل دور ووظائف التوزيع

أولاً- التوزيع يضيف قيمة إلى المنتج.

في وقتنا الحاضر يتم تصنيف التجارة والخدمات من بين القطاعات الإنتاجية أثناء القيام بأعمال التخطيط على المستوى القومي. سابقاً كنا نعد أن القيمة المضافة **La valeur ajoutée** لا تنجم إلا عن المنتجات المادية، وأن الخدمات أو المنتجات غير المادية لا تضيف أو تخلق أي قيمة مضافة.

كما يقوم التوزيع بدور هام في التوازن بين العرض والطلب، وبذلك يقدم خدمات معينة. فالتوزيع الجغرافي واختلاف احتياجات المستهلكين سواء الكمية أو النوعية (تعدد العلامات، التغليف، المنتجات، الخدمات المرافقة، ومتابعة المنتجات....) تتناقص مع ترشيد وتركيز وسائل الإنتاج. فأسلوب تقديم المنتجات بالكميات المناسبة لاستهلاك الأفراد الذي يأخذ بالحسبان الخدمات المنتظرة من قبل المستهلكين (نصائح، تحويل، ضمان، خدمة ما بعد البيع....) يتطلب قيام الوسطاء بعدد من التحويلات انطلاقاً من مراكز الإنتاج وحتى الوصول إلى المستهلك.

في الواقع يمكن تمييز ثلاث فئات من التحولات التي تعطي للمنتج قيمة مضافة مرتفعة:

- التحولات المادية والفيزيائية : وهي العمليات المتعلقة بالتجزئة والنقل والتخزين للمنتجات. وتتميز هذه التحولات بالطبيعة الصناعية.

- التحولات المكانية والزمانية : تعد من أهم الوظائف التوزيعية وتقوم بتحويل المنتج إلى المكان المرغوب وبالكمية المرغوبة وبالوقت المحدد وإلى مختلف المنتجات المطلوبة في مكان وزمن محددين.

- التحولات النفسية والتجارية : هي عمليات مكملة للوظائف الصناعية و التوزيعية والتي تكون ملائمة لحالة العرض في أول السلسلة amont ومع حالة الطلب في نهاية السلسلة aval.

في النتيجة، يقدم التوزيع بعض المنافع. حيث يسمح بتخفيض عدد المعاملات (العقود) وعدد الاتصالات وتحقيق وفورات الحجم (أو الوفورات السلمية) Economies d' échelle: الخدمات المقدمة من الموزع تخص الكميات المعروضة من قبل عدة منتجين، وبذلك تؤدي هذه الخدمات لتحقيق وفورات الحجم عند الموزع الذي يلغى دوره في حال قيام كل منتج بتوزيع منتجاته بنفسه. تسمح وظيفة التوزيع كذلك بتحسين التشكيلة السلعية إلى المستهلك. فالتشكيلة السلعية المقدمة من الموزعين يمكن أن تتألف من منتجات (عروض) عدة منتجين، وبذلك تتجاوز القيود التقنية والمالية لكل منتج وتحدد عدد المنتجات المصنعة.

أخيراً، يتحدد دور الموزع بالرد الجيد على متطلبات المستهلكين: حيث يتطلب المستهلك خدمات أكثر دقة وشخصية أو فردية. إن تحمل عبء هذه الخدمات المنتظرة من قبل المستهلكين يتطلب تخصصاً أكثر تعمقاً في هذا المجال. بالنسبة إلى منتجات الاستهلاك الواسع الانتشار يكون دور الوسطاء الموزعون هام جداً: حيث يمكن أن يتخصص الوسطاء في نوع من الاحتياجات التي تؤدي إلى خلق أسلوب مبيعات معين أو تقديم خدمة خاصة. وبذلك لا يتمكن المنتج من خلق أسلوب البيع أو الخدمة به وعلى حسابه الخاص، لكنه يتمكن من تنويع منتجاته لكي تتلاءم مع كل أسلوب من أساليب التوزيع (بحسب الاستراتيجية التي يفضلها).

مع ذلك، وبالنسبة إلى المنتجات الصناعية يرتبط التخصص الضروري عادة وبشكل كبير بمعرفة جودة الميزات الأساسية للمنتجات بالنسبة إلى معايير الصناعة. والتالي يكون تفوق أو دور أحد الوسطاء المتخصصون في وظائف التوزيع ضعيفاً. حيث نجد الكثير من المصنعين يقومون بتحمل عبء معظم هذه الوظائف معتمدين في ذلك على بعض مقدمي الخدمات المساعدة (منظمات التأمين، شركات النقل، مؤسسات مالية).

لقد كان التصنيع والبيع خلال الزمن مرتبطان ببعضهم البعض. أما حالياً فأصبحت هذه الوظائف أكثر تقارباً وتداخلاً ضمن مفهوم الشركات. فالمصنعون للمنتجات المادية قاموا بضم الكثير من العناصر غير المادية إلى منتجاتهم (اتصالات، خدمات مرافقة..) وقد قامت شركات الخدمات

بضم الكثير من خدماتها ووظائفها المباشرة إلى تركيب المنتج النهائي. هذا التداخل في الوظائف يفسر الطابع الخدمي المتزايد للصناعات والطابع الموازي للتجارة (صناعة الخدمات).

ثانياً- وظائف وسيط التوزيع. Les fonctions de l'intermédiaire

يستخدم معظم المنتجون الوسطاء بهدف تسويق منتجاتهم وبناء قناة التوزيع اللازمة، حيث توجد مجموعة من المنظمات المتكاملة والمتضامنة المختصة في جعل المنتجات أو الخدمات ملائمة للاستخدام أو للاستهلاك من قبل المشترين (مستهلك أو مستخدم صناعي).

لكن لماذا يعطي المنتجون جزءاً من مهمة البيع إلى الوسطاء ؟ هذا يعني التخلي عن جزء من تحكم المنتج بكيفية بيع المنتجات والجهة التي يتم البيع إليها. إن استخدام الوسطاء ناجم عن فعاليتهم المتزايدة في تسويق السلع والخدمات الموجودة في الأسواق المستهدفة. فمن خلال اتصالاتهم وخبراتهم وتخصصهم ونطاق عملهم يقدم الوسطاء عادة إلى الشركة أكثر مما يمكنها تحقيقه بنفسها. في الحقيقة، إن دور الموزع يتحول شيئاً فشيئاً من دور الوسيط الحيادي إلى دور وكيل البيع النشيط القادر على إحصاء وتحريض وتوجيه الطلب والضغط على العرض (المنتج) وتغيير شروطه. هذا التغيير في وظائف الموزع هو أحد الظواهر التي ميزت تطور وظيفة وآلية التوزيع.

ما هي إذاً وظائف التوزيع ؟

من أهم وظائف التوزيع الكلاسيكية نذكر :

- شراء من المنتجين المنتجات المطلوبة من الزبائن.
- شحن السلع من أماكن الإنتاج إلى أماكن الاستهلاك[٢] .
- تجزئة الكميات الكبيرة إلى أجزاء أصغر ومتناسبة ومتطلبات المستهلك.
- تجهيز وعرض المنتجات في مكان البيع بحسب تفضيلات المستهلك.
- تخزين المنتجات في مستويات وسطاء التوزيع كافة حتى تصل إلى مراكز البيع.
- العرض المادي للمنتجات في مراكز البيع.

---

[٢] - حمودة محمد عفيفي، إدارة التسويق، جامعة عين شمس، ١٩٨٦.

- البيع إلى المستهلكين.

- خدمات أخرى مثل الشحن إلى المنزل، تركيب الأجهزة، خدمات ما بعد البيع، أوامر الدفع، تعليم وتدريب المستهلك... الخ .

لكن هناك وظائف حديثة للتوزيع ومتممة للوظائف الكلاسيكية[3]. لا تتعارض هذه الوظائف الجديدة مع الوظائف الكلاسيكية لكنها تتطلب هذه الوظائف من الموزع إدخال مهارات ومعرفة جديدة على المستوى التقني والتجاري. تخص هذه الأساليب الجديدة مفهوم عمليات التوزيع بالذات في مجالات مختلفة مثل :

- التوزيع المادي للمنتجات أو الخدمات من خلال الحاويات، البالات، ترشيد أساليب التخزين، تحسين عمليات الشحن، توضع المتاجر والمستودعات (المخازن).

- تقنيات التجزئة، التجميع وتوضيب المنتجات (أغلفة جديدة، أفلام محمية، علب متلائمة مع الخدمة الذاتية في السوبر ماركت).

- أساليب البيع : مثل تعميم أسلوب الخدمة الذاتية حتى لدى تجار الجملة، البيع عن طريق الهاتف، والكتالوج وعن طريق البريد.

- وسائل الدراسة والنشاط التجاري : مثل استخدام الوسطاء نفسهم لبحوث السوق، الاستقصاء، حملات ترويج المبيعات، الإعلان، العلاقات العامة، وضع العلامات باسم الموزع، تدريب الزبائن.

- تقنيات إدارة واستغلال مراكز البيع (المتجر) بفضل تطوير أساليب جديدة في مجالات إدارة الإمداد (المشتريات) والتخزين، مراقبة الموازنة، الإدارة المالية، إدارة مراكز البيع (متاجر، أقسام، خطوط مبيعات ...). تتطلب هذه الأساليب عادة استخدام الحاسب الذي يسهل ظروف استغلال وتشغيل التوزيع (شكل المخزون، عمليات الدفع على الصناديق..).

بالنسبة إلى تجارة الجملة، يقوم الوسطاء بوظائف إضافية غير الوظائف السابقة وهي :

- الوظائف المالية: شهادة شحن، فواتير، تغطية مالية، الاعتماد والحسم.

---

[3]   Dubois. P.l et Jolibert. A, op cit, 1992.

- وظيفة المعلومات: تقوم تجارة الجملة كذلك بجمع المعلومات من مصادر مختلفة وتحولها إلى قرارات تهدف إلى ضمان توازن العرض والطلب.

- وظائف خدمية: القيام بتقديم خدمات تدريب وتأهيل إلى قنوات التوزيع التي تمونها.

إن وظائف شركات التوزيع قد تغيرت نتيجة الآثار الحادة **Apre** للمنافسة في كل قطاع من قطاعات التوزيع والتطورات التكنولوجية التي تسمح في تعديل جودة وسعر الخدمات، وتؤدي إلى فوارق في الإنتاجية، والتغيير في حاجات المستهلكين:

- تتمكن شركات التوزيع تقديم خدمات جديدة إلى المستهلكين أو زيادة كفاءة الخدمات الكلاسيكية. من أهم الخدمات الجديدة نذكر: اكتشاف ومعرفة الطلب، انتقاء العرض، مراقبة الإنتاج والتحكم به، الإنتاج، إعلام المستهلك، الشحن، التخزين، العرض في مكان البيع، السداد والمعاملات، البيع، خدمات متعلقة باستخدام والاستهلاك، التعريف بالمنتجات.

- قيام شركات التوزيع بتعريف خريطة الخدمات المقدمة إلى الزبائن، وهكذا يتم تحديد الوضع الاستراتيجي الذي يسمح بتمايز واختلاف هذه الخدمات في نظر المستهلك.

- قيام هذه الشركات بتعديل تنظيمها تحت تأثير التقنيات الحديثة في وظيفة التوزيع مما أدى إلى سلوك وتنظيمات وأساليب تشغيل جديدة تتطلب كفاءات عالية.

هذه التغييرات الجوهرية في مهنة الموزع لم تتم بالسرعة نفسها في أساليب التوزيع كافة، مما أدى إلى اختفاء بعضها وظهور أساليب أخرى في هذه المهنة[4]. والسبب يعود إلى أن كل وظيفة أو خدمة مقدمة مجاناً أم لا إلى المستهلك لها تكلفة معينة. وبالتالي يتم عكس أو تحميل هذه التكلفة على مستوى الأسعار وهوامش الربح، يفضل بعض الموزعون القيام ببعض الوظائف فقط (بعض الخدمات الذاتية، تجارة بضائع التصفية،...). بينما يفضل آخرون القيام بعدة خدمات ووظائف مبررين بذلك أسعارهم المرتفعة للمنتج والخدمة المقدمة (مخازن المنتجات الكمالية).

وهنا تلعب بعض الظواهر دوراً هاماً على هذا المستوى :

[4] - Berman. B, op. Cit, 1996.

- إمكانية نقل التكلفة إلى الأمام **amont** (إلى المنتج مثلاً الذي يقبل بوضع المنتج في قسم التوزيع أو يساهم في إعلان الموزع ...) أو إلى الخلف **aval** (إلى المستهلك الذي يقبل النقل والتخزين وشراء كميات كبيرة ....).

- إنتاجية الموزع في الوظيفة التي يشغلها تتبع تنظيمه والتقنيات المستخدمة....

- المساومة والتفاوض على هوامش الربح بين الموزع والعناصر الأخرى في السلسلة عن طريق سياسات تخفيض السعر (الحسومات) على سبيل المثال.

ينجم عن ذلك أنه في حال وجود أسلوبي بيع متنافسان يشغلان في نظر المستهلك الوظائف نفسها، فأنهما يحصلان على نتائج مختلفة جداً بحسب عناصر الظواهر السابقة الذكر.

المبحث الثاني

قنوات ومنافذ التوزيع

Les canaux et les formules de distribution

تعرف قناة التوزيع على أنها " مجموع المنظمات التي تضمن ايصال السلع والخدمات إلى المستهلك ". أما "منافذ التوزيع فهي الوظيفة التي تقوم بها منظمات تجارة التجزئة والتي تتم في مراكز البيع التي تصنف بحسب أسلوب البيع المستخدم : متجر، مخزن كبير، سوبر ماركت، المحلات ذات الأقسام"..، ويمكن تعريف منفذ التوزيع على أنه جملة الميزات والخواص الفيزيائية والعملية لمركز بيع التجزئة والمحددة لنوع المخزن [٥].

إذاً من السهل التمييز بين قناة التوزيع ومنفذ التوزيع: القناة تتعلق بتتابع سلسلة الوسطاء التجار الذين يقومون بشحن المنتجات من المصنعين إلى المستهلكين، بينما المنفذ هو هيكل التوزيع الذي يقع عادة في آخر نقطة في سلسلة نقل السلع إلى المستهلك. هنالك كذلك غموض بالنسبة إلى البعض بين حلقة Circuit التوزيع وقناة canal التوزيع. إن حلقة التوزيع بالنسبة إلى فئة من المنتجات تتكون

من مجموع القنوات المستخدمة في توزيع هذه المنتجات: مثلاً حلقة توزيع الألعاب تتضمن مجموع قنوات (بيع مباشر، سوبر ماركت، تاجر الجملة، تاجر التجزئة..) توزيع الألعاب.

أولاً - تحليل قنوات التوزيع. L'analyse des canaux de distribution

توجد عدة أنواع من قنوات التوزيع وذلك بسبب تعدد مستوياتها (قصيرة، طويلة، طويلة جداً) وعدد الوسطاء في كل مستوى. بشكل عام يمكن أن نميز أربعة أنواع من قنوات التوزيع [٦]. والتي يمكن تصنيفها في ثلاث مجموعات أساسية: القنوات الكلاسيكية وقنوات التوزيع العمودية وأنظمة التوزيع الأفقي والتكاملية.

١- قنوات التوزيع الكلاسيكية :

يكون في هذه القنوات كل عنصر أو وسيط مستقل عن الآخر. وبما أن كل من المنتج والمشتري ينجز بعض العمل فهما جزءاً من كل قناة. ويستخدم عادة عدد مستويات من الوسطاء للدلالة على طول القناة. وهنا يمكن التمييز بين القنوات التالية:

بالنسبة إلى المستهلك :

قناة أولى: المنتج ← مستهلك.

قناة ثانية: المنتج ← بائع المفرق ← مستهلك.

قناة ثالثة: المنتج ← بائع الجملة ← بائع المفرق ← مستهلك.

قناة رابعة:المنتج ← بائع الجملة ← وسيط ← بائع المفرق ← مستهلك.

أما بالنسبة إلى **قنوات توزيع الصناعي** فنميز القنوات التالية :

قناة أولى: منتج ← مستهلك صناعي.

قناة ثانية: منتج ← موزع صناعي ← مستهلك صناعي.

قناة ثالثة: منتج ← مندوب المصنع ← مستهلك صناعي.

قناة رابعة:منتج ← مندوب المصنع ← موزع صناعي ← مشتري صناعي.

---

[٦] - Doubios p.l et Jolbirt A op.cit 1992 .

[٦] Filser M.1989. canaux de distribution. Paris, vuibert .

يلاحظ من هذه القنوات اختلاف عدد الوسطاء في كل نوع من أنواع قنوات التوزيع. إن المنظمات كافة في القناة موصولة بواسطة نماذج متعددة من المسارات. وهذه النماذج تتضمن المسار الطبيعي للمنتجات ومسار الملكية والسداد (الدفع)، ومسار المعلومات ومسار الترويج.

أ- تنظيم قنوات التوزيع:

يوضح تحليل قنوات التوزيع أنها أكثر من مجرد مجموعة منظمات مرتبطة ببعضها البعض بواسطة مسارات متنوعة، بل أنها أنظمة سلوكية معقدة يتفاعل خلالها الأفراد والمنظمات بهدف تحقيق أهداف جميع الجهات. تتألف بعض أنظمة قنوات التوزيع من تفاعلات غير رسمية (علاقات ودية) بين المنظمات، وبعضها الآخر يتألف من علاقات رسمية معتمدة وموجهة من قبل قوانين محددة وتنظيم محدد، علاوة على ذلك، فأنظمة القنوات لا تقف ساكنة إذ تنشأ أنماط جديدة من وسطاء وأنظمة قنوات جديدة بأكملها.

ب- سلوك القناة:

تتألف قناة التوزيع من منظمات متحدة مع بعضها البعض من أجل تحقيق مصلحة جميع الأطراف. فكل عضو في القناة يكون مستقلاً عن الآخرين. يلعب كل عضو في القناة دوراً هاماً فيها ويتخصص في إنجاز وظيفة واحدة أو عدة وظائف. يتوقف نجاح أحد أعضاء القناة على نجاح القناة بشكل كامل. فيجب إذاً على كل منظمات القناة أن تعمل معاً بانسجام وعليها أن تفهم وتتقبل أدوارها وتنسق أهدافها ونشاطها وأن تتعاون فبما بينها في سبيل تحقيق أهداف القناة كلها، وبالتعاون يمكنها أن تخدم وترضي السوق المستهدفة بفاعليه أكبر[٧]. لكن أعضاء القناة نادراً ما يتخذون مثل هذه الرؤية الشاملة، إنهم عادة أكثر اهتماماً بأهدافهم القصيرة الأمد، وأن التعاون في سبيل تحقيق أهداف عامة للقناة يعني أحياناً التخلي عن الأهداف الشخصية للمنظمة. بالرغم من اعتماد أعضاء القناة على بعضهم البعض غالباً ما يعملون منفردين لتحقيق مصالحهم ذات المدى القريب وهم غالباً لا يختلفون على الأدوار التي يجب أن يلعبها كل منهم.

---

[٧] **Kotler ph & Armestrong .G, op cit . 1996.**

تخلق هذه الحالة أحياناً خلافات على الأهداف والأدوار ضمن القناة وخاصة النزاع العمودي الذي يدل على الخلافات بين مستويات مختلفة من نفس القناة. إن بعض النزاعات في القناة تتخذ شكل منافسة شريفة والتي تكون في مصلحة القناة، وبدونها قد تصبح القناة خاملة وغير فعالة، ولكن أحياناً يمكن أن يسبب النزاع ضرر للقناة.

ولكي تعمل القناة بشكل جيد ومتكامل، يجب تحديد دور كل عضو ومعالجة النزاعات في القناة من خلال قيادتها التي تتمكن من توزيع الأدوار ومعالجة الخلافات.

بشكل عام، في قناة التوزيع المؤلفة من منظمات مستقلة لا تكون السلطة محددة بشكل رسمي، وقد كانت قنوات التوزيع التقليدية تفتقر إلى الزعامة اللازمة إلى تحديد الأدوار ومعالجة النزاعات. لكن حالياً ظهرت أنماط جديدة من منظمات قنوات التوزيع تؤمن وتتضمن مثل هذه القيادة وتتمثل في أنظمة التوزيع العمودي.

٢- **أنظمة التوزيع العمودي:**

لاحظنا أن قنوات التوزيع الكلاسيكية تفتقر إلى السيطرة على القناة من قبل إحدى المنظمات القائدة، لأن كل عضو في القناة يعمل بشكل مستقل عن الآخرين ويسعى إلى تحقيق أهدافه الفردية.

على العكس، يتألف نظام التوزيع العمودي من شركات إنتاج وبائعي الجملة وبائعي التجزئة يعملون كمنظمة واحدة. حيث يعترف كل عنصر في القناة بالآخرين ولديه عقود رسمية معهم أو يستخدم نفوذاً يشترك به الكل ويمكن من السيطرة على نظام التوزيع العمودي من قبل شركات الإنتاج أو بائعي الجملة أو بائعي المفرق. وقد نشأت هذه الأنظمة بهدف التحكم بسلوك القناة ومعالجة نزاعات القناة، بالإضافة إلى تحقيق وفورات كبيرة من خلال حجم وقوة المقايضة وتقليص الخدمات المزدوجة. في الواقع، يضم نظام التوزيع العمودي المتحد ثلاثة أنماط رئيسة من قنوات التوزيع، وهي: الإداري، التعاقدي والمشترك أو التكاملي:

أ- القنوات الإدارية أو المنظمة. يقوم هنا أحد الأعضاء بالتأثير أو ضم عدة مراحل أو أعضاء تحت إدارة واحدة. وذلك بغية تجنيب بعض نتائج القناة غير المنظمة (عدم وجود وفورات الحجم، الاختناقات، فوارق في الإنتاجية، المخزون الزائد(الفائض)، الانقطاع أو توقف العضو.....).

ب- القنوات التعاقدية، حيث العلامات بين الأعضاء تتم على أسس تعاقدية واضحة ومتفق عليها: مثل مراكز الشراء تجارة الجملة المتضامنون، تجارة التجزئة، التعاونيان، امتيازات الشركات....

ج- القنوات التكاملية: حيث يقوم أحد أعضاء القناة بكافة وظائف الشراء من المنتج وحتى إيصال السلع إلى المستهلك، وهذا يسمى بالتكامل الكلي. لكن هناك أشكال أخرى من التكامل نذكر منها:

- تكامل جزئي: يعني السيطرة على بعض وظائف التوزيع التي تمر بها المنتجات[8].

- تكامل أفقي: أي تجميع عدة وظائف متشابهة تحت سيطرة إدارة واحدة (تجارة الجملة مثلاً).

- تكامل عمودي (رأسي): أي اتحاد بعض أو كل المراحل المتعلقة بتجار التجزئة تحت إدارة واحدة (تجارة الجملة).

والتكامل العمودي يقسم بدوره إلى:

- تكامل أمامي: عندما يبدأ قريباً من مرحلة الإنتاج ويمتد نحو المسالك المؤدية إلى المستهلك.

- تكامل خلفي: عندما يبدأ قريباً من المستهلك ويمتد نحو المنتج.

منتج ← تجار جملة تجار تجزئة ← المستهلك.

تكامل أمامي ←   تكامل خلفي →

٣- **أنظمة التوزيع الأفقي:**

لقد ظهر نوع آخر من قنوات التوزيع في الآونة الأخيرة وهو نظام التوزيع الأفقي الذي يتم بين أثنين أو أكثر من المنظمات من نفس المستوى (وظائف متشابهة)، بحيث يصلا معاً إلى اتباع فرصة جديدة أو أسلوب جديد في التسويق أو التوزيع. يتم اتحاد هذه المنظمات معاً وتوحيد رأسمالها وتزيد من مقدرتها الإنتاجية أو مواردها بغية إنجاز المزيد وأكثر من إنجازات أي شركة تعمل بمفردها. وهنا يمكن أن تصل الشركات بشكل قوي إلى وضع المنافسين أو تبقى غير قادرة على المنافسة في حال العمل بشكل منفرد.

---

٨ - د. خليل محمد، محاضرات في الإطار النظري لاقتصاديات التسويق، دار المطبوعات، القاهرة بدون عام النشر

فعلى سبيل المثال، إن شركتي **Coca cola** و Nestle أقدمتا على مغامرة تسويقية بتقديم شراب جاهز (شاي وقهوة) عالمي الانتشار، لذلك احتاجتا إلى الخبرة العالمية في توزيع المشروبات وقدمت شركة **Nestle** علامتان واسمان تجاريان هما **Nestle** و**Nescafe**، و هكذا فإن مثل هذه الترتيبات ضمن القناة التوزيعية تعمل جيداً في الأسواق العالمية.

ولقد ازداد عدد أنظمة التسويق الأفقي بشكل مثير في السنوات الأخيرة وعلى مستويات مختلفة من قنوات التوزيع. في الواقع، ظهرت عدة وجهات نظر حول مفهوم قنوات التوزيع:

- فمن وجهة نظر التحليل الاقتصادي، يلاحظ أن التوزيع لا يوجد إلا لأنه يسمح إلى الوكلاء الأساسين وإلى المنتجين والمستهلكين بتعظيم الربح بالنسبة إلى البعض وتعظيم المنفعة بالنسبة إلى الآخرين، وذلك من خلال تفويض بعض الوظائف إلى الوسطاء الذين يقومون بها بكفاءة عالية وبأقل التكاليف.

- يقوم التحليل الثاني على خلق المنفعة للمستهلك (وفرة المنتج في مكان ما، حجم السلعة، الفترة الزمنية، تنوع المنتجات، خدمات، رموز مرتبطة بالمنتج...) وعلى مستوى كفاءة قناة التوزيع مقاسه بمعيار التكلفة والإنتاجية. يتم قياس إنتاجية القناة بحسب عدة مفاهيم:

- كفاءة القناة بالرد على احتياجات المستهلكين.
- العدالة: قدرة القناة على خدمة الزبائن كافة بالشروط نفسها.
- الكفاية **efficience:** العلاقة بين إنتاج القناة والوسائل المستخدمة.
- الكفاية المادية: مردودية الاستثمار في القناة.

أخيراً، بعض النماذج الاقتصادية تكمل المداخل السابقة الذكر من خلال معرفة عضو القناة الذي يجب أن يتحمل أعباء الوظائف الأساسية للتخزين وتجهيز المنتجات. حيث يرى بعضهم أن هذه المهمة يجب أن تقع على عاتق الوسطاء المتواجدون في نهاية قناة التوزيع والذين يقومون بتغيير معالم السلعة وتأخير تشكل المخازين (السلع المخزنة). إن جملة هذه المداخل الثلاثة ذات الطبيعة الاقتصادية ساعدت في فهم أسس تطور قنوات التوزيع، لكنها أهملت بعض العناصر وخاصة تلك المتعلقة بتنظيم وتحديد استراتيجية منظمات التوزيع من وجهة نظر إدارية. لقد شكلت هذه العناصر الأخيرة القاعدة

الأساسية لتحليل قنوات التوزيع[9] المعتمد أساساً له سلوك الوسطاء أو الأعضاء في القناة (تحليل سلوكي) أو المعتمد على معايير إدارية.

يقوم التحليل السلوكي على مفهوم قوة الموزعين، والتعاون والصراع **conflit** بين عناصر قناة التوزيع، وبذلك لابد من دراسة سلوك الموزعين وبشكل خاص ظاهرة وجود النزاعات وحلها.

إن العلاقة بين المنتج والوسيط يمكن أن تؤدي إلى نزاع متزايد من أجل السيطرة على قناة التوزيع. فضمن قناة التوزيع الكلاسيكية يكون كل وسيط مستقلاً بنفسه ويحاول فرض قوته بواسطة قواعد السوق. أما في القنوات التكاملية، يقوم أحد العناصر بالتحكم بكافة عناصر القناة، مما يؤدي إلى تعارض بين الوسطاء المستقلين (الذين يمثلون السوق) وعناصر القناة المتكاملة (الذين يمثلون التنظيم الإداري Hiérarchie).

ثانياً - تحليل منافذ التوزيع.   Aanlyse des formules de distribution

إن منافذ التوزيع مثل متاجر الأقسام، سوبر ماركت، المخازن القريبة الصغيرة، مخازن المعمل، المخازن الكبيرة، عرفت تطوراً جوهرياً منذ عدة سنوات. لقد اهتمت بعض النظريات حديثاً بالبحث عن السبب الرئيسي في تطور منافذ التوزيع وظهور تعدد أنواع المنافذ. يرى بعضهم[10] أن ظهور شكل جديد من منافذ التوزيع ينجم عن التمايز على مستوى السعر من خلال تخفيض هوامش الربح. فالحجم الكبير للمبيعات والحداثة التكنولوجية للمنفذ سيؤدي إلى جذب المستهلكين. إن نجاح هذه الأشكال الجديدة في التوزيع أدى إلى دخول المنافسين، وكل منافس يحاول تمييز نفسه بتقديم خدمات جديدة مما يؤدي بالطبع إلى زيادة أعباء التشغيل. كما أدى إلى إضفاء الصفة البرجوازية لهذه المنافذ (تشكيلة سلعية واسعة، زيادة هوامش الربح....). تتميز هذه المنافذ الجديدة بالأسعار المنخفضة والهوامش الضعيفة وتكنولوجيا جديدة في التوزيع.

9- Le peltier. J, vendre aux entreprises. Dunod, paris, 1994.

١٠ - الصحن محمد فريد، مرجع سابق

المبحث الثالث

العوامل المؤثرة في اختيار استراتيجية التوزيع

يعتمد اختيار استراتيجية التوزيع بالنسبة إلى المنتج على عدة عوامل مرتبطة بإمكانياته البشرية والمالية والتجارية والبيئية وبأهدافه الخاصة. ويمكن الاعتماد على هذه العناصر نفسها عند اختيار استراتيجية التوزيع بالنسبة إلى الموزع نفسه مع الأخذ بالحسبان بعض العناصر الأخرى الخاصة بالموزع.

أولاً- اختيار استراتيجية التوزيع من قبل المنتج.

يتضمن اختيار استراتيجية التوزيع ليس فقط اختبار قناة أو عدة قنوات توزيع من قبل المنتج، بل عليه الأخذ بالحسبان مجموعة التفاعلات **interactions** بين القرارات المأخوذة على هذا المستوى وجملة القرارات الاستراتيجية للشركة. يقصد بذلك قيام المنتج بوضع استراتيجية توزيع أكثر من قيامه باختيار قناة أو منفذ بيع. الشكل التالي رقم (٨- ١) يوضح كيفية اختيار استراتيجية التوزيع.

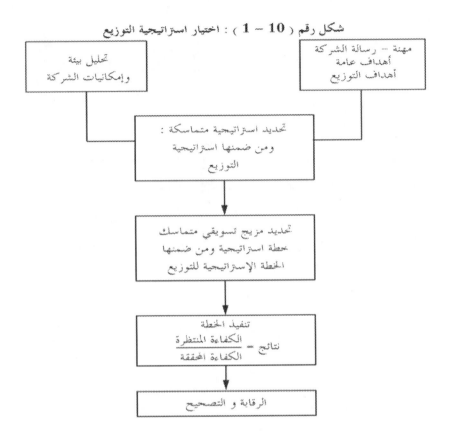

شكل رقم (10 – 1) : اختيار استراتيجية التوزيع

١- الأهداف الاستراتيجية في التوزيع

قبل وضع استراتيجية التوزيع يجب تحديد أهداف الشركة في مجال التوزيع، هذه الأهداف تشكل أهداف جزئية من الأهداف الرئيسة للشركة والمحددة على أساس مهنة ورسالة الشركة. فكل شركة تصيغ استراتيجيتها التوزيعية بشكل مختلف عن استراتيجيات الشركات الأخرى. إن مهنة الشركة، بحسب مستوى تقنيتها وطول دورة الإنتاج وكثافة المنتجات .....، يمكن أن تحدد مسبقاً عدداً كبيراً من قرارات التوزيع[١١]. على سبيل المثال، يمكن أن نجد أساليب توزيع متشابهة بالنسبة إلى

[١١] - اريك وباري دايفز، التسويق الناجح، مركز التعريب والترجمة، الدار العربي للعلوم.١٩٩٧.

أنواع من السلع الصناعية الثقيلة أو ذات التقانات العالية : مثل السفن والطائرات، وفي عدة دول أخرى

على العكس نجد سلع أخرى (تبغ، كحول، مواد غذائية،....) ويمكن أن تأخذ أشكال توزيع مختلفة جداً.

العنصر الثاني في تحديد الأهداف الاستراتيجية العامة للشركة هو الرسالة mission التي حددتها الشركة

لنفسها:مثلاً، ما هو نوع الحاجة التي تبحث الشركة عن إشباعها؟

إن الرد على هذا السؤال يعد هاماً لأنه يحدد بشكل مؤقت نوع الزبائن المستهدفة، وبالتالي يحدد الهدف

نفسه من التوزيع.

بشكل عام، تقوم الإدارة بتحديد الأهداف العامة للشركة بحسب دوافع وأهداف أرباب العمل أو

مالكي أو مساهمي الشركة. تظهر هذه الأهداف رسالة الشركة ورغبات مالكي رأس المال: مثال: العمل مع

زيادة رقم الأعمال بنسب ٢٠% خلال ثلاث سنوات في سوق ما. الحصول على مستوى محدد (١٠%) من

مرد ودية رأس المال المستثمر. إن اختيار السوق يعتمد على رسالة الشركة، وأن نوع ومستوى الأهداف

يحدد من قبل المديرين: نمو، مردودية، استقلال مالي، توزيع المخاطر.....من خلال هذه الأهداف العامة

تقوم الشركة باختيار واستنباط الأهداف الخاصة باستراتيجية التسويق وبشكل خاص المتعلقة باستراتيجية

التوزيع: تغطية سوق أو منطقة ما، أهداف التوزيع العددي (عدد المخازن التي تحتوي على العلامة

بالمقارنة مع عدد المتاجر التي تحتوي المنتج). مستوى رقم الأعمال، وربحية قناة التوزيع ومنفذ البيع،

مردودية رأس المال المستثمر في إنشاء المخازن.

٢- بيئة المنتج (المصنع).   L' environnement du producteur

يعتمد اختيار استراتيجية التوزيع على بعض العوامل المميزة لحالة الشركة وبيئتها، ومن أهم

هذه العوامل نذكر:

أ- إن خصائص منتجات الشركة الصناعية أو الخدمية أو المصنعة سلع الاستهلاك الواسع تشكل أول عنصر

في اختيار استراتيجية التوزيع. في التسويق الصناعي، يوجد الكثير من المنتجات التي تحتاج إلى أسلوب

توزيع خاص بها، وبذلك ترغم المنتج ببناء حلقة توزيع خاصة به في أغلب الأحيان.

وهنا يتمكن من اختيار أحد الأشكال التالية: التعاون مع منتجين لمواد متمة لخلق وحدات توزيع خاصة، اختيار وسطاء مختصين في التجارة ....بالنسبة إلى مواد الاستهلاك الواسع الانتشار، يرتبط اختيار حلقة أو استراتيجية التوزيع كذلك بطبيعة المنتجات. فعندما تنتج الشركة سلعة نادرة وخاصة، فمن المفروض اختيار أسلوب توزيع خاص بها أو الرجوع إلى وسطاء متخصصين، وعندما يحتاج المنتج معرفة تقنية كبيرة تقوم الشركة باختيار وسطاء مؤهلين وقادرين على تقديم هذه المهارات في مكان التوزيع (مخازن خاصة تمتلك قسم متخصص بعمليات التركيب والصيانة وخدمات ما بعد البيع). أما إذا كانت المنتجات نمطية ولا تتطلب خدمات إضافية، فيتم توزيعها في المنافذ العادية وغير المتخصصة (سوبر ماركت مثلاً).

ب- **طبيعة الشركة: إن** إمكانياتها المالية والتقنية والبشرية تشكل عاملاً هاماً كذلك في اختيار استراتيجية التوزيع. فالشركات الموزعة للسلع الغذائية الطازجة مثلاً يكون لديها وسائل إمداد أو نقل خاصة (شاحنة مثلاً) الشيء الذي يسمح لها باختيار وسطاء يفرضون سياسة شحن معقدة ودقيقة.

حـ- تؤثر **نوعية الزبائن** كذلك على اختيار استراتيجية التوزيع. فالمقدرة المالية للزبائن وخبرتهم التقنية و التوزيعية والخدمات المنتظرة تعد محددات هامة لسياسة توزيع الشركة.

فعندما تكون الزبائن موزعة على نطاق واسع وأن المنتجات نمطية **Standardisés** تتطلب خدمات قليلة فإن أساليب توزيع الخدمة الذاتية أو التوزيع المباشر (البيع عن طريق الكتالوج) تكون مناسبة. وعلى العكس، عندما يكون عدد الزبائن محدود ويبحثون عن منتجات تقنية تتطلب نصائح وخدمات، فإن الشركة تحتاج إلى أساليب توزيع خاصة (أو شخصية).

د- **خصائص جهاز التوزيع** الموجود تلعب كذلك دوراً هاماً. فالشركات التي توزع نفس المنتجات في عدة دول تحتاج إلى أساليب توزيع مختلفة لأن طبيعة حلقات **Circutes** وقنوات **canaux** ومنافذ التوزيع تختلف بحسب الدول. وهنا يتوجب على الشركة اختيار قنوات ومنافذ التوزيع التي تتكييف مع منتجاتها وتكون متلائمة مع أنظمة البلد وحالة المنافسة فيها.

هـ- يجب الأخذ بالحسبان أيضاً **عوامل البيئة** الأخرى قبل تحديد استراتيجية التوزيع: مثل العوامل السياسية، القانونية، التقنية، الاجتماعية، الثقافية...على سبيل المثال التشريعات السورية في مجال الأسعار والمنافسة والبيع وتوزيع السلع مثل التبغ والأدوية تختلف عن التشريعات الأجنبية وتتطلب من المنتجين تكييف سياساتهم التوزيعية مع هذه التشريعات.

و- أخيراً، إن **القرارات الاستراتيجية** في مجال التوزيع تكون مرتبطة بعناصر المزيج التسويقي المحدد من قبل الشركة. فاختيار حلقة توزيع ما يعني اختيار مستوى معين من الأسعار و التوضيب أو التغليف، وسياسة الخصم والترويج وشكل الخدمة المقدمة.

عندما تقوم الشركة بصياغة استراتيجيتها التسويقية فأنها يمكن أن تعطي (أو لا تعطي) أهمية أو أولوية خاصة للتوزيع. لكن مهما كان العنصر المفضل (ذو الأهمية الكبيرة) في المزيج التسويقي يجب أن يكون متماسكاً ومنسجماً مع بقية القرارات التسويقية في الشركة.

٣- تحديد استراتيجية متماسكة في التوزيع.

بدلالة أهداف و إمكانيات الشركة وبيئتها فإن اختيار استراتيجية التوزيع يتحدد بحسب المعايير التالية:

أ - انتقاء وسطاء التوزيع.

تتمكن الشركة التي تبحث عن أوسع انتشار ممكن لمنتجاتها من لأخذ بالحسبان أنواع الوسطاء الممكنة كافة والتي يمكن أن توزع منتجاتها، أو على العكس، الاقتصار في التوزيع على انتقاء عدد محدد من وسطاء التوزيع أو موزعون ووكلاء exclusifs لمنتجات الشركة.[١٢] إن حالة الموزعون المقتصرون على منتجات الشركة تستخدم عادة في مجال منح الامتيازات Franchise (مثلاً في مجال الأجهزة الكهربائية المنزلية، الألبسة...) أو في حال منح ترخيص أو وكالة concession (مثل وكلاء السيارات، وكلاء الآلات الزراعية ...).

---

12 - Kotler ph & nArmestrong . G, op . cit 1996.

ب- قوة الموزع **La puissance**

تختار الشركة عادة أسلوب التوزيع الذي يمكن أن يعطيها أفضل تغطية للسوق. فبعض الموزعون الأقوياء جداً يكون لديهم فروع في جميع مناطق البلد ويتم بواسطتها التوزيع الواسع في هذه المناطق كافة.

ح- السيطرة والرقابة على حلقة التوزيع.

يرغب أي مصنع بسيطرة كبيرة على ظروف وشروط التوزيع (خدمة، سعر، شحن، إعلان، ترويج مبيعات، عرض البضائع ومركز المتجر....) واختيار شكل التوزيع الذي يسمح له بمراقبة هذه الشروط[١٣]. بالتأكيد، بالنسبة إلى قنوات التوزيع القوية جداً يكون لديها قدرة كبيرة على المساومة والتفاوض مما يصعب على المنتج فرض شروطه ومراقبة أشكال التوزيع المتعددة في هذه الحالة.

د- المرونة والتحول **La souplesse et la convertibilité**

يقصد بذلك بالنسبة إلى المنتج عدم الالتزام بأسلوب توزيع سواء على المستوى التجاري أو على المستوى المالي، وبذلك يحفظ لنفسه إمكانية تطوير أسلوب توزيعه بحسب تطور سياسته أو تشكيلته السلعية. وبذلك يتمكن من تنويع أساليب توزيعه وعدم التورط في استثمارات ضخمة في التوزيع مثل إنشاء مراكز توزيع خاصة به وأقسام للخدمات الفنية وخدمات ما بعد البيع، أو البحث عن المشاركة في هذا النوع من الاستثمارات مع شركاء آخرين.....

هـ- مهارة الوسطاء **La conpétence**

بالنسبة إلى بعض الشركات يكون اختيار الوسطاء الذين يقدمون إجمالي الخدمات الفنية وقطع التبديل والمخزون، المهارة التجارية والتقنية، الإمداد، المالية، وخدمة ما بعد البيع.... أمراً جوهرياً، وخاصة في مجال التسويق الصناعي.

13- Stanton et co, op. Cit, 1991.

و- تفويض الوظائف

من بين جميع وظائف الموزع، يختار المنتج الوظائف التي يتمكن من القيام بها أو التي تكون
بالنسبة إليه الأكثر ربحية، ومن ثم تفويض الوظائف الأخرى إلى الموزعين وخاصة تلك التي يقوم بها
الموزعين بكفاءة أكبر أو بأقل تكلفة من المنتج. يعتمد هذا الاختيار على الحالة الخاصة للمنتج وعلى بيئته
(إيجاد موزع يتوافق ورغبات المنتج) وعلى قدرة المنتج على التفاوض والمساومة.

ن- تقاسم هوامش الربح

إن توزيع هوامش الربح بين المنتج والوسطاء لا يتناسب عادة مع القيمة المضافة التي يضيفها
كل منهم إلى المنتج (السلعة). فبعض قرارات اختيار الوسطاء أو تطوير نظام توزيع خاصة بالمنتج تنجم
عن هذه المشكلة : يوازن المنتج بين المنافع التي يقدمها الموزعون والحصة من الربح التي يأخذها
الموزعون مقابل خدماتهم.

ق- التوافق مع أشكال أخرى في التوزيع

يقصد بذلك تجنب أن تكون نفس العلامة موزعة ضمن شروط مختلفة في عدة قنوات أو منافذ
بيع. الشيء الذي يقود إلى ردود أفعال عنيفة وسلبية من قبل الموزعين الذين لا يحصلون على ميزات أو
منافع مقدمة إلى غيرهم في مجال الأسعار والشحن والخدمات والقروض.

٤- الخطة الاستراتيجية في التوزيع

الخطة الاستراتيجية في التوزيع ما هي إلا خلاصة الاختيارات الاستراتيجية السابقة الذكر. إنها
تشكل أحد عناصر الخطة التسويقية وتتضمن النقاط التالية:

• الأهداف المحددة من قبل قناة التوزيع، منفذ التوزيع، المنتج، نوعية الموزع.

• الإمكانيات المستثمرة في كل من هذه المستويات من خلال تحديد لكل أسلوب توزيع النقاط التالية:

- الاستثمارات الواجب القيام بها (إنشاءات، مواد...)

- سياسة السعر وهامش الربح (خصم، إعادة المواد غير المباعة، شروط الائتمان...)

- سياسة الترويج والاتصال لدى الموزع والمساهمة في سياسة ترويج الموزعون.

- سياسة تدريب رجال البيع لكل من الموزع والمنتج.

- سياسة عرض السلع لكل من الموزع و المنتج.

- سياسة التشكيلة السلعية وعرض السلع في المتجر لكل نوع من أنواع التوزيع.

- خطة الإمداد والتموين: مخزون، نقل، شحن، توضيب....

- خطة الدعم والإرشاد للوسطاء: فنون البيع، تقنيات المنتج، خدمة ما بعد البيع، صيانة، ضمان.

- إجراءات الرقابة على سياسة المنتج (الخزينة، متابعة الأهداف...) وعلى الخدمات المقدمة من الموزع.

ثانياً - اختيار استراتيجية الموزع

يمكن استخدام بعض العوامل المحددة لاستراتيجية المنتج في اختيار استراتيجية الموزع. وبالتالي يجب على الموزع اختيار رسالته **Mission** وأهدافه العامة مع الأخذ بالحسبان ضغوط المنافسة ومتغيرات البيئة. لكن نظراً لدوره الخاص واختلاف متغيرات البيئة فإن استراتيجيته تختلف من عدة نواحي:

١- أهداف منظمات التوزيع: يتم تحديد أهداف منظمات التوزيع عادة على المدى المؤقت والقصير[١٤]. ويعبر عن هذه الأهداف بالربحية (ربح صافي) والإنتاجية (عوائد رأس المال المستثمر، دوران المخزن، رقم الأعمال، العاملين) والمرونة المالية (السيولة) أو التجارية (توزيع المخاطر، إمكانية تحويل الاستثمارات....). بالنسبة إلى نماذج التوزيع، توجد عدة معايير ومحددات تسمح لكل منظمة توزيع بتحديد وضعها.

٢- العوامل المؤثرة في اختيار استراتيجية الموزع

في الواقع توجد عدة عوامل تؤثر في اختيار استراتيجية الموزع:

أ- العلاقة بين طبيعة المنتجات وأسلوب التوزيع

لقد ميزت البحوث في هذا المجال عدة حالات:

- السلع الصناعية أو الاستهلاكية والتي تستخدم حلقات توزيع مختلفة جداً.

- السلع البسيطة وغير العادية : الأولى تتميز بسعر منخفض وتكرار في الشراء، والثانية هي منتجات معمرة وتحتاج إلى مدة طويلة من التفكير.

وهناك تصنيف آخر للسلع منها:

- سلع الاستقراب: المشتراة بسرعة وشراء متكرر بدون جهود تبرر وجود منافذ التوزيع القريبة أو منافذ الخدمة الذاتية.

- السلع المقارنة (سلع التسوق): تتطلب جهود من المستهلك للمقارنة والاختيار.

- السلع الخاصة : تتطلب جهد خاص من المستهلك في مجال البحث والمقارنة: في الواقع توجد تصنيفات كثيرة تربط بين طبيعة المنتجات ونوع منافذ التوزيع المفضلة لهذه المنتجات[١٥].

ب- العلاقة بين أنواع الزبائن وأشكال منافذ البيع. وهنا يمكن التمييز أيضاً بين عدة أنواع من الزبائن:

- المقتصدون
- المشترون لعلامة معينة
- المتعودون على المتاجر القريبة.
- المشترون من حلقات التوزيع كافة.
- الرافضون للمخازن الكبرى (سوبر ماركت)

جـ- لا يقوم الموزع بصياغة استراتيجية بدون الأخذ بعين الاعتبار عوامل أخرى خاصة وهي:

- العوامل التكنولوجية التي تؤثر في شحن وتخزين السلع وتحويلها ونقل المعلومات. فعلى كل مستوى من هذه المستويات تظهر تغيرات محددة في تنظيم واستراتيجية الموزع.

- العوامل القانونية: تتدخل الدولة عادة في أربعة مجالات:

- حماية المستهلك (منع الغش).
- تشريع الأسعار وهوامش الربح (تثبيت الأسعار).
- تنظيم المنافسة (منع الامتناع عن البيع، منع البيع بسعر منخفض جداً، منع الاتفاقيات، منع التمييز بين الأفراد...).
- إدارة تطوير التجارة.

---

[14] - **Treguer J.p, le senionmarketing, dunod, paris, 1994**

[15] - **Berman. B, op. Cit, 1996.**

٣- استراتيجية الموزعون. **La stratégie des distributeurs**

ضمن نطاق الضغوط الاقتصادية والسياسية والتكنولوجية الخاصة بكل عنصر- يقوم الموزعون بتحديد استراتيجياتهم بحسب أهدافهم الخاصة وتحليل المنافسة. وهنا نجد الاستراتيجيات الكلاسيكية التالية:

أ- **التخصص أو التركيز:** تتخصص بعض منظمات التوزيع في منفذ وحيد وهو المخزن الذي أقيم في الوطن أو في الخارج، بينما منظمات أخرى تمتلك عدة منافذ توزيع. إن بعض هذه المنظمات الأخيرة تنوع أنشطتها في عدة مجالات، الشيء الذي يسمح بتوزيع مخاطرها على عدة أنشطة.

ب- **التكامل أو عدم التكامل :** يقوم بعض الموزعون بإنتاج بعض السلع التي تقدمها تحت أسماء أو علامات خاصة. والبعض الآخر يقوم بإنشاء مركز شراء واسع وقوي للضغط على المنتج، وبذلك نلاحظ أن الموزع يمكن أن يقوم بالتأثير على المنتج من خلال وظيفة واحدة.

جـ- **التجزئة (أو عدم التجزئة):** تقوم بعض المنظمات التوزيعية بتجزئة المستهلكين إلى قطاعات وتكييف منتجاتها وخدماتها ومركز نقاط بيعها مع متطلبات كل جزء مستهدف من الزبائن (مثلاً مخزن للسلع الكمالية في مركز المدينة ...)، بينما يبحث بعضهم عن الرد وتلبية مختلف أنواع الطلب.

د- **التجديد، التغليف، التقليد والتكيف:** إن ظهور منافذ توزيع جديدة (إيصال السلع إلى المنازل مثلاً) ومتاجر المعمل يعد من الظواهر التي تميز قطاع التوزيع المتجدد باستمرار. مع ذلك فإن تطور الشركات الحالية يعتمد كثيراً على تكييف المنافذ الحالية مع الزبائن التجديد والإبداع التكنولوجي من أجل الحصول على ميزة تنافسية[16]. يعد التقليد كذلك إحدى الاستراتيجيات المرحلية عندما تدخل الشركات بشكل مبكر إلى السوق وتحتل الأماكن المهملة شاغرة من قبل المبادر **initiateur** في إقامة منفذ التوزيع.

هـ- أخيراً. يتم حالياً إعداد استراتيجيات التوزيع على مستوى **السوق العالمية**. إن ضرورة تكوين مجموعات تتمتع بقدرات مالية قوية وقادرة على الشراء ضمن شروط رابحة، من خلال استخدام

---

16 - **Kotler. ph et Armestrong. G, op. cit , 1996**

وسائل تكنولوجية حديثة وإمكانية توزيع المخاطر، تدفع هذه المجموعات التوزيعية إلى تبني استراتيجية على المستوى العالمي. هذا التطور لمنافذ التوزيع على المستوى العلمي يمكن تفسيره كذلك من خلال وجود منظمات كبيرة تم تشكيلها من قبل المنتجون الذين يمتلكون عدداً من العلامات الموزعة محلياً وعالمياً.

في الواقع هناك عدة استراتيجيات في مجال التوزيع العالمي:

- سواء تصدير نموذج توزيع قد عرف نجاحاً باهراً في السوق الوطنية.
- سواء التعاون والاتحاد مع موزع أجنبي وبالنسبة إلى عدد من الوظائف: مركزية الشراء، تطوير نماذج بيع جديدة للبلد المستقبل (أو المستورد).
- سواء من خلال شراء أو مراقبة وإدارة شركة توزيع أجنبية: شركة لديها الهدف نفسه أو شركة تعمل في نوع أخر من أنواع التوزيع.

لكن شراء المخازن (متاجر) في الخارج لن يكن مفيداً إلا إذا قدم للموزع عوائد جيدة، وبالتأكيد تختلف هذه العوامل من بلد إلى آخر بالنسبة إلى نموذج البيع نفسه.

٤- **المزيج التسويقي للموزع:** يمكن تعريف منفذ أو نموذج البيع على أنه صياغة وتنفيذ مزيج تسويقي أصيل **original** من قبل الموزع. بشكل عام يتكون هذا النموذج نتيجة ثلاثة عوامل:

أ- **الفرصة المتاحة:** من خلال تغيير تقني أو قانوني والذي يغير عمل ووظيفة القناة. فالقناة المشغولة من قبل عضو ما من القناة يمكن شغلها من قبل عضو أخر بكفاءة أكبر. هذا التحول يمكن أن ينعكس على نهاية القناة ويؤدي إلى تغيير في نموذج البيع (المنفذ أو المتجر).

ب- **رغبات الزبائن:** يعتمد التغيير الذي يخضع له نموذج البيع على مرجعية الزبائن. وبذلك يبدو رداً جديداً على رغبات بعض أو كل الزبائن (تختلف الرغبات بحسب الزبائن وظروف الشراء).

ج- **أهداف المنظمة:** أهداف المنظمة تقودها إلى تفضيل حلول على أخرى على كل مستوى من مستويات المزيج التسويقي لنموذج التوزيع.

(انظر الشكل رقم ٨- ٢).

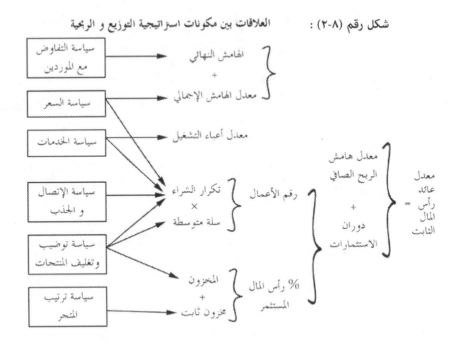

شكل رقم (٨-٢) :   العلاقات بين مكونات استراتيجية التوزيع و الربحية

بحسب هذه العوامل الثلاثة يقوم الموزع بتحديد المزيج التسويقي لمنفذ التوزيع بحسب

المتغيرات التالية:

- مستوى الاتصال   - مستوى السعر والترويج وأنواع ترويج المنتجات

- مستوى جودة المنتجات   - أصالة المنتجات وحداثتها

- قرب مكان البيع   - ساعات وأوقات العمل

- الخدمات المقدمة   - اتساع مجال الاختيار للنموذج أو للمنفذ

إن كل ترتيب من هذه الترتيبات السابقة يسمح لنموذج ونقاط البيع بتحديد لنفسه وضع

معين في ذهن المستهلك. على سبيل المثال، اتجاه ظروف شراء معينة (القيام بالتسوق مرة واحدة، شراء

لباس ما) نلاحظ أن جزءاً من المستهلكين سوف يختار مركز بيع معين نظراً لتناسبه مع معتقدات هؤلاء

المستهلكين وعلى المستويات كافة المتعلقة بالعوامل السابقة الذكر وبحسب رغباتهم الخاصة (انظر

الشكل ٨-٣).

شكل رقم (٨-٣) : اختيار المزيج التسويقي من قبل الموزع

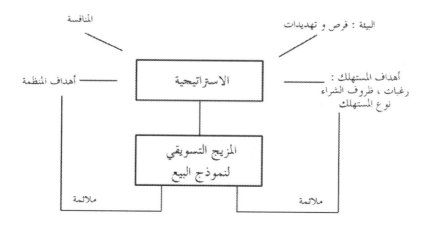

٥- تخطيط قنوات التوزيع

يواجه المصدرون عادة العديد من العقبات في تصميم واختيار قنوات التوزيع المرغوب اتباعها في الأسواق الأجنبية. حيث كل بلد لديه نظام توزيع خاص به. وهكذا فإن التسويق الدولي يحتاج إلى أن يكون القائمون عليه خبراء في تطبيق استراتيجيات قنوات توزيعهم للاحتفاظ بوجودهم داخل كل بلد. وفي بعض الأحيان يكون نظام التوزيع في بعض الأسواق (اليابان مثلاً) معقداً ويصعب اختراقه، ويتضمن العديد من الحلقات والوسطاء. وعلى سبيل المثال، إن نظام التسويق الياباني المحافظ على التقاليد يشمل حلقة واسعة من تجار الجملة وعمال آخرون، وسماسرة، تجار تجزئة. ويتفاوتون كثيراً بعدد من الوظائف وأكثر من نظرائهم الأمريكيون. حيث هناك مجموعة كبيرة من محلات بيع التجزئة ومحلات بيع الجملة الذين يزودنها بالبضائع، فشبكة التوزيع تعكس الروابط التقليدية فيما بين الكثير من الشركات اليابانية وتوضح قوة وإمكانية العلاقات الشخصية مع الزبائن. لكن بالرغم من طول هذه القنوات إلا إنها تخدم الزبائن بشكل فعال وبكفاءة جيدة. لأن اليابانيون لا يفضلون التخزين ومعظمهم يتسوق حاجاته المنزلية في أوقات متعددة في الأسبوع ويختار الملائم منها ويفضل المتاجر المجاورة.

المبحث الرابع

التوزيع المادي

Physical Distribution

يعد التوزيع المادي أحد أنشطة التسويق التي تسهم في نقل المنتجات إلى المشتري في الوقت والمكان المناسبين. إضافة إلى ذلك، فإن التوزيع المادي يلعب دوراً كبيراً في نجاح سياسة التوزيع في الشركة، وبالتالي نجاح سياستها التسويقية. في وقتنا الحاضر أضحى التوزيع المادي يشكل أحد الاهتمامات الخاصة لإدارة التسويق في أي شركة ويتم التخطيط له كغيره من بقية عناصر المزيج التسويقي باعتباره يشكل نسبة كبيرة من تكاليف النشاط التسويقي والأنشطة المرتبطة به.

أولاً- مفهوم التوزيع المادي

١- تعريف التوزيع المادي:

يعرف التوزيع المادي على أنه النشاط الذي يسمح بإيصال الكميات المناسبة من البضائع إلى المشتري في الزمان والمكان المناسبين.

بحسب **Ph. Kotler & G. Armstrong** يشمل التوزيع المادي الأنشطة التالية:

أ- نقل السلع وتقديم الخدمات بأقل التكاليف إلى مكان الزبائن في الوقت المناسب.

ب- التحرك بالمنتجات إلى حيث وجود المستهلك ومحاولة إشباع رغباته في الوقت المناسب.

جـ- إيصال السلع والخدمات بالنوعية والكمية المطلوبة وبالسرعة المطلوبة.

د- اختيار وسائل وأساليب إيصال السلع إلى المستفيدين بالشكل الذي يحقق أهداف الشركة وتطلعات الزبائن أيضاً.

ويعرف معهد التسويق البريطاني **British Institute Marketing** التوزيع المادي على أنه " جملة المهارات والأساليب والتقنيات التي تصب في بوتقة توفير احتياجات وتلبية رغبات المستهلك في الوقت والمكان المناسبين وبالتكلفة المعقولة ".

2 - أهمية التوزيع المادي:

ذكرنا أنفاً أن التوزيع المادي يعد التوزيع المادي من الأنشطة التي تضمن عملية إيصال السلع والخدمات من مصادرها إلى المشتري في الوقت والمكان المناسبين، لا قيمة للتسويق إذا لم يضمن وصول المنتجات إلى المشتري النهائي.

وتبرز أهمية التوزيع المادي بالنسبة إلى الشركة والمشتري في كونه يخلق المنفعة المكانية والزمانية من خلال تصنيع وتجهيز واستخراج المواد من الطبيعة ومن ثم الاحتفاظ بها وتخزينها لحين الحاجة إليها.

وبحسب معهد التسويق البريطاني تظهر أهمية التوزيع المادي من خلال النقاط التالية:

أ- يقدم التوزيع المادي للمستهلك خدمة تعريفه بالسلع والخدمات من خلال نقلها وعرضها في أماكن البيع وأوقات تواجد المشترين. فلولا التوزيع المادي لتعذر على المشتري الحصول على المنتجات بسهولة من المنتجين، الأمر الذي قد يترتب عليه تكاليف أو جهود كبيرة.

ب- يعمل التوزيع المادي كأداة تنظيم وتوازن بين العرض والطلب للسلع في السوق وذلك من خلال تخزينها لحين الطلب.

جـ- يحقق التوزيع المادي ميزة تنافسية للشركة إذا ما تم تخطيطه وتنفيذه ومراقبته بشكل فعال.

د- يوفر التوزيع المادي إمكانية تحقيق التكامل الأمامي والتكامل الخلفي في قناة التوزيع (انظر أنواع قنوات التوزيع العمودية في الفقرات السابقة):

- التكامل الأمامي : يعني تحقيق أقصى درجة من المرونة في السيطرة على قنوات التوزيع ونقل المنتجات إلى المشتري.

- التكامل الخلفي: إنه يوفر نفس القدر من المرونة في تهيئة عناصر المدخلات من مصادرها.

ثانياً- عناصر التوزيع المادي

توجد عدة عناصر متعارف عليها للتوزيع المادي وهي :

- النقل Transportation
- التخزين Storing
- مناولة المواد Materials Handling
- معالجة الطلبيات Orders Processing
- نظم المعلومات Information Systems
- التغليف Packaging.

لقد تم التعرف على عناصر التغليف ونظم المعلومات في فصول أخرى، وسنعرض لمحة عن بقية عناصر التوزيع المادي، مع الإشارة إلى أن العناصر الأربعة الأولى تعطى في مادة إدارة المواد بالتفصيل.

١ – النقل

تختلف وسائل نقل المنتجات باختلاف طبيعة السلع المراد نقلها، وقد يلعب المستهلك دوراً هاماً في اختيار وسائل النقل للسلع المطلوبة (من خلال قبول أو رفض السلع المنقولة بوسيلة معينة). وهناك أيضاً عوامل عديدة تحدد اختيار وسائل النقل: سواء شاحنات أو قطارات، أو سفن أو نقل إلكتروني عبر الإنترنت للكتب والبرمجيات والأبحاث العلمية،..... وتتبع الشركات عادة إحدى السياسات التالية في خطة نقل منتجاتها:

- سواء امتلاك وسائل نقل السلع التي تنتجها،
- أو استئجار وسائل النقل،
- أو استخدام كلا السياستين.

وتعتمد المفاضلة بين هذه السياسات على عدة عوامل منها:

أ- طبيعة السلعة المنقولة: فإذا كانت السلع كبيرة الحجم وضعيفة الثمن (فوسفات، فلزات، حبوب، أقطان،....)،فيتم نقلها بالقطارات أو بالسفن. أما السلع الخطرة والقابلة للاشتعال أو الملوثة للبيئة (نفط، غاز، يورانيوم، نفايات نووية...) فيتم نقلها بواسطة أنابيب أو صهاريج خاصة، وتنقل الزهور بالطائرات إلى الأماكن البعيدة كونها سريعة العطب والتلف[١٧] .

ب- الوقت اللازم للنقل: فالطلبيات العاجلة تتطلب وسيلة نقل سريعة والعكس صحيح.

جـ- قيمة السلعة: فالسلع صغيرة الحجم وغالية الثمن كالمجوهرات والذهب والخيول الأصيلة اللوحات الفنية النادرة فتنقل بالطائرات لأن النقل الجوي أمن أكثر من الوسائل الأخرى.

---

[١٧] - قحطان العبدلي وبشير العلاق، التسويق:أساسيات ومبادئ، ١٩٩٩، زهران، عمان.

د- الإمكانات المالية: فالشركات ذات الإمكانات المالية الضخمة تمتلك عادة أسطول نقل خاص بها، وهذا يمنحها سيطرة أكبر على إيصال السلع والخدمات للأسواق المختلفة لتلبية الطلب في الوقت والمكان المناسبين، والعكس صحيح بالنسبة إلى الشركات ذات الإمكانات المحدودة فتقوم باستئجار وسائل النقل الرخيصة الأجور.

٢ - التخزين

من المعروف أن التسويق يحقق المنفعة الزمانية للسلع من خلال تخزينها لحين وقت الحاجة إليها من قبل المستهلك. فما هو التخزين ؟ وما هي أهميته ؟

أ- تعريف التخزين:

يعرف التخزين على أنه الاحتفاظ بالسلع لحين الحاجة إليها. وتشمل عملية التخزين الاحتفاظ بالمواد المصنعة وغير المصنعة وكل ما تحتاجه الشركة في العملية الإنتاجية. لذلك فإن عملية التخزين تسهم في العملية الإنتاجية من خلال توفير المواد لها. وهنا تكمن أهمية وظيفة التخزين ودورها الفعال في العملية الإنتاجية والعملية التسويقية.

ب- ضرورات وفوائد التخزين:

من أهم الأسباب التي تستدعي الاحتفاظ بالمخازين نذكر:

- عدم قدرة المشروعات على توفير الأموال لشراء احتياجاتها في كل الأوقات والظروف لأن المشروعات تحاول تشغيل رؤوس أموالها لتدر عليها عوائد معينة.

- تزيد قيمة بعض المواد نتيجة تخزينها وبالتالي يحصل المشروع على منافع تشغيلية أو على فروقات في الأسعار.

- يتم تخزين المواد الموسمية بقصد المضاربة أو الإضرار بالمشاريع المنافسة.

- ترتفع أسعار المواد بعد الموسم أو تخضع للتقلبات السعرية لأسباب مختلفة فتقوم المشروعات بتخزين احتياجاتها.

- يتم تخزين المواد الموسمية لحين الطلب عليها من قبل المشروعات.

- عدم القدرة على التنبؤ بظروف الإنتاج والتسويق وبالظروف الاقتصادية والسياسية ولاسيما بالنسبة إلى المنتجات المستوردة، فيتم تخزين كميات مناسبة منها مخافة التأخر في توريدها.

- إن الشراء بكميات كبيرة يفيد المشروع في الحصول على الخصومات المناسبة على الأسعار، فيتم تخزين المواد المشتراة.

لكن يجب على المشروعات عند التخطيط للمخزون واتخاذ قرار التخزين أن توازن بين تكاليف التخزين وبين المنافع المتحقق للمشروع من جراء التخزين.

ب- **أنواع المخزون**   **Types of Stock**

عند التخطيط للمخزون يجب على المشروع معرفة أنواع المخزون وأسباب الخزن، وهناك عدة أنواع للمخزون يجب أخذها بعين الاعتبار:

- مخزون خارجي: وهو عبارة عن الاحتياجات المشتراة والتي مازالت بحوزة البائع ولم يتم شحنها.

- مخزون الطريق: وهو عبارة عن الاحتياجات المشتراة والتي يتم شحنها على وسيلة النقل التي في طريقها إلى المشروع.

- مخزون الفحص والاستلام: وهو عبارة عن الاحتياجات المشتراة ومتواجدة في ميناء بلد المشتري ويجري فحصها واستلامها، وتكون فترة وصولها إلى المشروع قليلة المرونة نسبياً.

- المخزون المتجه نحو الإنتاج بعد استكمال عملية استلامه وقبل الدخول إلى المخازن الرئيسية للمشروع، لكن يتم تسجيله في سجل الخازن، والفائدة منه هي تخفيض الهدر الناجم عن إعادة النقل.

- المخزون الفعلي: وهو المخزون الموجود فعلياً في المخازن وجاهز لنقله إلى أماكن الإنتاج.

- المخزون قرب خطوط الإنتاج: وهو عبارة عن الاحتياجات التي تم استلامها من المخازن ووضعها في أماكن الإنتاج.

وعند التخطيط للمخزون يجب أخذ هذه الأنواع السابقة بالحسبان ومرونة وفاعلية كل نوع منها. إضافة إلى ذلك يجب الأخذ بالحسبان خطة المبيعات وخطة الصيانة وخطة الإنتاج وخطة الشراء في المشروع لكل من أنواع المنتجات أو لكل خط من خطوط الإنتاج.

٣- **مناولة المواد**

يهتم نشاط مناولة المواد بكافة عمليات تحريك المواد من أماكن إنتاجها إلى نقاط البيع، مروراً بنشاط التخزين. وتشمل مناولة المواد الوسائل التي تنقل المواد بواسطتها، وعمليات تدقيق وتحليل وتحميل وتنزيل المواد، لحين وصولها بصورتها المطلوبة إلى حيث الحاجة أليها.

إن درجة تعقيد وشمولية نظام مناولة المواد يعتمد على عدة اعتبارات منها طبيعة السلعة وقيمتها وحجمها وطرق ووسائل تخزين السلعة وأنواع المخازن المتوفرة وطبيعة ودرجة تعقيد المعدات المستخدمة في المناولة، وأيضاً البعد الجغرافي من مكان الإنتاج إلى أماكن الانتفاع منها.

وعند التخطيط لنظام المناولة يجب مراعاة الشروط التالية لضمان نجاح هذا النشاط كما يرى كوتلر:

- أن يكون نظام المناولة اقتصادياً قدر الإمكان وتجنب التكاليف غير المبررة.
- أن يكون مرناً وشاملاً، يأخذ بالحسبان التوسعات المستقبلية والتطورات التكنولوجية المستقبلية.
- أن يكون قادراً على تحيل الماد في إطار موازنة دقيقة بين تكاليف التحريك وبين كفاءة استخدام المخزن.
- العامل الزمني، حيث يجب تحريك المواد وإيصالها إلى مكان استخدامها خلال الزمن المطلوب.
- التنسيق والتفاعل بين نشاط المناولة والإدارات الأخرى.

٤- **معالجة الطلبيات**

تحرص الكثير من الشركات على تقديم أفضل الخدمات للمستهلكين، من خلال معالجة الطلبيات. تتضمن معالجة الطلبيات ما يلي :

- تحضير الطلبات (تعبئة أمر الشراء من قبل المشتري).
- توصيل الطلب إلى مكان معالجة الطلبات.
- إدخال الطلب أي تدقيق الطلب للتأكد من صحة المعلومات المتعلقة بوصف السلعة والكمية والسعر والتأكد من توفر السلعة وتجهيز السلعة والفاتورة.

- تلبية الطلب، أي طلب السلعة من المستودع أو القيام بإنتاجها، وتغليفها وتحديد موعد الشحن ووثائق الشحن.

- وأخيراً إبلاغ المشتري عن حالة الطلب ليتمكن من متابعته.

ويعتمد الوقت اللازم لإكمال هذه الأنشطة والفعاليات على نوع الطلب ونوعية العميل،وطبيعة الوسائل المستخدمة في إيصال الطلب إلى المستفيد وعلى سياسة الشركة المعنية.

ففي الشركات المختصة بالبيع عن طريق الكتالوجات يكون التركيز على معالجة الطلبيات لكل زبون باستخدام الحاسب ولهذا فإن السرعة في هذا النشاط.

وأخيراً يمكن أن تبرز أهمية الإعلان من خلال ضخامة التكاليف المنفقة على الحملات الإعلانية والبرامج الإعلانية حيث تشير الإحصائيات إلى أن نسبة تكاليف الإعلان يمكن أن تصل إلى ٥٠ % من التكاليف التسويقية الإجمالية. لهذا يمكن القول أن ابتكار واستخدام تقنيات الإعلان من قبل رجال الأعمال تم بهدف تغيير شكل العلاقة بين العرض والطلب على الرسائل الإعلانية وبناء شبكات اتصالات جديدة وابتكار معلومات جديدة.

إن تطور سوق الإعلان ما هو إلا نتيجة لتطور العلاقات الاجتماعية، وقد كان لوسائل الإعلام (مرئية ومسموعة) دوراً هاماً في تطور هذه العلاقات. ففي عام ١٩٩٠ مثلاً بلغ حجم الاستثمارات الإعلانية أكثر من ٥٠ مليار فرنك فرنسي (في فرنسا) وأن معظم هذه الإنفاقات في مجال الإعلان كان من نصيب وسائل الإعلام الضخمة والواسعة الانتشار مثل التلفاز (R.DEBREY،١٩٩١). فالتطور السريع في الوقت الحاضر لوسائل الإعلام (تعدد أقنية التلفاز، راديو...) يؤدي كل عام إلى تغيرات ملموسة في سوق الإعلام، وخاصة في الدول المتطورة (أوربا، أمريكا، اليابان..) لهذا فإننا نشهد ارتفاعاً ملموساً في الإنفاق على الإعلان في مختلف دول العالم، وتحتل الصحافة (جرائد، مجلات...) المركز الأول في الاستفادة من هذه النفقات ومن ثم يليها التلفاز والراديو.

تشير أهمية إنفاق الشركات على الإعلان إلى الـدور الرئيسي ـ للإعـلان في استراتيجية الشركة في التـرويج والاتصالات. فإجراءات التسويق تـتم عـلى ثـلاث مراحـل: دراسـة الطلـب، تنفيـذ وإنجـاز المنـتج وتقديمـه والتعريف به. لذلك لا يمكن الفصل بين الأهداف الترويجية وأهداف التسويق في الشركة. يوضح الشكل (٩-١) الإجراءات العامة للتسويق.

الفصل العاشر

التسويق الدولي

من المعروف أنه توجد في كل بلد نسبة من الناتج القومي تسوق خارج السوق الوطنية، وإن هذه المنتجات تعود إلى مختلف القطاعات الاقتصادية، لكن الكميات والنسب تختلف من قطاع إلى آخر حيث أن بعض القطاعات تصدر أكثر من الأخرى وهذا يعود إلى طبيعة منتجاتها أو إلى السياسة العامة للدول.

في سورية مثلاً، معظم صادراتنا تتكون من البترول والقطن الخام المنسوجات والخيوط والحبوب، بالإضافة إلى بعض المشروعات التي تصدر بكميات قليلة أو نسب ضعيفة من منتجاتها أو تصدر بشكل مؤقت وبحسب الطلبات الخارجية.

بالنسبة إلى الدولة، التصدير هو ضروري وعليها تشجيع كافة القطاعات والمشروعات العامة والخاصة على التصدير من أجل المحافظة على توازن ميزات مدفوعاتها الخارجية والحصول على القطع الأجنبي اللازم لاستيراد مستلزمات البلد والمساهمة في تطويرها. أما بالنسبة إلى الشركات الخاصة، يقدم التصدير منافع عديدة للشركة المصدرة مثل فتح أسواق جديدة، مصادر للربح، زيادة الإنتاجية من خلال زيادة الطاقة الإنتاجية وتخفيض تكاليف الوحدة الواحدة وبالتالي زيادة هامش الربح، التدريب على الاحتكاك مع المنافسين، محاولة التجديد والتحديث من خلال المعلومات والرؤيا الجديدة لعالم الأعمال، وبالتالي فالتصدير يقدم فرصة جيدة لتحسين عمل الإدارة وتطوير الشركة وضمان استمرارية نشاطها.

حالياً وفي كل دول العالم يلاحظ أن عدد الشركات المهتمة أو التي تقوم بالتبادل الخارجي يزداد باستمرار مهما كان دورها في هذا المجال أو الأسلوب المتبع في التصدير. كما يلاحظ المدى الكبير الذي وصلت إليه درجة المنافسة بين الشركات في الأسواق الدولية، مما دفع هذه الشركات إلى استخدام أساليب تسويقية مبتكرة لم تكن مستخدمة من قبل. وبالتالي يتوجب على كل مصدر أن يأخذ بالحسبان التغيرات والتغيرات التي ميزت التجارة العالمية وبشكل خاص التغيرات التي طرأت على البيئة الدولية في مطلع الثمانينيات والتسعينيات، ولعل من أهمها ظهور دول جديدة في التبادل الدولي، تغير مضمون ومفهوم السلع المصدرة والأشكال الجديدة في التصدير، ومتغيرات العولمة بشكل عام.

المبحث الأول

ماهية التسويق الدولي واتخاذ قرار التصدير

أولاً _ مفهوم التسويق الدولي

1- **تعريف التسويق الدولي:** في الواقع توجد عدة تعاريف للتسويق الدولي وأغلبها تتفق مع تعريف جمعية التسويق الأمريكية الذي مفاده: "التسويق الدولي هو عملية تخطيط وتنفيذ الأنشطة المرتبطة بإنتاج الأفكار والسلع والخدمات وتسعيرها وترويجها وتوزيعها في عدة دول بهدف إتمام عمليات التبادل التي تحقق كلاً من الأهداف الفردية (للعملاء) والتنظيمية (للشركات الدولية) ".

2- **العلاقة بين التسويق المحلي والتسويق الدولي:** بشكل عام تنطوي أنشطة التسويق المحلي (الوطني) على إعداد الخطط والبرامج التسويقية وتنفيذها والرقابة عليها في نطاق السوق الوطنية لبلد ما. ويفترض في إطار التسويق الوطني وجود نفس القوانين و نفس البيئة ونفس المتغيرات الكلية التي تخضع لها أنشطة التسويق المختلفة من بحوث تسويق وبحوث منتج وسياسات تسعير وتوزيع وترويج، بالمقارنة بأنشطة التسويق الدولي التي تواجه بيئات مختلفة في الأسواق العالمية المختلفة.

أما التسويق الدولي فيشمل إعداد الخطط والبرامج التسويقية اللازمة لإدارة الأنشطة التسويقية وتنفيذها والرقابة عليها في الأسواق الدولية. ففي التسويق الدولي يواجه المصدر العديد من المتغيرات البيئية التي تختلف عن تلك التي يواجهها في بيئة التسويق المحلي والتي تعتبر ثابتة إلى حد كبير في الحالة

الأخيرة، وتشمل المتغيرات البيئية جميع العوامل الاقتصادية والاجتماعية والثقافية والسياسية والقانونية التي تتصف بها الأسواق الخارجية.

في هذه الفترة الأخيرة ظهر مفهوم التسويق الكوني Global marketing الذي يعكس التطورات الضخمة التي تمر بها الأنشطة التسويقية لبعض الشركات الدولية. طبقاً لهذه الفلسفة التسويقية الحديثة تنظر الشركات الدولية إلى العالم كله كوحدة واحدة وكسوق واحدة، بينما تمثل الدول المكونة له أسواقاً فرعية وبالتالي تختفي الحدود بين السوق المحلي والسوق الدولي، ويصبح اهتمام مسؤول التسويق الدولي مركزاً على الفرص التسويقية أينما وجدت[1]. ومن أهم ما يميز التسويق الكوني أو العالمي هو قيام الشركات الدولية باختيار وتحريك مواردها الاقتصادية بين الدول بحرية بما يؤدي إلى تحقيق أهدافها وزيادة فعالية عملياتها الدولية ورفع كفاءتها الاقتصادية من ناحية، وما يترتب عليه من إنتاج للسلع التي يتطلبها المستهلك العالمي وتحقيق مستوى الإشباع الذي يرغبه المستهلك من ناحية أخرى.

3- **خصوصية التسويق الدولي:** هناك خاصتين أساسيتين تميز التسويق الدولي عن التسويق المحلي:

أ- **دور الدول والحكومات في التسويق الدولي (البيئة السياسية والقانونية).** إن الشركة التي ترغب بالتسويق خارج الحدود، مهما كان الأسلوب المتبع، تدخل بعلاقات جديدة (أو في لعبة جديدة) حيث الحكومات في مختلف الدول لا تقف محايدة أو مسالمة، بل تلعب دوراً أساسيا في هذه اللعبة من خلال الأنظمة السارية في هذا المجال. فالشركة المصدر أو الراغبة بالتصدير تتوقع من حكومتها أن تسهل لها هذه العملية من خلال خلق البيئة المناسبة للنمو الدولي في داخل وخارج الحدود الوطنية، أي التدخل وإقامة العلاقات التجارية مع الدول الأخرى. بالمقابل يجب على الشركة أن تكون حذرة من ردود أفعال وأنظمة وقوانين الدول الأجنبية. فبعض الدول يمكن أن ترحب بأحد المصدرين إذا استطاع سد العجز في بعض المواد الضرورية أو تقديم سلعة أو خدمة تحمل تقنيات

---
[1]- أحمد سليمان التسويق الدولي، جامعة الملك سعود كلية العلوم الإدارية الرياض 1996

جديدة. لكن بعض الدول الأخرى تضع عقبات جمة في وجه المستوردات بالرغم من الادعاء بحرية التجارة الخارجية في ظل العولمة الجديدة. في التسويق الدولي يجب الأخذ بعين الاعتبار أيضاً الأخطار والتوترات السياسية وموضوع الاستقرار السياسي في الأسواق المراد غزوها: مثل الحروب والثورات الانقلابات....الخ. وبالتالي يجب على مسئولي التسويق الدول معرفة هذه المخاطر وكذلك الفرص المناسبة في هذه الأسواق ووضعها في إستراتيجية الانفتاح الدولي للشركة.

ب - **التغير في ظروف السوق** (البيئة الاجتماعية والاقتصادية).

الخصوصية الثانية للتسويق الدولي تتعلق بالظروف الجديدة للبيئة الأجنبية وبأسلوب التسويق المتبع. في الواقع حتى السوق الوطنية ليست متجانسة وهي مركبة من أجزاء لكل منها ميزاته الخاصة والشركة مرغمة على تكييف منتجاتها وعروضها بحسب الأساليب والتقنيات المستخدمة في كل سوق أو جزء سوقي [2]. أما في التسويق الدولي فإن هذه الحاجة للتكيف مع الأسواق يكون لها انعكاسات على طبيعة وأسلوب التشغيل والتنظيم في الشركة كونها تكون إجبارية في بعض الأحيان.

بالنسبة إلى السلعة نفسها فإن طبيعة ومضمون السوق تختلف بشكل جوهري من بلد إلى أخر حيث أن سلعة ما تكون مقبولة من قبل نسبة كبيرة من المستهلكين في بلد ما لكنها غير مرغوبة في بلد أخرى أو من قبل جزء كبير من المستهلكين. فالسيارة صغيرة الحجم والاقتصادية في الوقود تكون مرغوبة جداً في الدول الأوربية لكنها لا تعني شيء للأفراد في الكويت. إضافة إلى ذلك هناك اختلاف في العوامل الاجتماعية والثقافية أو اختلاف في العادات والتقاليد الاستهلاكية، فمثلاً الجودة الأساسية والمواصفات التي يجب أن تتوفر في إحدى السلع بالنسبة للأفراد أو لمجموعة من الأفراد في بلد ما قد لا تعني أي شيء أو ليس لها أي أهمية بالنسبة للأفراد في بلد أخر، ويمكن أن تحد من شراء هذه السلعة. مثلاً: الواجبات الغذائية الجاهزة أو المجلدة وسريعة التحضير المستخدمة في أوربا بشكل واسع غير مقبول أو مرغوبة في حلب كونها لا تظهر دور المرأة وشطارتها في تحضير الوجبات الغذائية.

إن بيع بعض المواد الصناعية يفرض أحياناً مشكلة نقل المعرفة والخبرة إلى المستخدم أو المشتري، ويعد هذا الشرط ضروري وإجباري بالنسبة لدخول سوق معينة في بعض الدول وخاصة الدول النامية. وهذا يشكل عبءً كبيراً على الشركة المصدرة. هذه الاختلافات في بيئة وسلوك كل بلد أو سوق تفرض على الشركة وضع تنظيماً خاص للتسويق الدولي يتميز بما يلي:

- نظام فعال لمراقبة الأسواق ويفضل أن يكون هناك رقابة مباشرة من خلال التواجد في الأسواق الأجنبية للتعرف عليها والتنبؤ بالتغيرات الجديدة.

- السرعة بالرد على الطلبات الخاصة وهذا يتطلب تكييف وظيفية الإنتاج مع قرارات الإدارة.

- نظام متابعة النتائج ومراقبة فعالة للسلوك المتبع أو الحلول المتخذة تجاه الصعوبات المتعلقة بالتغيرات المحاسبية والمالية المسجلة في إدارة الشركة.

- وضع نظام فعال وتقنيات مناسبة لجمع المعلومات من الأسواق المختلفة حتى تتمكن الشركة من مواجهة الحالات الخاصة والفردية.

ثانياً - اتخاذ قرار التسويق الدولي:

في هذا العالم الجديد المتسم بالتحولات والاكتشافات الكبيرة وسهولة وسرعة الاتصالات ونقل التكنولوجيا، العالم الذي يقدم العديد من الفرص ويفرض الكثير من الصعوبات، أصبح التسوق الدولي منفذاً للهرب من ضيق السوق المحلية والمنافسة الشديدة فيه. لكن التسويق الدولي ليس بالحل السحري وليس الأمر بالسهولة التي يتصورها البعض. إن التسويق الدولي هو قرار استراتيجي يؤثر في حياة الشركة ويمكن أن يصنع مستقبلها، ولابد له من أسس وركائز حتى يكون ناجحاً ويسمح بتطور الشركة وازدهارها، وعندما تقرر الشركة الانفتاح الدولي فلابد لها قبل كل شيء من دراسة وتحليل إمكاناتها ونقاط قوتها. وكذلك نقاط ضعفها لمعرفة فيما إذا كان بإمكانها دخول الأسواق الأجنبية أو لاً. وهنا لا بد لمدير الشركة (أو الإدارة) أن يطرح على نفسه بعض التساؤلات المتعلقة بقرار الالتزام بالتصدير مثل: لم التصدير ؟ وما هي الدوافع والأهداف من هذا النشاط؟ هل نحن

[2] Kotler.ph & armestrong. G. principles of marketing، ed Hall 1999.

قادرون على التصدير ؟ وما هي متطلبات هذا النشاط ؟ المخطط التالي يوضح إجراءات اتخاذ

قرار التصدير في الشركة.

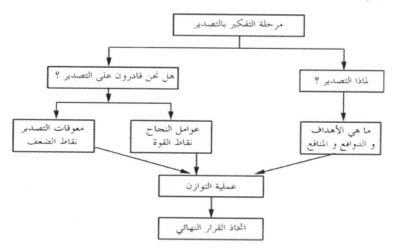

يوضح هذا المخطط أن هناك عدة عوامل تؤثر في اتخاذ قرار التصدير أو تشجع الشركة على

تسويق منتجاتها خارج الحدود الوطنية.

1- العوامل المؤثرة في اتخاذ قرار التصدير:

أ- دوافع الشركات للتسويق الدولي. لماذا تتعرض الشركة إلى مخاطر التجارة في الأسواق الأجنبية حيث

الأفراد والعادات والأعمال التجارية غير معروفة من قبلها ؟ منطقياً يجب أن تكون الشركة مدفوعة

لتحقيق منفعة معينة أو بشكل أدق وجود حظ أكبر لتطور ونجاح النشاط الكلي لها. فالدوافع أو

المحرضات التي تجذب انتباه المدير أو الشركة للتصدير هي كثيرة ويمكن أن نصنفها في نوعين من

المحرضات:

ب- الدوافع أو المحرضات الخارجية: ومنها الطلب التلقائي من الزبائن الأجانب، وهنا ليس للشركة أي

دور فيها، حث السلطات الحكومية على التصدير وجود فرصة مناسبة في بلد ما، ضغوط المنافسة في

السوق الوطنية، قرب السوق الأجنبية....الخ.

ج- **المحرضات الداخلية:** ومنها القدرة الإنتاجية الزائدة للشركة الجودة العالية للمنتجات وإمكانية تصريفها في الأسواق العالمية، البحث عن الأمان واستمرارية حياة الشركة، الربح....الخ.

بشكل عام، إن بداية الانفتاح الدولي للشركة ينجم في أغلب الأحيان عن محرضات خارجية (خاصة في الشركات الصغيرة)، ولكن لا يمكن إهمال دور العوامل والمحرضات الداخلية والتي تؤثر بشكل كبير في القرار النهائي للتصدير [3].

فالتصدير لم يعد - إلا نادراً - في ظل العولمة الحالية اختياراً حراً، بل رداً على عدة ضرورات: مثل إيجاد سوق بديلة تحل محل السوق التي هي في طريقها إلى الاضمحلال، إسهام التصدير في تحسين شهرة الشركة، زيادة الحصة السوقية، المساهمة في تطوير الشركة وازدهارها، الربح المتوقع،....الخ. وهنا يتوجب على الشركة تحديد أهدافها وسياستها من الانفتاح الدولي واتخاذ القرار المناسب المبني على قاعدة معلومات سلمية وكاملة عن الأسواق الخارجية.

2-**أهداف التسويق الدولي:** إن هدف الانفتاح على الأسواق الأجنبية يجب أن يكون واضحاً ومحدداً في الخطة العامة للشركة. وإن صياغة هذا الهدف لا يأتي إلا بعد قيام مديري التسويق بالأمور التالية: دراسة البيئة الدولية، حصر إمكانية وحدود مختلفة أسواق التصريف الأجنبية، وبيان درجة أهمية المنافع والمخاطر المتعلقة بكل سوق. بالإضافة إلى ذلك يجب مقارنة هذه المعطيات مع الإمكانات الداخلية للشركة بهدف تبرير قرار التصدير (أو عدم التصدير). ومن ثم تقوم الشركة بتحديد الأهداف الدقيقة لانفتاحها الدولي من أهم هذه الأهداف نذكر:

أ - زيادة رقم أعمال الشركة (المبيعات والأرباح).في الواقع إن غزو أسواق جديدة يسمح بزيادة المبيعات، وبالتالي الأرباح. لا يمكن تحقيق هذا الهدف إلا إذا كانت قدرة الشركة على الإنتاج والاستثمار تسمح بتشكيل المخزون الضروري للمستوردين من أجل إثمار نشاطها أيضاً، وبالتالي يقع على عاتق هذه الشركة زيادة استثماراتها بغية الإنتاج لتلبية الطلب الخارجي المتزايد.

---

[3] Al Mahmoud Al omar Radwan, 1994, le comportement des P.M.E francaises et le développement international, thése de doctorat, Univ.de Caen, france.

حالياً نجد كثير من الشركات تحصل على أكثر من نصف دخلها من الأسواق الدولية، كما ويمكن أن تعوض الخسارة المحققة في السوق المحلية من خلال أرباحها الناجمة عن نشاطها الدولي، خاصة عندما تكون السوق المحلية مشبعة بمنتجات الشركة حيث أن الشركة غير قادرة على زيادة مبيعاتها في سوقها الوطنية.

ب- تنمية وتطور الشركة: هذا الهدف هو في الواقع مكمل للهدف الأول ويشكل في بعض الأحيان الهدف الجوهري الذي تسعى إليه الشركات من خلال تسويقها الدولي، كونه لا يمكن تحقيق التطور إلا من خلال زيادة رقم الأعمال والربح.

جـ- توزيع المخاطر بين الأسواق: تواجد الشركات الدولية عادة مخاطرة عديدة في انفتاحها الدولي. وفي مجال الإنتاج فهناك مثلاً مخاطر الدورة الاقتصادية كالكساد والتغيرات الموسمية والمخاطر والتغيرات الاجتماعية و التبدلات في رغبات وأذواق و تفضيلات الأفراد والتغيرات في حجم الأسواق......الخ.

تتمتع الشركة المصدرة بميزة هامة في هذا المجال، إذ يمكنها توزيع هذه المخاطر على أكبر عدد ممكن من الأسواق بالمقارنة بالشركة المحلية [4]. فالشركة المحلية تصبح أسيرة لهذه العوامل داخل السوق الوطنية بينما تتمتع الشركة المصدرة بمرونة كاملة إذ تختلف الدورة الاقتصادية من منطقة إلى أخر وهذا يعني أن انخفاض المبيعات في إحدى الأسواق أثناء فترة الكساد يمكن أن يعوضه رواج المبيعات في بلدان أو أسواق أخرى.

د- السوق الدولية كمصدر للمنتجات والأفكار الجديدة: تمثل الأسواق الأجنبية مصادر جيدة للمنتجات الجديد والأفكار المتعلقة بها، حيث يمكن للشركة أن تصبح شريكة للشركات الدولية في المشاريع المشتركة JOINT VENTURES فتساهم في زيادة رأس المال وتسهل من وصول الشركة الدولية إلى السوق المحلي وتمد المشروع المشترك بالخبرة المحلية والمعرفة الجيدة بالإجراءات الحكومية وقنوات التوزيع ومصادر العرض وحاجات المستهلكين المحليين وعاداتهم

---

[4] Hollensen. s. 1998 global marketing. ed Hall eurapse

الاستهلاكية، مما يساعد في تقديم المنتجات الجديدة المناسبة في السوق الأجنبي. وقد تستفيد الشركة الدولية من تلك المنتجات الجديدة وتقوم بطرحها في سوقها الوطنية.

هـ- **تحقيق الوفورات الاقتصادية:** تسعى بعض الشركات المصدرة إلى استغلال الطاقة للإنتاجية والتسويقية الزائدة لديها والاستفادة من انخفاض تكاليف الإنتاج والتوزيع نتيجة لتمتع الشركة بمزايا الإنتاج الكبير.

و - **تنشيط مبيعات المنتجات المتدهورة:** تقوم بعض الشركات بالتسويق الدولية من أجل تنشيط مبيعات منتجاتها التي وصلت في دورة حياتها إلى مرحلة التدهور**Déclin** ، حيث تبدأ تلك المنتجات دورة حياة جديدة في الأسواق الأجنبية وتبدأ مبيعاتها في النمو مرة ثانية وتدر أرباحاً كثيرة للشركة.

ن - **سهولة الاتصالات:** إن التطور الهائل الذي نشهده حالياً في العالم أدى إلى التغلب على عوائق الزمان والمكان في إدارة العمليات الدولية. لقد أصبح المديرون في مختلف الدول قادرون على عقد الصفقات والمؤتمرات عبر القارات وهم جالسون في مكاتبهم حيث تناقش الخطط وتقدم التقارير وتتخذ القرارات عبر الفضاء. كما أصبحوا قادرين على تبادل المستندات فورياً باستخدام الفاكس والبريد الإلكتروني

E-mail واستخدام الإنترنت على مدار الساعة. ساهم هذا التقدم المذهل في وسائل الاتصال في استغلال الوقت بشكل فعال كما ساعد في سرعة اتخاذ القرارات وبذلك أصبح مجال عمل الشركات - الذي يغطي العالم بأسره - أسهل للجميع.

ق- **الاتفاقيات التجارية الدولية:** لقد أسهمت الاتفاقيات التجارية المعقودة بين الدول بهدف تشجيع التجارة بينها في نمو كل من التجارة الدولية والتسويق الدولي للشركات. وفي كثير من الأحيان أدت هذه الاتفاقيات إلى إنشاء تكتلات تجارية يتكون كل منها من عدة دول تتعامل مع العالم الخارجي كوحدة اقتصادية واحدة، وكلما كبر حجم التكتل الاقتصادي كلما زادت قوة التكتل في إجراء المفاوضات التجارية مع الأطراف بالمقارنة بالبلد الواحد[5].
سهلت هذه التكتلات

---

[5] Meloan. T& Graham J. 1998 Internationl and global marketing mc. Hill

انسياب السلع والخدمات بين الدول الأعضاء مما شجع الشركات الدولية على زيادة نشاطها التسويقي في تلك الدول.

من ناحية أخرى يحاول المجتمع الدولي تقليل العوائق الجمركية وغير الجمركية أمام تدفق السلع والخدمات ورؤوس الأموال بين بلدان العالم من خلال الاتفاقيات الدولية التي تشترك في مفاوضاتها أعداد كبيرة من الدول: مثل منظمة التجارة العالمية (الجات سابقاً) ومؤتمر الأمم المتحدة للتجارة والتنمية (نكتاد). ولا شك أن كل هذه الجهود تفسح المجال أمام الشركات الدولية لتزيد من نشاطها التسويقي العالمي بغير حدود.

المبحث الثاني

دراسة واختيار الأسواق الخارجية

يعد التصدير حالياً وفي ظل العولمة الحديثة والتطور التكنولوجي السريع والتحديات التي ستواجه الاقتصاد السوري في المرحلة القادمة، حاجة ماسة للعديد من المشروعات وشرطاً أساسياً لتطورها ونموها. وإن معرفة البيئة الخارجية (الثقافية، والاقتصادية، والسياسية، والقانونية) قبل التصدير تعد من أهم العوامل التي تساعد مسؤولي التسويق الدولي في الشركات المصدرة على اتخاذ قرارات سليمة مبنية على قاعدة متينة من المعلومات تمكنها من الاختيار الأفضل لأسواقها الخارجية، ورسم استراتيجيات تسويقية تختلف عن استراتيجيات التسويق المحلي، إذ أن البيئة التي تمارس فيها العملية التسويقية في الخارج تختلف عن البيئة التسويقية الوطنية. ويمكن القول أن فشل العديد من الشركات في التسويق الخارجي يعود إلى فشل أو انعدام الدراسات التسويقية الجادة ونقص المعلومات عن الأسواق الخارجية، والتعرض للمخاطر دون التخطيط لها مسبقاً، أو القيام بالمفاضلة بين الأسواق الخارجية قبل دخولها بحسب درجات الجذب أو المخاطرة، أو بحسب الصعوبات التي يمكن أن تعيق دخول الشركات إلى بعض الأسواق الدولية والاستمرار فيها.

أولاً - مشكلات دراسة الأسواق الدولية:

كل إجراء تسويقي يتطلب معرفة دقيقة للأسواق، والتسويق الدولي لا يخرج عن هذه القاعدة.
إن دراسة واختيار الأسواق الخارجية يفترض تقييماً مستمراً للإمكانات الكامنة وربحية كل سوق. وإن
اختيار أسلوب دخول الأسواق واختيار الشركاء يعتمد أساساً على الأعراف التجارية وطبيعة المنافسة
وأنظمة وقوانين الدول المستهدفة. وحتى يتمكن المشروع من تقديم منتجات (سلع وخدمات) مرغوبة
من قبل سوق ما، لابد من توافر معلومات كافية ودقيقة عن المستهلكين وعاداتهم والخدمات التي
ينتظرونها من هذه المنتجات. بالإضافة لذلك، يجب على مسؤول التسويق الدولي أن يأخذ بعين الاعتبار
خصوصيات كل سوق ومتغيرات البيئة الدولية أثناء وضع وتنفيذ سياساته التسويقية. لذلك تلعب دراسة
الأسواق الدولية دوراً أساسياً في تزويد مسؤول التسويق الدولي بالمعلومات الحيوية اللازمة لإعداد البرامج
الفعالة للتسويق الدولي، وخاصة مع تزايد المنافسة الدولية في أسواق تتميز بالديناميكية، وتحاول فيها
الشركات الكبرى الحصول على اكبر نصيب ممكن[6].

إن خصوصية دراسة الأسواق الأجنبية والتقنيات اللازمة والتمويل الضروري تعد من المشكلات
التي تواجه العديد من الشركات الراغبة في التصدير. وهنا سوف نتعرف إلى أهم هذه المشكلات.

1- خصوصية وصعوبات دراسة الأسواق الدولية. من أهم هذه الصعوبات نذكر:

أ- اتساع مجال الدراسة.

إن البيئة التي تمارس فيها العملية التسويقية في الأسواق العالمية تختلف عن البيئة التسويقية
الوطنية. وحتى تتمكن الشركة من التنبؤ بنتائج نشاطها في الأسواق الدولية يجب أن تمتلك معرفة واسعة
ومتنوعة في مجالات مختلفة. يتضمن حقل دراسة الأسواق الدولية المجالات التالية: العرض، الطلب،
المنافسة المحلية والأجنبية، الموزعين وقنوات ومنافذ التوزيع، الموظفين والفنيين وأصحاب قرار الشراء في
البلد المستهدف، البيئة الدولية. ويمكن تمثيل حقل الدراسة للسوق بالشكل التالي:

6- أحمد علي سليمان مرجع سابق. 1996

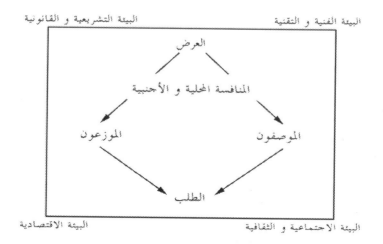

وبذلك نلاحظ ضخامة حجم العمل المطلوب في دراسة الأسواق، خاصة إذا ما اعتبرنا أن سلوك كل

عنصر من هذه العناصر وديناميكية السوق نفسها يمكن أن يشكل عقبة أو يحد من نشاط الشركة في

دخول هذه السوق.[7]

ب- الصعوبات الفنية والتقنية في جمع المعلومات.

(1)- إن التقنيات والمعرفة التسويقية المستخدمة في السوق الوطنية لا تكفي ويصعب تطبيقها في الأسواق

الخارجية، وذلك للأسباب التالية:

- نقص المعلومات الأساسية في بعض البلدان، وإن توافرت فقد تختلف من حيث الكم والكيف من سوق

أجنبي لأخر. إن غياب أو نقص المعلومات الإحصائية اللازمة والصحيحة لا يسمح للشركة بالدراسة

الاستقصائية بسبب عدم التمكن من اخذ عينات ممثلة للمجتمع المدروس[8]، وقد تكون هذه المعلومات

غير مطابقة للمطلوب أو مكلفة جداً.

6- أحمد علي سليمان مرجع سابق. 1996

7- عيد يحيى 1996 التسويق والتصدير، مطابع سجل العرب القاهرة

[8] Kotler. ph & armestrong G. principles of marketing، mc hall 1999

- على أرض الواقع يواجه جامع المعلومات عقبات جمة، إذ يحتاج قبل كل شيء إلى موافقة أو رخصة قانونية أو شرعية من السلطات المحلية للقيام بالدراسة الميدانية[9].

- بالإضافة إلى ذلك، يواجه الباحث مشكلة اللغة وأسلوب طرح الأسئلة في الاستمارة أو في المقابلة المباشرة، وتعدد اللغات واللهجات المحلية في بعض الدول. على سبيل المثال، من أجل دراسة السوق في ساحل العاج يجب معرفة ثماني لهجات مختلفة لتغطية السوق بشكل كامل. في تايوان ومن اجل دراسة السوق أو عقد صفقة ما مع أحد رجال الأعمال نحتاج على الأقل إلى التحدث بأربع لغات معاً. والمشكلة هنا تكمن في الترجمة الصحيحة وفهم هذه اللغات من أجل توجيه رسائل إعلانية مفهومة من قبل جميع أفراد المجتمع، وأي خطأ في الترجمة يمكن أن يعيق دخول الشركة في بعض الأسواق.

- المشكلة التكنولوجية وسرية المعلومات. يواجه باحث السوق مشكلة سلوك أفراد المجتمع المدروس في التحفظ على المعلومات، خاصة بالنسبة إلى التجهيزات الصناعية في بعض الدول (فرنسا، ألمانيا، اليابان...). تزداد عادة سرية المعلومات كلما زادت درجة التكنولوجيا في الصناعة والإنتاج كي لا يتم الاستفادة منها من قبل المنافسين   (أو المقلدين في الدول الصناعية الجديدة)، أولا يكون لها انعكاسات أو عواقب ضريبية... الخ.

(2)- إن دراسة وجمع المعلومات في الأسواق الدولية تحتاج إلى مقابلة الأفراد وطرح الأسئلة المتعلقة بالدراسة. وهنا يتعرض الباحث لمشكلات اختلاف السلوك الإنساني في التعاون مع القائم في الدراسة. من هذه المشكلات نذكر:

- عدم إفشاء بعض المعلومات بسبب الضغوط السياسية في البلد المعني.

- يمكن الحصول على زيادة في المعلومات من خلال التظاهر بالتعاون من قبل المسؤولين، وهذا يؤدي إلى جمع معلومات مضللة مما ينعكس على سلامة القرارات الاستراتيجية للشركة.

- عدم اهتمام بعض الأفراد بأهمية أو نتيجة الدراسة بالأسئلة المطروحة (بسبب الأمية) و إعطاء إجابات غير موضوعية، مما ينعكس أيضا بشكل سلبي على نتائج البحث.

---

[9]Olliver A et co 1990 le marketing international puf paris

- قد تكون المعلومات المتوفرة حديثة، لكنها لا تفيد متخذ القرار ولا تخدم أغراض البحث.

إن أهمية هذه الصعوبات تشكل سبباً مقنعاً لمدير الشركة أو مسؤول التسويق الدولي الذي يفكر بدراسة الأسواق الدولية للاعتماد على العناصر الداخلية للشركة للقيام بهذه الدراسات، كما يجب عليه تحديد أهداف الدراسة والبحث المستمر عن المعلومات، ومن ثم تنفيذ هذه البحوث.

2- **الأهداف الأساسية من دراسة الأسواق الدولية.**

يعود فشل العديد من الدراسات التسويقية الداخلية والخارجية إلى عدم تحديد الأهداف الأساسية من الدراسة. تحدد هذه الأهداف عادة اختيار المعلومات اللازمة وطرق وتقنيات جمعها والقائمين بالدراسة. إن منهجية دراسة الأسواق العالمية تتضمن القيام بالدراسات التالية:

أ- **الدراسات العامة والاستقصائية.**

الهدف من هذه الدراسات هو معرفة المنفعة أو الميزة التجارية لسوق أو لبلد معينة. فالمعلومات التي يتم الحصول عليها يمكن أن تساعد رجل التسويق الدولي على صياغة استراتيجية الانفتاح الدولي للشركة. حيث الإمكانات الكامنة للسوق وربحيتها، سهولة الدخول إليها، المخاطر المحتملة، إمكانية الاستثمار وإنشاء فروع للشركة مستقبلاً تعد من أهم العناصر الضرورية لوضع السياسة التسويقية للشركة.

ب- **التعرف إلى أسلوب عمل الأسواق الدولية.**

للبيع بكفاءة في إحدى الأسواق الدولية المستهدفة يجب التعرف بدقة إلى أسلوب عمل وديناميكية هذه السوق. وفي هذا النوع من الدراسات يجب القيام بتحليل أربعة عناصر أساسية: البيئة، الطلب، المنافسة، الوسطاء.

(1)- **تحليل ودراسة البيئة الدولية:** يمكن القول أن الصعوبة في دراسة الأسواق تكمن في تحديد خصوصيات البيئة الأجنبية من أجل توجيه عملية البحث عن المعلومات بالشكل المناسب ويتضمن مفهوم البيئة النقاط التالية: البيئة الثقافية، البيئة الاقتصادية والبيئة السياسية والقانونية.

- **البيئة الاجتماعية والثقافية:** وتضم اللغة والعادات والتقاليد ومستوى التعليم والقيم والمعتقدات السائدة في مجتمع ما والتي يجب دراستها ومن ثم تطوير منتجات تتلاءم مع العادات الاستهلاكية

الأجنبية وقيمهم الثقافية. لذلك تعد البيئة الاجتماعية والثقافية للأسواق الدولية من أصعب البحوث التسويقية لأن كل منتج يمكن أن يتعرض لمشكلة صعوبة تصريفه نتيجة اختلاف الثقافات والعادات الاستهلاكية ومستويات التعليم والمعتقدات [10].

- **البيئة الاقتصادية:** تتضمن دراسة البيئة الاقتصادية معرفة السياسات التجارية الخارجية وسياسة الحماية للدول الأجنبية وكذلك معرفة وضع ميزان مدفوعاتها وفوائد ومخاطر التعامل معها، وماهية السلع التي يتم تبادلها و إمكانية الدخول إلى النسيج التجاري في بعض الدول من خلال منتج الشركة.

- إن معرفة بيانات ميزان المدفوعات الخارجية للدولة المستهدفة يساعد رجل التسويق الدولي في معرفة المنتجات المتعامل بها ومصادر الطلب على منتجات الشركة المصدرة ومختلف الفرص التسويقية الخارجية.

- بالإضافة إلى ذلك يتمكن رجل التسويق الدولي من معرفة طبيعة وتركيب ولعبة المنافسة والأسعار التي تعرض بها المنتجات في بعض الأسواق. وتفيد دراسة معطيات ميزان المدفوعات في متابعة دور حياة المنتج في الأسواق الدولية. تبعاً لدور حياة المنتج فقد تكون السلعة بمرحلة النضج في سوقها الوطني بينما تكون في مرحلة الانتشار والنمو في بعض الأسواق الأخرى، مما يساعد الشركة على إطالة دورة حياة منتجها من خلال تسويقه في بعض الأسواق وتأجيل تسويقه في أسواق أخرى إلى مرحلة لاحقة [11].

- لابد كذلك من التعرف إلى سياسة الحماية الاقتصادية للدول المضيفة والتي تسعى من خلالها إلى تنظيم تجارتها الخارجية وحماية صناعاتها الوطنية من خلال فرض رسوم   (جمركية) على الواردات والعمل بنظام الحصص [12].

- **البيئة السياسية والقانونية:** يتضمن هذا الجانب دراسة البيئة السياسية والقانونية للبلد المضيف والبيئة السياسية الدولية.

---

[10] LEO. P.y et co.1990. PME: stratégie internationale.économica.

[11] Kotler .ph & Armestrong. G.op. cit .1999

[12] Meloan . t & Graham.j.1998. op.cit

- من ناحية أولى يمكن للبلد الأم للشركة أن يؤثر في اختيار نوعية البلدان التي تتعامل معها الشركة المصدرة، وكذلك يؤثر في نوعية المنتجات المباعة لتلك البلدان. فمثلاً تمارس أمريكا رقابة على الصادرات من مواد معينة وتمنع تصديرها إلا بموافقة خاصة من الحكومة ومنها: الأسلحة والصواريخ المتطورة والمواد الذرية والمشعة والبيولوجية...الخ. وكذلك تحظر التجارة مع بعض الدول مثل: كوبا، إيران، العراق....الخ، ومقاطعة الدول العربية للمنتجات الإسرائيلية ومنع التعامل معها.

- بالنسبة إلى البلد المضيف يتوجب على الشركة المصدرة تجنب كل ما يضر بالأمان والسيادة الوطنية للبلد المضيف ومحاولة إقامة علاقات تعاون مع حكوماتها، ومعرفة كذلك سياسة الدولة في الرقابة على الشركات الأجنبية والقيود المفروضة على الاستثمار والتملك وتحويل العملات وسلوك الأفراد تجاه المنتجات الأجنبية......الخ. وبهذا يتوجب على الشركة المصدرة تجنب الأسواق التي تتميز بالمخاطر السياسية والتكيف مع القوانين والأنظمة الموجودة في الأسواق الأجنبية.

- **البيئة السياسية الدولية:** قد تعرقل التوترات الدولية النشاطات التصديرية للشركة خاصة بين الدول التي بينها خلافات سياسية أو حروب (مثل الحرب العراقية، العرب وإسرائيل).

(2)- **معرفة الطلب:** إن دراسة حجم الطلب هي الأساس في دراسة السوق، ويجب أن يجذب الاهتمام الأكبر للشركة وهنا لابد من معرفة عدد السكان الإجمالي ونسبة الأفراد المشترون للمنتج المعروض وعدد المنافسين وحصة كل منافس في السوق والحصة المتوقعة للشركة المعنية (أي الطلب المتوقع على منتجاتها). ففي حالة التجهيزات الصناعية مثلاً تلعب العناصر المكونة لمركز (لجنة) الشراء دوراً هاماً جداً في تحديد الطلب ويختلف دور هذا المركز من بلد إلى أخر [13].

- إجراءات الشراء تكون معقدة جداً في بعض الدول مثل الصين وروسيا حيث السلطات القطاعية والإدارية المحلية تلعب دوراً أساسياً في قرار الشراء (أي الاستيراد).

- إن سلوك المقررين المحليين يمكن أن يحد من الاستيراد. فمثلاً في اليابان يستغرق اتخاذ القرارات فترة طويلة للوصول إلى قرارات سليمة لكن التنفيذ يسير بسرعة كبيرة.

---

[13] Kotler. ph & armestrong .g. op cit.1996

- إن الوعود الشفوية أو المكتوبة ليست ملزمة في كل الدول وتختلف درجة الالتزام من بلد إلى أخر.

- الطقوس الدينية والتنظيم الاجتماعي وسلوك الفرد بالنسبة إلى الآخرين (الأجانب) تؤدي إلى أنواع مختلفة من السلوك، وبالتالي يجب على المصدر الحديث العهد (أو الغر NOVICE) أن يكون حذراً في معاملاته مع الآخرين، وإلا سوف يفقد كل شيء في بعض المجتمعات أو من خلال تعامله مع بعض المجموعات المنظمة التي لديها منطق العصابات (المافيا مثلاً).

(3)- **تحليل المنافسة**: إن تقدير نقاط قوة ونقاط ضعف المنافسين وماهية سياستهم أو لعبة المنافسة تعد أساسية في دراسة السوق الخارجية. وهذه مهمة معقدة كونها ترتبط بعقلية المستهلك ودرجة تفهمه لهذه المنافسة وكيفية عملها. ففي بعض الدول يتمتع المنافس المحلي (الشركة الوطنية) بالحماية والتفضيل من قبل المستهلكين الوطنين، أما في دول أخرى، وخاصة في دول العالم الثالث، فإن الشركة المحلية تتحمل عدم ثقة المواطن بمنتجاته أو يكون ضحية التقليد أو التفاخر بشراء واستهلاك السلع الأجنبية وتقليد سلوك تلك البلدان. فعند تحليل الوضع التنافسي- يتوجب على الشركة المصدرة معرفة أثر عبارة **MADE IN** والمعلومات الحقيقية أو التفاخرية في كل سوق. يعد هذا العامل هام جداً عند تحديد أسعار البيع في كل سوق. مثلاً نذكر أن ألمانية تضع حتى الآن على **منتجاتها MADE IN GERMANY** لما لهذا العبارة من وقع وسمعة جيدة في الأسواق وسمعة جيدة في الأسواق العالمية كافة والتي تعبر عن جودة عالية لهذه المنتجات[14]

(4)- **دراسة تركيب الوسطاء والموزعين**: يختلف عدد الوسطاء والموزعين من بلد إلى أخر وبشكل طبيعي يجب أخذ هذا المعيار بعين الاعتبار في دراسة الأسواق العالمية. بالنسبة إلى المواد الاستهلاكية، يتراوح عدد الوسطاء في اليابان مثلاً من ثلاثة إلى أربعة وسطاء، بينما ينخفض هذا العدد إلى واحد في فرنسا. إن معرفة هذه القنوات يمكن أن تزيل بعض عقبات دخول الأسواق الخارجية.

3 – **مصادر المعلومات الثانوية (الإضافية)**: بعد الدراسة الأولية للأسواق الدولية والتعرف إلى المعلومات الأولية الضرورية عن الأسواق والبيئة العالمية لابد من البحث عن معلومات إضافية لكنها

---

[14] Aviso, 1998, P.M.E et exportatin mars. paris

ضرورية للشركة. وهنا يتوجب على الشركة ليس تعدد وزيادة مصادر المعلومات بل التنسيق بين المعلومات الأساسية والثانوية الواردة من عدة مصادر، ومن ثم تحليل وتبويب هذه المعلومات من أجل سهولة استخدامها من قبل المسؤولين. وفي هذا المجال تلعب الحكومة الوطنية للشركة دوراً هاماً في تجميع المعلومات ووضعها في خدمة المشروعات المصدرة. تحتاج الشركة عادة إلى المعلومات الإضافية التالية: معطيات اقتصادية وتجارية عامة - قائمة بعدد الشركات الأجنبية والمنافسين في كل بلد - معلومات عن تطور الأسواق الأجنبية بحسب فئات المنتجات - معلومات عن الأسواق الزراعية والمواد الغذائية والمناقصات العالمية - معلومات عن الأنظمة والقوانين الوطنية والأجنبية في مجال التجارة الخارجية - معلومات حديثة عن مختلف البحوث الخاصة بالأسواق الخارجية.

من أهم المنظمات التي يمكن (أو يجب) أن تزود الشركات بالمعلومات اللازمة نذكر:

- غرف التجارة والصناعة المحلية.

- الملحقين التجاريين في السفارات الوطنية في الخارج وفي السفارات الأجنبية في الوطن.

- المنظمات والنقابات المهنية المختصة والوزارات المختصة.

- منظمات أخرى: بنك المعلومات، المصارف التجارية، شركات التأمين، بعض المنظمات المختصة بدراسة الأسواق الخارجية، شبكة المعلومات إنترنت INTERNET.

كل جهة من هذه المنظمات يمكن أن تقدم المعلومات اللازمة للشركات عن الأسواق العالمية المستهدفة، بالإضافة إلى تقديم النصائح عن منافع ومخاطر كل سوق [15].

في الوقت الحاضر تتمكن الكثير من الشركات وخاصة الصغيرة والمتوسطة من استخدام شبكة المعلومات العالمية INTERNET التي تقدم معلومات متخصصة عن المجالات التالية:

- الحالة الاقتصادية ومخاطر وحجم الأسواق المستهدفة ومعدلات نموها.

- معلومات عن الشركات المنافسة وعن شبكات التوزيع وعن القوانين والمواصفات.

- معلومات عن إمكانية نقل التكنولوجيا وعن الأنظمة الجمركية ومعدلات الصرف.

---

[15] Hassan. s & blak well.r.1994. global marketing, international edition.new-york

تتلخص فوائد شبكة INTERNET بما يلي:

- القدرة على تقديم معلومات واسعة ومتخصصة بسرعة كبيرة.

- سهولة تحديث معلومات الشركة.

- تكلفة غير مرتفعة نسبياً بالنسبة للشركات الصغيرة والمتوسط.

فالمعلومات الشاملة والدقيقة عن الأسواق الخارجية تعد مؤهلاً وميزة أساسية في زيادة قدرة الشركة على المنافسة. فعلى سبيل المثال من أهم عناصر نجاح الشركات اليابانية في التسويق الدولي نجد قيام الشركات اليابانية بدراسات استكشافية للأسواق وامتلاك قاعدة بيانات ضخمة عن مختلف الأسواق العالمية. فوزارة الصناعة والتجارة الخارجية في اليابان تمتلك 20 بنك للمعلومات المبرمجة على الحاسبات من أجل مساعدة الشركات في اتخاذ قرارات سليمة. بالإضافة لذلك فإن الشركات الكبرى في التجارية (SOGO SHOSHAS) تتلقى يومياً أعداداً هائلة من التلكسات المتضمنة معلومات حديثة وقيمة عن الأسواق من مكاتبها في الخارج (76 مكتب في 57 دولة) وتغذي بها الشركات اليابانية المختلفة، كما تقدم الحكومات اليابانية دراسات عن الأسواق وتقدم المعلومات التي تساعد الشركات في ترشيد قراراتها وتشجيعها على دخول أسواق جديدة مع تقديم المساعدات المادية للشركات المختلفة لتطوير منتجاتها واختراق الأسواق الأجنبية 16.

4- تنفيذ وتمويل دراسة الأسواق العالمية:

أ- ضرورة نظام المعلومات التسويقية للشركة. يعرف نظام المعلومات على أنه: جملة العناصر / أفراد، مواد، معلومات / التي تسمح بالحصول على المعلومات ومعالجتها وتقديمها إلى أصحاب القرار 17. تعتمد أنظمة معلومات التسويق على حجم الشركات. فمن جهة تتوقف الحاجة إلى هذه الأنظمة على حجم واتساع عمليات الشركات، ومن جهة أخرى يجب الأخذ بعين الاعتبار تكلفة هذه المعلومات التي تعد استثماراً حقيقياً مثلها مثل بقية وظائف المشروع. بالإضافة لذلك تطرح

16- عبد الرحمن العالي وأحمد سليمان، 1994،، مرجع سابق.

17 Ollivier A et co 1990 op. cit

المعلومات عن الأسواق الدولية مشكلة خاصة وإضافية وهي مشكلة ترجمة وفهم هذه المعطيات بسبب بعد السوق الخارجية جغرافياً وثقافياً وتجارياً. إن هذا البعد ما بين الدول هو الذي يزيد من نفقات وضع نظام المعلومات التسويقية. كما أن حجم ودرجة تعقد وكمال هذا النظام يعتمد على حجم الشركة ودرجة انفتاحها الدولي (معدل صادراتها من رقم أعمالها) وعلى أسلوب التصدير المتبع. لذلك فإن التصدير المباشر يحتاج إلى نظام للمعلومات أقل أهمية من نظام المعلومات الذي تحتاجه الشركة عندما يوجد لها فروع إنتاج وتوزيع في الخارج.

ب- تمويل دراسة الأسواق الخارجية: إن دراسة السوق يجب اعتبارها استثمار للشركة حتى وأن كانت نسبة ضئيلة من الشركات تقوم بذلك نظراً لصعوبة تقويم مدى ربحية هذه الاستثمارات وخاصة إن هذه الربحية غير أكيدة. لكن الهدف من دراسة الأسواق هو تخفيض معيار عدم التأكد والمخاطر في اتخاذ القرارات وتكلفة هذه الدراسة تختلف فيما إذا قامت بها عناصر عاملة في الشركة بشكل كامل أو جزئي أو من قبل منظمات خارجية. وبما أن هذه التكلفة تكون مرتفعة نسبياً فإن العديد من الشركات الصغيرة والمتوسطة مثلاً لا تقوم بهذه الدراسات، وتكتفي بالمصادر المختلفة للمعلومات المتاحة عن الأسواق المستهدفة. وأخيراً يمكن القول أن الحكومة والسلطات العامة يمكن أن تلعب دوراً هاماً في هذا المجال من خلال منظماتها الداخلية، ووضع هذه الدراسات في خدمة الشركات الراغبة في التصدير أو المصدرة بهدف تعزيز موقفها التنافسي واتخاذ قرارات سليمة قبل دخولها بعض الأسواق العالمية.

5- الإمكانات المحدودة للشركات الصغيرة والمتوسطة في دراسة الأسواق:

من المعروف أن مدير شركة صغيرة ومتوسطة لا يتمكن من القيام بدراسة معمقة للأسواق الخارجية ومكونات البيئة وهو معتاد على اتخاذ قراراته في ظل ظروف عدم التأكد INCERTITUDE والمعرفة غير التامة لقيم المتغيرات المستخدمة[18]. فالمشكلة الأساسية لدى مديري الشركات الصغرى في قلة إجراء بحوث التسويق تكمن في الاعتقاد السائد لديهم بأنه يمكن

----

[18] Algoe 1989 p.m.i go vers la competitivite global economica، paris

نقل واستخدام البحوث والتجارب المعمول بها محلياً إلى الأسواق الخارجية. مع ذلك فإن الأسواق الأجنبية نادراً ما تتشابه لذلك يفضل الحصول على المعلومات والقيام بدراسات معمقة للأسواق للوصول إلى أفضل اختيار لأسواق التصدير المناسبة. وفي هذا المجال نجد أن الشركات الصغيرة والمتوسطة تعاني من مشكلة نقص و محدودية الكوادر المؤهلة للقيام بدراسة الأسواق الخارجية. وهكذا فإن رأس المال البشري في الشركات الصغيرة والمتوسطة المخصص لقيادة الشركة إلى التصدير المستمر يكون مقيداً بضعف مستوى التأهيل. الشيء الأكثر أهمية والذي يعيق نجاح الشركات في الأسواق الخارجية هو أن هذه الكوادر تكون عادة غير متخصصة في مجال التصدير، بالإضافة إلى ضعف معرفتها باللغات الأجنبية.

حالياً وفي ظل العولمة وقرب المسافات وسرعة الاتصال ما بين الدول وشدة المنافسة في الأسواق يتوجب على مسئول التصدير أن يكون أكثر كفاءة: ثنائي أو ثلاثي اللغة، معرفة كافية لتقنيات التصدير بكل تعقيداتها (نقل دولي، تخليص جمركي، تمويل، دفع، مخاطر.....الخ) يضاف إلى ذلك الإلمام بفن التفاوض L'art de négocier والتصور الواضح للانفتاح الدولي بشكل كامل وبكل فرصة ومخاطرة. وفي هذا المجال نوجه دعوة إلى الشركات الوطنية كافة (المصدرة وغير المصدرة) للتعاون مع الجامعات والمعاهد الفنية و المنظمات الاستشارية والمتخصصة في مجال التجارة الخارجية بهدف تأهيل وتدريب عناصرها على الحياة المهنية واستخدام الكوادر المتخصصة وذلك من أجل تسهيل مهامها في التسويق الدولي.

باختصار، التصدير لا يعني ببساطة تجاوز الحواجز الجمركية في البلد فهو نشاط بحاجة إلى ديناميكية كبيرة، وكذلك بحاجة إلى قدرة على المنافسة، وبالتالي فإن الشركات الصغيرة والمتوسطة كافة قادرة على التصدير وحتى تلك التي تصدر لا تتمكن دائماً من القيام بذلك بمفردها وفي هذا المجال تتمكن الشركات من التعاون فيما بينها أو حتى مع شركات أجنبية.وهكذا نكون قد أعطينا فكرة محددة عن أهم المشاكل التي تواجه الشركات المصدرة في دراسة الأسواق الخارجية وعن أهمية هذه الدراسات من أجل اتخاذ القرار السليم ذا الطبيعة الاستراتيجية أو العملية في اختيار الأسواق الدولية.

ثانياً - مبادئ وطرق اختيار أسواق التصدير:

من أهم القرارات التي يجب اتخاذها في التسويق الدولي هو قرار اختيار الأسواق الخارجية المناسبة، وكيفية قيام مدير الشركة بتقييم هذه الأسواق، وهل تقنيات الأسواق كافية للقيام بالاختيار السليم ؟

في الواقع العملي إن اختيار الانفتاح على الأسواق الخارجية لا ينجم دائماً عن استخدام المعايير الرشيدة أو المنطقية الناجمة عن معلومات واضحة وموضوعية. إن الكثير من الشركات تتخذ قرار التصدير بناءً على بعض الظواهر المبينة على الصدفة أكثر من الاعتماد على دوافع مبينة على الحكمة (ضيق السوق المحلية، فوائد التصدير، فرص الربح المتوفرة ....).

وهنا يمكن القول أن اختيار أحد الأسواق الأجنبية يرتكز على محاولة التوفيق بين ثلاث معطيات: الإمكانات الكامنة وظروف السوق وحدة المنافسة فيه وطموحات وإمكانيات الشركة [19] ولا يمكن في أية حال إهمال أي عامل من هذه العوامل فالتحليل الاستراتيجي يجب أن يأخذ بعين الاعتبار التقاطع والتنسيق بين ثلاثة معايير: سوق- منافسة – شركة.

1- تحليل الأسواق الأجنبية:

عند اتخاذ قرار التصدير، أي اختيار التعامل مع عدة أسواق يجب على الشركة مجابهة النتائج المختلفة المتعلقة بهذه الأسواق الجديدة والتعامل مع العناصر الأجنبية (بيئة أجنبية كاملة ومختلفة عن البيئة الوطنية). وهنا لابد للشركة من تحليل السوق وظروفه وشروطه وتحديد العوامل الجوهرية التي تقود وتوجه اختيار الاستثمار في سوق معينة ومن أهمها: الإمكانات الكامنة في السوق، سهولة المنال أو دخول السوق، استقرار السوق، درجة تقبل السوق للأجانب .

---

[19] Al Mahmoud Al omar.1994 op cit

أ- الإمكانات الكامنة للسوق: لمعرفة إمكانات السوق يجب معرفة فيما إذا كان هناك عرض (منتج) مشابه لعرض الشركة. إذا كان الجواب إيجابي، هذا يعني أنه يجب قياس حجم الطلب الحالي ومحاولة التنبؤ بمعدل النمو الاقتصادي ونمو الطلب المستقبلي لفترة محدودة، بالإضافة لذلك يجب التعرف إلى عدد المنافسين وقوة المنافسة ولعبتها (جودة، سعر، خدمة...). أما إذا كان المنتج المعروض من قبل الشركة جديداً (أي حالة عدم وجود تشابه)، هنا يجب معرفة قدرة هذا المنتج على إشباع حاجة الزبائن، وبيان المنتجات المكافئة له ومن ثم إنتاجها وتوزيعها، أو أن يجد المنتج لنفسه سوق جديدة ملحقة بالسوق الأم ومشابه لها أو لجزء منها .

ب- **سهولة دخول السوق:** السوق ذات الإمكانات الكامنة لا يمكن أخذها بعين الاعتبار إلا في حال تمكن الشركة الأجنبية من دخولها بأقل تكلفة (كلية) ممكنة وأقصر فترة زمنية [20]. بالنسبة إلى أي شركة تمثل السوق الأجنبية ثلاثة خطوط دفاعية تتمثل فيما يلي:

- الحماية الجمركية والقوانين والأنظمة السارية في كل بلد.

- العقبات الناجمة عن القواعد المطبقة على المنتجات والتجارة في بعض الأسواق. تتمثل هذه القواعد بالمعايير و المقاييس (ISO) والمواصفات التي يجب توفرها في المنتجات أو الغلاف، بحسب الاتفاقيات بين الدول أو من خلال اتفاقيات المنظمة العالمية للتجارة. بالإضافة إلى هذه العقبات يجب على الشركة أن تقيم احتمال دخول السوق وتكلفة الدخول، ومن ثم معرفة الوسطاء والشركاء الذين سوف يساهمون معها: وسطاء، مستهلكين، موصفين...الخ، وذلك من أجل وضع استراتيجية مناسبة لدخول أي سوق.

جـ- درجة تقبل السوق للعناصر الأجنبية: إن وجود الشركة في إحدى الأسواق لا يضمن انضمامها التلقائي إلى العناصر التي تكون السوق. عند دخول إحدى الأسواق تتعرض الشركة إلى ردود فعل العناصر (الأفراد) الاقتصادية التي لم تأخذ بعين الاعتبار أثناء دراسة الأسواق، وبالتالي لابد من تحليل طريقة وأسلوب تقبلهم للشركة بشكل عام ولسلوك إدارتها بشكل خاص من ناحية

20 - عمر سالمان، التسويق الدولي، الدار المصرية اللبنانية، القاهرة، 1992.

شراء سلعها وأثر عبارة **MADE IN** على سلوك المستهلك. يجب أن يتم هذه التحليل من خلال بيان نقاط القوة ونقاط ضعف الشركة في هذه الأسواق. فالبيئة الاجتماعية والاقتصادية الجديدة يمكن أن تفرض على الشركة جهود إضافية يصعب تحملها، كما يمكن كذلك أن تقدم تسهيلات جمة للشركة وهذا يختلف من بلد إلى أخر.

د- استقرار السوق: قبل دخول أي سوق يجب على الشركة تقييم مدى استقرار هذه السوق والمخاطرة التي يمكن أن تنجم عنه. هناك نوعين من المخاطرة في الأسواق الأجنبية: خطر اقتصادي وخطر سياسي.

- **الخطر الاقتصادي**: ينجم هذا الخطر عن ضعف القوة الشرائية للزبائن وضعف إمكاناتهم في الاستمرار في الشراء. إذا ينجم العجز الاقتصادي للزبائن عن خسارة الإيرادات أو الدخل، الشيء الذي يحد من قدرة الزبائن على دفع المطاليب أو تكرار الشراء بالمعدل السابق نفسه أو ينجم عن إفلاس أحد العملاء بشكل عام.

- **الخطر السياسي**: ينجم هذا الخطر عن سلوك الحكومات الأجنبية تجاه الشركات الأجنبية: مثل الثروات، تحول جذري في التنظيم السياسي (انقلاب)، التأميم، حروب، طرد الشركات الأجنبية من السوق...الخ. (كما حدث في إيران أثناء استلام الخميني للسلطة، وكما هو الحال في بعض دول أفريقيا وآسيا حالياً). وهذه التحولات يمكن أن تؤثر سلباً على سير أعمال الشركة في بعض الأسواق ولابد من أخذها بالحسبان أثناء اختيار أسواق التصدير.

2- دراسة وتحليل المنافسة:

حالياً لا يمكن إيجاد أسواق جديدة خالية من كل منافسة أو جو تجاري. فمن جهة تقوم الشركات الوطنية في أي بلد، وخلال الزمن، بوضع تنظيماً تجارياً وفرض أنظمة خاصة بالسوق، وعلى الشركة الداخلة إلى السوق التكيف مع هذه القواعد والأنظمة والعادات التجارية الموجودة. من جهة ثانية عند التنبؤ بوجود شركات منافسة سواء شركات محلية أو شركات أجنبية في سوق ما يتوجب على المصدر قبول تقاسم الإيرادات الناجمة عن السوق بين المتنافسين. لذلك يجب عليه معرفة

حالة المنافسة في السوق المستهدفة، و عليه أن يتحمل مخاطر المنافسين القدماء والأقوياء في بداية دخوله السوق.

وبالرغم من صعوبة الحصول على المعلومات عن المنافسين في بعض الدول فإن دراسة المنافسة يجب أن تقدم تفسيرات لبعض التساؤلات:

- من يمكن أن يكون منافساً ؟ وهنا يجب معرفة كافة الشركات المنافسة حتى لا تفاجئ الشركة أثناء دخول السوق بوجود شركات لا تعرف حتى أسمائها.

- ما هو تركيب المنافسة ؟ أي عدد المنافسين وتوزيع حصصهم في السوق بالترتيب.

- ما هي لعبة المنافسة ؟ أي ما هي المعايير الأساسية في المنافسة: مثل جودة المنتج، الحداثة والتجديد، خدمات ما بعد البيع، الترويج ....

فالشركة المصدرة تتمكن من دخول السوق بقوة إذا تمكنت من تقديم معايير للمنافسة مختلفة عما هو موجود في السوق. وهذا يحتاج إلى إمكانات كبيرة: ميزة نادرة الوجود (أو غبر متوفرة) لدى الكثير من الشركات. تسمح دراسة المنافسة بمعرفة فيما إذا كانت قادرة على التصدير إلى سوق ما أو لا. فمن أجل دخول سوق يشغله عدد محدد من المنافسين الكبار، فإن حظ الشركة بفتح فرع لها فيه غير ممكن إلا عندما تتبنى استراتيجية التميز (أو التمايز) **DIFFERENCIATION** أي تلك الاستراتيجية التي تقوم على تقديم منتج ذو ميزة أو خاصية يصعب الطعن بها أو مهاجمتها من قبل الشركات الأخرى [21].

3 - تحليل مؤهلات ومهارات الشركة:

إن التحليل والدراسات السابقة تقدم للشركة معلومات هامة تسمح لها بتقييم مؤهلات وإمكانياتها الخاصة. في الواقع، المهارات والمؤهلات الملائمة للتصدير أو اتخاذ بعض القرارات الاستراتيجية لا يمكن تقييمها إلا بالنسبة إلى موضوع معين. وهذا يسمح بتشخيص حالة الشركة وقدرتها على التصدير.

[21] Urban. S, 1993, management international. Litec. paris

فبالنسبة إلى سوق معينة أو إلى عدد من المنافسين، يتوجب على الشركة الموازنة بين نقاط قوتها ونقاط ضعفها، وهنا لابد من التساؤل عن المؤهلات والميزات النسبية التي تتمتع بها الشركة وعن وضعها الحالي أو المستقبلي. وبهذا يتم تحديد إمكاناتها الحالية والإمكانات الكامنة والمستقبلية التي سوف تعتمد عليها ومقارنتها مع المنافسة العالمية ومعرفة قدرتها أو وضعها التنافسي على المستويات التالية:

- على مستوى السلعة أو الخدمة التي تعد الأساس في نشاطها.
- الجودة والتي يمكن معرفتها من خلال تطابق المنتج مع المعايير والمواصفات المختلفة المطلوبة في الأسواق أو من خلال الدراسة الميدانية والاختبارات المقارنة.
- السعر ومعرفة هامش الربح.
- التمويل من خلال الإمكانات المالية الخاصة والتي يمكن التصرف بها بسرعة.
- أساليب البيع وخدمة ما بعد البيع التي تسمح بقياس قدرة الشركة على اكتساب وفاء وثقة الزبائن.
- العلاقات العامة (الدبلوماسية) والتي تتمثل في كفاءة الشركة في إقامة علاقات تعاون مع العناصر المكونة للبيئة الخارجية: السلطات العامة، الإعلام، الرأي العام...
- قبل البيع وتتمثل في قدرة الشركة ليس فقط بالتنبؤ باحتياجات الزبائن المستقبليين، بل كذلك وضع وتنفيذ برامج تربوية لإقناع تلك الزبائن بقدرة الشركة على إشباع احتياجاتهم.

من أهم مؤهلات الشركة وعوامل نجاحها في التصدير نذكر:

- الجودة العالمية للمنتجات.
- الأسعار التنافسية المستخدمة.
- التخصيص الدقيق في الإنتاج.
- جودة شبكة التوزيع.
- احترام مدة التسليم.
- القدرة على التجديد في الإنتاج.
- الخبرة والمعرفة الجيدة للأسواق الخارجية.

ثالثاً- المعايير المستخدمة في اختيار أسواق التصدير:

يوجد حالياً في العالم أكثر من 180 بلداً مستقلاً، ويستحيل لأي شركة دراسة هذه الأسواق كافة وتسويق منتجاتها فيها. لذا لابد من اختيار بعضها بحسب أهميتها من ناحية الربحية وقدرته

المالية على الدفع وقلة المخاطر وملاءمتها لنشاط الشركة ومنتجاتها المسوقة في سوقها الوطنية. من أهم المعايير المستخدمة في انتقاء الأسواق الخارجية نذكر ما يلي:

1- معيار عدد الأسواق: تركيز أو تعددية: تقوم الشركة عادة سواء بالتركيز على سوق واسعة وهامة يتم توزيع منتجات الشركة كافة فيها أو بالتصدير إلى أكبر عدد ممكن من الأسواق لمنتج الشركة في حالة التخصص الدقيق في الإنتاج. الحالة الأولى تناسب الشركات التي تنتج عدة منتجات قابلة للتصريف في سوق واحدة. أما الحالة الثانية فإنها تناسب الشركات المتخصصة في إنتاج منتج وحيد إذ أن السوق الواحدة لا تشكل بالنسبة إلى هذا المنتج إلا جزءاً من السوق العالمية، وهو غير كافي لتصريف هذا المنتج، وفي كلتا الحالتين سوف تحاول الشركة اختيار بعض الأسواق الهامة والمستقرة (أو قليلة المخاطرة). في الواقع يوجد عدد من العوامل التي تحابي سياسة التركيز وعوامل أخرى تحابي سياسة التعددية في الأسواق[22]:

العوامل التي تحابي التركيز في سوق واحده	العوامل التي تحابي تعددية الأسواق
- عوامل خاصة بالمنتج:	**- عوامل خاصة بالمنتج:**
• سلعة تلائم مختلف الأسواق.	• سلعة يمكن تصريفها في عدة أسواق
	• دون الحاجة إلى التكييف أو التجديد.
• سلعة ذات شراء متكرر.	• شراء غير متكرر للسلعة.
• منتج في وسط دورة حياته.	• منتج في بداية أو نهاية دورة حياته.
- عوامل خاصة بالسوق.	**- عوامل خاصة بالسوق.**
• عدد محدود من الأسواق المتشابهة أو القابلة للمقارنة.	• وجود أسواق كثيرة متشابهة.
• أسواق ذات حجم كبير.	• أسواق صغيرة أو أجزاء من الأسواق.

[22] Joffre. P, 1987, l'entreprise et l'exportation، vuibert، paris

• الثقة بالشراء كبيرة.	• قوة خطر المنافسة في كل سوق.
• ضعف خطر المنافسة في كل سوق	
- عوامل تسويقية.	**- عوامل تسويقية.**
• ضرورة معرفة السوق والوسطاء بدقة	• قلة المعرفة بالأسواق والوسطاء.
• إقامة استثمارات كبيرة للوصول إلى الهدف أو الحصة من كل سوق	• توفر الإمكانات المادية للقيام بنشاطات جديدة أو حل مشكلات جديدة
• عدم توفر الإمكانات لحل مشكلات جديدة	• قلة الاستثمارات للوصول إلى حصة من السوق.

2- معيار (خصائص) التشابه والاختلاف في الأسواق:

يتوجب على الشركة أن تقرر فيما إذا كانت ترغب بالتصدير إلى أسواق مشابهة لسوقها الوطنية أم التصدير إلى أسواق ذات خصائص وميزات مختلفة ومن ثم التكامل ما بين الأسواق.

- التشابه بين الأسواق يسمح للشركة باستخدام أسلوب تجاري مشابه للأسلوب المستخدم في سوقها الوطنية، وتخفيض مشكلة التنسيق والرقابة على الأسواق. يسهل هذا الاختيار أيضاً تطور أو انتشار سمعة الشركة (أو العلامة) ومنتجاتها في العالم. أخيراً، يسمح التشابه بتخفيض تكاليف الإنتاج والتسويق من خلال استخدام خطوط الإنتاج نفسها بدون تعديل واستخدام الأساليب التسويقية وبرامج الترويج نفسها.

- الاختلاف بين الأسواق يكون إجبارياً في أغلب الأحيان بسبب دخول الشركة إلى أسواق متعددة، أو من أجل الوصول إلى توازن التقلبات الموسمية في الأسواق (للمنتجات الموسمية)، أو لتقليل المخاطر من خلال توزيعها على عدة أسواق. لكن يجب التأكد من عدم اختيار أسواق ذات درجة مخاطرة عالية.

بشكل عام هناك عدد من المؤشرات المستخدمة في تقييم واختيار الأسواق وأهميتها:

- المستوى العالي من التطور الصناعي للبلد
- حصة منتج الشركة من السوق.
- قدرة البلد المالية على الدفع
- قلة المخاطر السياسية (أو الاستقرار)
- الاتفاقيات الاقتصادية والمالية مع الوطن الأم للشركة
- تأثير بلد الشركة المصدرة في السوق المستهدفة.
- الموارد الطبيعية (بترول، ذهب، الماس، فلذات معدنية، زراعة....الخ)

إن التقاطع بين المعايير السابقة (عدد الأسواق وخصائص الأسواق) يؤدي إلى أربعة بدائل ممكنة لاختيار الأسواق الأجنبية الهامة الشكل التالي يوضح هذه الاختيارات.

خصائص الأسواق

عدد الأسواق	مختلفة	متشابهة
تركيز	**تركيز - تنوع B**	**تركيز تشابه A**
تعددية	**تنوع - تعددية D**	**تعددية - تشابه C**

أ- **سياسة التركيز في أسواق متشابهة:** في هذه الحالة تحاول الشركة التركيز على عدد قليل (أو في سوق واحد) من الأسواق المتشابهة (أو سوق مشابه للسوق المحلية). إن فوائد التركيز والتشابه تجعل هذه الاستراتيجية مثالية لأغلب الشركات وخاصة الصغيرة والمتوسطة التي ليس لديها خبرة كبيرة في التصدير، والشركات التي لديها منتجات تحتاج للاتصال مع الزبائن ومراقبة البيع في الأسواق.

ب- **سياسة التركيز في أسواق مختلفة (غير متشابهة):** في هذه الحالة تختار الشركة عدد قليل من الأسواق غير المتشابهة: مثل تسويق سلعة معينة في سوريا وكندا ورومانيا. كل سوق من هذه

الأسواق يختلف مستوى تطورها وأن قلة العدد يسمح بمراقبة هذه الأسواق. تستخدم هذه السياسة طالما أن عدد الأسواق لا يتجاوز قدرة الشركة على تزويدها بشكل كافي (أو بكفاءة) من المنتجات.

جـ- **سياسة تعددية الأسواق المتشابهة:** في هذه الحالة تصدر الشركة إلى عدد كبير من الأسواق المتشابهة وتستخدم هذه السياسة في حالة إنتاج الشركة لسلعة نمطية **STANDARD** وتوزعها على مختلف الأسواق المتشابهة.

د- **سياسة البيع في عدد من الأسواق المختلفة:** هذه الاستراتيجية لا تكون مجدية إلا بالنسبة إلى الشركات الضخمة التي تصدر بكميات كبيرة لمنتجات مختلفة، ويكون لديها خبرة في الأسواق العالمية وتصدر سلع بسيطة (مثل كوكا كولا، شفرات الحلاقة). لكن هذه السياسة تعد مكلفة كثيراً من الناحية التسويقية. إذاً يجب وضع خطة تسويقية لكل سوق ومن الصعب مراقبة الأسواق كافة وخاصة من قبل الشركات الصغيرة والمتوسطة.

3- **معيار المخاطر في كل سوق:** يقوم هذا المعيار على معرفة وتقييم الأخطار السياسية والاقتصادية في كل بلد. تبين إحصائيات وتقارير التجارة العالمية إن عدد البلدان ذات درجات المخاطرة المرتفعة يزداد شيئاً فشيئاً ومنذ بداية السبعينات. وقد أصبح هذا المعيار أحد أهم المعايير المستخدمة في اختيار أسواق التصدير. لكن درجة التعرض لهذه المخاطر تختلف بحسب حجم الشركة وبحسب طبيعة الصادرات.

- فالشركة الصغيرة والمتوسطة تعد اكثر حساسية من الشركات الكبيرة لمخاطر الأسواق لأن نسبة كبيرة من صادراتها تتركز في عدد قليل من الأسواق.

- بالنسبة إلى طبيعة الصادرات نجد أن عقود التصدير للمصانع والتجهيزات الصناعية (مصنع مفتاح باليد) والاستثمارات في البنية التحتية هي أكثر تعرضاً للمخاطر السياسية من تصدير المنتجات البسيطة، نظراً للأهمية الاقتصادية التي تمثلها هذه العقود على مستوى بلد معين وكذلك طول الفترة ما بين التفاوض والتنفيذ الكامل للعقد (من 3-10 سنوات أحياناً). لذلك يجب على الشركة

معرفة هذه الدول ودرجة المخاطرة في كل بلد [23]. ويوجد حالياً عدد كبير من مصادر المعلومات وأساليب تقييم المخاطر في كل بلد. فعند اختيار أسواق التصدير يتم حذف الدول ذات المخاطر العالية مباشرة من قائمة الأسواق المتاحة ومن تحليل ودراسة هذه الأسواق. أما إذا كانت درجة المخاطر متوسطة أو ضعيفة في سوق معينة وتوجد فيها فرص جيدة يمكن أن تقرر الشركة دخول هذه السوق من خلال التصدير المباشر بدلاً من الاستثمار فيها (أو فتح فروع إنتاج وتوزيع).

وفي النهاية يمكن القول أن الباحث في التسويق الدولي يحتاج إلى دراسة العديد من الأسواق الدولية وليس سوقاً واحدةً علماً أن هذه الأسواق تنتمي إلى ثقافات وظروف اجتماعية واقتصادية وسياسية مختلفة. وهنا تكمن صعوبة الإلمام بهذه الجوانب البيئية المختلفة، مما ينعكس على جودة الدراسة كما يتعرض الباحث أيضاً إلى عدم توفر البيانات الثانوية في العديد من الدول، وإن توفرت فقد تختلف من حيث الكم والكيف والتكلفة من سوق لآخر، مما يزيد في صعوبة الحصول على البيانات وتحليلها والحصول على نتائج مرغوب بها. وقد تكون المعلومات المتوفرة حديثة ودقيقة لكنها لا تفيد متخذ القرار ولا تخدم أغراض بحثه. هذه المعلومات تكون أيضاً غير ثابتة وفي حالة تغير مستمر. لذا يجب على مدير الشركة أن يمتلك القدرة على التنبؤ.

إن نجاح الشركات في الأسواق الخارجية يتوقف قبل كل شيء على الدراسة الدقيقة للأسواق الأجنبية، حيث أن هذه الدراسات تساعد رجل التسويق الدولي في رسم وتنفيذ السياسات التسويقية المناسبة لكل سوق، بحيث تتمكن الشركة من تقديم منتجات عالية الجودة وبأسعار تنافسية وتشبع احتياجات ورغبات المستهلكين في تلك الأسواق. وهنا لابد من التقييم المستمر للأسواق ولوضع الشركة والحصة السوقية التي تمتلكها من أجل الاستمرار في تجنب أو التخلي عن الأسواق غير المربحة أو ذات المخاطر والتركيز على الأسواق الجذابة وضعيفة المنافسة. إضافة لذلك يتوجب على حكومات الشركات المصدرة تقديم الدعم المادي والمعنوي للمصدرين وتدعيم مركزهم التنافسي ـ من خلال السماح لهم باستخدام جزء من حصيلة صادراتهم بالعملات الأجنبية لتسهيل استيراد مستلزمات الإنتاج الخاصة بهم وتقديم دراسات جادة عن الأسواق الأجنبية ومعلومات

---

[23] Kotler ph & armestrong G 1999 op cit

متخصصة تساعد المصدرين في ترشيد قراراتهم وتشجيعهم على دخول الأسواق التي تتوفر فيها فرص تسويقية جذابة.

المبحث الثالث

أساليب دخول الأسواق الدولية

يعد الانفتاح الدولي حالياً حاجة ماسة لأي مشروع أو مؤسسة، وأسلوباً جيداً لتطورها ونموها المستمر. ويتحقق هذا الانفتاح بأشكال مختلفة: التصدير (المباشر أو غير المباشر)، و الشراكة والتعاون والامتيازات،.....الخ. لقد كان التبادل التجاري البسيط (استيراد، تصدير) ومازال يشكل الأسلوب الأكثر شيوعاً في التبادل الخارجي. حالياً يميل هذا الأسلوب إلى أخذ أشكال أكثر تعقيداً وتكلفاً **sophistiqué** مثل منح التراخيص والامتيازات **Franchises** و الشراكة والاستثمارات المباشرة من خلال إنشاء فروع توزيع وإنتاج في الدول الأجنبية **implantation**.

إن أول مستوى من الالتزام مع الأسواق الأجنبية يقوم عادة على الاقتراب من الأسواق الخارجية من خلال تصدير السلع والخدمات، أي البيع المباشر من منطقة ما للمنتجات التي صنعت أو حولت فيها إلى خارج الحدود الوطنية. لكن عندما تبحث المنظمة عن التزام جاد بالتصدير وكذلك عن حصة ملموسة من السوق، فإنه يتوجب عليها الاستثمار خارج الحدود الوطنية من خلال الشراكة والمساهمة في شركات أجنبية أو إنشاء فروع لها في بعض الدول. سوف نتعرف في هذا المبحث إلى أهم أساليب التصدير ومنافع كل منها بالنسبة إلى المشروع.

أولاً - التصدير : L 'exportation

التصدير هو الأسلوب الأكثر انتشاراً في التجارة العالمية للمنتجات الضرورية والمواد الأولية. فهو يعد بالنسبة إلى المشروع أسلوباً مرناً وسهل الاستخدام. في الواقع، لا يحتاج التصدير إلى استثمارات مالية كبيرة، ويتم باستخدام أقل ما يمكن من الموارد البشرية، وبالتالي فالتصدير لا يتضمن مخاطر ونفقات كبيرة. بالمقابل لا يسمح هذا الأسلوب بمعرفة تطورات السوق وسلوك المنافسين والمستهلكين بشكل جيد. كما أنه لا يساعد المشروع في إيصال سياسته التجارية إلى الأسواق

الخارجية، إضافة إلى أن المصدر يمكن أن يتعرض إلى بعض العوائق الإدارية والسياسية (ضرائب جمركية، أنظمة التقنين والحصص والمواصفات...الخ)، الشيء الذي يحد من نشاطه الخارجي. هنالك عدة أنواع للتصدير منها: تصدير مباشر وتصدير غير مباشر وتصدير مشترك.

1- التصدير المباشر: Exportation Directe

التصدير المباشر هو إحدى مهام إدارة المبيعات (أو قسم التسويق) في المؤسسة، ويمكن أن يتم عن طريق الوكلاء الموظفون أو الممثل الدائم للشركة المقيم في الخارج. يتوافق التصدير المباشر مع نفس حالات التصدير غير المباشر، كما أنه يتوافق والحالات التي لا يكون فيها ضغوط اقتصادية أو سياسية من أجل الإنتاج في الأسواق الأجنبية المعنية. ويمكن استخدام هذا الأسلوب في التصدير إلى الأسواق القريبة التي يمكن معرفتها ودخولها مباشرة وبسهولة، وكذلك التصدير إلى الأسواق الصغيرة التي لا تبرر بذل جهود كبيرة من أجل انتقال الفنيين أو فتح فرع صيانة فيها [24].

يقوم هذا الأسلوب إذاً على البيع إلى الخارج دون حاجة لوضع الإمكانات اللازمة لذلك. وهنا سوف نتعرض لأربع طرق أساسية للتصدير وكذلك لمحاسن وعيوب هذه الطرق.

أ- طرق التصدير المباشر.

في الواقع توجد عدة طرق للتصدير المباشر من أهمها :

- التصدير المباشر بدون دعم في الخارج: يلاحظ التصدير المباشر عادة في قطاع التجهيزات الصناعية، ولدى المشروعات المصدرة التي لا تحتاج إلى رقابة مباشرة لعناصر العمل من أجل القيام بعملية التصدير وإتمامها بشكل جيد (التعريف بالمواد، التفاوض على المستوى المالي والفني، عمليات التشغيل). في هذه الحالة، يعد التصدير من عمل فريق الفنيين التجاريين المختصين الذين يتنقلون في العالم بحسب الطلبيات الحقيقية أو الكامنة Potentielles، حيث قلة الأعمال المنفذة في كل بلد والطلبيات المتقطعة لا تبرر فتح فروع ثابتة ومكلفة جداً. لكن عندما يكون عدد الزبائن الأجنبية

---

[24] HASSA.SS & BLAEK WELL. R. 1994. op cit.

المحتملة كبيراً واحتمالات تطور السوق تكون واعدة، فإن البيع بدون دعم وتعزيزات في الخارج يخشى أن يفهم بشكل خاطئ من قبل الزبائن المحليين الذين يحللون هذه السياسة على أنها رفض واضح من المصدر للالتزام بجدية في السوق، أو دليل ضعف مالي وتجاري.

ب- البيع عن طريق فروع الشركة في الخارج: يقصد بذلك التصدير عـن طريـق مكتـب توزيـع للشركة مرتبط كلياً بإدارتها من النواحي المالية والتجارية والتنظيمية والقانونية. يتضمن فتح فرع توزيع في الخارج القيام باستثمارات أولية كبيرة، لكن المنافع التي يتضمنها تكون أكيدة في أغلب الأحيان. إن هذا الأسلوب يسمح بمراقبة السوق عن كثب، أي:

- الاستفادة من بعض مصادر المعلومات.

- عرض منتجاتها وسياستها بشكل مناسب.

- الاستفادة من بعض الميزات الضريبية المتاحة في بعض الدول المقدمة للاستثمارات الأجنبية في داخـل البلد (إعفاء ضريبي لفترة محددة). إن إنشاء فرع للشركة في الأسواق الخارجيـة يكون عـادة مفروضـاً عليها بسبب خصوصية المنتج أو ضرورات البيع، أو عندما يتطلب أحد المنتجات مخزوناً كبيراً مـن قطـع التبديل أو صعوبة خدمة ما بعد البيع. كما يكون أسلوب الممثل التجاري ضرورياً عندما تصل المبيعـات في سوق ما إلى رقم يبرر فتح فرع أكثر أهمية.

- الممثل التجاري الموظف Le Representant

هو عبارة عن شخص من الشركة ملحق بدولـة أجنبيـة، حيـث تعويضاتـه الثابتـة هـي في أغلـب الأحيان عبارة عن علاوة أو عمولة عن نشاطه في السوق المستهدفة. من محاسن الممثل الموظف معرفتـه الجيدة لنظام وسياسة ومنتجات المؤسسة، وإطلاعه المستمر على سياسة تطور الشركة، حيـث يتمكن مـن إعلام الشركة (أو المؤسسة) مباشرة بتطور أسواق التصريف وسلوك الزبائن والمنافسين.

لكن تكيف الممثل الموظف في الوسط الصناعي والتجاري الأجنبـي يمكن أن يكون طويلاً وصعباً. إلا إذا أخذت الشركة ممثلاً من مواطني البلد المستورد نفسه. يكون الممثل التجاري من مـواطني البلـد المسـتورد ضرورياً في عدة بلدان وذلك لمعرفته بالطباع Moeurs الاجتماعية والتجارية وعقلية

المجتمع وسلوكه وكل ما يميز بلداً ما عن البلدان الأخرى. يمكن استخدام هذا الأسلوب في المرحلة الأولية في الالتزام الدولي.

- الوكيل التجاري في الخارج : L' agent commercial

في الحقيقة، هناك عدة تعاريف للوكيل التجاري، ولكن سنهتم بشكل أساسي بنوعية عمل هؤلاء الوكلاء وبأسلوب ضمهم إلى تنظيم المؤسسة. فالوكيل ليس ممثل موظف ينتمي كلياً إلى المشروع ويخضع لأوامره[25]. وهنا نميز بين فئتين من الوكلاء: الوكلاء العاملون تحت أسم موكلهم commettant ويؤدون ما يطلبه منهم مقابل عمولة، والوكلاء المستوردون الذين يتصرفون لحسابهم الخاص ويقومون بشراء المنتجات. فالوكيل يكون مندوباً لشركة ما بغية التفاوض على بعض الأعمال تحت اسم هذا المشروع ولحسابه. هذا يعني أن المشروع يحتفظ بالسيطرة التامة على سياسته بالنسبة إلى المنتجات والسعر وفي بعض الأحيان يمكن أن يقوم بالتصدير مباشرة. بالتأكيد يحق للوكيل الاستقلالية في تنظيم نشاطه وتكون تعويضاته على شكل عمولة من الأعمال المنفذة. لكن بالمقابل يجب عليه الخضوع إلى التزامات وأوامر المصدر، وعدم تمثيل شركات منافسة مباشرة، والتأكد من السمعة التجارية الجيدة للزبائن، ومن مقدرتهم المالية..الخ. إن جودة الوكيل وعلاقاته الشخصية ومعرفته بالسوق الأجنبية وشبكات التوزيع تشكل العناصر المحددة لنجاحه وبالتالي لنجاح المصدر[26].

ب- محاسن وعيوب التصدير المباشر:

يستخدم التصدير المباشر على نطاق واسع لأنه يمثل بالنسبة إلى المشروع طريقة سهلة وسريعة ولا تحتاج إلى استثمارات كبيرة. كما يسمح هذا الأسلوب بدخول الأسواق الخارجية والهيمنة على عمليات البيع والحضور المباشر في البلد المستهدف (المستورد).

[25] AL MAHMOUD AL-OMAR. R. OP. CIT. 1994
[26] BATTIAU. M. 1994. LE COMMERCE INTERNATIONAL DE MARCHANDISES DE L'EUROPE OCCIDIDENTAL. NATHAN. PARIS

لكن إذا كان التصدير المباشر مفيداً في دخول بعض الأسواق، إلا إنه لا يمثل الالتزام الجاد للمشروع في التصدير، ويكون في بعض الأحيان تصديراً عفوياً أو غير مقصود وغير مخطط له، أي من خلال الرد على طلبات الشركات الأجنبية أو بعض شركات الاستيراد والتصدير الوطنية.

2- التصدير غير المباشر: Exportation indirecte

يتم التصدير غير المباشر باستخدام الوسطاء حيث تقوم شركة ما بتعهد نشاطها التصديري إلى أشخاص آخرين من نفس بلدها أو أجانب يعملون لحسابهم الخاص من أجل ضمان دعم وتعزيز منتجات الشركة في الأسواق الخارجية. لذا تقوم الشركة بإناطة وظيفتها التجارية (التصدير) إلى أشخاص لديهم خبرة ومعرفة جيدة بأسواق التصريف. على خلاف وكلاء العمولة يقوم هؤلاء الوسطاء بشراء المنتجات وبيعها إلى زبائنهم. في الواقع، هناك عدة أنواع من الوسطاء الذين يتمركزون سواء في الدولة المصدرة أو في البلد المشتري وأيضا في دول أخرى Tiers (مثل شركات التجارة العالمية)[27].

أ- أشكال التصدير غير المباشر (الوسطاء)

توجد عدة طرق من التصدير غير المباشر نذكر منها:

(1)- مندوب البيع أو الشراء: المندوب هو تاجر يعمل تحت اسمه الخاص وتحت اسم تجاري لحساب موكل ما. يكون لوكيل البيع موكل وطني بينما وكيل الشراء فإنه يعمل لحساب موكل أجنبي. يكلف المندوب باستكشاف الأسواق والبيع (أو الشراء) وإرسال البضائع والإجراءات الإدارية وتخليص الفواتير.. الخ. وكذلك يضمن الدفع للمورد. ويتم تعويض الوكيل بمنحه حسماً على أسعار البضاعة. يعد استخدام هذا النوع من الوكلاء مفيداً جداً عندما لا يكون لدى الشركة خبرة في التصدير.

(2)- منح التراخيص (الامتيازات): La concession de licence يعني أن تقوم الشركة بمنح شخص ما الحق باستغلال، ضمن حدود زمنية ومكانية معينة، علامة أو تقنية مغطاة ببراءة

27- احمد علي سليمان، سبق ذكره ، 1996

اختراع بحسب شروط محددة يتخللها في أغلب الأحيان سواء دفع مبلغ معين أثناء توقيع العقد أو دفع أقساط دورية (أو جعالة **Royalty**) بحسب الكمية المباعة، أو يتم استخدام الأسلوبين معاً [28]. يسمح الامتياز بزيادة ربح المشروع باستثمار جهوده في التجديد من خلال نشر منتجاته وشهرته أو علامته في الأسواق الأجنبية (أو عالمياً). الفائدة من هذين الأسلوبين بالنسبة إلى مانح الامتياز (أو العلامة) هي أن الوكيل يقوم بالمهارات التالية:

- مهام تجارته: حيث لديه مقومات البيع ويساعد المصدر بالترويج المحلي والإقليمي.
- مهام فنية: بحيث يقدم خدمة ما بعد البيع والصيانة عندما تتطلب السلعة ذلك.
- مهام تموينية (**Logistique** إمداد): حيث يمون مخزون الزبائن وكذلك القيام بمهمة تركيب المنتجات.
- يسمح الامتياز بنشر ونقل التكنولوجيا عالمياً وبشكل سريع.

وتلتزم المؤسسة المصدرة من جهتها بتقديم الإعانات اللازمة لهذا الوكيل، كما يلتزم الطرفان بإعلام بعضهم البعض بظروف السوق (منتجات، زبائن، منافسة)، لكن يعاب على هذا الأسلوب الأمور التالية:

- يفقد مانح الامتياز (الترخيص) كل اتصال فيزيائي مع السوق.
- يعتقد المانح دائماً بأنه يخسر جزءاً من أرباحه: نظراً لصعوبة تقييم المبلغ العادل للجعالة.
- يرى المانح أن وضعه في السوق يضعف كلما زادت مبيعات الوكيل.
- من الممكن أن يخدع المانح بجودة وأخلاق الوكيل.

بالرغم من استخدام هذا الأسلوب بكثرة وخاصة من قبل الشركات الأمريكية والألمانية، إلا أن منح الامتياز ليس الوسيلة المفضلة لوجود الشركة في الأسواق الأجنبية. مع ذلك يمكن أن يكون استخدامه مبرراً في الحالات التالية:

- عندما يكون الطلب الخارجي قوياً على المنتج أو على علامة تجارية مشهورة.

[28] A. Ollivier et co. op. cit .1990

- عندما تكون إمكانات الشركة ضعيفة ولا تتمكن من فتح فرع لها في الخارج لتلبية الطلب الخارجي أو عندما تصادف مشكلة خاصة بتكيف أو تطوير المنتج في سوق ما.

- عندما ترغب الشركة دخول إحدى الأسواق المحمية التي لا تشجع الاستيراد المباشر.

(3)- **المستورد الموزع: Importateur - distributeur** هو تاجر مستقل يقوم بالشراء و البيع لمنتجات المصدر تحت اسمه الخاص (علامة أو اسم). يتصرف المستورد الموزع بأسلوب مشابه لسلوك صاحب الامتياز (الممنوح). لكن يختلف عن هذا الأخير لأنه نادراً ما يكون ممثلاً خاصاً لشركة واحدة، ولا يوجد في أغلب الحالات أي عقد رسمي مع المورد. من أحد مخاطر هذا النوع من الوسطاء هو أن المصدر ليس له أي معرفة بسوقه، حيث يمثل الموزع شاشة حقيقية، وحتى يمكن أن تجهل الشركة المصدرة حتى هوية زبائن (أو مستخدمي) منتجاتها.

(4)- **شركات التجارة الخارجية:** في الواقع ليس لدى الشركات كافة التوجه والإمكانات لامتلاك جملة الكفاءات اللازمة للتصدير: دراسة الأسواق، التفاوض، الإمداد، التمويل وتغطيه المخاطر....الخ. إذاً لابد لها من شركاء لبيع منتجاتها في الأسواق الخارجية. وهنا تلعب شركات التجارة الخارجية دوراً في تطوير التبادل العالمي. تتدخل هذه المنظمات الخاصة بأشكال محددة في الشراء أو البيع في الخارج لمواد لم تقم بتصنيعها سواء بالمقاولة أو تحت أي شكل أخر من أشكال المتاجرة. يمكن الاعتماد على خدمات هذه المنظمات في بداية فترة التصدير أو من قبل الشركات التي تتردد بامتلاك قسم أو شعبة خاصة بالتصدير. كما يفيد هذا الأسلوب بأن المصدر لا يتحمل خطر التصدير أو توظيف مسؤول عن التصدير. تقوم شركات التجارة كذلك بدور تعليمي والسماح للمصدرين القيام بأنفسهم بإدارة وظيفة التصدير بعد مضي فترة التدريب.

ب- محاسن وعيوب التصدير غير المباشر:

تتميز أساليب التصدير غير المباشر بالوفرة والسرعة النسبية وسهولة العمل. في هذه الحالة تستفيد الشركة من تجربة أحد الشركاء المقيمين في الخارج ومن معرفته وعلاقاته التجارية، حيث يتم توزيع المنتجات المصدرة بسرعة وبدون انتظار تأسيس وإنشاء شبكة توزيع خاصة بها. في هذا الأسلوب يتحمل الموزع (المستورد) الأجنبي عن الشركة إدارة وتمويل المخزون بانتظام، ومخاطر عدم

الدفع (عجز الزبائن). الانتقاد الموجه لهذا الأسلوب في التصدير هو أنه لا يتوجب على الشريك إعلام الشركة عن المشتري النهائي لمنتجاتها. وبالتالي لا يتمكن المصدر الانفصال عن وسيطة بدون تحمل خطر خسارة زبائنه. كذلك عدم الالتزام بالبيع المتواصل يتضمن مخاطر لا يمكن إهمالها. هكذا فإن ابتعاد المصدر عن المستخدم النهائي للمنتج يمكن أن يقود إلى عدم تكييف المنتجات مع تطور احتياجات الزبائن. الانتقاد الآخر ينجم عن البيع بأسعار المستوردين. في الواقع تكون أسعار المستورد عادة أقل من أسعار البيع للزبائن وتسمح للمستورد بأخذ هامش ربح مع بقائه منافساً في السوق، لكن يتعذر على المصدر معرفة هامش الربح الحقيقي الذي يأخذه المستورد. يحاول هذا الأخير عادة أخذ هامش ربح مرتفع، ويمكن أن يخسر المصدر عدداً كبيراً من الصفات بسبب هذا الهامش. أخيراً، إن دخول المنتجات إلى السوق يمكن أن يقل لفترة معينة نتيجة التصرفات الرعناء للوسطاء غير الأكفياء. وهنا يمكن القول، إنه يتوجب على الشركة المصدرة إعطاء المستورد أهم أسس المتاجرة وتحسين قيمة المنتج خاصة الذي أظهر فعاليته في دول أخرى، وكذلك في السوق العالمية. وبذلك يحصل الوسيط على العناصر اللازمة كافة لاختيار أفضل أساليب تسويق المنتج.

3- التصدير المشترك أو المنظم Exportation concertée

التصدير المشترك هو عبارة عن تضامن عدة مصدرين ذوي اهتمام خاص أو مشترك للتصدير معاً. إنه يشكل أسلوباً فريداً في تنظيم النشاط التصديري، حيث تقوم الشركات الأعضاء بالاشتراك في تنظيم معين بهدف تحسين أنشطتها التصديرية. يمكن أن يظهر هذا الأسلوب بأشكال قانونية (مثل التكتل للتصدير. التصدير المحمول Piggy back، تجمع استكشاف الأسواق...). وتترجم أهدافاً محددة تبدأ من الحصول على المعلومات عن الأسواق وحتى البيع للمنتجات في إطار شركة تجارية. يمكن التحدث عن تكتل المنفعة الاقتصادية عندما تكون مهمة التكتل متعلقة بمستوى استكشاف الأسواق والترويج وشحن البضاعة. في مجال التوزيع نتحدث بدقة عن أسلوب الحمل (التصدير المحمول).

أ- تكتل المنفعة الاقتصادية في مجال التصدير: يقوم التكتل على فكرة مفادها أن التعاون بين عدة شركات راغبة بالتصدير سيكون اقتصادياً وأكثر فعالية ومالياً أكثر منفعة من سلسلة من الأعمال

الفردية. الهدف الأساسي للتكتل هو التصدير بكثرة وبشكل أفضل مع الاحتفاظ بالاستقلال المالي والقانوني للشركة بحيث نجد أن وظيفة التصدير التي كانت تقوم بها الشركة العضو سابقاً مجمعة ومركزة في تنظيم خاص.إن تعاون الأعضاء يساعد على وضع أشخاص متخصصين، وبالتالي سيكون البيع بسعر أفضل وفي أسواق أوسع، ويكون هذا التكتل مفيداً أو يشكل إحدى وسائل الشركات للقيام بالتصدير وخاصة الشركات الصغيرة التي لا تتمكن من التصدير بمفردها. ويقوم هذا التكتل مهما كان شكله بوظائف جزئية هامة تتعلق بالنشاط التصديري مثل:

- اتفاق التمثيل للشركات

- القيام بوضع سياسة تسويقية أكثر فاعلية تتعلق بدراسة السوق، الترويج، تطوير المنتجات، خدمة ما بعد البيع،... الخ.

- إعفاء الأعضاء من العوائق الفنية والإدارية المتعلقة بالتصدير.

يتم قيام التكتلات عادة بين المشروعات غير المتنافسة أو المشروعات المصنعة لسلع متممة ومتكاملة والتي ترتبط ببعضها البعض بعلاقات محددة وتقرر المشاركة في بعض المجالات [29]. بشكل عام، يكتب النجاح لهذه التكتلات عندما تكون أحجام الشركات الأعضاء متقاربة وأهداف التكتل محددة بشكل واضح والإمكانات المقدمة منسقة من قبل مسؤول كفي.

(1)- **فوائد التكتل في التصدير.** يمكن أن يقدم التكتل فائدتين أساسيتين:

- أولاً تخفيض التكاليف: حيث يسمح بتحقيق ما لا تستطيع كل شركة القيام به بمفردها، أي اقتحام أسواق لا تتمكن الشركة من دخولها.إذا يسمح التكتل بتوزيع نفقات نشاط التصدير على عدة شركات وامتلاك الخبرة في التصدير للشركاء.

- ثانياً تدريب الشركاء وكسب الخبرة: بحيث يسمح التكتل للشركاء بالاستفادة من خبرة الأعضاء الآخرين ومعرفة القيام بعمليات يكون فيها التدريب طويلاً ومكلفاً.

[29] Hollensen. S, global marketing, ed hall Europe, 1998.

(2)- **عيوب التكتل في التصدير**. توجد عدة أثار سلبية للتكتل نذكر منها:

- فقدان بعض الفرص. يمكن أن ينظر للتكتل من قبل الأعضاء على أنه يؤدي إلى الحد من حقل أنشطتهم المحتملة، لأنه يتضمن اتفاقاً على المنتجات المصدرة، وبشكل عام الحد من المنافسة بين الأعضاء. ينجم عنه أيضاً فقدان الفرص والمعرفة غير التامة للسوق من قبل الأعضاء والناجم عن عدم كفاية المعلومات لدى رجال البيع في التكتل، مما يؤدي بالنتيجة إلى عدم ملائمة منتجات الشركات مع الطلب.

- فقدان الفعالية والكفاءة التجارية. تنجم هذه الخسارة عن المعرفة غير التامة من قبل مسوقي التكتل لمنتجات مختلف أعضاءه ومن بطء القرارات الهامة في التكتل.

- مشكلة الشك وعدم التأكد **Incertitude**. لا تعتبر المعلومات المقدمة من التكتل دائماً ممكنة وفعالة، وهكذا يوجد شعور بعدم الثقة بين الأعضاء

- عدم المساواة في ترويج المنتجات لمختلف الأعضاء.

- عجز بعض أعضاء التكتل عن الاستمرار.

هكذا فإن العيب الأساسي يكمن في أن الشركات ليس لها دائماً أهداف مشتركة، وليس لديها أساليب عمل متطابقة أو سياسات تجارية متجانسة. بالإضافة إلى تخوف بعض الأعضاء من أن يسحق من قبل بقية الشركاء [30].

ب- التصدير المحمول: Piggy- back (portage)

هو أسلوب بيع يتم فيه قيام شركة كبيرة تمتلك شبكة توزيع في دولة أو عدة دول أجنبية بوضع هذه الشبكة، مقابل عمولة محددة، بخدمة شركة صغيرة حديثة التصدير وذات إمكانات ضعيفة لا تمكنها من القيام بالتصدير بمفردها دون أن تتبع الشركة الكبيرة سلوك شركة التجارة العالمية. بشكل عام يمكن أن نميز ثلاث حالات يتم فيها قيام أحد المصدرين بحمل شركة أخرى على التصدير (خاصة من الشركات الصغيرة والمتوسطة):

---

[30] - Grahuman. S, guid pratique du commerce international, litec, 1990.

- الحالة الأولى، وهي حالة تصدير مصنع مفتاح باليد. في هذه الحالة تقوم الشركة المصدرة بعقد صفقة على أن يتم تنفيذها بالتعاون مع عدة شركات مقاولة من الباطن أو شركاء سيتم حملهم مع الشركة الكبيرة إلى الخارج، وهنا ينتهي تصدير الشركة المحمولة عند انتهاء عقد الشركة المصدرة (الحاملة).

- الحالة الثانية، هي الحالة التي تمتلك فيها إحدى الشركات فروعاً في الخارج وتحمل معها عدداً من الموردين بهدف الاستمرار أو إطالة سياسة الاستثمار في الخارج.

- الحالة الأخيرة، وهي حالة الحمل. أي اتفاق التوزيع الذي يتم من خلال عرض إحدى الشركات الدولية خدمات شبكة توزيعها في الخارج على شركات أخرى من أجل بيع منتجاتها مقابل عمولة محددة. إن أسلوب الحمل يحقق بعض الفوائد للشركة المصدرة وله كذلك بعض العيوب الخاصة به:

(1)- **فوائد أسلوب التصدير المحمول:** الفائدة الأساسية بالنسبة للمحمول هي أن أسلوب الحمل يعد وسيلة توزيع قليلة المخاطر والتكاليف وتسهل دخول الشركة إلى أسواق التصدير بعدة أشكال:

- يمكن تجنيب نفقات إنشاء شبكة توزيع في بداية التصدير والاستفادة من شبكة الحامل ومن شهرته.

- تساعد شبكة التوزيع المأجورة الشركة المصدرة (المحمولة) على القيام بإجراءات تكييف منتجاتها بالشكل الذي تتمكن فيه هذه المنتجات من التلاؤم مع الأنظمة الموجودة وإشباع رغبات الأسواق العالمية.

- أخيراً، تتضمن شبكة التوزيع الموجودة تأمين المخزون الكافي في الخارج وخدمة ما بعد البيع بحسب حجم التفويض التي منحت لها.

(2)- **عيوب الحمل في التصدير:**

- بالرغم من أن إجراءات التصدير المشترك لا تعفي الشركة من القيام بمسؤولياتها على مستوى التنسيق بينها وبين شبكة التوزيع، إلا أنها تجعل الشركة الحديثة في التصدير مرتبطة كلياً بشركتها (الحامل) وعدم السماح بتدريب المحمول على عمليات التصدير.

- هناك مشكلة التقدير العادل للتكلفة والربح المالي الذي يمنح للطرفين فائدة مناسبة من خلال العقد الموقع بينهما، وبالتالي يصعب تقدير حجم الخدمة المقدمة للمحمول. - هناك خطر من إيداع أي سلعة

لدى أي شبكة توزيع: فالسلعة التي تكون عناصرها الفنية جوهرية يجب أن تكون ذات علامة خاصة وغير مباعة تحت اسم علامة الموزع[31].

في هذا الأسلوب يجب على الشركة المحمولة أن تكون حذرة لكونها صغيرة الحجم، وربما يخشى عليها أن تعامل بشكل هامشي، أو إذا نجح منتجها عالمياً يمكن أن تحاول الشركة الحاملة الهيمنة عليها. لذا لا بد من قيام الشركة الراغبة في التصدير بتحليل منافع ومخاطر وتكاليف كل أسلوب متاح ومن ثم اختيار حل يتوافق وحالتها الخاصة.

ثانياً - سياسة فتح فروع إنتاج وتوزيع في الدول الأجنبية:

عندما تزداد صادرات الشركة نحو بلد ما؛ أو من أجل دخول سوق محمية أو أيضاً بسبب خصائص منتجاتها تواجه الشركة الحاجة للإنتاج في بلد التوزيع (التصريف). إن إنشاء فرع إنتاج أو توزيع في السوق المستهدفة للشركة يتطلب تدفقاً من الاستثمارات المقدمة من قبل الشركة الأم. الهدف من هذا الفرع يكون تجارياً أو مالياً أو متابعة التصدير وضمان التوغل في السوق الأجنبية المضيفة وأخيراً التمويل الذاتي. إن ميل الشركات لفتح فروع والاستثمار في الخارج يرتبط من جهة بإمكانيات الشركة، ومن جهة أخرى يتعلق بقدم وخبرة الشركة في التصدير.

سوف نتعرف في هذا المبحث إلى ثلاثة أنواع من الفروع التي يمكن الاستثمار فيها: الفرع التجاري، الفرع الإنتاجي والفرع المشترك Jaint-venture (أو المشروع المشترك)، إضافة إلى التعرف إلى فوائد وعيوب كل نوع بحسب دوافع وأساليب اختيار الشركة لأحدها وعلاقة هذا الاختيار بموارد الشركة واستراتيجيتها.

---

[31] - Meloan. T & Graham.1998. international and global marketing mc graw hill USA

1- الفرع التجاري: **La filiale commerciale**

هو عبارة عن فرع بيع أسس من اجل تحسين سوق منتج ما، ويتم تموينه من الشركة الأم أو من فروع انتج أخرى للشركة. يخدم هذا الفرع كنقطة تموين لشبكة توزيع حقيقية في الخارج[32].

أ- قرار تأسيس الفرع التجاري بحسب أهداف الشركة.

من اجل فتح فرع تجاري في الخارج، يجب على الشركة الأخذ بعين الاعتبار الأهداف التجارية التي تم تحديدها بالنسبة إلى هذه السوق: مثل الوصول إلى حجم مبيعات معين، الوصول إلى حصة معينة من السوق، الرد على سلوك المنافسين، المردودية.. الخ. إن فتح فرع تجاري يكون مبرراً عندما تكون الأهداف طموحة بالمقارنة مع إمكانات السوق، وان الحضور الدائم والقوي في السوق الخارجية يكون مربحاً. يكون الفرع التجاري مبرراً أيضاً عندما تقرر الشركة تركيز جهودها في عدد من الأسواق الواسعة وذات الإمكانات الكبيرة (سياسة التركيز في دخول الأسواق). وبذلك تتمكن الشركة من استخدامها لفرع مبيعاتها لنقل معرفتها التجارية بأكبر فعالية وبيان قدرتها على إشباع رغبات وحاجات المستهلك في سوق ما، واستخدام هذا الفرع لأهداف أخرى. بالمقابل، إذا قررت الشركة غزو عدد كبير من الأسواق (سياسة تعددية الأسواق) موزعة على مناطق جغرافية واسعة، يبدو من الأفضل لها أن تستخدم أساليب تصدير أقل تكلفة من فرع البيع، الشيء نفسه عندما ترغب الشركة بنشر سريع لابتكار أو تجديد معين في العالم.

ب- اختيار فتح فرع تجاري تبعاً لطبيعة المنتجات ومهارات وموارد الشركة.

إن فتح فرع تجاري يكون مبرراً أكثر بالنسبة إلى منتج يتضمن قيمة مضافة كبيرة، ويتحمل نفقات النقل ويسمح بالحصول على هوامش ربح مرتفعة، ويضمن قدرة كبيرة للتمويل الذاتي. وهذا ينطبق على المنتجات التي تحتاج إلى بعض الصيانة أو خدمة ما بعد البيع. يكون هذا الفرع ضرورياً عندما ترغب الشركة المحافظة على الرقابة الدقيقة على التوزيع وعلى سياستها التجارية (توزيع،

32- احمد سليمان . مرجع سابق

تسعير، اتصالات...) وشهرتها. لكن يجب على المدير أن يكون واعياً إلى أن أسلوب فتح فرع تجاري يحتاج إلى موارد كبيرة. لذا يجب على الشركة أن تمتلك الكوادر المؤهلة والأموال والقدرة على الإنتاج الزائد لسد حاجة الأسواق (أو السوق)

جـ اختيار فتح فرع تجاري تبعاً لميزات السوق المستهدفة : Marché cible

قبل كل شيء يجب الاهتمام بدرجة الانفتاح على السوق. لكي تحمي صناعاتها وتشجع الاستثمار والتصنيع الوطني تقوم بعض الدول النامية بإغلاق أسواقها من خلال فرض قوانين جمركية وأنظمة حماية والعمل بنظام الحصص والمواصفات ... الخ، وبذلك يصعب التصدير إلى تلك الدول، وهنا يفضل رفض أسلوب الفرع التجاري. من جهة أخرى، يجب على الشركة معرفة قنوات التوزيع الموجودة في البلد المستورد وقدرتها على الاستيعاب وجودتها وتنظيمها. كذلك من الضروري معرفة جاهزية قنوات ومنافذ البيع للتعاون مع الشركاء الأجانب[33].يسمح الفرع التجاري بالتوزيع المباشر، وبالتالي تجنب هجمات قنوات البيع الموجودة في البلد المستورد. وأخيراً، يظهر أن فتح فرع تجاري لا يكون مبرراً إلا عندما يكون حجم السوق والتطور المحتمل للمبيعات ذا أهمية كبيرة.

2- الفرع الإنتاجي: La filial de production

يمكن أن نميز نوعين من فروع الإنتاج: أولاً، الفرع المستقل المتكامل الذي هو عبارة عن فرع للإنتاج والبيع بالوقت نفسه. مهمة هذا الفرع هي تموين السوق الموجود فيها وأسواق أخرى يكون تموينها من هذا الفرع أفضل وأقل تكلفة من خدمتها من الفروع الأخرى للشركة. وثانياً المصنع الذي هو عبارة عن وحدة إنتاج أوجدت في الخارج بهدف تخفيض تكاليف الإنتاج من خلال الاستفادة من الأجور المنخفضة والقرب من مصادر المواد الأولية أو الطاقة أو من الشروط الضريبية المنخفضة.

لكن ما هي فوائد هذه الفروع الإنتاجية ؟

أ - اختيار الفرع الإنتاجي تبعاً لأهداف الشركة. الهدف من هذا الفرع هو الاستجابة للأهداف المتعلقة بحصة الشركة من السوق وزيادة المردودية ووضع استراتيجية الهجوم على المنافسة. يضمن

---

[33] T. Meloan & graham . op . cit. 1998 .

هذا الفرع للشركة حضوراً متميزاً على المدى الطويل في البلد المستهدف، ويسمح برقابة السوق والسياسة التجارية، وكذلك القيام بعملية التكييف الضروري[34]. يتوافق هذا النوع من الاستثمار مع استراتيجية التركيز في أسواق منتقاة بعناية كبيرة. بحيث تكون أسواق واسعة وتتمكن فيها الشركة من الحصول على حصة ملموسة من السوق. إضافة لذلك يسمح فرع الإنتاج في الخارج بتخفيض مخاطر الشركة من خلال توزيع استثماراتها في عدة أسواق.

ب- اختيار فرع إنتاجي تبعاً لمنتجات ومهارات وموارد الشركة. يستخدم هذا الأسلوب من قبل الشركات التي تصنع منتجات ثقيلة ومعقدة ومكلفة النقل. لكن يجب أن يقدم هذا المنتج (أو المنتجات) مردودية جيدة وان تكون الشركة قادرة على متابعة التطور التكنولوجي والتكيف مع السوق

جـ - سياسة فتح فرع إنتاج تبعاً لخصائص السوق المستهدفة. الفائدة الأساسية من هذا الأسلوب هي أن فتح فرع إنتاج في الخارج يسمح للشركة بان تكون حاضرة في أسواق مغلقة أمام التصدير (بسبب الحماية)، كما يسمح للشركة بتخفيض مخاطرها التجارية إلى أقل ما يمكن. وبذلك تكون دراسة الأنظمة والقوانين المحلية هامة جداً عندما ترغب الشركة بفتح فرع إنتاج، ولا بد أيضاً من دراسة الإمكانات الكامنة والمتاحة في السوق.

3- المشروع المشترك: Joint - venture

طبقاً لهذا الأسلوب تكون الشركة الدولية شريكة (مساهمة) في رأس المال بنسبة يختلف معدلها من بلد إلى آخر بحسب القوانين والأنظمة المعمول بها في كل بلد، وفي بعض الحالات يكون هذا الأسلوب هو الأسلوب الوحيد الذي يسمح لشركة أجنبية امتلاك بعض الأصول التجارية والإنتاجية خاصة عندما لا يحق للشركة الأجنبية (المستثمر الأجنبي) تملك كامل الأصول كما هو الحال في المكسيك والهند وبعض الدول الأفريقية، حيث لا يحق للأجانب امتلاك أكثرية رأسمال المشروع المشترك، وبالتالي ليس لديهم الحق إلا برقابة ضعيفة على قرارات التسويق والإنتاج والتمويل. لكن

[34] - hollensen. S, op cit, 1998.

في بعض الحالات يكون هـذا الأسـلوب مرغوباً فيه بـالرغم مـن أن القـانون السـاري في الدولـة الأجنبية يسمح للشركة الدولية (المصدرة) بتملك المشروع بالكامـل، وذلـك كي لا يفقد المشروع صفة المشروع الوطني فلا يتمتع بكافة الامتيازات الممنوحة للمشروعات الوطنية كما هو الحال في السعودية[35]. في الواقع، يمكن أن يكون هذا الأسلوب مفيداً في تلبية أهداف الشركة لدخول سوق محمية وبشكل سريـع نسبياً وبتكلفة أقل من فتح فروع إنتاج. يسمح هذا الأسلوب للشركة تواجداً طويل الأمد في البلد المضيف ومتابعة التطور التقني وسلوك المنافسين وتخفيض المخاطر السياسية والتجارية والمالية المتعلقـة بالتواجـد الجديد في الخارج. كـما يكـون مفيـداً للشركات الصغيرة والمتوسطة التـي لا تملك إلا مـوارد وإمكانيـات محدودة، بحيث تتمكن هذه الشركات من دخول الأسواق الأجنبية واكتساب خبرة واسعة والاستفادة مـن شبكة التوزيع المحلية.

باختصار، إن فتح فروع في الدول الأجنبية يسمح للشركة الراغبة في التصدير مـن الإنتاج بتكلفـة اقل من الدول النامية وبيع منتجاتها في تلك الأسواق بأسعار منافسة.

لكن كيف يتم انتقاء الشركاء وتأسيس المشروع المشترك Joint - venture ؟ إذا تبين بـان المشروع المشترك يشكل خياراً اسـتراتيجياً بالنسبة إلى الشركة الراغبـة في دخـول سـوق مـا، فيتوجب عليهـا انتقـاء الشريك المناسب الذي سيسمح لها بتحقيق ونجاح هذا المشروع التعاوني[36]. في الواقع يمكن أن تظهر بعـض التوترات Tensions بين الشركاء بسبب غياب الانسجام التام بين الأهداف الاستراتيجية أو المالية وبسبب اختلاف البيئة وسلوك الأجانب. فمن اجل إيجاد الشريك المناسب يفضل أن تعـود الشركة إلى مسـاعدة المنظمات الخبيرة في مجال الترويج الصناعي في البلد المستهدف[37]. أثناء اختيار الشريك المناسب يجب عـلى الشركة المصدرة كذلك تجنب تعدد الوسطاء. لذلك من أجل نجاح المشروع المشترك يفضل الانتباه الكامل إلى العناصر التالية:

- أهداف المشروع المشترك. يجب تحديد المحاور العريضة لقيام الفرع وكذلك لأنشطته المختلفة.

---

35 - أحمد سليمان. مرجع سابق

[36] AL. Mahmoud al omar R .1994. op . cit

[37] T. Meloan & Graham. op cit. 1998

- مساهمة كل من الشريكين في رأس المال والتكنولوجيا والكفاءات والتسويق. حيث بعض المعايير يصعب تقديرها بشكل كمي.

- اختيار تركيب رأس المال. يتم هذا الاختيار تبعاً لاعتبارات استراتيجية متضمنة الشركاء وأهداف البلد الذي سيقام فيه الفرع.

- توزيع مسؤوليات الإدارة. يفضل عادة تفويض الإدارة لأحد الشركاء، لأن الشريكين لهما تطلعات مختلفة يصعب عليهما إدارة المشروع بالمشاركة ولاسيما في البداية إذا كان الشركاء لا يعرف بعضهم بعضاً بشكل جيد، أو إذا كانوا من ثقافات مختلفة. بشكل عام، يتمتع الشريك المحلي بميزة نسبية لأنه يعرف البيئة المحلية، ويمكن أن يقدم الكثير من الخدمات للمشروع المشترك.

في هذا الأسلوب يجب أن تتجنب الشركة الدولية غياب المساواة في القوى. فالاشتراك بين قوي وضعيف ليس مجدياً، وينتهي غالباً بامتلاك الفرع من قبل إحدى الشركات الأم. لكن يلاحظ حالياً أن الكثير من الشركات القوية والكبيرة تبحث عن الاشتراك مع شركات صغيرة ومتوسطة من أجل السيطرة على المشروع المشترك. الشركات الضعيفة من جهتها تبحث كذلك عن شريك قوي بهدف حل مشاكلها أو من أجل كسب مهارات إضافية.

ثالثاً – الامتيازات وعقود الترخيص

تلجأ الشركة الدولية إلى استخدام أسلوب الامتياز أو الترخيص عندما تشتهر علامتها التجارية عالمياً ويصبح الطلب على منتجاتها منتظماً ومتكرراً. تمنح الشركة بموجب هذا الأسلوب لشركة أجنبية حق إنتاج وتوزيع العلامة التجارية للشركة الدولية في البلد الأجنبي مقابل دفع عمولة أو رسم سنوي لها، وقد تأخذ هذه الرسوم شكل مبلغ سنوي ثابت من المال أو نسبة من قيمة المبيعات السنوية أو الاثنين معاً. لكن هل يعد الامتياز أسلوباً من أساليب التسويق الدولي ؟ وما هي فوائد هذا الأسلوب للشركة المانحة ؟

1- تعريف الامتياز وأهدافه: الامتياز كتقنية وأسلوب تجاري مستخدم في مجال التوزيع والصناعة والخدمات ينتشر حالياً بشكل واسع في العالم. لقد ظهر هذا الأسلوب في بداية الخمسينات في قطاع صناعة السيارات في أمريكا، ومن ثم امتد استخدامه تدريجياً إلى القطاعات الإنتاجية

الأخرى، ولم يدخل هذا الأسلوب أوروبا إلا في بداية السبعينات[38].يعرف الاتحاد الفرنسي للامتياز ((الامتياز هو أسلوب مشاركة بين شركة مانحة وعدة شركات ممنوحة لاستغلال علامة أو ابتكار، ويتألف من ثلاثة عناصر:

- الملكية: علامة، شعار،....
- استعمال خبرة ما وكسب المهارة والمعرفة.
- مجموعة من المنتجات أو الخدمات و التقانات)).

إذاً الامتياز هو أسلوب تجاري لمهارة أو معرفة ما، يرتكز هدفه على خلق البيئة الملائمة للنمو السريع للشركات التي ترتبط ببعضها البعض من خلال العقود الطويلة الأجل. يخلق الامتياز نوع من التعايش ما بين الإيرادات المتكاملة والأشخاص والأموال في إطار من العلاقات المستقلة والمحددة بشكل واضح ودقيق. ما هو جديد حالياً هو أن هذه الأساليب في الانفتاح الدولي أصبحت تعد من قبل الشركات الدولية على أنها بديل عن الاستثمار المباشر في الخارج. وهكذا فإن الامتياز هو أسلوب تجاري ويشكل إحدى الاستراتيجيات الحديثة المعتمدة في التسويق الدولي، والتي تقوم على نقل فكرة أو مهارة من بلد إلى أخر. فالشركات التي تعتمد هذا الأسلوب تعتبر أن منتجها عالمي وموجه إلى فئات محددة من المستهلكين لديهم أنماط حياة متماثلة مهما كانت بلدان إقامتهم: كما هو الحال في منتجات كوكا كولا، مكدونال، ليفز **Lovis**، هيليتون،... الخ.

من خلال هذا الأسلوب في الانفتاح الدولي للشركة، يمتلك مانح الامتياز علامة تجارية مشهورة، وقد يكون لها نموذجاً أو أسلوباً استثمارياً، أي مجموعة من الأساليب الإدارية حيث يكون نجاحها مؤكداً. ويتم بموجب الامتياز منح شخص ثالث طبيعي أو اعتباري (الممنوح) حق استعمال فكرة أو مهارة ما مقابل الحصول على مقابل مادي أو جعالة متفق عليها **Forfait** و/أو نسبة من رقم المبيعات. وهكذا يتمكن مانح الامتياز الذي عرف كيفية تحسين سمعته وعلامته التجارية ونجاحه في امتلاك شبكة توزيع عالمية بأقل تكلفة ممكنة عن طريق منح الامتيازات. في كل حالات الامتياز يتحمل الممنوح تكلفة ومسؤولية التوسع التجاري. الممنوح هو شخص مستقل يمتلك شركة خاصة

---

[38] S. Hollensen .1998. op. cit.

ويتسلم بالتنازل شعاراً أو علامة تجارية ضمن أفضل الشروط من ناحية المردودية. وبذلك لا يتحمل مانح الامتياز إجمالي الاستثمار في رأس المال الضروري لإنشاء المحل التجاري في الخارج لأن شريكه الممنوح يملك سابقاً هذا المحل ويقبل أن يضعه في خدمة علامة مانح الامتياز [39] المنفعة الأساسية بالنسبة إلى المانح هي أن الامتياز يعد وسيلة مرنة وقليلة التكلفة لدخول عدة أسواق أجنبية بشكل سريع. إضافة إلى منافع تحقيق الوفورات السلمية (وفورات الحجم) بزيادة أحجام المشتريات التي تسمح بتخفيض التكاليف، والاستعداد لعمليات مالية خاصة، وكسب ثقة المستهلك والقيام بالتجديد والتحديث.

3- إشكال الامتياز الدولي:

يأخذ الامتياز العالمي عدة أشكال تبعاً لميزات مانح الامتياز. بشكل عام يمكن أن نميز ثلاث فئات من الامتيازات: امتياز المنتجات امتياز العلامة التجارية وامتياز الخدمات[40].

أ- **امتياز المنتجات:** يسمح امتياز المنتجات للشركة المانحة بتسريع توزيع منتجاتها من خلال بيعها عن طريق الحاصلين على الامتيازات وتحت اسمها الخاص. هذا يعني إناطة وظيفة التوزيع إلى مقاول من الباطن، وأحياناً إناطة وظيفة الإنتاج (حالة امتياز التصنيع). من وجهة نظر مانح الامتياز، إن سرعة التوزيع تصبح ممكنة بفعل تعدد مراكز البيع: حيث أصحاب الامتياز يملكون محلاتهم التجارية. في هذا الإطار يمكن أن نميز الأشكال التالية للامتياز:

- الامتياز بين مصنع وتجار تجزئة: امتياز مزيج من المنتجات، امتياز كافة سلع مخزون تجزئة (قطع تبديل السيارات).
- الامتياز بين مصنع وموزع: مثل ترخيص **Renault. shell**
- الامتياز بين تجار جملة وتجار تجزئة.
- والامتياز بين مصنعين اثنين في بلدين مختلفين.

---

[39] - Ollivier. A. et co .op. cit. 1990.

[40] - Kotler. ph & Armestrong. G, 1999. Op. Cit.

ب- امتياز العلامة التجارية: **La frnchise de marque**

يقوم هذا الأسلوب على منح اسم أو علامة مشهورة لشخص آخر. مع ذلك، يتضمن أن مانح الامتياز يفرض مواصفات أو معايير محددة على الممنوحين خوفاً من قيام الممنوحين بالإساءة إلى شهرة العلامة. تقدم هذه العملية للشركة المانحة ضمان العلامة والإمداد (التموين) خلال الزمن.

جـ امتياز الخدمات: La franchise Des Services

يبدو أن هذا الأسلوب من الإمتيازات هو الأكثر انتشاراً، ويقوم عادة على مهارة أو معرفة تجارية[41]،كما هو الحال في مجال الفنادق (**Hilton،Inn**)، والوجبات السريعة (**McDonald's**)، وتأجير السيارات (**ALFA،AVIS**)، العمل المؤقت.. الخ.

يتم عادة هذا النوع من الامتيازات ما بين شركة خدمات وتجار تجزئة. وهكذا يظهر الامتياز العالمي بأنه أكثر من أسلوب تجاري، بل هو اختيار واع للتوسع الدولي وجذاب بشكل خاص للشركات الصغيرة والمتوسطة، لكونه يسمح بنمو سريع في الأسواق الخارجية مع القليل من الاستثمارات، وبالتالي تكون المخاطر قليلة [42].

يعتمد نجاح هذا الأسلوب على أهداف الشركة وعلى منتجاتها ومهاراتها وعلى خصائص السوق المستهدفة.

3- الامتياز وسيلة ناجعة في الانفتاح الدولي.

أ- يسمح الامتياز بتلبية أهداف الشركة.

يسمح هذا الأسلوب للشركة المانحة بتعريف الزبائن على علامتها التجارية بسرعة وبأقل تكلفة ممكنة. كما يسمح لها بالتحكم بسياستها التجارية مع الاحتفاظ بمرونتها في التصرف اتجاه المنافسة العالمية. بشكل عام يحث الامتياز لعدة أسواق على دفع الشركة المانحة إلى التجديد والبحث والتطوير التكنولوجي حتى تتمكن الشركة من الاحتفاظ بجاذبية وجودة امتيازاها.

---

[41] - Alhermal et p. Romagm, op cit, 1992.

[42] - S . Hollensen . 1998 . op . cit.

ب- اختيار الامتياز تبعاً لميزات السوق المستهدفة وإمكانيات الشركة.[43]

باستثناء امتياز التصنيع، الامتياز الدولي لا يسمح بتجنب إجراءات الحماية المحتملة (ضرائب جمركية، مواصفات، التقنين...). يجب إذاً معرفة التشريعات المحلية والضغوط القانونية والسياسية، ومعرفة مدى وجود أفراد يقبلون الامتياز وفيما إذا كان الامتياز مستخدم في البلد المستهدف. يسمح الامتياز عادة بإقامة علاقات حسنة مع سلطات البلد المضيف وبتخفيض بعض المخاطر السياسية وتجنب ردود أفعال الأفراد ذوي النزعة الوطنية. من جهة أخرى يقدم أصحاب الامتياز للشركة المانحة المعلومات الضرورية عن السوق، مما يسهل عليها تكييف المنتجات أو الخدمات والإجراءات من خلال تحديد التعديلات الضرورية بشكل سريع.

العيب الأساسي في هذا الأسلوب هو أن جوهر الامتياز يقوم على تحقيق نقل المعرفة بواسطة المانح من أجل تطوير شبكة التوزيع والعلاقة مع الزبائن. يخشى من هذا النقل للمعرفة عندما تصبح شبكة التوزيع قوية من دفع بعض أصحاب الامتياز إلى التجمع والاتفاق على استغلال خدمة الامتياز تحت شعار آخر. لذا يتوجب على مانح الامتياز المحافظة على الرقابة المستمرة على شبكة التوزيع من أجل ضمان شهرته. كما يجب عليه أخذ رأي أصحاب الامتياز باستمرار من أجل المحافظة على تقدمه على المنافسين.

بشكل عام، تتشابه عقود الامتياز وعقود الترخيص في معظم الجوانب إلا أن عقود الامتياز غالباً ما يكون موضوعها أداء الخدمات، بينما تتضمن عقود الترخيص تصنيع السلع الملموسة وبيعها (كوكا كولا، بيبسي كولا، بر سيل،...).

---

[43] - Hollensen. s. global marketing, ed. hall Europe. 1998.

المبحث الرابع

التسويق الدولي عبر الإنترنت

تعد شبكة الإنترنت عهد جديد في عالم التسويق بالنسبة إلى كـل مـن المنتج والمستهلك، إذا تمكنت الشركات من إدارة معلوماتها بشكل علمي ووضعت استراتيجيات دقيقة وعلمية للتسويق عبر الإنترنت، حيث تتيح هذه الشبكة فرصة للشركات كافة الصغيرة منها والكبيرة لـدخول الأسواق العالمية وزيادة فرص البيع والأرباح إذا كان بإمكانها تلبية متطلبات الزبائن في جو من المنافسة الحادة. وقد تم تسليط الضوء على أهم الخدمات والمنافع التي تقدمها الشبكة، وما هي مقومات نجاح التسويق عبرها، وأهم التحديات التي تواجه الشركات أثناء تسويق منتجاتها في الأسواق الدولية والمحلية ؟

وأخيراً، تم توضيح موقع البلدان العربية من الإنترنت، وما هي أسباب ومقومات ضعف استخدام هذه الشبكة في بلادنا بشكل عام وفي سورية بشكل خاص؟ وما هي الإجراءات التي يجب اتخاذهـا بشـأن هذا الموضوع ؟

أولاً - ماهية الإنترنت

1- تعريف الإنترنت

الإنترنت هي شبكة عالمية من الشبكات الحاسبية المختلفة والمتصلة ببعضها البعض بحيث تتمكن كل منها من بث البرامج نفسه في وقت واحد [1]، وكلمة الإنترنت تعني الشبكة المتداخلة، وتتألف من: **حوا سيب وبرمجيات وطاقم بشري** يتكون مـن مـزودي الخـدمات والمستخدمين المستفيدين مـن خـدمات الشبكة.

2- لمحة عن تطور الإنترنت واستخدامها.

لقد بدأت فكرة الإنترنت مـن خـلال شبكة أقامتها وزارة الـدفاع الأمريكيـة في عـام 1957 لوصل جميع المواقع العسكرية، وذلك للحصول على وسائل آمنة لتحريك معلوماتها عبر العالم، وحماية

---

[1] - w. Harper & co.1998. marketing management. Irwin mc graw hill

معلوماتها النووية، ومن ثم بدأت الجامعات الأمريكية والوكالات الحكومية باستعمال الشبكة تدريجياً.

كما استخدمت من قبل المخابر الوطنية للفيزياء في بريطانيا عام 1968 [2]. فيما بعد قام بعض مديري الشركات باكتشاف أهمية هذه التقنية في زيادة مبيعاتها وأرباحهم وفتح أسواق جديدة وتحسين نشاطهم التجاري. وقد توسع استخدام وتداول الإنترنت بظهور البريد الإلكتروني والشبكة العنكبوتية العالمية الوب WORLD Wide Web (W.W.W) التي تعد خطوة تمهيدية في مجال التسويق وتزويد المستهلكين المرتقبين بمنتجات ومعلومات.

في وقتنا الحاضر، تتكون الإنترنت من اكثر من 60000 شبكة متصلة فيما بينها، اكثر من 160 مليون شخص موزعون عبر العالم يستخدمون ملايين الأجهزة المترابطة [3] أما صفقات الشراء التي تمت عبر الإنترنت فقد بلغت 10 مليار دولار عام 1997 ويتوقع أن تصل إلى 220 مليار دولار في عام 2001 (منها 120 مليار في أمريكا)، والى 327 مليار دولار بحلول عام 2002. ويوجد في العالم حالياً اكثر من 200 مليون شخص يستخدمون بطاقات الائتمان visa للشراء من 7 مليون مخزن ومطعم ومحطة خدمة، وينفقون هكذا أكثر من 600 مليون دولار كل يوم على مدار العام، وليست visa سوى إحدى البطاقات الائتمانية الإلكترونية [4].

لقد أحدثت الإنترنت انقلاباً كبيراً في حركة التجارة العالمية كما فعل سابقاً الهاتف والفاكس. فلقد ازدادت اشتراكات الشركات التجارية والصناعية بنسبة 70 إلى 80% في التسعينات بالإنترنت وذلك لعدة أسباب:

---

2 - دوفورد ارفود، انترنت، الدار العربية للعلوم ، بيروت
3- مجلة المعلوماتي، العدد 80 ، حزيران 1999
4 - قائد بيه معن، 1998، انترنت: عناوين جديدة ، مجلة الكمبيوتر والاتصالات والالكترونيات

- ارتفاع مبيعات ألحوا سيب عبر العالم.

- تطور شبكة الوب العالمية (W.W.W)

- الترويج للإنترنت عبر وسائل الإعلام المختلفة.

في الواقع، أن شبكة الإنترنت تشهد تزايداً ضخماً في أعداد المشتركين فيها والشركات التي تأخذ مواقع جديدة عليها [5]. وبذلك أصبحت الإنترنت سوق شاملة تتقابل فيها العديد من المنظمات والفعاليات بجميع أنواعها التجارية والاجتماعية والسياسية والثقافية... أي أخذت هذه الشبكة أبعاد متعددة، ولعل أهمها البعد التسويقي. وحالياً أصبحت هذه الشبكة ليست وسيلة ملائمة للشركة فحسب، بل ضرورية لإدارة أعمالها وتحسين سمعتها وصورتها العامة أمام الزبائن على المستوى العالمي.

ثانياً - خدمات الإنترنت في مجال التسويق (المحلي والدولي)

ماذا تقدم الإنترنت ؟ لا فائدة من الإنترنت إذا لم تقدم خدمة للإنسانية. فالإنترنت تقدم خدمات كثيرة جداً يمكن أن نوجزها فيما يلي: البريد الإلكتروني، التخاطب بين الأفراد بالرسائل أو هاتفياً، نظام الفهرسة الأرشفة، الحوار المشترك في مواضع مختلفة بين مجموعة أشخاص، التسويق، ... الخ [6]. ويمكن تصنيف هذه الخدمات في ثلاثة وظائف أساسية وهي: الاتصال ما بين الشركات والأفراد، جمع المعلومات وتسويق المنتجات عالمياً.

فالتسويق الحديث عبر الإنترنت يعد من أهم أساليب وتقنيات الأعمال التي ساعدت في نجاح الشركات في الوقت الحاضر كونه يعد تسويقاً دولياً إضافة للتسويق المحلي لأنه يمتد بشكل طبيعي خارج الحدود الوطنية للشركة المسوقة عبر الشبكة العالمية. إذاً الإنترنت تقوم بالوظائف التسويقية نفسها، ولكن بمفهوم جديد وإمكانيات جديدة وواسعة وسريعة.

من أهم الوظائف التسويقية التي يمكن أن تقدمها الإنترنت نذكر:

5- جوفاهي ماري 1998 تصميم الاعلانات والتسويق على الويب الدار العربية للعلوم بيروت
6- النجار بلال 1999 التجارة الالكترونية مجلة انترنت عدد 8 نيسان ص 48

1- تقدم الإنترنت للشركات الصغيرة والمتوسطة فرصة للتنافس بصورة أسهل في الأسواق العالمية. فالمنافسة لم تعد تعتمد على حجم الشركة، وإنما على مقدار التطور التكنولوجي لديها.

2- تزيد الإنترنت معلومات زائر الشبكة عن المنتجات. بحيث تسهل على أي مستهلك في أي بلد الحصول على ما يريده بسرعة وعلى مدار الساعة.

3- تزيل الإنترنت الكثير من الحواجز التي تعيق الاتصالات بين المنتج والمستهلك.

4- تتيح الإنترنت إمكانية المقارنة بين الصفقات المتعددة التي يمكن عقدها واختيار المنتجات التي يحتاجها الفرد بحسب مواصفاتها وأسعارها وبما يناسب رغباته وحاجاته[7]

5- تزيد الإنترنت حجم الفرص لعقد الصفات عبر الإنترنت. وهنا نصل إلى موضوع التجارة الإلكترونية التي يتم فيها شراء وبيع السلع والخدمات باستعمال شبكات الحاسب، حيث الدفع والتواصل يمكن أن يكون إلكترونياً عن طريق الحاسبات أو تقليداً (عن طريق الوسطاء أو شخصياً).

لكن حتى يكون التسويق الإلكتروني ناجحاً فهذا يتطلب خدمات مصرفية مناسبة لهذه التقنية في بلدان الأطراف المتعاملة. ومن المعروف أن هذا الأمر غير متوفر حتى الآن في كثير من بلدان العالم، الشيء الذي يعيق من نمو هذه التجارة.

6- تسهل الإنترنت إدارة بحوث التسويق وفهم المستهلكين العالميين، وجمع المعلومات المتعلقة بالأسواق والأسعار والمنافسة وحتى القيام بتجربة المنتج قبل طرحه في الأسواق.

7- تأثير الإنترنت على الأسواق من حيث الفعالية والكفاءة. وتقسم هذه الخدمة إلى ثلاث نقاط أساسية يمكن اعتبارها من أهم التسهيلات التي تقدمها الإنترنت للتسويق

- **الأسعار والسداد:** إن طريقة السداد في حالة البيع إلكترونيا ستصبح اسهل عملياً وذلك باستخدام بطاقات الائتمان. ويتمكن أي مستهلك التفاوض حول أسعار السلع التي يحتاجها إلى أن يتم الوصول إلى اتفاق معين للصفقة وعند السعر الذي يرضي الطرفين [8].

7- باتريسل سيبوله، العميل سيد الموقف، خلاصة كتب المدير ورجال الأعمال، شعاع، القاهرة

8 - بكداش حسام، التجارة إلكترونية، الدار العربية للعلوم، بيروت، ص 22.

- **الوسطاء:** يمكن من خلال الإنترنت إيصال المنتجات إلى المستخدمين النهائيين بشكل مباشر، و بالتالي تخفض الإنترنت من دور الوسطاء. إذاً الهدف الأساسي من البيع عبر الإنترنت هو تجنب مختلف الوسطاء في قنوات التوزيع (أو تخفيضهم إلى أقل عدد ممكن)، وبالتالي ستكون المنتجات أقل كلفة، بالإضافة إلى إيصال السلع إلى منزل المستهلك دون ضرائب وبدون هامش أرباح منافذ التوزيع.

أما بالنسبة إلى مختلف الوسطاء فسيكون دورهم هو بمثابة الإعلان ومهام أخرى تتعلق بالسلع، وبالتالي سيكون هناك تغير في الأدوار والمهام والوظائف للأفراد في المجتمع. هذا التفكير مقبول ولكن في نطاق المنتجات التي يمكن نقلها إلكترونياً (برمجيات، كتب، موسيقا،...الخ).

أما المنتجات التي تحتاج على نقل وتوزيع مادي، فهي بحاجة على وسطاء.

وأخيراً، يمكن القول أن الإنترنت لا تنوي القضاء على العلاقة ما بين المنتج والموزع والمستهلك (التجارة التقليدية)، لأنها حتى الآن غير قادرة على تغيير سياسة التوزيع الحالية وإلغاء دور الموزع. وفي الواقع، من الصعب أن يصبح الشراء كليا عن طريق الإنترنت، وإن كانت أسعارها أقل بـ 20% من أسعار محال التجزئة، لأن المستهلك لا يستغني عن الذهاب إلى المحلات التجارية كونه كائن اجتماعي بالفطرة و يفضل العيش في جماعات، وبالتالي يفضل دفع فرق الأسعار من أجل التسوق وسط الازدحام ووسط الناس ومشاهدتهم. إضافة إلى أن محلات التجزئة أصبحت تهتم ببعض وسائل الترفيه والتسلية بهدف جذب هؤلاء الأفراد [9].

- خلق الأسواق، وذلك من خلال: المزاد العلني الإلكتروني لعدة مرات في اليوم   (وهذا ما تقوم به شركة تويوتا اليابانية للسيارات)، المقايضة بين البائعين والمشترين عبر الشبكة، عرض وتسويق فرص استثمار مناسبة في بعض الدول.

8- انتشار المنتجات عالمياً: يساعد التوسع العالمي للإنترنت في انتشار المنتجات عالمياً من خلال:

- تطوير منتجات لأسواق جديدة بحسب احتياجات هذه الأسواق.

9- مراياتي محمد ، 1998 ، التجارة الإلكترونية، مجلة المعلوماتي العدد 72 ص 40.

- إيجاد أسواق لمنتجات جديدة من خلال الإعلان عنها عالمياً عبر الإنترنت وخلق فرص كثيرة للطلب عليها.

- المنتجات niche أو الخاصة جداً تجد في السوق العالمية العدد الكافي من المستهلكين لتصريفها بنجاح.

9- الترويج للمنتجات. فالشركة التي تقدم برامج ترويجية تتناسب مع توقعاتها واستنتاجاتها لحاجات ورغبات الزبائن تعزز صورتها العامة أمام الجمهور وتخلق نوعاً من الولاء لها ولمنتجاتها. كما تتيح هذه الوسيلة في الترويج للزبون مشاهدة وسماع المعلومات المتوفرة عن أي سلعة وفي الوقت الذي يريد. وهنا يجب على الشركة تقديم رسالة متناسقة للزبائن، وأن تكون بسيطة وجذابة وغنية بالمعلومات في آن واحد. تتمكن الشركة عن طريق الإنترنت من القيام بكافة أنواع الترويج من إعلان، تنشيط مبيعات، علاقات عامة، تسويق مباشر،...الخ.

ثالثاً- تحديات المسوقين العالميين وصعوبات التسويق عبر الإنترنت.

إن تطور شبكة الإنترنت كأداة عالمية تجارية فعالة، وبالرغم من جميع المزايا والخدمات التي تقدمها، إلا أنها تواجه تحديات وصعوبات مختلفة. كما أن الشركات المشتركة بالشبكة تواجه عقبات متعددة في تسويق منتجاتها عبر الإنترنت. لذا يتوجب على الشركات المتعددة الجنسيات أن تعدل أساليب عملها واستراتيجياتها إذا رغبت أن تستثمر الفرص المستقبلية بواسطة الإنترنت. وإن البدء بالعمل على الإنترنت يجب أن يكون مخطط مسبقاً ليدار عالمياً، وعلى الشركة أن تمتلك: القدرة على العمل على مدار الساعة وخدمة المستهلك، تنظيم خبرة في التعامل مع الزبائن والقدرة على الشحن عالمياً، والفهم العميق لمتطلبات التسويق الحديث لمنتجاتها و خدماتها[10].

فالنجاح يبدأ من خلال فريق عمل ناجح ذو مهارات محددة ومعلومات تتناسب مع العمل على الشبكة.

من أهم التحديات التي تواجه الشركات المسوقة عبر الإنترنت نذكر:

10- اوكونر كارول،1997، تقنيات البيع الناجح عبر الانترنت، الدار العربية للعلوم، ص 64

1- **نقص مزودي الخدمات على الشبكة:** أي الأشخاص والشركات الذين يقومون بدور الوسيط بين أي جهة راغبة بالاشتراك بالشبكة وبين الإنترنت. وتوجد هذه المشكلة حالياً بشكل خاص في الدول النامية و منها العربية حيث تعاني هذه الدول من نقص في المعلومات ونقص في مزودي خدمات الإنترنت معاً.

2- **مشكلة إيجاد علامة تجارية عالمية:** أي وجود علامة تجارية أو اسم مشترك أو رمز موحد لكافة منتجات الشركة.

3- **المنافسة الجديدة:** إن ظهور شبكة الإنترنت وإتاحتها أما الشركات جميعها قلبت موازين الأفضلية التنافسية في العديد من الصناعات، وسهلت دخول الشركات الصغيرة إلى حقل المنافسة العالمية من خلال تمكين هذه الشركات من توجيه إعلاناتها إلى الزبائن في مختلف دول الأسواق. إن وجود مثل هذه الشبكات يمكن أن يعيق فعالية الشركات متعددة الجنسيات، وإن بعض الشركات الصغيرة سوف تنمو وتتطور أعمالها على حساب الشركات متعددة الجنسيات بسبب الفرصة والسمعة التي يعطيها إياها موقعها على هذه الشبكة.

4- **الأفضلية التنافسية والتحدي الاستراتيجي:** يعد التطور التكنولوجي أهم مصدر للحصول على أفضلية تنافسية في الأسواق العالمية وحتى أهم من الحجم الكبير للشركة، هذا يعني أن العديد من الشركات سوف يحتاج لابتكار أساليب جديدة فعالة في استخدام الإنترنت لمحاكاة حاجات المستهلكين، وأيضا لمتابعة أعمالهم في الأسواق العالمية.

5- **التحديات التنظيمية:** تطرح الإنترنت تحديات تنظيمية خصوصاً للشركات متعددة الجنسيات لتوجه وتدير أعمالها العالمية إلى البيئة الجديدة التي ستكون من جمهور لا يحبذ التناقضات والاستجابة البطيئة من قبل الشركات لتلبية مطالبه، وأن تكون الخدمات التي تقدمها الشركات عبر الإنترنت متاحة للباعة في جميع الدول لمنع حصول الارتباك والاستياء. يضاف إلى ذلك أن تكون هناك متابعة دائمة لصفحة المسوق وموقعه على الشبكة[11]. لذا يتوجب على الشركات متعددة الجنسيات تحديد وحدة إدارية رائدة pilot في استخدام الإنترنت كمركز لتطوير

---

[11] Hollensen. S. global marketing . ed. hall Europe. 1998.

صفحتها المنزلية أو موقعها على الشبكة. كما يتوجب عليها أن تمتلك نظام معلومات فعال لمعرفة التطورات الجديدة في مواقع الشبكة في حال تغيير الأسعار أو ظهور ابتكارات جديدة في الأسواق.

6- **ارتفاع تكلفة حيازة موقع على الإنترنت:** صحيح أن حيازة موقع على الإنترنت يعني تكاليف إضافية للشركة، لكن إذا ما قارنا بين الفوائد المتحققة والأرباح التي تجنيها الشركات من وراء الاشتراك بالإنترنت وبين التكلفة المدفوعة من وراء ذلك، نجد أن الفوائد تعادل أضعاف هذه التكلفة. وتسعى بعض الدول حالياً لجعل الاشتراك في الإنترنت مجانياً.

7- **مشكلة الأمن والانضباط على الإنترنت:** حتى الآن لا يوجد أمن حقيقي على الإنترنت وتعاني الشبكة من هذه المشكلة من ناحيتين :

- **أمن الدفع أو السداد:** ويعني أن أمن التعاملات المالية يشوبه بعض الخوف من المتعاملين فقد لا يوجد مستهلك حقيقي أو بائع حقيقي.

- **أمن المعلومات:** ويقصد بذلك عدم قدرة الشبكة على المحافظة على سرية المعلومات بالرغم من تقنيات الترميز أو التشفير وكلمات المرور.....الخ.

8- **العوائق اللغوية والثقافية:** يواجه التسويق عبر الإنترنت ومنذ البداية مشكلة اللغات والثقافات المختلفة بين شعوب العالم وصعوبة التفاهم. فاللغة السائدة على الإنترنت هي الإنجليزية كونها اللسان الطلق للتجارة، وهي تعد عائق في بعض الدول، لكن يمكن التغلب عليها باستخدام برامج الترجمة رغم صعوبة ذلك. ويتم حالياً استخدام بعض اللغات على نطاق ضيق (صينية، يابانية، عربية....). أما مشكلة اختلاف الثقافات ما بين الدول فهي مشكلة غير قابلة للحل بشكل مطلق.

9- **دور الحكومات وقيودها القانونية:** حتى الآن تقف بعض الحكومات الوطنية في وجه انتشار الإنترنت بصورة عامة وتحاول الحد من وصول مواطنيها إلى هذه الشبكة مخافة التدفق الحر للأفكار من ناحية ومخافة استيراد بعض المنتجات المنافسة أو الممنوعات وارتفاع معدل الاستيراد وما يتعلق بموضوع الضرائب على المبيعات والضرائب الجمركية. فهناك الكثير من الدول وخاصة وسط

434

وشرق أوربة وفي آسية وأفريقية تقاوم الإنترنت مخافة فتح الثقافات والشعوب على الفعاليات الخارجة بشكل سريع وواسع دون أي مراقبة [12] .

وتجدر الإشارة إلى أن هناك عوائق مشتركة في البلدان الفقيرة تتعلق بالبنية التحتية الحالية وفي تنظيم الاتصالات الخارجة. هذه البلدان الفقيرة بحاجة للاستثمار في البنية التحتية لتكون أفضل للاتصالات وتعزيز المنافسة الداخلية لكي تتمكن من الحصول على الفرص الجيدة التي توفرها الإنترنت للتسويق الدولي.

رابعاً - مقومات نجاح التسوق عبر الإنترنت:

من أجل نجاح أي شركة في التسويق عبر الإنترنت يتوجب عليها تحديد عدة أمور والمحافظة على عدة أمور أهمها:

1- تحديد الجمهور المستهدف من أجل توجيه المعلومات المتعلقة بالمنتجات والأسعار والتسليم التي تناسب جمهورها المحتمل.

2- المحافظة على اهتمامات زوار موقع الشركة: من خلال العروض الجذابة وتحديث معلومات الموقع باستمرار.

3- أن تكون الرسائل التسويقية متنافسة: وأن تحاول إشراك الزبائن في الجهود التسويقية.

4- يجب الحصول على إحصاءات بعدد ونوع زوار الموقع وزمن حصول الزيارات وكم تدوم وعدد مرات حصولها، لأن هذه المعلومات تساعد على تقويم الشركة ومدى نجاح تسويقها عبر الإنترنت

5- تجنب التسويق غير الصادق الذي لا يحمل مضموناً حقيقياً، بسبب إمكانية الإنترنت الوصول إلى عدد كبير من الزبائن في العالم.

6- وضع خطة للعمل وفق مبادئ معينة والسير على أساسها.

12- هاني الخوري، 1998، الانترنت ومخاطر العولمة، مجلة المعلوماتية، عدد 27، ص 10

خامساً – واقع الإنترنت في الوطن العربي

ما هو موقع البلدان العربية من الإنترنت ؟ لقد تم حتى الآن استخدام الإنترنت في الوطن العربي في حده الأدنى ولمستويات ضعيفة نسبياً[13]. واقتصر تواجد الشركات العربية في التسويق على الإنترنت خلال السنوات الثلاث الماضية على مواقع الإنترنت الساكنة التي لا تحتوي على أي خيارات للبيع أو الشراء. ولكن خلال الربع الأخير من عام 1998 قامت مجموعة من المؤسسات العربية بالإعلان على مواقع يمكن للمشتري العربي من خلالها القيام بالشراء عبر الإنترنت، وهذه الخطوة هي بداية للنجاح في التسويق العالمي.

من أهم الصعوبات التي تقف في وجه انتشار الإنترنت في الوطن العربي نذكر:

1- **تخلف البنية التحتية للاتصالات** مما يؤدي إلى تخلف التسويق والتجارة الإلكترونية في العالم العربي عن الدول المتقدمة عدا بعض الأقطار مثل الإمارات العربية المتحدة.

2- المشكلة الثانية التي تعيق الإنترنت في الوطن العربي هي **الافتقار إلى المحتوى العربي على الإنترنت**، لذا نرى أهمية وجود محتوى ديناميكي باللغة العربية على الإنترنت والمحتوى الديناميكي في أبسط أشكاله يتمثل في توفير المادة التي نريدها دون الحاجة إلى البحث الكامل في صفحة من المحتوى الجامد كالموجود في معظم المواقع العربية على الإنترنت.

3- المشكلة الثالثة هي عدم البدء بتشكيل **هيئات وتشريع قوانين** للتعامل مع الإنترنت ومع المدفوعات في حال قيام صفقات عبر الإنترنت، وتعديل القوانين التجارية والاقتصادية بحيث نتمكن من التعامل مع النقد الإلكتروني والتشفير. ويمكن استثناء بعض الأقطار من هذه المشكلة نظراً لتوفير هذه الخدمات (دول الخليج). وهنا لابد من اتخاذ بعض الإجراءات التشريعية والتنظيمية والتقنية لتسهيل انتشار الإنترنت في الوطن العربي:

- إجراءات تشريعية: تشمل حرية تبادل المعلومات بشكل منظم، تطوير الأنظمة التجارية والمالية لتسهيل المبادلات الاقتصادية وحماية حقوق الملكية الفكرية وحقوق النشر.

13- مجلة pc، 1999، العدد 1، كانون الثاني، ص 2

- **إجراءات تنظيمية**: وتضم تعريب كل ما يمكن من البرمجيات وأخـذ تعـدد الثقافات بالحسـبان، إعـداد كوادر متخصصة في هذه التكنولوجيات، تخفيض تكلفة الصادرات، تشجيع قيام شركات جديـدة في مجال المعلوماتية وحماية البيانات والتسويق عبر الإنترنت، إيجاد تسـهيلات البطاقـات الائتمانيـة وتطـوير البريـد وخدمات الشحن السريع.

- **إجراءات تقنية**: توفر الإنترنت بشكل واسع اعتماد تقنيات تبادل البيانات الإلكترونية اعتماد دفع النقـد الإلكتروني تخفيض أسعار التجهيزات والبرمجيات....الخ.

وفي الختام تعد الإنترنت ظاهرة اقتصادية واجتماعية كبيرة في الوقت الحاضر كونها فتحـت المجـال واسعاً أمام الشركات التجارية والاقتصادية للقيام بجميع العمليات التسويقية بأقل وقت وجهـد وتكلفـة. ولقد تبين لنا ضخامة حجم الخدمات والتسهيلات التي تقدمها الإنترنت لكل مـن المنتـج والمستهلك، ومـا تؤدي إليـه مـن نتـائج تسويقية عظيمـة، لكـن يجب عـلى الشركات أن تتميـز بالديناميكيـة وأن تتبنـى استراتيجية واضحة وسهلة لتتمكن من كسب ميـزة تنافسية وتحقيق الأربـاح مـن خلال التسـويق عـبر الإنترنت، يجب أيضاً على الشركات أن تغير من أسلوب إدارتها والتحول من دفع المستهلك إلى جذبه وليس أمامها من وسيلة لبيعه إلا أن تجذبه قبل أن تجذبه شركات منافسة أخرى.

لذا يمكن التأكيد على الأهمية الكبيرة لـدور الإنترنت في النجـاح بالتسـويق الـدولي والمحلي شرط وجود عقلية متفتحة ومتجددة للشركة وذات كفاءة تمكنها من الاستمرار في السوق.

دليل المصطلحات العلمية

A

Abandon du produit	التخلي عن المنتج
Action Promotionelle	نشاط ترويجي
Attitudes	مواقف
Avantages	منافع

B

Bésoins	حاجات

C

Canaux de distribution	قنوات التوزيع
Cible	مستهدف
Client	زبون
Compétence	كفاءة
Concentration	تركيز
Concurrence	منافسة
Concurrent	منافس
Consommateur	مستهلك
Consommation	استهلاك
Croissance	نمو

D

Désirs	رغبات
Développement	تنمية
Différnciation	تمايز
Distribution	توزيع
Diversification	تنويع

E

Echange	تبادل
Economies d'échelle	وفورات سلمية
Environnement	البيئة
Evolution de la demande	تطور الطلب
Expérience	خبرة

F

Famille	عائلة
Fournisseur	مورد

G

Gammes de produit	تشكيلة سلعية

I

Imitateur	مقلد
Intermédiaire	وسيط

L

Leadership	قائد
Logique marketing	منطق تسويقي

M

Marché	سوق
Marketing- Mix	التسويقي المزيج
Maturité	نضج
Métier	مهنة
Monopole	احتكار
Myopie de marketing	قصر النظر التسويقي

N

Négociation	تفاوض- مساومة
Normes Economiques	معايير اقتصادية
Notoriété	شهرة

O

Oligopole	احتكار القلة
Opporunité	فرصة

P

Part de marché	حصة من السوق
Points vulnérable	نقاط ضعف
Portefeuille d'activités	محفظة الأنشطة
Produits de proximité	سلع الاستقراب
Produits spéciaux	منتجات خاصة
Promotion	ترويج

R

Rentabilité	مردودية

S

Shopping produit	سلع التسوق
Spécialisation	تخصص
Stratégie	استراتيجية
Système	نظام

T

Technologie	تكنولوجيا
Total Qualite Management	إدارة الجودة الشاملة

U

Utilité	منفعة

V

Variété	تشكيلة

المراجع العربية

1 - أبو قحف عبد السلام ، (1994)، أساسيات التسويق، الدار الجامعية،بيروت

2 - أبو قحف عبد السلام ، (1996)، أساسيات التسويق، جامعة الإسكندرية، الدار الجامعية.

3- أبو قحف عبد السلام،(1996)، هندسة الإعلان، الدار الجامعية، الإسكندرية.

4- أريك و باري دايفز، (1997)، التسويق الناجح، الدار العربية للعلوم و الترجمة، بيروت.

5- أزهري محي الدين، (1978)، بحوث التسويق بين المنهجين العلمي و التطبيقي، دار الفكر القاهرة.

6- أزهري محي الدين، (1988)، إدارة النشاط التسويقي، دار الفكر،القاهرة.

7- اكونركارول، (1997)، تقنيات البيع الناجح على الإنترنت، مركز التعريب والترجمة، بيروت.

8- أوبري ويلسون , (1995)، اتجاهات جديدة في التسويق، الدار الدولية للنشر و التوزيع، القاهرة.

9- بازرعة محمود صادق، (1986)، إدارة التسويق، دار النهضة العربية،القاهرة.

10- بازرعة محمود صادق (1995)، إدارة التسويق، دار النهضة العربية، القاهرة.

11- حنا نسيم ، (1985)، مبادئ التسويق، دار المريخ، الرياض، السعودية.

12- حاج طارق وآخرون، (1990)، التسويق من المنتج إلى المستهلك، دار الصفاء، عمان.

13- خضر علي وآخرون، (1997)، التسويق و إدارة المبيعات، جامعة دمشق.

14- خليل نبيل مرسي، (1996)، التخطيط الاستراتيجي، دار المعرفة الجامعية، القاهرة.

15- خليل محمد، محاضرات في الإطار النظري لاقتصاديات التسويق، دار المطبوعات، القاهرة.

16- راشد أحمد عادل، (1981)، الإعلان، دار النهضة العربية، بيروت.

17- ربابعة محمد و دياب فتحي، (1990)، إدارة المبيعات، مركز الخوارزمي، عمان.

18- زهير مصطفى حسين (1984)، التسويق و إدارة المبيعات، دار النهضة العربية، بيروت.

19- سالمان عمر (1994)، التسويق الدولي، جامعة عمان.

442

20- سيد إسماعيل محمد، (1993)، الإدارة الاستراتيجية، المكتب العربي الحديث، الإسكندرية

21- الشنواني صلاح الدين، (1996)، الإدارة التسويقية الحديثة، مؤسسة شباب الجامعة الإسكندرية.

22- صحن محمد فريد ، 1996، التسويق، الدار الجامعية، الإسكندرية.

23- صحن محمد فريد، (1996)، قراءات في إدارة التسويق، الدار الجامعية، الإسكندرية

24- صحن محمد فريد، (1998)، الإعلان، الدار الجامعية، الإسكندرية.

25- صحن محمد فريد و أبو بكر مصطفى، (1996) بحوث التسويق، الدار الجامعية الإسكندرية.

26- عبد الفتاح محمد سعيد (1995)، المدخل الحديث في إدارة التسويق، دار النهضة العربية، القاهرة

27- عبد المطلب عبد الحميد،(1997)، السياسات الاقتصادية، مكتبة الشرق.

28- عبد الحليم هناء، (1995)، الإعلان،الشركة العربية للنشر و التوزيع، القاهرة.

29- عبد المحسن توفيق محمد، (1997)، التسويق و تدعيم القدرات التنافسية للتصدير،   دار النهضة العربية، القاهرة

30- عبدلي قحطان وعلاق بشير، 1999، التسويق: أساسيات ومبادئ، زهران،عمان.

31- عبيدات محمد و د.المضمور هاني، (1988)، الاتجاهات الحديثة في إدارة المنشآت التسويقية، دار المعالي، عمان.

32- عبيدات محمد، (1994)، مبادئ التسويق، مدخل سلوكي، الجامعة الأردنية.

33- علاق بشير و عبدلي قحطان، 1999، إدارة التسويق، زهران، عمان.

33- عطية طاهر (1994)، أساسيات التسويق، دار النهضة العربية، القاهرة.

34- عفيفة محمد حمودة ، (1986)، إدارة التسويق، جامعة عين شمس، القاهرة.

35- عيد يحيى، (1995)، بحوث التسويق و التصدير، مطابع سجل العرب، القاهرة.

36- غنيم أحمد إبراهيم، (1995)، المدخل الحديث في إدارة التسويق، دار النهضة العربية، القاهرة

37- فكري مصطفى و الفيل أحمد، (1979)، مبادئ التسويق الزراعي، دار المطبوعات الجديدة.

38- قطامين أحمد عطا، (1996)، التخطيط الاستراتيجي والإدارة الاستراتيجية، مجدلاوي، عمان.

39 - مساعد زكي، (1997)، التسويق في المفهوم الشامل، دار زهران، عمان.

40 - ناجي عبده (1995)، التسويق (المبادئ و القرارات الأساسية) ، القاهرة.

41 - ناشد محمد ، (1982)، التسويق و إدارة المبيعات، جامعة حلب

42- نجار نبيل، (1995)، الأسس المعاصرة في التسويق و مهارات الوظائف البيعية والإعلان.

43- ناصر محمد جودة و القطامين قبس، (1997)، الأصول التسويقية، مجدلاوي،عمان

44- ناصر محمد (1994)، التسويق الداخلي للسلع و الخدمات، دار الفكر، دمشق.

44- نفيسة باشري و هناء عبد الحليم، (1986)، إدارة المبيعات، مكتبة نهضة الشرق.

45- هلال مصطفى،(1995)، التسويق الدولي، جامعة القاهرة.

المجلات

- باتريسيا سيبولة، 1999، العميل سيد الموقف، خلاصة كتب المدير ورجال الأعمال شعاع، القاهرة

- خوري هاني، 1998، الإنترنت ومخاطر العولمة، مجلة عالم المعلوماتية، العدد27، ص 10، دمشق.

- قائد بيه معن، 1998، إنترنت عناوين جديدة، مجلة الكومبيوتر والاتصالات والإلكترونيات، مجلد 15، العدد 9، ص 42، بيروت.

- مجلة P C، 1999، العدد 1، كانون الثاني، ص2.

- مراياتي محمد، 1998، التجارة الإلكترونية، مجلة المعلوماتي، العدد 72، ص 40.

- نجار بلال، 1999، التجارة الإلكترونية، مجلة إنترنت، العدد 8، نيسان، ص 46.

- مجلة اقتصاديات حلب، (1995)، العدد التاسع، أيلول، ص:24-28.

- مجلة اقتصاديات حلب، (1996)، العدد العاشر،20 آذار، ص:28-29.

- مجلة اقتصاديات حلب، 1996، العدد الحادي عشر،تشرين الثاني، ص:24-28.

REFERENCES

1 -American Marketing Association, (1960), Committees of definition, Marketing definition, Glossary of marketing, Terms, P.15.

2- BERMAN.B, (1996), Marketing Channels, John & Sons, New york.

3- BOISSY. P, (1989) , Développement International: le choix des stratégies, Hommes et Techniques.

4- BON. A et GREGORY.P,(1986), Techniques Marketing, Vuibert,Paris.

5- BOONE. L.E & KURTZ. (1992), D.L, Contemporary Marketing , Sevnenth   Edition, USA.

6- CHANDLER. A.D, (1989), Stratégies et Structures de l'Entreprise, Ed. D'Organisation, Paris.

7- DEBRAY.R, (1991), Cours de Médialogie général, Gallimard , Paris.

8- DESMET.P, (1991), promotion des Ventes, Nathan, Paris.

9- DUBOIS.P-L & JOLIBERT. A,(1992), Marketing , Economica,Paris.

10- EIGLIER. P & LANGEARD.E, (1987) , Servuction: le marketing des services, Mc Graw- Hill, Paris.

11- FILSER. M,(1987), Les Méthodes de ségmentation: Principes et évaluation, Action Commerciale, n 56, p.13-18, Paris.

12- FILSER. M, (1989), Cannaux de distribution, Vuibert, Paris.

13- GATTO. M-L. (1994), L'Euro Marketing, directe, Dunod, Paris.

14- GHERTMAN.M, (1989), Le Management Stratégique de l'entreprise, PUF,Paris.

15- GUILBERT.F, (1990), Analyse structurelle des concepts du marketing - MIX, communication et promotion, I.A.E, Lille, papier de recherche.

17- HELFER. J.P et ORSONI.J,(1988), Marketing , Vuibert, Paris.

18- JOANNIS.H, (1995), De la Stratégie marketing à la création publicitaire, Dunod, Paris.

19- Joffre.P et co (1989), L'Encyclopédie de gestion, Economica, Paris.

20- JOFFRE.P et KOENIG.G, (1992), Gestion Stratégique, Litec, Paris.

21- JOFFRE. P et KOENIG.G, 1985), Stratégie de l'entreprise, Economica, Paris.

22- JOFFRE. P , (1987), L'entreprise et l'exportation, Vuibert , Paris.

23- KOTLER. Ph & ARMSTRONG. G,(1996), Priciples of marketing, prentice- Hall,USA.

24- KOTLER. Ph & ARMSTROG.G, (1993), Marketing an Introduction, Prentice - Hall.

25- KOTLER. Ph & LEVY.S. (1969), Brooding the concept of Marketing, Journal of marketing, P. 10-15.

26- KOTLER. Ph. (1972), Marketing management, Prentice- Hall

27- KOTLER. Ph (1995), Marketing for non profit organization, Prentice- Hall.

28 - KOTLER. Ph. (1989, Marketing management, Analysis, Planning, and control, Prentice- Hall, P.41-43.

29- KOTLER. Ph & co, (1996), Principles of marketing , Prentice- Hall.

30- KOTLER. Ph, (1984), Marketing management, Prentice - Hall.

31 - LEO. P-Y et co, (1990) , P.M.E: Stratégies Internationales, Economica, Paris.

32 - LEPELIER.J. (1994), Vendre aux entreprises, Dunod, Paris.

33- LEVITTE. Th, Le marketing à courte vue, Encyclopédie Française du marketing, Ed. Techniques, 0-11-, 1975.

34- LEWIS. R.L. & ERIKSON.L.G, (1969), Marketing Functions and Marketing system, Angnthis Journal of Marketing, N 33, July, P. 12.

35- LINDON. D , (1994) , Le Marketing , NATHAN, Paris.

36– AL-MAHMOUD AL-OMAR. R. (1994), Le Comportement des Petites et Moyennes Entreprises Francaises et Developpement International, Th. De Doctorat, Uni. De CAEN, France.

37- MARIET.F. (1992), La télèvision americaine , Médias, Marketing, publicité, Economica, Paris.

38 - MARTINET.A-ch, (19830, Stratégie, Vuibert,Paris.

39- MARTINET.V & RIBAULT.J-M (1989),La Veille technologique concurrentielle et commerciale, Ed. d'Organisation, Paris.

40- MICALLEF.A ,(1982), Gestion commerciale des entreprises, Dalloz,Paris.

41- MILLIER.P, (1995), Développer les marchés industriels, Dunod, Paris.

42 - NICOSIA. F.M. (1997), Pocessus de décision duconsommateur, DUNOD, Paris.

43- NOVELLA. J-P et FERRIER.D, (1987) , Liberté des prix et nouveau droit de la concurrence, Lamy, Paris.

44 - OLLIVIER.A & co, (1990), Le marketing international , PUF, Paris.

45- PORTER. M.E, (1992), L'avantage concurrentiel, Inter Edition, Paris.

46 - PORTER. M.E. (1982), choix Stratégiques et concurrence, Economica, Paris.

47- ROSTAND. F, & LE ROY.I. (1986), Le prix comme élément d'analyse du comportement du consommateur,   Revue Française du marketing, n 1.

48- SALAH. S.H. & ROGER. R.B, (1994), Global marketing, International Edition, USA.

49- SALERNO. F & BENAVENT.C, (1991), Une approche cognitive des facteurs de réussite de nouveaux produits, Recherche et Applications en marketing, n 6, P.3-27.

50- STANTON.W.J. & co, (1989), Fundamentals of marketing , Mc Graw- Hall, New York

51- STANTON.W.J. & co, (1991), Fundamentals of marketing , Ninth Edition, Mc Graw- Hall, New York.

52- STRATEGOR,(1992), Stratégie, Structure, Décision, Identite, Politique général de l'entreprise, Inter Edition,

53- THIETART.R. Ch.(1980),Management,Que sais je , Paris.

54- TREGUER. J.P. (1994), Le Senior marketing, Dunod, Paris.Litec , Paris.

55- WORSHOW.R.S (1973), Introduction of Marketing Management , IRWIN, P.5.

56- Zikmund.W.G & Michael d'Amico,(1993), Marketing, West Publishing Company, P.9

Printed in the United States
By Bookmasters